AF318700

L657
14018

La Presse du 1er janvier 1890 (n^{elle} série – n° 575)

ALFRED NAQUET A SES ÉLECTEURS

Aux Électeurs de la première circonscription du cinquième arrondissement de Paris

Électeurs,

Une Chambre qui nous accuse de visées dictatoriales, pour faire oublier sans doute qu'elle pratique elle-même la plus odieuse des dictatures, a brisé le mandat que vous m'aviez confié.

C'est un défi au Suffrage universel.

Ce défi, nous le relèverons.

Je me représente à vos suffrages.

En votant pour moi, ce n'est point pour un homme que vous voterez; ce n'est pas même, comme au 22 septembre et au 6 octobre, pour un parti.

C'est pour vous-mêmes, pour le suffrage des électeurs foulé aux pieds, pour vos droits méconnus, pour vos décisions cassées sans l'ombre d'un prétexte.

Mon programme revisionniste demeure ce qu'il était en septembre et octobre derniers. Mais il y a aujourd'hui une chose qui prime tous les programmes : c'est la défense de la souveraineté nationale.

Sur ce terrain, qui est celui de la justice et du droit, tous les citoyens dignes de ce nom, à quelque nuance qu'ils appartiennent, ont la possibilité et le devoir de se grouper.

Je ne doute pas de votre verdict.

Vous invaliderez l'œuvre des invalideurs et vous montrerez aux contempteurs du Suffrage universel que ce n'est pas en France que l'on se heurte impunément contre la volonté du pays.

Vive le Suffrage universel !

Vive la République !

ALFRED NAQUET.

Le petit national des 3 & 4 janvier 1890 (21e année – n° 6,789-5)

& la presse du 5 janvier 1890 (n^{elle} série – n° 579

UNE LETTRE DE M. NAQUET

Réponse à une calomnie ministérielle. — Une profession de foi de M. Naquet

Nos lecteurs n'ont pas oublié le remarquable article que notre ami Noël Amaudru consacrait récemment à M. Alfred Naquet, traité de clérical par Pichon et consorts. A cette occasion, notre collaborateur a reçu la lettre suivante que nous sommes heureux de publier :

Paris, le 1ᵉʳ janvier 1890.

Cher citoyen et ami,

Je viens de lire à l'instant l'article mille fois trop élogieux et trop sympathique que vous m'avez consacré dans le numéro du 31 décembre du *Petit National*. Je ne veux pas tarder une minute à vous en remercier.

Dans vos sentiments affectueux, vous avez exagéré l'importance de mon rôle, mais vous avez jugé sainement mes actes, les mobiles qui les ont dictés, et vous avez compris l'unité de ma vie.

Dans des moments où l'on est traîné dans la boue par des Pichon et par des Pelletan, on éprouve une douce satisfaction à se voir jugé sainement par des hommes tels que vous.

Vous rappelez-vous ces beaux vers de Victor Hugo :

Tout marin, pour dompter les vents et les courants,
Met tour-à-tour le cap sur des points différents,
Et, pour mieux arriver, dévie en apparence.
Il fait de même. Aussi blâme et crie ! L'ignorance
Sait tout, dénonce tout ; il allait vers le Nord,
Il avait tort. Il va vers le sud ; il a tort.

Nul plus que moi, dans sa vie politique, n'a senti la réalité de ces belles pensées.

Je n'ai jamais poursuivi qu'un but : la liberté, le progrès, la réconciliation nationale dans la République et la grandeur de la Patrie.

N'ayant nul esprit de coterie, nulle ambition personnelle et mesquine, nulle passion pour ou contre les hommes, je ne me suis inféodé à personne et n'ai jamais été non plus l'ennemi déclaré de personne. J'ai alternativement combattu à côté de celui-ci ou de celui-là allant demain à celui que je combattais la veille et réciproquement, selon que l'homme que j'avais combattu se rapprochait de mes idées ou que celui que j'avais appuyé s'en éloignait ; et cela, parce que je ne poursuivais qu'une chose, les principes, et que les individus m'étaient indifférents.

C'est là ce qu'on a appelé mes palinodies. Ces palinodies, j'en suis fier.

Vous, vous m'avez compris, vous avez mis en lumière la ligne droite que j'ai suivie, et, par votre article, vous avez fait revivre une série de souvenirs que j'avais moi-même en grande partie oubliés.

J'ai été ému en repassant par ces années de luttes, mais aussi de foi et d'espérance, de cette foi et de cette espérance que les opportunistes ont essayé de tuer, que nous avions fait renaître l'année dernière, et sur laquelle ils essayent de nouveau de poser la pierre du sépulcre.

Espérons qu'ils n'y parviendront pas et qu'il me sera donné dans la vieillesse de voir la réalisation des rêves que ma jeunesse a caressés.

Encore merci et bien cordialement à vous.

ALFRED NAQUET.

La Presse du 6 janvier 1890 (nᵉᵉ série - n° 580)

LE PATRIOTISME

La Constitution du 4 novembre 1848 portait dans son préambule :

« La France respecte les nationalités étrangères comme elle entend faire respecter la sienne. Elle n'emploie jamais ses forces contre la liberté d'aucun peuple. »

L'Empire d'abord, M. Ferry ensuite, ont changé tout cela.

L'Empire a employé ses forces contre la liberté du Mexique.

Napoléon III a payé cette forfaiture de sa couronne, et la France, pour l'avoir laissé commettre, l'a payée de la perte de deux de ses plus belles provinces. Il n'y a plus à en parler, sinon pour mémoire.

Encore l'Empire avait-il une vue politique, vue politique fausse, vue politique coupable, mais vue politique qui expliquait sa conduite si elle ne la justifiait pas.

En présence de l'empiètement chaque jour croissant des races anglo-saxonnes, il avait cru, pas l'établissement de l'empire mexicain, fortifier l'élément latin dans le Nouveau-Monde et assurer une situation prépondérante dans toute l'Amérique espagnole à l'industrie et au commerce français.

M. Ferry et les majorités serviles qui ont fait l'expédition du Tonkin, et qui ont entraîné la France à leur suite dans cette campagne abominable, n'ont pas même eu les excuses dont l'Empire pouvait se servir, au moins à titre de circonstances atténuantes.

La colonie dont on nous dotait est de celles dont personne n'avait voulu, dont personne ne voudrait, si nous nous en allions demain.

Les conditions climatériques, et la densité de la population ne permettaient pas d'en faire une colonie de peuplement; les habitudes modestes et économes des peuples qui l'habitent ne permettaient pas davantage d'en faire une colonie d'exploitation.

C'est une charge, une simple charge qui est venue s'ajouter à toutes celles qui grevaient déjà notre budget, et cela sans espoir de compenser jamais les dépenses par des recettes supérieures ou même équivalentes.

De plus, M. Ferry avait derrière lui l'exemple du Mexique et de ses tristes conséquences. Il semblait qu'instruit par une expérience aussi cruelle, des Français auraient à cœur de ne pas tenter le sort une seconde fois.

Eh bien! il n'en a rien été. On s'est engagé à la légère, de gaité de cœur, dans cette entreprise criminelle.

Oui, criminelle! le mot n'est pas trop fort.

Criminelle contre la patrie française dont on est allé gaspiller les ressources financières, et dont les enfants ont dû répandre leur sang sans aucun intérêt national.

Criminelle contre les lois imprescriptibles de l'humanité.

Car enfin, il faudrait savoir quelles sont les doctrines du patriotisme moderne, et si, sous couleurs de progrès, nous sommes retournés à Rome.

Pour les anciens, le patriotisme consistait à aimer son pays, mais à considérer le reste du monde comme l'ennemi.

En dehors de la cité romaine, il n'y avait pas d'humanité: vis-à-vis de l'étranger, c'est-à-dire de l'ennemi, la conquête, le brigandage, le vol, tout était permis.

La civilisation moderne semblait s'être élevée à une conception plus haute et plus sereine.

Les légions de 1792 proclamaient la fraternité des peuples, et les rudes patriotes de la Révolution n'entendaient faire la guerre qu'aux oppresseurs, aux tyrans, pour la délivrance universelle.

C'est encore au chant des couplets de Dupont : « Les peuples sont pour nous des frères », que nos pères de 1848 demandaient à la République de s'armer pour la liberté du monde.

A leurs yeux, — et c'est là ce qu'ils avaient affirmé par ce magnifique préambule de la Constitution du 4 novembre que nous rap- lions plus haut, — l'amour de la Patrie n'en- traînait pas nécessairement la haine des autres nations. Au contraire! Ils honoraient le pa- triotisme chez les autres comme ils enten- daient le faire respecter chez eux.

En attendant que le progrès — malheureu- sement ralenti depuis par les catastrophes de 1870 — puisse réaliser ce grand idéal de la confédération républicaine de l'Europe, seule capable de résoudre le problème social, le patriotisme consistait pour les républicains à maintenir haut et ferme le drapeau de la France, à ne permettre à qui que ce soit de s'immiscer dans nos affaires, mais à ne pas intervenir davantage dans les affaires des autres, et à procéder vis-à-vis des nations étrangères comme nous entendions qu'il fût procédé vis-à-vis de nous.

Il consistait, ce patriotisme élevé, à préluder par le respect commun à la fraternité et à l'alliance future de tous les hommes réunis dans l'humanité.

M. Ferry dirait peut-être que cette concep- tion est encore la sienne. Mais les Tonkinois sont-ils des hommes, et le sentiment de la Patrie doit-il s'étendre aux peuples orien- taux?

Je n'ai pas pour ma part une minute d'hési- tation à répondre que les peuples de l'Ex- trême-Orient ont le droit de se réclamer des principes généraux de la justice tout comme ceux de l'Extrême-Occident.

Que l'on parle de races inférieures, lorsqu'il s'agit de peuplades sauvages comme celles du centre de l'Afrique qui n'ont jamais su parvenir à créer même les rudiments d'une société civilisée, passe encore, pourvu que, sous forme de civilisation, on ne leur apporte pas le pillage et le massacre.

Mais la Chine et les nations qui procèdent de son esprit et de ses tendances sont des na- tions civilisées.

Si elles se sont constituées sur des bases sociales absolument différentes des nôtres, c'est leur droit absolu, comme c'est le nôtre de nous constituer en République au milieu de l'Europe monarchique, comme c'est celui de l'Angleterre ou de l'Allemagne de demeurer monarchiques malgré le courant qui semble devoir entraîner toutes les sociétés humaines vers le gouvernement républicain.

Nous n'avons rien à y voir.

Et lorsque, sous prétexte de je ne sais quelle supériorité de race, dont les Allemands se sont targués contre nous en 1870, et dont, par cela même, nous devrions rougir de parler, nous allons porter la guerre à ces populations paisibles, qui ne nous ont jamais gênés en rien, et qui ne demandaient qu'à demeurer tranquilles chez elles, nous commettons un simple acte de piraterie.

Cet acte de piraterie conserverait son caractère odieux, si même nous avions un intérêt national à le commettre. Mais, étant donné que notre intérêt national est en sens contraire, il n'est plus qu'un acte de pure et simple cruauté.

Et si, pour établir nôtre domination, nous en sommes réduits à traiter de rebelles ceux qui défendent leur pays, à décapiter avec tous les raffinements des siècles de barbarie ceux qui incarnent en eux le patriotisme, nous nous interdisons de réclamer contre les violations du droit dont nous sommes nous-mêmes les victimes.

Le meurtre du Doï Van excuserait les crimes commis chez nous en 1870-1871 par les Allemands, si la nation française en était responsable.

Heureusement que si quelques scélérats ont entrepris cette expédition abominable, et la continuent par d'exécrables moyens, la vraie France est innocente des crimes qui se commettent en son nom.

Le Suffrage universel, égaré par les calomnies, trompé par les mensonges, comprimé par la pression de la candidature officielle, a pu donner en apparence un *quitus* aux misérables sur qui retombe la responsabilité de toutes ces infamies. Mais déjà il mesure l'étendue de son erreur ; il se ressaisit, et pour les vainqueurs d'aujourd'hui le réveil sera terrible.

Le peuple français, le peuple fraternel par excellence, le peuple de la Révolution, ne tolérera pas longtemps d'être gouverné par ceux qui l'exploitent, le déshonorent, et lui feraient perdre jusqu'à l'estime des hommes.

M. Ferry a pu triompher une heure, au moins dans les siens ; mais son triomphe sera de courte durée, et des crimes tels que celui de Hanoï ne contribueront pas peu à le transformer en une irrémédiable défaite.

ALFRED NAQUET.

La Presse du 15 janvier 1890 (2e série - n° 589)

LES ÉLECTIONS DE DIMANCHE

Le scrutin du 12 janvier n'a rien qui nous étonne. Il est conforme à tous les précédents en pareille matière. Il ne nous a nullement surpris et moins encore découragés.

Les élections partielles ne peuvent en aucune façon, dans les campagnes, être comparées aux élections générales.

Avec l'abominable centralisation que nous ont léguée les régimes monarchiques et que l'opportunisme maintient soigneusement comme son principal instrument de domination, de tels résultats sont naturels, logiques.

Lorsque les électeurs ruraux ont à manifester leurs volontés dans une consultation générale du pays, ils ne se laissent guider que par leurs sentiments politiques.

Ils ne savent pas en quelles mains va passer le pouvoir, et ignorant, par suite, de quel côté sont leurs intérêts matériels locaux, ils votent pour le candidat qui représente le parti auquel ils désireraient que le gouvernement fût confié.

Mais lorsque à la suite de décès, de démission ou d'invalidation, la parole leur est rendue sur quelques points du territoire, les choses changent d'aspect.

Les autorités n'ont pas de peine à les convaincre que leur vote ne modifiera en rien la majorité à la Chambre, que le gouvernement demeurera dans les mêmes mains, et que dès lors, en attendant l'expiration du mandat de la Chambre, ils sont intéressés à élire un député bien en cour, capable de dériver à leur profit une partie des faveurs et des prébendes administratives.

Qu'ils élisent un représentant gouvernemental, et ils auront un défenseur tout puissant qui leur procurera places, subventions, satisfactions de tout genre; qu'ils élisent un représentant de l'opposition, et l'administration demeurera sourde à toutes leurs doléances, à toutes leurs réclamations. Les impôts payés par eux iront enrichir les populations bien pensantes, eux seront sacrifiés.

Ils pourraient se dire sans doute que par leur vote, ils consolident un régime néfaste qui les ruine; mais ce sont là des arguments bons pour les populations éclairées et indépendantes des villes. Les habitants de nos

campagnes, disséminés, incapables de se
défendre contre les vengeances des préfets et
des maires, n'ont pas la liberté morale voulue
pour cette politique large et philosophique.
Ils se réservent de voter encore selon leurs
convictions, quand ils auront chance de les
faire triompher. En attendant, ils courbent la
tête et inclinent leurs volontés.

Le gouvernement, d'ailleurs, a une bien
plus grande force dans les élections partielles
que dans les élections générales.

Ici il lui faut disséminer ses ressources,
éparpiller ses moyens sur toute la France, et
ces ressources, ces moyens perdent par suite
de leur intensité, tandis qu'ils gagnent en
étendue.

Lorsque au contraire, le ministère de l'intérieur n'a à songer qu'à cinq ou six circonscriptions, il peut concentrer sur elles tous ses
efforts et il obtient naturellement des résultats
proportionnés à la pression abominable à laquelle il lui devient possible de se livrer.

C'est ce qui fit, en 1885, que les électeurs du
Nord, de la Lozère, de l'Ardèche se retournè-
rent en quelques mois. Mais on aurait tort de
croire que les mêmes phénomènes puissent
se reproduire à Paris et dans les grandes
villes républicaines.

Les anciennes Chambres en avaient la conscience, et c'est ce qui faisait que l'on n'a-
vait jamais essayé jusqu'ici d'invalider les
élus de Paris.

La Chambre actuelle a voulu faire cette
tentative audacieuse. Nous n'en sommes nullement fâchés. Elle verra ce qu'il lui en coû-
tera.

Paris n'a jamais escompté les faveurs administratives. Paris ne s'est jamais déterminé
par des considérations locales mesquines et
égoïstes. Il ne suit que les inspirations de son
patriotisme ; il n'accorde ses suffrages qu'à
qui lui paraît représenter les grands intérêts
de la patrie et de la République.

Paris a surtout le culte du Suffrage universel, et les invalidations, loin d'abattre son
courage, ne font que redoubler sa colère et
son énergie.

Lorsque les Parisiens ont vu une Chambre
qui ose se dire républicaine souffleter le Suffrage universel en proclamant élu le candidat qui n'avait obtenu que la minorité des suffrages ;

Lorsqu'ils ont vu cette même Chambre ag-
graver cette insulte à la volonté nationale en
brisant le mandat des députés légalement et

régulièrement élus ; lorsqu'ils ont vu ces hommes, qui se disent les défenseurs de la liberté et les adversaires de la dictature, fouler aux pieds la liberté et inaugurer la pire des dictatures, la dictature de l'impuissance, de l'incapacité et de la honte, ils ont éprouvé une indignation profonde que nos gouvernants apprendront sous peu à connaître.

Au 22 septembre et au 6 octobre, les électeurs de Neuilly, de Saint-Denis, de Pantin, de Sceaux, du treizième et du cinquième arrondissement, avaient voté pour le Parti républicain national, pour les candidats qui se réclamaient de la révision et qui se rangeaient sous le glorieux drapeau porté par le général Boulanger.

Demain, ceux qui avaient, il y a trois mois, affirmé ainsi leurs convictions revisionnistes, feront à nouveau ce qu'ils ont fait alors. Pas un seul ne manquera à l'appel.

Mais à ces vaillantes phalanges viendront se joindre une foule de citoyens qui, effrayés par les calomnies monstrueuses répandues contre le Parti national et son chef, s'étaient prononcés contre nous ou s'é,aient abstenus.

Demain ces républicains, sans modifier peut-être leurs opinions générales, voteront sans hésitation pour les députés invalidés du Parti national.

Ils voteront pour eux, parce qu'ils n'entendent pas qu'on se joue de la volonté nationale.

Ils voteront pour eux, parce que l'attitude du gouvernement et de la Chambre les ont éclairés sur l'honnêteté du parti auquel ils ont cru, et sur la valeur des infamies répandues contre nous et auxquelles, un moment aussi, ils avaient ajouté foi.

Ils voteront pour eux, pour les raisons mêmes qui les avaient fait se déterminer, il y a quatre mois, en sens inverse ; parce qu'ils exècrent la dictature et qu'ils voient maintenant de quel côté sont les périls de dictature.

Le gouvernement essaiera peut-être de se déclarer satisfait. Nous lui laisserons d'autant plus facilement cette satisfaction qu'elle sera de courte durée. Quelques jours à peine nous séparent du verdict de la capitale. Ce verdict, nous l'attendons avec confiance.

ALFRED NAQUET.

L'Éclair du 21 janvier 1890 (3ᵉ année — nᵒ 485)

LES BOULANGISTES

DISSENTIMENTS ENTRE MM. NAQUET ET LAUR

Les incidents de Neuilly. — M. Laur blâmé par M. Naquet. — Conversations avec MM. Naquet et Laur. — Conversation avec M. E. Drumont. — Un prochain manifeste

La réunion de samedi soir et l'intervention de la Ligue antisémitique font en ce moment grand tapage dans le parti boulangiste.

Nous avons publié hier dans notre deuxième édition les extraits de journaux boulangistes adjurant M. Laur et ses partisans de ne pas créer de nouvelles divisions dans le parti. M. Laur ayant passé outre, il en est résulté un très violent dissentiment entre lui et M. Naquet.

Dans ces conditions, il était intéressant d'avoir l'avis des principaux acteurs de ces événements, et nous avons pu obtenir de MM. Naquet, Laur et Drumont, les entretiens suivants, où ils apprécient mutuellement leur rôle et leur attitude.

M. Laur blâmé par M. Naquet

— Je ne demande pas mieux de répondre à vos questions, nous a déclaré M. Naquet, d'autant que c'est pour moi une occasion de vous dire ce que je pense de la campagne antisémite menée par M. Drumont.

Mais tout d'abord je vous avouerai qu'aussitôt que j'ai su que M. Drumont devait prêter son concours à M. Laur à la réunion de Neuilly, j'ai écrit à mon ami une lettre pour le dissuader d'accepter ces offres de services.

M. Laur n'a pas accédé au désir que je lui ai exprimé. J'en éprouve un vif regret en même temps que je cherche en vain une explication à ce refus. Et cependant, si mon ami Laur se fût donné la peine de la réflexion, il n'aurait pas accepté pour auxiliaire un homme qui dans la *France Juive* se complaisait à traîner Laguerre dans la boue, et plus récemment, aux élections du 22 septembre se déclarait ouvertement notre adversaire.

En effet, quelques jours avant l'heure du scrutin, M. Drumont n'a-t-il pas fait apposer sur les murs de Paris des affiches où, en gros caractères, on lisait en substance sous sa signature :

« Je me sépare du Boulangisme, car la République nationale, en écharge du juif borgne Gambetta et du sémite boiteux Thévenet, nous donnerait le juif bossu qui a nom Naquet. »

Et ce sont de tels auxiliaires dont M. Laur accédé l'appui.

Mais en dehors de ces raisons de pure convenance, il en est d'autres qui motivent non moins fortement ma désapprobation.

La présence de M. Drumont de par sa situation de président de la Ligue antisémite, devait fatalement dénaturer le caractère de la réunion dont M. Laur était le promoteur. Sans doute, le mot *Juif* dans la bouche de M. Drumont n'a pas la même signification que dans celle de M. Laur. Pour notre ami, Juif est synonyme d'accapareur, de spéculateur éhonté. Pour l'écrivain antisémite, au contraire, le Juif est l'ennemi auquel il faut faire une guerre acharnée en raison de la race dont il est issu et de la religion qu'il pratique.

Une défense des Israélites

Or, c'est une lutte, c'est une campagne odieuse, à mes yeux, que celle menée contre les juifs par l'auteur de la *France juive*. Elle est tentative de violation de nos libertés si chèrement acquises ; et si elle n'est dirigée que contre les détenteurs de capitaux, elle est une criante injustice. Car, enfin, pour tout dire, est-ce que les juifs personnifient la haute banque ? A côté des Rothschild n'avez-vous pas les Lebaudy, dont les millions se comptent par centaines ; les Christophle, dont les agissements sont bien connus ; les Germain et les Homberg !

Les Rothschild ne sont pas toute la finance et les juifs tant en France qu'à l'étranger ne tiennent pas une place si exclusive. En Amérique les Jay Gould, les Vanderbilt, ne sont pas juifs. En Angleterre, la maison Bahring, la plus grande maison financière de Londres, n'est pas une maison juive.

Qu'on attaque tel ou tel agioteur ou tel ou tel accapareur, qu'on défende contre eux les petits et les humbles, rien de mieux, c'est la politique du général Boulanger, c'est la mienne, c'est celle du programme de Tours.

Mais qu'on ne les attaque point comme juifs, car on risque ainsi de faire retomber sur toute une classe de citoyens la faute de quelques-uns.

C'est ce que m'écrivait un israélite ému des attaques dont ses coreligionnaires sont l'objet. Et il me faisait judicieusement remarquer qu'en employant un vocable aussi impropre que celui de Juiverie, on s'exposait à atteindre ceux-là mêmes, qu'on voudrait défendre et à épargner ceux que l'on veut attaquer. Les puissants trouvent toujours le moyen d'échapper aux mouvements populaires, et les petits, qui n'ont pas les mêmes moyens d'action, tombent sous les coups de l'opinion déchaînée.

Nous avons des israélites dans toutes les professions libérales. Nous en avons, j'en connais, qui sont de simples ouvriers. Nous avons des artistes qui ont enrichi l'art national.

Enfin, nous avons et nous avons eu des militaires qui ont versé leur sang pour la patrie et sont prêts à le verser encore.

Faut-il vous citer le commandant Franchetti ? Il me répugne de traiter cette question, parce que j'ai l'air de plaider *pro domo mea*, mais si j'avais eu l'avantage de naître de parents catholiques, j'aurais fait une campagne énergique contre les doctrines que je considère comme une réaction néfaste contre tous les principes de la Révolution française.

Si les juifs ont eu souvent des situations élevées, c'est que c'est une race active et laborieuse.

Les dangers de la campagne antisémitique

Je ne vois pas ce que la France aurait à gagner à les rejeter de son sein ; ce serait la réédition de la faute criminelle commise par Louis XIV, lorsqu'il révoqua l'Edit de Nantes, ou de celle que commirent les monarques espagnols quand ils expulsèrent les Maures d'Espagne.

L'Espagne y trouva sa ruine pour des siècles, et la France n'a a eu d'autres avantages que de rejeter parmi nos ennemis une population qui était à cette époque l'élite de la nation française.

Veut-on revenir aux mêmes erreurs ?

On dit qu'il faut combattre l'Allemand dans le Juif, et l'on oublie que l'antisémitisme a pris sa source en Allemagne, et que cela seul devrait suffire pour le rendre odieux aux Français.

L'antisémitisme blâmé par le général

Du reste, cette politique a été maintes fois blâmée et énergiquement par le général Boulanger. Il n'est pas responsable des erreurs de quelques-uns qui appartiennent à son parti et sur lesquels malheureusement l'éloignement et l'exil ne lui permettent plus d'exercer une direction suffisante.

On reproche aux juifs d'être des opportunistes. Je les en blâme certainement, mais ils sont peut-être en cela plus excusables que d'autres. Affranchis par la République, ils sont presque tous républicains et, comme tant d'autres, ils ont cru aux calomnies répandues contre le Parti national et contre son chef.

Peut-on vraiment les en blâmer beaucoup en présence des attaques violentes lancées contre eux par plusieurs des nôtres, attaques qui, certainement, n'étaient pas de nature à les ramener à nous ?

J'espère toutefois que comme les autres républicains français, ils sauront ne pas rendre responsable la doctrine de notre parti de certains écarts de langage qui ne peuvent l'entamer. Notre parti, le général l'a dit à Tours dans un discours qui reste notre programme, est celui de la paix religieuse, de la paix de conscience, de l'égalité des citoyens devant la loi, de la véritable liberté dont la République nous paraît inséparable.

Chez M. Laur et M. Laguerre

En quittant M. Naquet, il nous restait à savoir de M. Laur pour quelles raisons il n'avait pas accédé au désir exprimé par son ami.

Nous avons trouvé le candidat de Neuilly assez déconcerté du bruit qui se fait autour de l'intervention antisémitique, et plutôt désireux de se dérober à nos questions.

Cependant, comme nous ne lui cachions pas que nous venions d'avoir une conversation avec M. Naquet, c'est d'un air navré que M. Laur nous répond:

— Alors, vous allez attacher tant d'importance à la présence de M. Drumont à ma réunion d'hier ? C'est chose regrettable, et, franchement, si j'avais vu aujourd'hui M. Naquet, il m'aurait suffi d'un moment d'entretien pour le dissuader de vous encourager dans cette voie par ses déclarations. Je serais facilement parvenu à calmer une susceptibilité toute personnelle.

— N'empêche que vous n'avez pas répondu à la lettre qu'il vous a écrite.

— Mais j'eusse été bien embarrassé de le faire, puisque je ne l'ai reçue qu'après la réunion, en rentrant chez moi, à deux heures du matin. D'ailleurs, force m'est d'ajouter que si cette lettre m'était parvenue en heure et en temps, je n'en n'aurais tenu aucun compte.

Que diable, je ne puis cependant pas, de crainte de froisser des susceptibilités, subordonner la moindre de mes décisions à l'avis préalable de tous les membres du parti national.

J'ai posé ma candidature sur le terrain antisémitique, je dois y rester.

D'ailleurs, en combattant les juifs, je n'en fais pas une question de race ou de religion. Chaque fois que j'ai parlé de juifs, j'ai entendu parler de la juiverie financière, des accapareurs, des Rothschild. J'ai eu soin de préciser.

Mais, en vérité, M. Naquet, si acclamé cependant à la réunion de Neuilly, attribue à la présence de M. Drumont une importance qu'elle n'a pas et, je vous le répète, un simple entretien m'eut suffi pour calmer sa susceptibilité et l'empêcher de rendre le public témoin de ce petit désaccord. »

Ainsi nous a parlé M. Laur. Quant à M. Laguerre, de qui nous désirions obtenir quelques appréciations sur ces incidents, et notamment sur le rôle de M. Drumont, il nous a simplement répondu en ces termes :

— M. Drumont m'a trop violemment pris à parti dans la *France Juive* pour que ma réponse puisse être impartiale. C'est pourquoi je considère qu'il est préférable de me taire.

Chez M. Drumont

L'impartialité nous faisait un devoir d'aller soumettre au principal intéressé, M. Drumont, les termes de la double conversation que nous venions d'avoir.

— Vous ne me surprenez nullement, mon cher confrère, nous a dit le distingué écrivain, en me décrivant la fureur de M. Naquet. Il se sent personnellement atteint et il proteste : c'est dans l'ordre naturel des choses. Mais, à l'annonce de son courroux, je ne puis me défendre d'un sentiment de satisfaction qui s'explique par la conviction profonde et basée sur des preuves indiscutables que Naquet a été l'homme funeste du parti boulangiste. Il a joué le rôle du traître de mélodrame opérant pour le compte d'un homme qui paie les trahisons.

La réfutation qu'il entreprend de ma campagne

antisémitique est d'une mauvaise foi évidente.

Moi, faire une guerre de religion, une guerre de race! Non pas, et à la réunion de Neuilly, il n'a été nullement question de tout cela.

Examinant le problème social, j'ai réclamé la justice pour tous, et me suis élevé contre ce fait patent qu'un Rothschild, grâce à ses milliards, échappe aux pénalités que devraient lui valoir ses méfaits, alors qu'un pauvre diable, poussé par la misère pour avoir volé un pain, s'en va gémir pendant des mois dans les prisons.

Et c'est parce que M. Laur a été le seul qui ait eu le courage et l'intégrité de dénoncer ces milliardaires de la race de Caïn que j'engage mes amis à voter pour lui. Le succès sera un hommage rendu à cet honnête homme, qui, s'il eût voulu accepter pour prix de son silence la forte somme que je sais lui avoir été proposée, n'habiterait pas aujourd'hui un modeste appartement de la rue de l'Université.

D'ailleurs, dans un manifeste émanant du comité de la Ligue nationale antisémitique de France, je ferai ressortir les inconvénients de l'envahissement du juif allemand, parasite exploiteur et tripoteur.

C'est une patriotique mis ion qui nous incombe, à nous autres antisémites, et c'est un moyen pour nous de protester que de soutenir la candidature de M. Laur.

— Et que direz-vous dans ce manifeste?

— Oh! nous ne ferons pas appel aux passions. Je m'efforcerai de mettre en relief des faits, des faits seulement.

Pour les sémites comme pour les antisém'tes, j'établirai un bilan et je dirai:

« Citoyens, voilà des faits, pesez, méditez, et jugez. »

Et pour établir combien la justice est inégale pour tous, pour montrer combien les Rothschild et consorts sont assurés de l'impunité, je n'aurai, pour citer des exemples, que l'embarras du choix.

Voyez les directeurs de l'Union Générale, ils sollicitaient un délai de quarante-huit heures, sans rien demander du gouvernement, pour tenter de sauver leur entreprise effondrée.

On le leur a refusé, et ils ont été arrêtés, ils ont été mis en prison. Pourquoi? C'est qu'ils étaient les ennemis des Rothchild?

Autre chose.

Les administrateurs du Comptoir d'Escompte, sans souci des statuts, avaient dilapidé, dans des spéculations, des fonds à eux confiés en dépôt. Non contents de cet abus de confiance, dans un rapport du 30 janvier 1889, ils déclaraient faussement leurs opérations régulières.

Qu'en est-il advenu? C'est qu'il a suffi qu'un Juif de Francfort fût dans l'affaire pour que le conseil des ministres obtînt de la Banque de France un prêt de deux cent quarante millions. Et pas un administrateur n'a été incarcéré!

Voilà donc comment la justice est rendue aujourd'hui, comment les Hauts Barons de la Finance conspirent ouvertement contre les travailleurs, comment ils ruinent impunément des milliers de familles pour acquérir un peu plus d'or par suite de la complicité de juges qu'ils ont achetés.

Ils sont le microbe de la République la République mourra de ce microbe, si elle ne s'en débarrasse pas. Il faut donc le tuer. Donc, mort aux Juifs !

Voilà ce que je dirai en substance dans un manifeste dont j'arrêterai prochainement les termes et le sens dans lequel la ligue antisémite prête son appui à M. Laur, qui a eu, je le répète à sa gloire, le courage de désigner la Juiverie financière.

Lettre à Laur à propos de la question juive

Paris le 21 janvier 1890

44 rue de Moscou

Mon cher Laur

Je ne vous invite pas à déjeuner parce que les dames sont malades. Mais venez me prendre demain à 2 heures; nous irons au Comité ensemble et nous causerons.

Seulement je sais bien tout ce que vous allez me dire. C'est ce que Laisant a dit hier soir à la réunion du V⁵ et à quoi je n'ai pas jugé à propos de répondre. Je connais trop Laisant et vous pour vous croire capable d'une guerre voulue de religion et de race. Mais que vous le vouliez ou non vous la faites, et le titre d'antisémite que vous prenez, le patronage de Drumont, sont si significatifs que, à la suite de la réunion de Neuilly, j'ai failli retirer ma candidature au V⁵ en le motivant. Je me suis arrêté devant cette considération que vous n'aviez pas consulté le Comité, et que le général ne s'était pas prononcé.

Mais, je vous l'avoue bien sincèrement, après le 15 février j'irai à Jersey; et si cette guerre odieuse ne cesse pas, si le vocable "juif" n'est pas banni de la langue des membres de notre parti, je considérerai comme une question d'honneur de me séparer. La langue française est assez riche pour que vous employiez les mots qui ne prêtent pas à l'équivoque, au lieu de ceux qui blessent et atteignent une masse considérable de vos concitoyens, aussi honorables que les plus honorables d'entre les Français.

Je ne suis ni israélite ni financier. Depuis l'âge de 13 ans je n'ai pas mis les pieds dans une synagogue, si ce n'est pour l'enterrement de ma mère qui l'avait demandé. Je me suis marié civilement avec une catholique. Je n'ai pas fait circoncire mes enfants malgré mon père qui me coupa les vivres à cause de cela, et qui me força ainsi à m'exiler à Palerme. Le dernier de mes enfants est même baptisé; (malgré moi il est vrai) j'ai fait enterrer mon père civilement; jusqu'il y a 7 ou 8 ans je n'ai fréquenté aucun israélite; je suis comme vous l'adversaire des grandes compagnies qui ont mis la main sur la France, et j'ai plaidé le rachat des chemins de fer et le non-renouvellement du privilège de la banque avant vous.

Mais je suis de race juive, et jamais je ne renierai une race qui a mérité l'estime du monde par

seize siècles de résistance à d'odieuses persécutions. Je me
Considérerais comme déshonoré si je m'associais - même par
mon silence - à des campagnes, même faites à la légère contre
elle, et moi qui suis si peu juif, je le deviendrais. Que
mes Coréligionnaires soient persécutés ou menacés, moi qui
n'ai pas de religion, en matière de protestation, je rentrerai à la Synagogue. Et jugez, s'il en est ainsi pour moi,
Ce qu'il doit en être pour les autres.

Je ne Vois donc pas bien quelles pensées nous pouvons
échanger puisque nous Sommes intransigeants l'un et
l'autre. Cette question ne se tranchera qu'après mon
Voyage à Jersey.

Vous avez dit à Louriau : « s'il n'est pas content
(Naquet), c'est le juif qui se révèle en lui. Je n'y puis
rien. »

Vous avez en raison. Mais j'estime que si le juif
ne se révèlait pas en moi devant de pareilles attaques
émanées de mon propre parti, je deviendrais méprisable.

Que M. Drumont, malgré les protestations actuelles, fasse une Guerre de religion et de race (et
il suffit de lire 5 pages de la France juive pour
se Convaincre qu'il la fait), cela ne m'inquiète
ni ne m'émeut. mais laissez mon parti se mettre
à la remorque de Cet homme, alors que Derrière ce

mouvements il n'y a au fond qu'une question de Concurrence financière (et non d'affranchissement du peuple) Concurrence à laquelle on sacrifierait toute une population, je me déshonorerais. Jamais !

Cordialité quand même

A. Naquet

La presse du 27 janvier 1890 (nouvelle série – n° 501)

L'INCIDENT MARTINEAU

Que M. Martineau se rassure ! Si je prends aujourd'hui la plume, ce n'est point dans l'intention de le couvrir d'injures et de l'écraser.

M. Martineau a commis une action certainement très blâmable, mais le châtiment a été tel que je n'ai pas la force de me faire à mon tour son accusateur.

Je veux seulement tirer de l'incident l'enseignement politique qu'il comporte.

Le boulangisme, à côté du but révisionniste qu'il a poursuivi et qu'il poursuit encore, a eu une visée plus haute dont la révision elle-même n'était que l'un des éléments, l'un des moyens.

Cette visée, c'est la réconciliation de tous les Français dans la République.

La France ne peut reconquérir dans le monde le rang glorieux qui lui est dévolu par son histoire, si elle demeure profondément divisée sur elle-même, si, ainsi que le disait éloquemment il y a quelques jours Millevoye, à l'union des Bavarois, des Wurtembergeois, des Saxons, des Prussiens, et même des Autrichiens et des Italiens, elle ne parvient pas à opposer celle des 38 millions de Français.

La révision, en même temps qu'elle aurait doté notre pays d'institutions démocratiques en harmonie avec le Suffrage universel, aurait eu pour résultat certain de réaliser cette union fraternelle.

C'est ce qui fait que, le jour où j'ai parlé

pour la première fois en faveur du Parti républicain national, au café Riche, j'ai prononcé le mot de « République ouverte » qui a fait fortune depuis.

Dès le lendemain, ce mot seul entraînait vers le général Boulanger quantité de recrues prises dans le parti conservateur, impérialistes ou royalistes, qui sont entrés dans la République et qui n'en sortiront plus.

Mais là ne se seraient pas arrêtées nos conquêtes si nous avions eu la victoire. Les hésitations de la droite parlementaire en fourniraient une démonstration irréfutable à qui en douterait.

La Constitution une fois revisée et plébiscitée, l'immense majorité des conservateurs, des à présent dégagés de l'idée impériale ou royale, se seraient hâtés d'adhérer au verdict du Suffrage universel ; il ne serait resté en dehors de la République que quelques citoyens honorablement retenus par la fidélité à de très vieilles et très respectables amitiés.

L'opposition monarchiste aurait cessé d'être un facteur politique ; et la France, comme les États-Unis, en serait venue à ne plus même prononcer le nom de la République, parce que la République aurait été désormais incontestée.

Alors, l'outil constitutionnel étant approprié au travail d'une société démocratique, l'union de tous les enfants de la France étant faite, les hommes seraient groupés d'après leurs affinités réelles ; des partis dignes de ce nom, ayant un programme très net, se seraient substitués à nos partis incohérents actuels ; la nation serait entrée dans la voie des réformes fécondes, et l'expérience de la liberté républicaine exerçant enfin son influence attractive sur les peuples étrangers, nous aurions vu bien vite notre pays se relever plus grand et plus fort de tous les abaissements et de toutes les chutes que des gouvernements indignes lui ont valus.

Seulement, pour cela, il fallait vaincre, et pour vaincre il fallait lancer à l'assaut toutes les troupes décidées au combat, sans se préoccuper de leurs origines.

Il fallait appeler tous les vieux républicains qui voulaient bien répondre à cet appel ; mais il fallait appeler aussi les républicains récemment venus à nous, ceux auxquels nous avons donné ce titre de « républicains ralliés », que la plupart ont justifié depuis par leur attitude, malgré toutes les plaisanteries de

mauvais goût que les opportunistes ont faites
sur cette appellation.

J'ajoute sans hésiter que là où manquaient
les républicains d'origine et les républicains
ralliés, il ne fallait pas hésiter une seconde à
accepter le concours d'opposants qui n'osaient
point encore affirmer le principe de la République.

Quel danger y avait-il à le faire ?

Aucun !

La Chambre actuelle n'est point constituante, et n'a jamais dû l'être dans la pensée
de personne.

Si nous avions triomphé, son rôle unique
aurait été de convoquer une Constituante.

Or, le jour où la Constituante aurait été
convoquée, toutes les nuances de la démocratie républicaine se seraient trouvées grou-
pées contre l'idée monarchique, et la majorité
qu'aurait eue la République dans cette assemblée aurait été immense.

Nous étions divisés entre républicains, parce
qu'une fraction de notre vieille armée, suivant des conseils perfides, ne voulait pas de
la revision. Mais le jour où, le principe de la
revision étant admis, il se serait agi de la
faire, les forces séparées de la veille se seraient retrouvées côte à côte le lendemain
pour la faire républicaine.

Après avoir battu les radicaux et les opportunistes sur le terrain de la revision, avec
l'appui des royalistes eux-mêmes ; nous aurions battu les royalistes, à leur tour, sur la
question de République, avec le concours de
nos ennemis d'aujourd'hui ; et enfin nous aurions, dans l'organisation de cette République, remporté une dernière victoire avec l'appui des conservateurs contre les jacobins, en
l'organisant sur des bases de tolérance et de
respect de toutes les libertés.

Ce plan, les conservateurs ne l'ignoraient
pas, et ils contribuaient à sa mise à exécution
parce qu'eux aussi visaient à la réconciliation générale.

Ils y voyaient le moyen d'entrer sans trahison, sans capitulation de conscience, sans
aucun abandon de cette unité de la vie qui fait
l'honneur d'un homme, dans cette République
ouverte que nous leur offrions et dont, au
fond de leur cœur, presque tous désiraient
l'établissement.

Voilà quelle a été notre idée dominante,
celle à tout le moins qui m'a personnellement
le plus entraîné, la plus séduit.

Cette idée, avec son admirable sens politique, la grande majorité de la population parisienne l'a comprise, et c'est pourquoi elle a adhéré au boulangisme, avec un sentiment aussi raisonné et réfléchi qu'enthousiaste, dont rien désormais ne la fera plus démordre.

Mais les populations rurales l'ont moins bien saisie. Ce qui a entraîné les Parisiens ce qui a entraîné les chefs du mouvement boulangiste, les a effrayées, au contraire. Habituées à la division, aux luttes intestines, elles n'ont pas pu se faire à l'idée de voir des frères dans ceux qui se combattaient de père en fils depuis un siècle, et elles se sont détournées momentanément de nous.

C'est une campagne à reprendre, une nouvelle étape à franchir. Ayant Paris avec nous, nous la franchirons sûrement.

Mais les populations rurales n'ont pas été seules à ne pas comprendre.

Tandis que les simples électeurs parisiens, avec un instinct qui ne les trompe jamais, allaient droit au but sans se laisser arrêter par rien; les politiciens, les états-majors, subissaient les mêmes hésitations que les électeurs de nos campagnes. Parmi ces politiciens, quelques-uns ont été en butte à un double courant. Par instants, ils étaient enthousiasmés par les aspirations nobles et généreuses de notre parti; par instants, au contraire, le vieil homme reparaissait en eux avec ses craintes, ses passions, ses rancunes, ses défiances.

Je pourrais même dire, pour être absolument juste, que ce double courant, aussi bien parmi les boulangistes d'origine républicaine, que parmi ceux qui sont d'origine conservatrice, tout le monde en a subi, à des degrés divers, les effets.

Seulement chez les uns le courant de suspicion et de haines, le courant de craintes et de rancunes le courant rétrograde, en un mot, a passé comme un éclair aussitôt évanoui; chez les autres, c'est le courant d'union, de concorde, d'apaisement, de réconciliation et de liberté qui, au moment le plus fort, a fini par être dérivé par l'autre.

M. Martineau a été de ces derniers. A de certaines heures, il a entrevu la grandeur de notre œuvre comme dans une apparition magique. Mais l'image s'est dissipée bien vite, laissant son cerveau à ses vieilles habitudes psychiques et à ses vieilles idées.

Et pendant que nous tâtions à la concentra-

son révisionnisme, il en était encore, lui, à la concentration républicaine.

« Il s'est cru boulangiste, me disait l'autre jour Goussot, et il ne l'a jamais été. C'était un égaré parmi nous. »

Goussot est dans le vrai. C'est pourquoi, malgré le sentiment profond de colère que m'a inspiré d'abord la conduite du député du dix-neuvième arrondissement, je ne puis m'empêcher d'y mêler pour lui un sentiment de commisération et de pitié. Il est victime de son cerveau. Avec des qualités trop brillantes pour lui permettre de se classer dès le premier jour parmi nos adversaires, il a manqué de cette ampleur de vues qui l'aurait fait demeurer avec nous.

Je le plains sincèrement. Je ne puis songer sans indifférence à ce jeune homme, à ce débutant, qui, d'un bond avait conquis le poste de député de la Seine, ce poste qui a coûté à d'autres tant de luttes et de difficultés ; à ce jeune homme qui, adoré dans sa circonscription à cause des idées que l'on croyait représentées par lui, aurait été indéfiniment réélu ; à ce jeune homme devant lequel s'ouvrait un avenir brillant, et qui aujourd'hui, conspué de ses électeurs, rejeté avec mépris par ses adversaires, plonge, météore éteint, dans une nuit sans lendemain.

Mais si je déplore pour M. Martineau ce qui vient de se passer, j'en suis enchanté pour notre parti.

D'abord, cet événement démontre combien nos troupes sont puissamment disciplinées dans Paris, et avec quelle rigueur, peut-être excessive, ceux qui se séparent sans motifs sont châtiés.

Il démontre, en outre, que pour ceux qui nous abandonnent il n'y a rien à attendre de l'ennemi et que si le parti opportuniste est prêt à encourager toutes les défections, il n'est nullement disposé à en accueillir les auteurs.

Je ne crois pas qu'il y ait actuellement parmi nous beaucoup de personnes qui aient été tentées d'imiter M. Martineau. Je doute même qu'il y en ait une seconde. Mais ce que je sais bien, c'est que si cette seconde personne existait, l'exécution du boulevard de la Villette l'arrêterait sur cette pente fatale.

M. Martineau, comme d'autres avant lui, a cru porter un coup à notre parti. Il n'a fait qu'en accroître, en se perdant lui-même, la puissance et la cohésion.

ALFRED NAQUET.

La presse du 1ᵉʳ février 1890 (nᵉ série - nᵒ 606)

Discours de A. Naquet à la salle octobre analysé

Discours d'Alfred Naquet

Après une allocution toute vibrante de patriotisme et très chaleureusement applaudie d'André Lefèvre, notre ami Naquet prend la parole, salué par d'unanimes acclamations.

Dans un admirable discours, il rappelle que ce n'est pas d'aujourd'hui qu'il lutte pour la revision, pour le « referendum, » pour la suppression du gouvernement bâtard que nous subissons.

Ce n'est pas d'aujourd'hui qu'il combat pour l'organisation de la vraie République, de la République libérale et réformatrice. (Applaudissements.)

Naquet fait ensuite un remarquable tableau des événements politiques qui se sont passés depuis 1873. Il raconte les amertumes et les déboires de sa vie parlementaire. Il montre l'irrémédiable impuissance du parlementarisme.

« Sous l'Empire, dit-il, j'étais jeune, ardent, et voyant que tout allait mal je voyais la cause de tout ce mal dans la personne de Napoléon III.

« Sous l'Assemblée nationale, je dus m'avouer que cela n'allait pas mieux, mais je m'en pris alors à cette assemblée en majorité réactionnaire.

« Plus tard, me disais-je, quand nous aurons amené une Chambre républicaine, les réformes se feront.

« Elles ne se firent pas.

« La faute en est au Sénat, qui est encore réactionnaire, pensais-je.

« Le Sénat devint républicain et les réformes ne se faisaient toujours pas.

« Elles ne se faisaient pas, citoyens, parce qu'il y avait là une machine essentiellement mauvaise, le régime parlementaire. »

(Applaudissements. Vive Naquet ! Vive Boulanger ! Vive la République nationale !).

« Elles ne se faisaient pas, quoique les républicains fussent en majorité, parce que la Constitution disait aux députés : « Renverse le ministre et tu seras ministre à sa place » et que les quatre années de législature se passaient en intrigues et en crises ministérielles. (Cris de : Vive la République ! Vive Naquet !)

« Contre ce régime parlementaire, j'ai lutté de toutes mes forces. Je lutte contre lui, aujourd'hui encore, de toute mon énergie. (Bravos prolongés.)

« Longtemps j'ai parlé dans le désert, mais, un jour, il s'est trouvé un homme, un Général populaire (Vive Boulanger ! Vive la République !) rendu plus populaire encore par les persécutions indignes dont il a été victime... (Acclamations unanimes. Vive Boulanger ! Vive Naquet !)

« Eh bien ! cet homme, ce Général populaire, a

défendu les idées pour lesquelles je battais depuis si longtemps. Aussi j'ai mis ma main dans sa main loyale, et nous avons marché ensemble au combat. (Nouvelles acclamations).

« Citoyens, tels sont les motifs pour lesquels je suis allé au général Boulanger. (Cris de : Vive Boulanger ! Vive Naquet !)

« Voilà l'histoire de ma vie politique. J'ai conscience de n'avoir jamais agi que guidé par mon amour profond pour la République et pour mon pays, et voilà pourquoi, citoyens, j'ai confiance dans le verdict que vous rendrez le 16 février ».

De toutes parts les applaudissements éclatent, les acclamations se font entendre ; l'enthousiasme est indescriptible ; une véritable ovation est faite à Naquet.

La presse du 2 février 1890 (2ᵉ série - n° 508)

LA DOCTRINE PARLEMENTAIRE

Dans la séance du Sénat du jeudi 30 janvier dernier, on discutait la prise en considération de la proposition de loi de M. Poirier concernant l'organisation du Conseil général de la Seine. M. Buffet en profita pour faire, en quelques mots clairs et précis, la véritable théorie du parlementarisme.

« Le droit d'initiative, dit-il, comme le droit d'interpellation, est, dans les assemblées, pour les minorités, un moyen non seulement très légitime, mais très pratique de faire connaître leurs vues au pays, leur opinion sur la politique qu'il conviendrait de suivre, de faire ... par ce procédé cette opinion avec plus de ... que par des déclarations générales. Mais j'avouerai ... c'est peut-être une maxime vieillie, démodée, de l'ancien parlementarisme, que les majorités exerçaient leur initiative par l'organe du ministère qui les représente et qu'elles soutiennent.

« C'est là l'A B C du parlementarisme. D'une part, une majorité compacte, définie, ayant son programme législatif personnifié dans un cabinet qui a sa confiance et auquel elle s'en remet du soin de préparer et de conduire le travail législatif tout comme de celui d'administrer et de gouverner.

« D'autre part, une opposition qui s'efforce de conquérir le pouvoir, c'est-à-dire de gagner d'opinion pour obtenir la majorité aux élections générales, et qui, n'ayant pas d'organe officiel pour la représenter, fait connaître au pays la ligne politique qu'elle suivrait si elle était aux affaires, par le moyen des interpellations et des propositions de loi délibérées dans des réunions extraparlementaires, propositions et interpellations qui sont certainement les meilleurs instruments de propagande dont elles disposent.

C'est ainsi que les choses se sont toujours passées en Angleterre, aux beaux temps du parlementarisme. C'est encore ainsi qu'elles s'y passent aujourd'hui, quoique le régime parlementaire soit en profonde décadence même dans ce pays.

Il arrive bien quelquefois que le ministère hésite à déposer un projet de loi que la majorité désire. La majorité l'y invite alors par une résolution, mais elle ne se substitue pas à lui par le dépôt d'un bill.

Les *bills* individuels sont en Angleterre, soit des armes d'opposition, soit des moyens d'agitation légale dont se servent des députés pour mûrir certaines idées personnelles qui ne sont point encore entrées dans le domaine des partis.

Mais de ces individualités qui se substituent au cabinet, qui, indépendant, elles sont censées soutenir, pour préparer des lois d'ordre essentiellement politiques; de ces réunions plénières qui ont la prétention d'élaborer des programmes, de diriger le ministère au lieu d'être dirigées par lui, l'Angleterre n'en a jamais connu l'existence; et c'est sans doute à cause de cela que le parlementarisme a pu y fonctionner.

C'est, en somme, ce qu'exposait le plus naturellement du monde M. Buffet. Mais la majorité du Sénat s'est émue et a déclaré, par la bouche de M. Tolain, que « de ce que l'on est disposé à soutenir un gouvernement et un ministère républicain, il ne s'ensuit pas qu'on doive, en tous cas et en toutes circonstances, faire abstraction de sa propre opinion et des nécessités politiques que l'on croit nécessaire de faire triompher ».

M. Tolain peut avoir raison au point de vue républicain. Il a incontestablement tort au point de vue parlementaire, et il démontre clairement que, pas plus que la majorité du Sénat qui l'a applaudi, il ne s'est donné la peine d'étudier les règles et le mécanisme de la forme de gouvernement qu'il prétend cependant défendre contre les réformateurs révisionnistes.

Je puis en dire autant de la majorité de la Chambre des députés qui inonde le bureau d'une masse innombrable de propositions de lois, dont le moindre inconvénient est d'entraver tout travail régulier ; qui, par ses réunions plénières ou autrefois par ses groupes, entend régenter le ministère, lui faire son programme et le lui imposer.

Ces gens-là n'ont pas la première idée de ce qu'est le régime parlementaire et ils croient de bonne foi être dans la pratique normale de ce régime quand, en réalité, ils suivent les errements de la Convention.

Au fond, c'est le système conventionnel qui hante leurs cerveaux. Ce qu'ils rêvent, c'est une Chambre gouvernant, administrant elle-même avec des délégués pris parmi ses membres pour exécuter ses décisions.

Ce rêve est légitime, et il est possible, tout mauvais qu'il fût, que ce système ouvertement pratiqué fût encore préférable à celui que nous possédons. Mais cette conception d'une assemblée qui gouverne elle-même et dont les ministres ne sont que les domestiques, est l'antipode du parlementarisme, où les ministres, désignés dans la majorité par le chef du pouvoir exécutif, sont les directeurs et les porte-parole officiels de cette majorité.

Ce qui frappe, c'est l'aveuglement absolu de ces hommes, députés ou sénateurs, qui s'ameutent contre nous avec violence, qui s'indignent lorsque nous attaquons le parlementarisme, qui nous accusent de poursuivre l'établissement d'une dictature ou le retour à la monarchie, parce que nous ne nous inclinons pas dévotement devant le dieu parlementaire, et qui, cependant, sont eux-mêmes, par ignorance, je le reconnais, les premiers contempteurs de ce dieu.

Ils me produisent l'effet de catholiques qui attaqueraient le libre examen, et, se croyant néanmoins toujours catholiques, malgré cette idée, fulmineraient contre les protestants : c'est exactement la même situation. Nos parlementaires actuels, non sans visionnaires, ignorent les principes les plus élémentaires du gouvernement qu'ils s'imaginent défendre, et ils en faussent naturellement tous les rouages.

Étonnez-vous après cela du gâchis dans lequel nous nous agitons.

goureusement les règles, peut fonctionner et produire d'heureux résultats.

La Convention, elle, ne saurait être qu'une dictature terrible ; mais si l'on fait abstraction de la liberté, elle peut fonctionner aussi.

Quant à ce mélange de Convention et de parlementarisme que nous offrent nos représentants actuels, cet accouplement contre nature ne peut engendrer que ce que nous avons, c'est-à-dire le chaos.

Reste à savoir, étant donné que nul n'oserait défendre ouvertement le système dictatorial de la Convention, si le régime parlementaire, tel que l'a défini M. Buffet, est praticable en France, s'il n'est pas pour nous un simple rêve irréalisable.

Sur ces points, l'expérience de chaque jour devrait nous éclairer.

Le régime parlementaire exige qu'il n'y ait que deux partis dans un parlement ; nous en avons dix.

Le régime parlementaire exige que le parti gouvernemental ait un programme commun défendu par le ministère et devant lequel tous s'inclinent.

Nos majorités issues du Suffrage universel, à peine d'accord sur un point, ordinairement négatif, sont de vraies bigarrures qui ne se prêtent à aucun programme commun, à aucune unité d'action, à aucune direction ministérielle.

Et plus le Suffrage universel sera en possession de lui-même, plus son incompatibilité avec le parlementarisme éclatera, parce qu'il est de son essence que chaque groupe électoral élise son candidat sur les doctrines qui lui sont chères, et non sur une doctrine générale imposée d'en haut.

Voilà pourquoi le régime parlementaire, dont M. Buffet a d'un mot tracé la vraie silhouette, est impossible en France et dans tous les pays de Suffrage universel.

Voilà pourquoi la séparation des pouvoirs s'impose comme pouvant seule permettre le fonctionnement régulier d'une démocratie.

Voilà pourquoi la revision est la base essentielle de toutes les réformes et de tous les progrès.

ALFRED NAQUET.

La presse du 4 février 1890 (n° 609)

Alfred Naquet à ses électeurs

Notre ami Alfred Naquet a fait placarder hier l'affiche suivante sur les murs du cinquième arrondissement :

Électeurs,

Une Chambre qui nous accuse de visées dictatoriales et qui pratique elle-même la plus odieuse des dictatures, a brisé le mandat que vous m'aviez confié.

Je me représente à vos suffrages.

En votant pour moi, c'est pour vous-mêmes que vous voterez : pour le suffrage universel foulé aux pieds, pour vos droits méconnus, pour vos décisions cassées sans même un prétexte.

Mon programme révisionniste demeure ce qu'il était au 6 octobre. Mais il y a une chose qui prime aujourd'hui tout programme :

C'est la défense de la Souveraineté nationale.

Sur ce terrain, tous les citoyens dignes de ce nom, à quelque nuance, à quelque parti qu'ils appartiennent, ont la possibilité et le devoir de se rallier.

Je ne doute pas de votre verdict.

Électeurs,

Ne vous attendez pas à me voir faire une guerre d'affiches.

On m'a accusé avec impudence d'avoir, au cours de la précédente période électorale, recouvert les affiches de mon concurrent, alors que je m'étais borné à user contre lui de représailles, et l'on s'est appuyé sur cette accusation grotesque dont on a fait un des motifs invoqué contre la validité de mon élection.

Je ne veux pas donner lieu à de nouvelles accusations de ce genre, quelque absurdes qu'elles soient.

Aussi bien les affiches n'ont qu'un but : faire connaître une candidature qui est posée.

Vous savez que la mienne l'est, et que rien ne me fera renoncer à cette lutte pour le droit.

Cette affiche sera donc la seule que je poserai, sauf la nécessité où je pourrais me trouver de répondre à des attaques ou à des calomnies.

Mes adversaires la recouvriront. Qu'ils la recouvrent !

Mon nom disparaîtra des murs, soit ! Mais vous le mettrez dans les urnes, et cela suffit.

Vive le Suffrage universel !

Vive la République !

A. NAQUET.

Le XVIIᵉ arrondissement (1ᵉʳ-7 février 1890)
3ᵉ année - n° 18
Banquet anniversaire du 27 janvier - avenue Wagram -

M. Alfred Naquet a eu l'honneur de présider le banquet commémoratif de l'élection du 27 janvier, à l'avenue Wagram.

En sa qualité de président, il n'avait pas à prendre la parole et à prononcer de discours. Il a voulu cependant, à la fin de la réunion et en déclarant la séance levée, pousser un dernier cri de foi dans l'avenir.

« Citoyens, a-t-il dit, après les éloquents discours que vous venez d'entendre, après les beaux vers, surtout, que vient de déclamer avec tant de talent et d'enthousiasme Mˡˡᵉ d'Erlincourt et qui ont fait vibrer l'âme de la Patrie, l'heure n'est plus aux discours nouveaux.

« Je veux, cependant, avant de clore cette admirable réunion, rappeler un fait.

« Il y a juste aujourd'hui 18 mois et 14 jours, le 13 juillet, 1888, je présidais, comme aujourd'hui, un banquet. C'était à l'avenue de Saint-Mandé. Ce jour-là, le Parti National était en deuil. Le général venait d'être grièvement blessé et ses amis craignaient pour sa vie.

« Quelques jours plus tard, nous éprouvions un échec électoral dans l'Ardèche, et les journaux de la coalition opportuno-radicale de chanter victoire et de répéter sur tous les tons; « Le boulangisme est mort! »

« Leur joie fut de courte durée.

« Non ! le boulangisme n'était pas mort, Non ! elle n'était pas morte l'idée de la revision, l'idée de la République honnête, de la République ouverte, de la République libérale et tolérante, de la République démocratique.

« Et deux mois ne s'étaient pas écoulés, depuis le banquet de l'avenue Saint Mandé et depuis notre échec de l'Ardèche que trois départements réparaient cet échec par trois éclatantes victoires. Ce fut la triple élection, ce fut le triomphe du 19 août 1888.

« Puis cinq mois se passent encore et enfin le 27 janvier 1889 ce fut la grande, l'imposante victoire dont nous fêtons aujourd'hui l'anniversaire; ce fut Paris acclamant à son tour celui que tant de départements avaient déjà acclamé et donnant sa consécration à la République aggrandie, purifiée et régénérée pour laquelle combattent le général Boulanger et ses amis du Comité républicain national.

« Depuis lors, il est vrai, nous avons connu des jours plus tristes.

« Nous avons vu notre chef, ce chef que nous respectons et que nous aimons, exilé et calomnié.

« Exilé et calomnié avec lui nous avons vu notre ami Henri Rochefort.

« Enfin, nous avons vu la pression officielle la fraude, la violence, unies aux mensonges de tous ordres et de toutes sortes, amener au Palais-Bourbon une Chambre qui vaudrait peut-être moins que l'ancienne, si cela était possible.

« Et les mêmes journaux, les mêmes hommes politiques qui nous déclaraient morts après l'Ardèche, de chanter de nouveau la même antienne.

« C'est la troisième ou la quatrième fois que l'on nous enterre.

« Eh bien, ce banquet; ce deux mille personnes accourues de tous les coins de Paris pour célébrer une date qui nous est chère manifes...

cette énergie qui débordo de tous les cœurs me prouvent que les certificats de décès que prodiguent nos adversaires ne sont pas plus justifiés aujourd'hui qu'ils ne l'ont été les fois précédentes.

« Qu'ils attendent les élections complémentaires nécessitées par les invalidations.

« Qu'ils attendent les élections municipales !

« Ces élections seront le 19 août et le 27 janvier de cette nouvelle période.

« Ce sera le commencement de la revanche, la reprise du mouvement qui, cette fois, ne s'arrêtera plus que le but atteint.

« En attendant, poussons, avant de nous séparer, notre cri d'espérance :

« Vive la République ! Vive le suffrage universel ! Vive Boulanger ! »

Après cette allocution, M. Alfred Naquet déclare la séance levée.

Le Radical du 7 février 1890 (10e année - n° 38)

... recevons de M. Alfred Naquet, séna... candidat boulangiste au cinquième ...ssement, vice-président de la *Société ... de dynamite*, la lettre suivante :

Paris, le 5 février 1890.

Monsieur le directeur du *Radical*,

... une quinzaine de jours le *Radical* me ... partie et me pose une série de q... ...quelles il ne me convient pas de ré...

...stions, posées alors par d'autres, j'y ...ment répondu pendant la période du ... du 28 septembre au 6 octobre derniers, ...teurs du cinquième ont prouvé en ... mes explications leur avaient ...

... ils croiraient devoir me demander ...men nouveaux, je m'empresse... ... leur fournir. Mais comme je ne re...

...dre, je garderai vis-à-vis de vos articles un silence absolu.

Seulement, je ne puis vous permettre de publier des faits complètement inexacts ; vous dites :

« Eh parbleu ! sur les documents qui nous étaient fournis par la Société centrale elle-même, par son journal *le Réveil financier*, QU'ADMINISTRE ET DIRIGE L'UN DES PARENTS DE M. NAQUET. »

Il y a là une erreur matérielle. AUCUN DE MES PARENTS, A AUCUN DEGRÉ, ne fait partie de l'administration du *Réveil financier* ; et je n'ai aucune action sur le journal et sur la Société à laquelle il appartient.

Un dernier mot : l'article du *Soir*, article bienveillant d'ailleurs, auquel répond le *Radical*, n'émane pas de moi. J'en ai appris l'existence par *la Presse* et l'*Intransigeant* qui l'avaient reproduit sans me consulter et, bien qu'il soit écrit dans un esprit d'équité auquel on se plaît à rendre hommage chez des adversaires ...

..., je regrette qu'... ... ... devoir ... reproduire.

J'ai donné, je le répète, sur ce sujet des explications assez étendues et assez complètes pour
qu'il soit inutile d'y revenir.

Veuillez agréer mes salutations empressées.

A. NAQUET.

M. Alfred Naquet, qui passe cependant
pour un malin, émet une théorie qui nous
semble tout au moins originale, lorsqu'il
nous dit tout d'abord qu'il ne doit de réponse qu'à ses électeurs.

Si alors, M. Naquet, ce qui peut parfaitement lui arriver comme à tant d'autres,
n'était pas élu au scrutin du 16 février, il
ne devrait compte à personne du
rôle qu'il joue dans la fabrication à l'étranger de la poudre sans fumée ?

Passons sur l'erreur toute matérielle que
nous avons pu commettre en donnant à
l'un des administrateurs du *Réveil Financier* le titre de parent de M. Naquet. Il nous
semblait cependant bien que M. A... était
neveu ou parent du sénateur de Vaucluse ?
Du reste, les attaches du *Réveil Financier* et
de la *Société centrale de Dynamite* sont indiscutables.

Bref, de la lettre de M. Naquet, il résulte
que le vice-président de la *Société centrale
de Dynamite* ne répondra point aux questions que nous lui avons posées. Nous serons
donc forcés d'y répondre à sa place.

La Presse du 2 février 1890 (n^lle série . n° 618)

DOULOUREUSE CONSTATATION

Une des choses qui blessent le plus profondément mon patriotisme est certainement de
voir le gouvernement impérial ... ...
... des réformes sociales ... ...
... République qui nous ... ... en
France ... a à faire.

J'avais toujours pensé cependant que la
forme républicaine était l'outil politique par
excellence des réformes ... ...
c'est pour cela — pour cela ... ...
... amour pour une étiquette ... ...
... que l'on commence à ... ...

La République actuelle semble donner un démenti à ces pensées et à ces espérances. Heureusement que ce n'est point la République, que cela n'en a que le nom, que c'est une forme déguisée de la monarchie et la pire de toutes.

Il n'en reste pas moins que ce gouvernement bâtard, hybride, qui, ainsi que pourrait le dire Victor Hugo, « n'eut jamais de figure et n'eut jamais de nom », se pare de ce beau titre de gouvernement républicain, et abaisserait le bon renom de la République si les populations françaises n'avaient pas l'intelligence assez haute pour distinguer la fausse République, celle que nous avons, de la vraie, celle dont le Parti national poursuit l'institution.

Les ouvriers souffrent, le peuple gémit. Le Palais-Bourbon, le Sénat et l'Élysée demeurent insensibles et passent à l'ordre du jour, c'est-à-dire à leur travail de Pénélope.

« Mais nous ne pouvons rien, disent-ils. Diminuer la durée de la journée de travail, imposer la participation aux bénéfices, protéger le travailleur contre les industries insalubres, nous le voudrions ; seulement, ce seraient là des mesures propres à relever encore le prix de revient de nos produits et rendre impossible pour nous la lutte contre la concurrence étrangère. »

Certes ! il y a du vrai, beaucoup de vrai dans ces affirmations. Il est certain que les diverses nations de l'Europe sont trop petites pour résoudre par leurs seules forces le grand problème de la misère.

De même qu'un industriel isolé ne peut pas accorder à ses ouvriers ce que ses concurrents nationaux n'accordent pas aux leurs, sous peine d'être tué par ces derniers ; de même une nation, à elle seule, est impuissante à imposer chez elle les réformes attendues, car si elle le fait, elle tombe victime de ses sentiments humanitaires, et elle est terrassée par ses rivales.

Elle ne pourrait lutter contre ces dernières qu'en se protégeant aux frontières par des droits presque prohibitifs.

Mais, ici encore, les nations européennes sont trop petites, et si un peuple comme celui qui occupe l'immense territoire des États-Unis peut s'enfermer chez lui, se suffire à lui-même, parce qu'ayant toutes les latitudes, tous les climats, tous les sols, il a en même temps tous les produits, et n'a besoin de rien demander à personne, — il n'en est pas de

...lité des nations de l'Europe.

Ici la situation est autre. Aucune des nations européennes — sauf peut-être la Russie — ne saurait se suffire. L'une est obligée de chercher hors de ses frontières le combustible, une autre, les métaux précieux; une autre, des produits tinctoriaux; une autre le vin, toutes les épices, et comme les produits ne peuvent être payés qu'avec des produits, il faut, à moins d'encourir une ruine certaine et générale, exporter l'équivalent de ce qu'on importe.

Or, comment exporter si l'on s'enferme chez soi, si l'on impose aux marchandises étrangères des tarifs qui leur interdisent notre marché? Les étrangers fermeront leurs marchés devant nous et nous fermons le nôtre devant eux, et cette soi-disant protection engendrera bien vite la ruine commune du continent tout entier.

Donc, les opportunistes et les radicaux ont en apparence raison lorsqu'ils signalent les dangers d'une action isolée de la France en matière de réformes sociales.

Mais où leur tort commence — et il est grand — c'est lorsqu'ils ne voient pas, ou feignent de ne pas voir, que le prolétaria s'agite dans tous les pays civilisés, que l'Italie, l'Allemagne, l'Angleterre, l'Autriche sont en proie aux même maux que nous, sont travaillées par les mêmes aspirations, et sont conduites à la solution des mêmes problèmes.

Or, ce qui est impossible à une nation prise isolément, devient possible à toutes les nations ensemble. Ce que la France ou l'Allemagne ou l'Angleterre ne peut pas sans se ruiner, l'Europe le peut. La paix et le bien-être universel, la dignité humaine, la paix sociale valent bien que quelques-unes de ces nations de progrès... le peuple européen, on en a fait pour les postes, pour les télégraphes, pour les chemins de fer.

Il n'est pas douteux d'ailleurs que celui qui posera le premier la question sera puissamment aidé, aidé toujours par les gouvernements, du moins par les peuples.

J'aurais voulu voir la République française prendre cette grande et noble initiative.

Je l'aurais voulu voir préparer des solutions provisoires bien mûries, bien étudiées; puis les solutions prêtes, faire appel à l'aréopage européen, provoquer une conférence, un congrès au sein de réaliser d'un commun accord ces réformes sociales après lesquelles gémit...

Les empereurs et les rois auraient peut-être
fait la sourde oreille devant cet appel lancé
par une République ; mais ils auraient bien
été obligés de céder tôt ou tard, malgré leurs
rancunes et leurs haines. S'ils avaient résisté,
il se serait produit en faveur de la France et
de la République un tel courant attractif, que
nous y aurions rencontré un formidable appui dans le cas d'une guerre, que notre défense nationale s'en serait trouvée fortifiée.

On a mieux aimé conquérir la Tunisie,
pour l'abandonner ensuite à quelques fai-
seurs, en se refusant à toutes les réformes intérieures qui l'auraient rendue productive.

On a mieux aimé guerroyer au Tonkin,
dont il ne reste plus rien à dire, tout ayant été
dit.

On a mieux aimé dilapider nos finances et
créer un déficit qui s'accroît chaque jour.

On a mieux aimé dépenser le temps en interpellations oiseuses et en discussions stériles.

Et, pendant que la République opportuniste descendait ainsi de son piédestal, faisant acte monarchique et répudiant tout 'ce
qui constitue le patrimoine républicain, tout
ce qui fait l'honneur de la démocratie, voilà
que des monarques avisés se mettent à faire
acte de démocrates.

C'est habile de leur part. Si les populations
pouvaient en arriver à penser que les monarchies résolvent ou s'efforcent de résoudre la
question sociale, tandis que la République
n'en étudie même pas la solution, c'en serait
fait de la République.

J'ajoute que c'en serait fait aussi des réformes, car une fois l'idée républicaine terrassée, les monarchies, affranchies de la peur,
auraient tôt fait de reprendre ce qu'elles auraient donné et de serrer à nouveau le collier
de fer au cou du peuple.

L'empereur d'Allemagne, dans un rapport
adressé à M. de Bismarck à la date du 4 février, se déclare prêt à concourir à l'amélioration du sort des ouvriers allemands.

Il ajoute que comme des réformes purement intérieures trop étendues comprome-
traient l'industrie allemande en l'empêchant
d'affronter la concurrence sur les marchés
internationaux, celles-ci risqueraient d'aller
contre leur but et d'enlever leurs moyens
d'existence aux ouvriers comme aux patrons.

Mais il reconnaît que ces difficultés peuvent sinon disparaître, du moins s'atténuer grandement, par des ententes à réaliser avec les pays qui participent au commerce international.

Et, persuadé, dit-il, que d'autres gouvernements sont soucieux comme le sien des améliorations à apporter au sort des ouvriers, il désire que les ambassadeurs allemands près la France, l'Angleterre, la Belgique et la Suisse engagent des démarches auprès des gouvernements de ces divers pays, en vue d'entrer en pourparlers et d'aboutir à une entente commune.

La question sociale abandonnée à l'initiative de l'empereur d'Allemagne pendant que le gouvernement français attend, sur ce point comme sur tant d'autres, le mot d'ordre de Berlin, c'est pour la République opportuniste et radicale une honte de plus dont elle ne se relèvera pas!

ALFRED NAQUET.

La presse du 16 février 1890 (n^{elle} série — n° 521)

L'ELECTION DU CINQUIEME ARRONDISSEMENT

Aux électeurs de la première circonscription du cinquième arrondissement

Notre ami Alfred Naquet adresse la circulaire suivante aux électeurs de la première circonscription du cinquième arrondissement :

Electeurs,

Au 6 octobre dernier, vous m'avez fait l'insigne honneur de me choisir pour votre représentant à la Chambre des députés.

Ma majorité n'a pas été forte. Mais étant donnée l'énorme pression mise en œuvre pour combattre ma candidature, cette majorité demeurait une grande victoire.

En tous cas, les voix que j'avais obtenues étaient bien à moi et il ne pouvait venir à l'esprit d'aucun républicain, digne de ce nom, de briser le mandat que j'avais reçu de vous.

Une Chambre qui, tout en s'affirmant républicaine, foule aux pieds tous les droits du peuple et viole tous les principes fondamentaux de la République, m'a cependant invalidé, ainsi que cinq autres députés de la Seine, mes collègues, élus aussi régulièrement que moi.

Cette Chambre, qui avait déjà donné la mesure de son mépris pour le Suffrage universel en pro-

disant représentant du peuple Joffrin, lequel n'avait point obtenu la majorité des suffrages, a voulu compléter son œuvre en invalidant les députés légalement élus.

En agissant ainsi, ce n'est pas moi qu'elle a frappé. Ce sont les électeurs qu'elle a souffletés.

Sous couleur de combattre la dictature, elle a organisé une dictature monstrueuse : elle a mis son bon plaisir à la place de la volonté de la Nation.

Si le pays supportait de tels actes, s'il les ratifiait en ne réélisant pas les députés invalidés, il abdiquerait définitivement et ferait peser sur la France entière la honte encourue par un gouvernement sans scrupules.

Ce n'est donc ni de moi ni de mes collègues qu'il s'agit à cette heure. Il ne s'agit même pas du parti auquel je suis fidèlement et irrévocablement attaché.

C'est de vous, de vos droits contestés, de votre dignité méconnue, de votre souveraineté bafouée, qu'il s'agit de prendre la défense.

Je suis résolument révisionniste ; je demeure le soldat dévoué du Général glorieux, du démocrate convaincu, du républicain sincère qu'un jugement inique a chassé de son pays.

Mais, à cette heure, il n'est même pas question de cela.

La lutte n'est plus engagée entre les boulangistes et les antiboulangistes, entre les partisans et les adversaires de la révision constitutionnelle, elle est engagée entre les serviteurs et les contempteurs du Suffrage universel.

Nos ennemis, faisant appel aux plus détestables sentiments, vous disent que ma réélection ne changerait pas la majorité à la Chambre et que vous avez tout intérêt à envoyer siéger à ma place, au Palais-Bourbon, un ami du gouvernement.

Cette argumentation se retourne contre eux, et je dirai à mon tour aux républicains honnêtes qui ont pu redouter l'avènement du général Boulanger à cause de l'équivoque perfidement exploitée contre lui :

Puisque ma réélection ne doit pas modifier la majorité à la Chambre, tout péril a donc disparu, aux yeux même de ceux qui, malgré ce à quoi ils ont assisté depuis quatre mois, persisteraient à voir le danger pour la République, non dans les actes liberticides qui se commettent chaque jour, mais dans l'avènement de notre parti, de ce parti de la justice et de la liberté.

Par contre, ne pas nous réélire, mes collègues et moi, ce serait faire courir à la République un péril suprême.

Ne pas nous réélire, ce serait dire au gouvernement qu'il peut tout se permettre, que la Nation est prête à s'incliner devant tout ce qu'il plaira à la majorité oligarchique de la Chambre de lui imposer, que Paris lui-même, la ville par excellence du Progrès, de la Liberté, de la Révolution, subit docilement tous les affronts qu'il convient au Parlement de lui infliger.

Ce serait proclamer que les députés ne sont plus les représentants du peuple, mais ses maîtres.

Ce serait frapper au cœur la République, dont de tels principes seraient la négation et la mort.

Ce serait surtout ajourner indéfiniment les réformes sociales que nos gouvernements actuels ne nous donneront jamais et sans lesquelles la République ne serait qu'un mot vide de sens.

Aussi, suis-je sans inquiétude.

Je connais trop la population indépendante et libre du département de la Seine pour douter une seule minute de son verdict.

Vous voterez pour moi, révisionnistes du cinquième arrondissement, qui m'avez donné vos suffrages au 22 septembre et au 6 octobre.

Vous voterez aussi pour moi, républicains de toutes nuances, qui ne m'avez pas accordé vos voix à cette époque, mais qui êtes respectueux de la souveraineté du peuple et qui ne pouvez admettre que l'on porte atteinte aux décisions du Suffrage universel.

Vous voterez enfin pour moi, socialistes qui poursuivez de vos vœux ardents l'amélioration du sort des travailleurs, et qui savez comme moi qu'avec le parlementarisme vous n'obtiendrez jamais la réalisation d'aucune de vos revendications légitimes.

Je sais que le gouvernement va mettre en œuvre contre moi toutes les manœuvres les plus déloyales.

Déjà ne va-t-on pas promettre aux propriétaires et aux commerçants de l'arrondissement, s'ils consentent à nommer l'un de mes concurrents, je ne sais quelles expropriations, quels percements de rues depuis vingt ans attendus.

Le bon sens des électeurs fera justice de ce procédé de candidature officielle, qui est une insulte à leur intelligence et à leur patriotisme.

Ils savent que mes adversaires ne pourraient décréter aucune expropriation, puisque les expropriations sont du domaine du conseil municipal et non du domaine de la Chambre des députés.

Ils savent que ce qui s'oppose le plus aux travaux publics, c'est le mauvais état de nos finances, et que le meilleur moyen de hâter ces travaux, c'est d'apporter dans nos budgets l'économie que n'y apporteront certainement pas les partisans d'un gouvernement et d'une majorité qui n'ont su que créer et accroître chaque année le déficit.

Ils comprennent que ceux qui se vantent de pouvoir vous accorder les percées de rues que vous réclamez depuis si longtemps se reconnaissent eux-mêmes bien coupables, puisque depuis treize ans qu'ils ont le pouvoir sans contestation, ils ne les ont pas encore réalisées.

Comment auriez-vous confiance en des hommes qui, par leur indifférence pour vos intérêts locaux, tout comme pour vos intérêts généraux, vous ont montré jusqu'ici que vous ne pouvez rien attendre d'eux ?

D'ailleurs, ils vont font injure, ceux qui vous

croient capables de met... vos intérêts privés en
balance avec les intérêts ...aux du pays.

A cette injure, vous répondrez comme il convient, le 16 février, en renvoyant à la Chambre
votre élu du 6 octobre.

On vous a jeté un défi. Vous le relèverez en
montrant à la majorité que, si elle a l'habitude de
se déjuger toutes les vingt-quatre heures, comme
elle l'a fait lors de la discussion du monopole des
allumettes, le Suffrage universel, lui, sait ce qu'il
veut et ne se déjuge pas.

Vous voterez pour la revision.

Vous voterez pour la liberté de conscience.

Vous voterez pour les réformes sociales.

Vous voterez enfin contre la proclamation de
Joffrin, contre l'invalidation de votre député, contre la méconnaissance de votre volonté souveraine.

Vous voterez pour le Suffrage universel.

Et vous démontrerez ainsi aux dictateurs de
l'Elysée, du Luxembourg et du Palais-Bourbon
qu'il est imprudent de provoquer le peuple de
Paris.

Vive les réformes !
Vive le progrès !
Vive la République !
Vive le Suffrage universel !

Alfred NAQUET.

La presse du 18 février 1890 (n^{elle} série - n° 623)

LA REVANCHE

Le *Démocrate* publie ce matin un article
dont nous extrayons les passages suivants :

Le boulangisme est mort, s'écrient en chœur depuis trois mois les ennemis de la démocratie.

Paris vient de leur répondre.

La Chambre opportuniste qui siège au Palais-Bourbon, la Chambre de l'oligarchie, la Chambre
de l'intrigue, la Chambre de la honte nationale,
avait invalidé six élus du suffrage universel en
même temps qu'elle validait Joffrin.

Le département de la Seine a senti ce sanglant
outrage ; il a relevé cet insolent défi.

Sur les six invalidés, cinq sont réélus au premier tour, et le sixième est ballotté dans des conditions telles qu'on peut dès aujourd'hui escompter
sa victoire au second tour.

M. Goblet, sur lequel les parlementaires faisaient porter toutes leurs espérances, est misérablement battu à Sceaux, après l'avoir été à
Amiens...

Le 22 septembre est effacé. La démocratie a repris son drapeau, le triomphe définitif est maintenant prochain.

L'Histoire de cette fraction d'article est curieuse. Le ...

lections du 16 février 1890, j'étais au Comité dont le
siège était dans les bureaux du journal « la démocrate »
2. Cité bergère. Vers minuit Laguerre me téléphona de
venir le rejoindre à la presse. J'étais fatigué, désireux
d'aller me coucher. Je ne me rendis pas à son appel. Mais
je supposai qu'il voulait un article. J'en rédigeai un
à la hâte que je signai « la rédaction » et que j'en-
voyai à la presse par un Garçon de bureau du démocrate.

Laguerre crut que ce qu'on lui portait était la copie
de l'article qui devait paraître dans la démocrate le
lendemain matin, et qu'on le lui communiquait pour
qu'il en fît une reproduction partielle ou totale.
Il donna l'ordre en conséquence de publier un extrait en indiquant que cet extrait était pris dans
« la démocrate ». Ce qui fut fait.

Et c'est ainsi qu'on trouve dans la presse du 17. portant la date du 18 : « le démocrate publie ce matin un article dont nous extrayons les passages suivants »; alors qu'en réalité « le démocrate » ne publiait rien de tel.

Alfred. Naquet

Le Gaulois du 20 février 1890 (24ᵉ 3ᵉ série — n° 2229)

interview sur les rescrits de Guillaume II

M. ALFRED NAQUET

— Je suis bien aise de vous donner mon opinion sur la conférence internationale du travail, proposée par l'empereur d'Allemagne, quoiqu'elle soit en contradiction avec celles de mes deux amis, MM. Millevoye et Déroulède :

» M. Millevoye a déclaré, hier, dans la *Presse*, que la France ne doit pas aller au congrès de l'empereur Guillaume pour plusieurs raisons : d'abord par patriotisme ; ensuite parce que l'Allemagne, se sentant menacée, réclame le secours de la France, et qu'il faut laisser cette affaire se régler entre la féodalité allemande et l'Allemagne. M. Déroulède, lui, tout en s'efforçant de croire à la sincérité du jeune Empereur, n'est pas d'avis que la France doive prendre part à la conférence projetée. Il croit, au surplus, que la proposition de l'empereur Guillaume se transformera en une simple manœuvre électorale destinée à attirer les votes du grand parti socialiste allemand aux candidats conservateurs.

« J'examinerai plus loin ces deux hypothèses.

» Je commence tout d'abord par déclarer que, si j'avais un conseil à donner au gouvernement, ce serait de faire représenter la France à cette conférence internationale.

» Il y a longtemps que j'ai dit — et mon opinion n'a pas varié — que les questions sociales ne peuvent pas être résolues *intra-muros*, et qu'il faut l'acquiescement des autres puissances. Pour arriver à la solution de ces importantes questions, je crois que les réformes ne peuvent être pratiquées que par voie de convention internationale, attendu qu'une nation, comme un industriel, serait incapable de réaliser seule, isolément, une réforme sociale sans le consentement ou plutôt sans l'appui des autres nations, ses voisines.

» Maintenant, je pose la question dans cette double alternative :

» Ou l'empereur Guillaume a fait un acte pesé, réfléchi, longuement mûri, en un mot, il est sincère dans ses propositions ; ou l'Empereur cherche à masquer une simple manœuvre électorale sous une apparence humanitaire.

» Examinons la première hypothèse. De même que, dans notre politique intérieure, nous avons toujours déclaré que nous étions prêts à accepter toutes les bonnes lois présentées par nos adversaires, de même j'estime qu'au point de vue international, sans rien abandonner de nos justes revendications, sans cesser jamais d'avoir les yeux fixés sur les membres détachés de notre patrie, nous devons, aussi longtemps que durera cet état pacifique, éviter d'être systématiques et ne pas repousser les propositions, bonnes en elles-mêmes, par la seule raison qu'elles viennent de notre ennemi.

» A le faire, nous indisposerions contre nous les ouvriers des classes laborieuses de l'Europe entière, y compris les nôtres, qui nous accuseraient d'avoir fait avorter, par notre refus d'assister à la conférence internationale du travail, un progrès auquel elles aspirent profondément.

» Je passe à la seconde hypothèse. Il est évident que si l'empereur Guillaume n'a eu en vue, dans ses propositions aux travailleurs, qu'une simple manœuvre électorale ; s'il n'a voulu afficher des intentions socialistes qu'avec l'espérance de ne les faire suivre d'aucun progrès réel, nous servirions admirablement ses secrets désirs en assumant la responsabilité de l'avortement de sa tentative. Voilà donc mes deux arguments en faveur de l'adhésion de la France à la conférence.

» J'ajoute toutefois que le programme de cette conférence devrait être nettement défini. Il ne faudrait pas que, sous prétexte de résoudre des questions ouvrières, on nous posât insidieusement la question du désarmement général. Sous ce rapport, il serait absolument indispensable de prendre toutes nos garanties avant d'aller à la conférence, et il est clair que, si on refusait de nous les accorder, le piège serait trop grossier pour que per-

...somme pût nous accuser de ne pas y être tombé.

» Dans ce cas, nous pourrions nous soustraire à l'adhésion qu'on nous demande sans courir le danger d'assumer aucune responsabilité.

» Mais de toute façon, sauf, bien entendu, le cas que je viens de citer, je suis d'avis que la France doit assister à la conférence internationale proposée par l'empereur Guillaume. »

Le cinquième du 22 au 25 février 1890 (n° 122)

ÉLECTEURS

DE LA PREMIÈRE CIRCONSCRIPTION
Du V° arrondissement

Si vous voulez que vos fils n'aillent plus mourir de la fièvre dans les tonkins opportunistes, votez pour

Alfred NAQUET

ÉLECTEURS

DE LA PREMIÈRE CIRCONSCRIPTION
Du V° arrondissement

Si vous voulez qu'il y ait à la Chambre un homme capable d'étudier les nouveaux traités de commerce, votez pour

Alfred NAQUET

Ces deux réclames ne sont pas mon œuvre. Elles sont l'œuvre de mes amis qui, sans me consulter, les ont rédigées et publiées dans le V° où je les ai trouvées

A. Naquet

Le Vème (journal du Vᵉ arrond.)
Du 1ᵉʳ au 9 mars 1890 (n° 123)

ENCORE

LA POUDRE SANS FUMÉE

MM. Martinet, Pécheur, Bertrand, Gillet, Louis Falliès, G. Thomassin, ayant écrit à notre ami Naquet, relativement à la stupide histoire de la poudre sans fumée, Alfred Naquet a adressé à M. Martinet la lettre suivante que nous croyons intéressant de reproduire :

25 février 1890.

Messieurs,

Vous prétendez que je n'ai pas répondu aux libelles infâmes de M. Combalusier que, dans votre désir légitime de vous instruire sur les faits et gestes de l'un des candidats de votre circonscription, vous rééditez dans votre lettre.

Vous vous trompez.

Je vous adresse ci-inclus le n° 116 du journal du Vᵉ arrondissement portant la date du 28 septembre au 5 octobre 1889. Ce journal répond à toutes les calomnies lancées contre moi alors, et rééditées contre moi aujourd'hui. Je l'ai fait distribuer à 10,000 exemplaires dans l'arrondissement. Apparemment aucun de ces exemplaires ne vous sera parvenu et vous n'en avez pas eu connaissance.

Bien que ce journal fut complet par lui-même, je le complète encore.

Depuis le jour où j'ai publié ma réponse. M. Combalusier a essayé de la réfuter et voici comment il s'y est pris. Je cite :

« L'assimilation que M. Naquet tente d'établir avec les canons du colonel de Bange ne tient pas debout. La fabrication des canons est dans le domaine public. Si la Roumanie (c'est en réalité de la Serbie qu'il s'agit) et je m'étais trompé en écrivant dans le Vᵉ arrondissement, Roumanie) n'avait pas eu les canons de Bange, elle aurait pu se procurer les canons du Creuzot, ou ceux de Liège, ou ceux de l'usine Krupp ; tandis que la poudre sans fumée était le privilège, le monopole, le secret de l'armée française, et que si la poudre sans fumée *inventée par M. Nobel* et fabriquée par les sociétés de dynamite ne leur avait pas été livrée, les armées italiennes et allemandes auraient été privées d'une poudre analogue à la poudre française. »

Je n'ai pas besoin d'autre justification M. Combalusier reconnaît que si la poudre Nobel était dans le domaine public et pouvait être fabriquée, comme les canons à l'usine Krupp, par une usine allemande, notre cas serait celui de M. de Bange, que nous serions dignes d'éloges et non de blâme par conséquent.

Cette constatation me suffit puisque son deuxième alinéa est un tissu d'erreurs.

Si la société centrale, ou même les administrateurs français de la Société italienne, avaient inventé la poudre Nobel, et, pouvant en priver nos ennemis, en en gardant le secret, étaient allés vendre ce secret à l'Italie, ils seraient coupables.

Mais tel n'est pas le cas. Les administrateurs de la Centrale et de l'Italo-Suisse, n'ont rien inventé et n'ont été propriétaires d'aucun brevet.

L'inventeur est M. Nobel, qui n'a d'autre rapport avec les sociétés de dynamite que d'avoir été l'inventeur de cet explosif. Il possède, il est vrai, s'il ne les a pas vendues, ce que j'ignore, des actions de ces diverses sociétés, non seulement en France, mais dans le monde entier, ces actions lui ayant été remises il y a dix ou quinze ans comme apport en représentation de sa découverte. Mais il n'est administrateur ni de la Centrale, ni de l'Italo-Suisse, ni, que je sache d'aucune autre société. En tous cas puis-je affirmer qu'il ne l'est d'aucune des sociétés du Groupe de la Centrale.

Suédois, M. Nobel ne doit à notre

pays que la reconnaissance de l'hospitalité, et je vous dirai tout-à-l'heure comment il s'en est acquitté.

Il est libre de faire de sa découverte, et de ses brevets qui sont sa propriété exclusive, ce qu'il veut.

Si donc, il a obtenu une commande du gouvernement italien et si la société Italo-Suisse avait refusé d'exécuter sa commande, il se serait adressé aux usines de Hambourg ou de Glascow, qui ne font pas partie du groupe de la Centrale, dont nous ne possédons aucune action, sur lesquelles nous n'avons aucune autorité, et il la leur aurait fait exécuter.

Ainsi que je le dis dans le V', l'Italie aurait été outillée tout de même, mais les bénéfices de la fabrication seraient allés à l'Allemagne au lieu de venir pour les 9,10 à la France par le fait que la plupart des actions de l'Italo-Suisse appartiennent à la société Centrale ou à des Français.

La preuve qu'il en est bien ainsi, c'est que récemment les journaux qui nous sont hostiles — à trop valoir prouver on ne prouve rien — ont raconté le passage à Munich de 40 wagons de poudre Nobel à l'usage de l'Italie. Si cela est vrai, ce qui est fort possible, cela démontre ce que je ne cesse de dire, que le secret de Nobel étant connu des allemands, comme les italiens auxquels M. Nobel, qui n'est pas français, avait le droit de le vendre, nous n'avions aucun moyen d'empêcher l'Italie de se procurer la poudre dont elle avait besoin. Nous ne pouvions qu'une chose: enrichir l'Allemagne à notre détriment en lui faisant passer les profits dont l'Epargne française pouvait bénéficier.

Voilà, je crois, qui est clair et net. Si cela ne vous satisfait pas, j'en serai très fâché, mais je n'aurai rien de plus à ajouter en ce qui me concerne.

Je veux toutefois ajouter un mot en ce qui concerne M. Nobel.

Comment a-t-il payé l'hospitalité française?

Le voici!

Quand il a eu fait sa belle découverte il a prié M. Barbe, et M. Mathieu directeur de l'artillerie au ministère de la guerre, d'aller assister à ses ... dans son laboratoire personnel ... vran-Livry, expérience que ... sieurs ne connaissaient pas.

M. Mathieu a demandé un échantillon de 4 kilogrammes.

On l'a fabriqué à Sevran-Livry et on le lui a donné.

L'artillerie a fait alors demander un second échantillon de 40 kilog. Cette fois ne pouvant le fabriquer dans un laboratoire, on l'a fait fabriquer par la société italienne (qui n'avait encore aucune commande) et on le lui a donné.

Depuis lors, la guerre est demeurée muette, et c'est seulement lorsque M. Nobel a vu que le gouvernement français ne voulait pas de sa découverte, qu'il s'est adressé à l'étranger. En hôte reconnaissant, il s'était adressé d'abord au pays qu'il habite. Ce pays ayant rejeté sa proposition ne pouvait cependant pas l'obliger à perdre le fruit de son travail.

La guerre a-t-elle rejeté la poudre Nobel parce qu'elle l'a trouvée tellement inférieure à la poudre vieille qu'elle ne la redoutait point? c'est possible. Dans ce cas elle a reconnu que cette poudre n'était pas un danger pour nos armes.

L'a-t-elle rejeté par insouciance coupable, alors que ladite poudre serait égale ou supérieure à la nôtre, et alors qu'il lui aurait été facile d'en priver nos adversaires en achetant le brevet Nobel, comme autrefois le général Boulanger avait fait acheter le brevet Turpin pour la fabrication de la mélinite? Je ne sais.

Mais ce que je sais bien, c'est que, seul, le gouvernement français, dûment prévenu a pu empêcher l'armement de l'Italie et de l'Allemagne par la poudre sans fumée Nobel. Je ne sais s'il est coupable de ne l'avoir pas fait. Il a pu avoir ses raisons que j'ignore pour ne le pas faire; mais je le répète, si avoir laissé cet armement s'opérer est un crime, M. de Freycinet l'a commis seul, car seul il a pu l'éviter. M. Nobel s'est borné à user de ses droits d'ingénieur étranger.

La société italienne s'est bornée à

briquer ce que tout autre aurait fabriqué à sa place, une fois le secret de la fabrication vendu par M. Nobel. Elle aurait même pu y être contrainte par le gouvernement italien, si elle s'y était refusée, et n'aurait échappé à cette contrainte que par la facilité qu'aurait eu, je le répète, l'Italie de faire fabriquer à Glascow ou à Hambourg, ce qu'on aurait refusé de fabriquer à Avigliana.

Un dernier mot.

Au cours de la dernière période électorale de septembre et d'octobre les divers partis ont voulu se servir de la même arme et un journal boulangiste de Limoges, lequel soutenait la candidature de mon ami Leveillé, accusait mon collègue au Conseil d'administration de la Centrale, M. Leplay, concurrent gouvernemental de M. Leveillé d'avoir fabriqué pour l'étranger de la poudre sans fumée.

Voici comment le 11e bureau de la Chambre des députés, par l'organe de son rapporteur M. Cabart-Danneville, appréciait cette attaque :

« Le terrain était bien préparé, et il fallait révolter définitivement les électeurs contre la candidature Leplay, en surexcitant les sentiments du plus ardent patriotisme. On répandit tout-à-coup dans Limoges et dans les campagnes le bruit que M. Leplay était à la tête d'une société qui fabriquait de la poudre pour les allemands et les italiens.... »

Je me suis servi de ce passage de M. Cabart-Danneville et le jour où j'ai parlé moi-même en faveur de mon élection, j'ai dit aux représentants du pays.

On m'accuse d'affiches de la dernière heure, on a fait contre moi au Ier, tour l'affiche de la dernière heure la plus monstrueuse en m'accusant d'avoir livré la défense nationale.

Cette même accusation a été lancée contre l'honorable M. Leplay, à Limoges. Ma situation et celle de M. Leplay sont identiques. Ce qui est calomnieux à l'égard de l'un ne saurait cesser de l'être à l'égard de l'autre. Vous ne sauriez avoir deux poids et deux mesures.

Je ne cite pas mes paroles textuelles, que je n'ai pas en ce moment sous les yeux, mais le sens de mon discours.

J'espérais soulever un débat public qui me permettrait de me laver à la tribune avec l'éclat qui s'attache à un débat parlementaire, des accusations qu'un odieux chantage accumule contre mes collègues et moi.

Mais personne ne me répondit, et la Chambre admit ainsi implicitement que j'étais dans mon droit en réclamant d'elle l'identité de traitement avec M. Leplay, et que pour moi comme pour lui l'accusation était calomnieuse. La Chambre, cependant, n'est pas composée en majorité de mes amis, et l'on peut être assuré que si, en entrant dans une discussion que j'ouvrais, on avait pu m'écraser et porter ainsi un coup aux idées politiques que je sers, on n'aurait pas manqué de le faire.

Voilà, messieurs, les explications que vous aviez le droit de me demander, et que loyalement je vous donne, sans tergiversations et sans ambages.

Veuillez agréer, l'assurance de ma considération la plus distinguée.

A. NAQUET

Un dernier mot.

Dernièrement, le 7 septembre dernier, les agents de change admettaient à la côte de la Bourse, 60,000 actions de 500 francs de la société des chemins de fer méridionaux d'Italie, c'était fournir à l'Italie le moyen de donner dans l'épargne française 30,000,000 de francs destinés à compléter ces lignes stratégiques, qui sont l'élément principal de l'armement d'une nation.

Les agents de change n'ont pu le faire qu'avec l'assentiment du gouvernement qui a droit de veto sur la côte de la Bourse.

Donc, le gouvernement français fournit à l'Italie, pour s'armer contre nous 30,000,000 de francs, qu'apparemment elle ne trouverait pas ailleurs.

Les coupables, ce n'est donc ni ceux qui, comme la société italienne fabriquent de la poudre que l'Italie pourvue d'argent peut se procurer ailleurs, ni ceux qui, comme M. Schneider, établissent à Trani des usines de plaques de blindage que des allemands établiraient s'il ne les avait établis Établis ni même ceux qui prendraient des entreprises dans la construction des lignes stratégiques.

Les coupables, c'est le gouvernement qui livre à l'Italie le moyen de se procurer tout cela en lui livrant notre argent.

Il n'en existe pas d'autres. Ne pouvan' recopier à plusieurs exemplaires ma lettre je vous charge Monsieur, de la faire lire aux cosignataires de votre lettre collective.

A. N. (1)

La presse du 1er mars 1890 (n.... série - n° 634)

Alfred Naquet à ses électeurs

Notre éminent ami Alfred Naquet adresse la lettre suivante à ses électeurs :

Le 16 février dernier, cinq candidats étaient en présence dans votre circonscription : le citoyen Bourneville, le citoyen Delombre, le citoyen Le Chaplain, le citoyen Rey et moi.

Le citoyen Le Chaplain représentait l'idée revisionniste et socialiste indépendante ; son programme était à peu près le mien ; son Comité invite ceux qui lui ont accordé leurs suffrages à les reporter sur moi, et, lui-même, en se désistant purement et simplement, ne laisse pas que de manifester ses préférences non équivoques pour la politique de progrès et de liberté, que, seul à cette heure, je représente comme candidat dans le cinquième arrondissement de Paris.

Il en sera probablement de même des électeurs du citoyen Rey. Ils avaient tenu à porter leurs voix sur un citoyen honorablement connu dans l'arrondissement.

Aujourd'hui, le citoyen Rey se retire de la lutte, et, comme dans les réunions où il a assisté, il n'a jamais hésité à affirmer ses sympathies pour la politique revisionniste et même pour ma personne, nul doute que ceux qui ont payé un tribut à l'amitié et à l'estime personnelle en votant pour lui au premier tour, ne tiennent à honneur d'émettre dimanche prochain un vote politique. Ils voteront pour la revision par une Constituante, c'est-à-dire pour le candidat du Parti républicain national.

Le citoyen Delombre a également retiré sa candidature et deux candidats demeurent seuls en présence comme au 6 octobre, le citoyen Bourneville et moi, qui à distance de 1,265 voix.

Le résultat sera demain ce qu'il a été il y a cinq

(1) Cette lettre a été également publiée dans la presse du 2 mars 1890 (n° série - n° 635), et dans l'éclair du 2 mars 1890 également (3e année - n° 455)

Demain, comme il y a cinq mois, vous ferez sortir mon nom triomphant de l'urne, consacrant ainsi le programme de réforme et de réconciliation nationale que poursuit depuis deux ans notre Parti,

Le citoyen Delombre a cru devoir se désister *officiellement* en faveur de M. Bourneville.

En faveur de M. Bourneville dont les partisans de M. Delombre qualifiaient récemment la politique « de sectaire, d'étroite et d'intolérante » (*voir le Journal des Débats du 5 février 1890.*)

Mais M. Delombre ne saurait contraindre les électeurs qui lui ont accordé leur confiance au 16 février, et ces électeurs certainement ne suivront pas le conseil qu'il leur donne aujourd'hui.

Ils ne se rallieront pas à la politique jacobine qu'ils ont combattue avec tant d'énergie sur son nom.

Entre M. Delombre et moi il existe des points de désaccord. Je veux résolument la revision, parce que je crois tout progrès, toute réforme, toute réconciliation des partis impossible sous la Constitution parlementaire qui nous régit.

Mais si nous sommes séparés sur ce point, du moins sommes-nous d'accord sur un autre de la plus haute importance.

Comme M. Delombre, je veux la fin de cette politique intolérante, mesquine, sectaire, oppressive des consciences, dont M. Bourneville est l'un des représentants les plus purs.

Comme M. Delombre, à de prétendus libres-penseurs, aux yeux de qui la liberté n'a jamais été qu'un moyen d'opprimer les autres et de dénier aux autres la faculté de penser librement, je refuse le droit de violenter les croyances, toujours respectables et sacrées, quelles qu'elles soient, là où elles sont sincères.

Libre-penseur moi-même, j'entends que tous aient cette liberté de penser que je revendique pour moi.

La guerre religieuse stupide qu'a entreprise et que continue de poursuivre le parti auquel M. Bourneville appartient, n'a eu pour but que d'écarter indéfiniment les réformes sociales en donnant aux électeurs un os à ronger.

« Le peuple souffre, disaient les socialistes, il faudrait peut-être songer un peu à alléger ses charges. »

« Le cléricalisme, c'est l'ennemi, répondaient les opportunistes; nous allons sérieusement le combattre. »

« La loi militaire s'impose, reprenaient les socialistes, quand la votera-t-on ? »

« Patience ! ripostaient les radicaux ; fermons d'abord les couvents qui nous gênent. »

« Les impôts pourraient être mieux répartis, » hasardaient les électeurs progressistes.

« Attendez que nous en ayons fini, répliquaient en chœur le Sénat et la Chambre, avec les curés, les religieux et les religieuses. Quand nous aurons privé quelques vicaires de leurs traitements, fermé quelques chapelles, laïcisé quelques hôpitaux et les mailler, comme au Goûler, quelques réunies à Châteauvillain, nous songerons aux lois flé...

« Les électeurs socialistes révisionnistes, qui se sont affirmés, le 16 février, sur mon nom, commencent à trouver qu'en voilà assez de cette plaisanterie sinistre.

Ils veulent ouvrir l'ère des réformes sociales et fermer celle des persécutions à la fois odieuses et stériles.

C'est ce que veulent aussi la plupart des électeurs de M. Delombre.

Et comme c'est précisément le contraire que veut M. Bourneville;

Comme ce dernier, poursuit la politique d'intolérance, de persécution et d'ajournement indéfini des réformes, les électeurs du citoyen Delombre n'hésiteront pas plus que ceux qui, ayant voté déjà pour moi, m'ont fait arriver en tête de tous mes concucurrents.

Entre le docteur Bourneville et moi, ils opteront pour celui d'entre nous dont les idées se rapprochent le plus des leurs, c'est-à-dire pour moi.

Le seul argument qu'on leur donne, pour leur demander leurs suffrages en faveur du docteur Bourneville, est que je poursuis un rêve de dictature.

Ils savent bien aujourd'hui à quoi s'en tenir sur cette accusation grotesque.

Ils savent bien que le vieux républicain, le vieux proscrit de l'Empire qui se présente à leurs suffrages, ne voudrait pas déshonorer ses cheveux blancs en foulant aux pieds, dans sa vieillesse, les principes qui ont fait l'honneur et l'orgueil de sa vie.

Ils savent bien que je suis républicain, que je n'ai jamais été que républicain, que je ne serai jamais que républicain.

Ils savent bien, enfin, que si j'ai contribué à renverser l'Empire, ce n'est pas pour édifier un empire nouveau.

Ils voient aujourd'hui que la vraie dictature n'est pas celle que l'on dénonce comme un danger pour l'avenir, mais celle, bien vivante, qui nous étreint, qui nous domine, qui nous déshonore, qui nous ruine et qui foule aux pieds le Suffrage universel.

Voilà pourquoi, électeurs revisionnistes, électeurs socialistes, électeurs libéraux de Saint-Victor et de la Sorbonne, vous manifesterez tous, dimanche, votre volonté souver... en votant pour celui qui vous adresse ces li... dont le nom signifie :

Protestation en faveur du Suffr... universel !

Vive la République réformatrice, tolérante et libérale !

ALFRED NAQUET.

La presse du 5 mars 1890 (2ᵐᵉ série - n° 638)

LA LEÇON

Elle était méritée; mais il faut reconnaître qu'elle a été rude.

Six invalidés, six réélus,

Si la Chambre avait souffleté le Suffrage universel, le Suffrage universel lui a rudement rendu la monnaie de sa pièce.

Pour longtemps, les assemblées seront guéries de la maladie des invalidations, au moins en ce qui concerne le département de la Seine.

En province, dès qu'on quitte les villes pour tomber dans les villages, dans les petites localités d'un chiffre infime d'habitants, l'administration pèse d'un poids si lourd sur les populations, qu'on peut briser le mandat d'un député et espérer le battre ensuite. C'est criminel, mais ce n'est pas toujours bête : le cas de notre excellent ami Léouzon-Leduc en fournit la preuve.

Mais à Paris !

Est-ce qu'on peut fausser le verdict populaire par la pression officielle dans une ville de deux millions et demi d'habitants qui se sent maîtresse d'elle-même?

Est-ce que la fraude y est possible ?

Tout au plus réussit-on à faire voter quelques morts qui n'arrivent pas à modifier le sens du courant.

Et puis, Paris a cet immense avantage de savoir nettement ce qu'il veut, et peut-être plus nettement encore ce dont il ne veut plus; il ne change pas d'opinion chaque matin au gré des caprices gouvernementaux.

Quand les pouvoirs publics essaient d'entrer en lutte contre cette volonté consciente et stable, Paris s'exaspère, et, au lieu de céder à la violence, il y répond par des éclats vraiment majestueux. Car, quoi qu'en disent ses contempteurs, Paris n'est pas versatile.

Voilà plus de quinze ans qu'il appartenait aux radicaux et aux autonomistes, quinze ans pendant lesquels il a réélu les mêmes députés, les mêmes conseillers municipaux, ne se lassant jamais, attendant toujours avec une constance admirable l'exécution de promesses qui ne s'exécutaient jamais. Il a fallu qu'on le poussât à bout pour qu'il sortît de sa longanimité.

Si bien que les élus de Paris avaient fini
par se croire possesseurs d'un fief et qu'ils
n'ont pu se faire à l'idée d'être dépossédés de
leurs sièges.

Entre eux ils formaient une petite société de
protection mutuelle. Aussi fallait-il à tout prix
ouvrir les portes du Palais-Bourbon aux malheureux que le vote populaire avait black-
boulés.

Rentrez Bourneville! rentrez Basly!

Eh bien non! Bourneville et Basly ne ren-
treront pas plus que Goblet. Le pays les a mis
hors de la politique et ils y demeureront en
attendant que le gros de leur parti les y re-
joigne.

Au lendemain du 16 février, les feuilles gouvernementales ont essayé de séparer Paris de
sa banlieue.

La banlieue a voté pour les boulangistes,
disait Maret. Mais qu'est-ce que cela la banlieue ? un nid de réactionnaires. Paris, ajoutait l'ancien auteur des odes à l'impératrice
devenu, depuis sa conversion, si difficile sur
les conversions d'autrui, Paris reste à la République, c'est-à-dire à nous.

Paris, en effet, reste à la République, à laquelle il s'attache et s'attachera d'autant plus
qu'elle sera plus complètement débarrassée
de toutes ses scories et de toutes ses hontes.

Mais à eux, à Maret, à Sigismond Lacroix,
à Tony Révillon? Voyez donc comme Paris
leur est fidèle. Il leur suffit de défendre un
candidat pour que ce candidat soit battu.

L'élection du cinquième est à cet égard tout
en enseignement. Toute la meute opportuno-
radicale a donné contre le candidat boulangiste. Les Pelletan, les Pichon, les Millerand sont
venus à tour de rôle dans le cinquième. Ils ont
lancé contre moi toutes les foudres de leur
éloquence démodée. Ils ont remué tout le vieil
arsenal et ils en ont tiré, pour me combattre,
toutes les armes d'un autre temps qui y gi-
saient entassées. Ils m'ont appelé candidat
des monarchistes, candidat des curés, ennemi
de la République. Ils n'ont même pas dédai-
gné, donnant la main à un odieux chantage,
de me dénoncer comme traître à la Patrie.

Ils en ont été pour la honte de leurs mensonges et de leurs calomnies. Le Suffrage
universel leur a dit dédaigneusement : « Pas-
sez bonhomme ! »

Et les vrais républicains, les vrais socialistes, les vrais démocrates, les vrais ennemis de la dictature, les vrais amis de la
liberté ont voté pour moi : pour moi, c'est-à-

dire pour le parti dont le glorieux exilé est le chef, et dont j'avais l'honneur de porter le drapeau dans les quartiers de la Sorbonne et de Saint-Victor.

Et non seulement j'ai été réélu mais — réponse du berger à la bergère — réélu avec une majorité décuple de celle que j'avais obtenue au 6 octobre dernier.

Et cela malgré trois ou quatre cents ouvriers limousins qui ont quitté Paris depuis le mois d'octobre, et qui, à cette époque, avaient tous voté pour moi, ce qui fait que, s'ils eussent été présents, ma majorité aurait été non plus de 900 mais de 1,200 voix.

Or, ils seront de retour dans deux mois, car ils commencent à revenir, et l'on voit dès lors ce que pèseront les conseillers municipaux de la coalition opportuno-radicale.

En attendant, je ne vois qu'une ressource pour nos adversaires écrasés. C'est de déclarer que décidément Paris a viré à la réaction et que la République ne peut plus compter pour la défendre que sur Fouilly-les-Oies.

Ils ont déjà commencé. Seulement, ils persuaderont difficilement aux masses des départements que Paris, après avoir fait la République, veut aujourd'hui la défaire.

Au 27 janvier, la province a pu croire à un mouvement inconsidéré vers un homme et elle a pu se défier.

Aujourd'hui, après les scrutins du 16 février et du 6 octobre; demain, après le vote qui assurera la majorité à nos amis dans l'assemblée de l'Hôtel de Ville, toute la France verra qu'il s'agit, de la part de sa capitale, d'une volonté ferme, réfléchie, dominée par une idée. Elle verra que Paris a foi dans le soldat républicain et patriote que de méprisables parlementaires ont banni. Elle sait que Paris, malgré l'erreur qu'il a commise le jour où il a investi de sa confiance les Pichon ou les Clemenceau, et justement à cause de cette erreur qui l'a rendu circonspect, n'accorde pas sa confiance à la légère. La foi solide de Paris dans le Général et dans le Parti républicain national gagnera bien vite les départements les plus reculés, et viennent alors des élections générales, on verra s'il suffit de quelques préfets à poigne pour faire marcher un grand pays.

Les journées du 16 février et du 2 mars ont ouvert la marche; les journées d'avril ou de mai vont suivre; et, après cette double victoire, le triomphe ne se fera pas attendre longtemps

Ce triomphe, je le salue dès aujourd'hui par anticipation, car il aura cette triple conséquence, quoi que puissent en dire nos adversaires : la République élargie, la liberté consolidée, la patrie fortifiée.

ALFRED NAQUET.

La presse du 6 mars 1890 (n^{elle} série - n° 639)

ALFRED NAQUET A SES ÉLECTEURS

Aux électeurs de la première circonscription du Ve arrondissement de Paris

Electeurs,

La journée du 2 mars a été une journée triomphale.

Ce jour-là les opportunistes et les radicaux coalisés contre la liberté et contre les réformes ont subi une défaite dont ils ne se relèveront pas.

Ce jour-là, par contre, le Parti républicain national, le Parti de la réconciliation de tous les Français dans la République, le Parti de la liberté et de la tolérance, le Parti des réformes sociales, le Parti de la revision constitutionnelle, remporté une victoire, prélude non douteux des victoires futures qui l'attendent en mai prochain.

Electeurs,

Dans cette élection du Ve, tout le monde a fait noblement son devoir, et c'est grâce à cet accord de tous les dévouements, de toutes les activités, de toutes les bonnes volontés, qu'il nous a été donné de vaincre.

Vous avez donc le droit d'être fiers d'un succès qui est bien votre œuvre, que vous avez assuré non seulement en portant votre bulletin de vote dans l'urne, mais encore par une propagande active et incessante de cinq semaines.

Au nom de la cause revisionniste, socialiste et libérale, pour laquelle nous avons lutté ensemble ;

Au nom du général Boulanger, de notre cher et glorieux proscrit dont la magnifique élection du Ve adoucira certainement les amertumes ;

... Comité républicain national dont les principes viennent de l'emporter de haute lutte;

Enfin, en mon nom personnel à moi, à moi à qui vous avez fait cet honneur insigne, le plus grand auquel puisse aspirer un citoyen dans une République, d'être le représentant de vos idées au Parlement, le porte-drapeau de vos revendications, le défenseur de vos aspirations les plus chères, je vous adresse les remerciements qui vous sont dus.

Dans la journée de dimanche dernier vous avez bien mérité de la Patrie et de la République.

Merci et Vive la République!

ALFRED NAQUET.

La presse du 24 mars 1890 (n^{elle} série - n° 657)

LE BOULANGISME et BOULANGER

Depuis le 22 septembre dernier, nous avons entendu bien des affirmations et nous avons reçu de nombreux conseils de nos adversaires.

Le Boulangisme est mort, ont dit les uns;

Le Boulangisme vit encore, ont dit les autres; mais personnellement, le général est fort diminué.

Le parti revisionniste, qui s'était inféodé au général Boulanger, ont dit les troisièmes, peut avoir encore de l'avenir, mais à la condition unique de rompre les amarres qui l'attachent à son chef.

Les deux premières de ces propositions méritent que l'on s'y arrête. Les élections de février et de mars, l'ardeur que l'on rencontre dans la préparation des élections municipales, les cris unanimes de « Vive Boulanger! » qui sortent spontanément de toutes les bouches dans les réunions lorsqu'ils ne sont pas provoqués par les orateurs; tous ces faits démontrent la vitalité extrême du parti qui s'est promis de faire aboutir la révision, et démontrent aussi la popularité personnelle, persistante de celui qu'il a choisi pour le diriger et le conduire à la victoire.

Reste le conseil, intéressé, que nous donnent nos excellents ennemis.

Nous devrions nous séparer du Général

pour accroître nos forces. À partir du jour où le Général serait abandonné par nous, nous pourrions, à les entendre, entrer dans une voie pleine de gloire et d'avenir.

La vérité est que le Parti revisionniste, s'il suivait la ligne qu'on lui indique, s'engagerait dans une voie fatale. C'est alors que l'on pourrait chanter son *De profundis* et sceller la pierre de son tombeau...

Je me souviens de l'ancienne extrême gauche à laquelle j'ai appartenu autrefois avant mon passage au Sénat. Elle comptait des hommes de valeur, et d'une grande valeur. Ils y étaient même trop nombreux. Mais personne ne voulant subir la direction de personne, tous étant généraux et nul ne consentant à être soldat, ce groupe n'a jamais pu aboutir non seulement à rédiger un programme, mais encore à formuler une vue précise sur un sujet déterminé. Il s'est anéanti par son défaut de cohésion et de discipline, par son anarchie intérieure, si bien qu'il a fini par disparaître et par se fondre dans l'opportunisme.

Pourquoi ?

Parce que l'opportunisme avait un chef, Ferry, et que l'extrême gauche n'en avait pas ; parce que les opportunistes constituaient un groupe discipliné et que l'extrême gauche formait un groupe incohérent ; parce qu'il vaut encore mieux à tout prendre une mauvaise direction que pas de direction du tout.

A plus forte raison, une bonne direction est-elle supérieure à l'indiscipline et au chaos, et la direction du général Boulanger est excellente.

Si le Général s'effaçait, disparaissait, notre Parti tomberait bien vite dans les errements de l'ancienne extrême gauche et s'y abîmerait comme elle s'y est abîmée.

Il aurait même sur sa devancière un désavantage. Celle-ci ne contenait que des républicains de vieille date, tous radicaux. On aurait compris à la rigueur, si l'on ne connaissait le pouvoir dissolvant du désordre intérieur, qu'elle arrivât à se mettre d'accord sur quelques principes simples, à en poursuivre résolûment l'application et à les faire triompher.

Si elle n'y est pas parvenue, combien plus difficile ne nous serait-il pas d'y parvenir le jour où notre chef nous ferait défaut.

Il ne faut pas qu'on oublie les débuts et la raison d'être du boulangisme.

Les mots de République nationale, de République ouverte, l'espoir d'une révision qui donnât enfin le pays d'une forme constitutionnelle en harmonie avec son tempérament démocratique, ont amené à se grouper autour du Général une masse d'hommes de bonne volonté venus des points les plus éloignés de l'horizon politique.

En dehors de ces points de contact qui nous ont reliés et étroitement unis, quelles étaient les affinités qui pouvaient rapprocher M. Cunéo d'Ornano de M. Jourde, ou M. Delahaye de moi-même.

Évidemment nos croyances, nos idées, nos aspirations étaient différentes et elles le sont demeurées.

Seulement, nous nous sommes mis d'accord sur le terrain de la liberté; nous nous sommes groupés pour donner à la France un régime politique qui permette de substituer, aux partis personnels et factices d'aujourd'hui, des partis réels fondés sur les affinités naturelles des opinions de leurs membres. Nous avons voulu apporter à notre Patrie une forme de gouvernement qui nous donnât à chacun le moyen de défendre efficacement nos idées sur le terrain républicain de la propagande et de la libre discussion.

Il n'en est pas moins évident que nous avons des aspirations plus variées, de beaucoup, qu'à l'ancienne extrême gauche, que nous avons, comme à l'ancienne extrême [gauch]e, un grand nombre d'hommes de va[leur], que presque tous les membres de notre groupe sont indépendants de caractère, [indo]ciles du joug, et que si nous n'avions pas [la ch]ance de posséder un chef que nous avons librement choisi et dont, tous, nous respectons les décisions, nous deviendrions vite un petit Parlement, c'est-à-dire une [c]hose impuissante comme tous les [groupes] parlementaires ou non parlementaires.

[Mai]s nous possédons ce chef [...] à lui aucune division [...] impuissance à redouter. [...] politique à laquelle [...] [...] ne l'a fait pas prendre [...] sa vive intelligence [...] [...] assimilation l'ont mis vite [...] [...]ous ce qu'est dans une asse[mblée] [...]aire digne de son rôle un [...] [...] qui la dirige, la conduit [...] s'emballer et de s'égarer.

C'est à la condition d'avoir un [...]

cet ordre, et à cette condition seule, que sous une constitution parlementaire, une Chambre peut produire des résultats féconds.

C'est aussi à cette condition, et à cette condition seule, qu'un groupe comme le nôtre peut se développer et vaincre.

Voilà pourquoi, en dépit des conseils perfides de ceux qui nous conseillent le boulangisme sans Boulanger, nous sommes plus que jamais décidés à faire du boulangisme avec Boulanger.

Voilà pourquoi, en dehors des raisons de sentiment, de loyauté, d'honneur, qui doivent empêcher des hommes de cœur de se séparer de leur chef, alors que celui-ci subit les effets d'une condamnation inique, voilà pourquoi, dis-je, sans même faire intervenir ces motifs de sentiments pourtant si respectables, par le simple calcul de l'intérêt politique, nous continuerons de lutter et de combattre au cri de : Vive Boulanger !

ALFRED NAQUET.

La presse du 29 mars 1890 (n^{elle} série - n° 662)

CITOYENS, VEILLEZ !

Lundi dernier a eu lieu, au Casino des Fleurs, une réunion contradictoire, dans laquelle M. le marquis de Morès est venu poser sa candidature antisémite pour le quartier des Epinettes.

M. de Morès, en effet, — ses discours de Neuilly en font foi, comme aussi la dédicace à lui faite par M. Drumont de son dernier livre, dédicace qu'il n'a nullement répudiée, — appartient à la phalange heureusement impuissante qui, sous prétexte de justice sociale, n'a rien trouvé de mieux que de s'efforcer de déchaîner les guerres religieuses, ou les guerres de race qui sont pires encore, sur notre malheureux pays.

En Français enthousiastes, ces socialistes, d'une espèce nouvelle, sont allés emprunter leur modèle à l'Allemagne, et, chose à noter, ce n'est pas chez Bebel ou Liebknecht qu'ils l'ont pris, — ces nobles défenseurs des droits populaires n'ont jamais versé dans l'antisémitisme, — c'est dans le pasteur Stœcker. C'est ce dernier qu'ils ont à cœur d'imiter.

La candidature du parti socialiste, malgré tous les encouragements que, pendant un temps, elle a rencontrés à la cour, a piteusement échoué en Allemagne. Il ne faudrait pas connaître le caractère français pour s'imaginer qu'elle aboutira en France, pour croire que notre pays va remonter au delà de 1889 et supprimer cette égalité civile de tous les citoyens qui est la plus belle conquête de la Révolution.

Je sais bien que M. de Morès et ses amis se défendent d'être antijuifs dans le sens religieux ou ethnique du mot. A les entendre, ils ne s'en prennent qu'à la haute banque, aux agioteurs, aux accapareurs. Mais vous verriez leur parti le lendemain des élections, si, par une hypothèse inadmissible, elles pouvaient leur être favorables.

Ils ne manqueraient pas d'agir alors comme agirent les journaux royalistes en 1885, lorsque, après une campagne électorale faite sur cette donnée que la République n'était pas mise en question, ils s'écrièrent, une fois connus les résultats du premier tour de scrutin, que la monarchie était faite.

On verrait, à ce moment-là, si l'on distingue entre juifs et juifs, et si on ne place pas dans le même panier tous ceux que le hasard a fait naître dans la race sémite.

S'il en était autrement, pourquoi emploierait-on le mot *juif?* Pourquoi ne se bornerait-on pas à faire usage des mots mêmes dont on se sert pour expliquer ce dernier, des mots *accapareur* et *agioteur?* La langue française est une langue qui demande surtout la clarté; pourquoi, lorsqu'on a des expressions dont le sens est clair, irait-on chercher des vocables qui prêtent à équivoque, si l'on n'avait intérêt à faire naître cette équivoque même et à l'exploiter?

D'ailleurs M. Drumont, un autre candidat aux élections municipales que certainement M. de Morès ne désavouera pas, a précisé, dans le premier de ses ouvrages, *la France juive*, les signes qui caractérisent le juif :

Les principaux signes auxquels on peut reconnaître le juif restent donc : ce fameux nez recourbé, les yeux clignotants, les dents serrés, les oreilles saillantes, les ongles carrés au lieu d'être arrondis en amande, le torse trop long, le pied plat, les genoux ronds, la cheville extraordinairement en dehors, la main moelleuse et fondante de l'hypocrite et du traître. Ils ont souvent un bras plus court que l'autre.

sont-ils, oui ou non, des caractères de race, et M. Drumont distingue-t-il, dans ce passage, entre les israélites hauts banquiers et ceux qui s'adonnent à de tout autres professions ?

S'il ne distingue pas, et à moins que M. Drumont et ses associés n'abandonnent la doctrine du livre qui a été l'origine de leur croisade, que vient-on nous parler du respect de la liberté de conscience et de l'égalité civile ? Ce sont là paroles devenues nécessaires depuis que l'on s'est décidé à sortir du cabinet pour entrer sur le terrain électoral, mais qui n'égareront que ceux dont la bonne envie est d'être égarés.

M. de Morès est socialiste. Nous également. C'est comme socialiste que nous avons été élu au cinquième, et c'est parce que nous sommes socialiste que nous voterions sans hésiter pour M. Boulé, au dix-septième arrondissement, si nous étions électeur dans ce quartier.

Mais c'est aussi parce que nous sommes socialiste que nous répudierions la candidature de M. de Morès, et que nous n'hésiterions pas à la combattre avec la dernière énergie.

Le socialisme, qui proclame l'égalité de tous les citoyens, ne saurait avoir rien de commun avec une doctrine dont le premier principe consiste à mettre toute une catégorie de nos concitoyens hors la loi.

Le socialisme, qui se place en dehors des guerres religieuses et des guerres ethniques, ne saurait abaisser son drapeau et se transformer en une secte ayant pour but primordial un appel à ces guerres odieuses que nous pouvions croire oubliées dans la nuit du moyen âge, mais que l'on cherche à ressusciter aujourd'hui.

Le socialisme, enfin, qui vise à l'établissement de lois protectrices des petits, des humbles, des faibles, en vue d'obtenir une meilleure répartition des produits, proclame très haut que ce n'est point en s'en prenant à telles ou telles personnes, mais bien en s'attaquant aux institutions, qu'il réformera la société.

De même que l'on changerait en vain de ministres sans rien gagner à ces changements, aussi longtemps qu'en politique ou conserverait le parlementarisme ; de même, il faut avoir le courage de le dire, la réforme sociale ne ferait pas un pas parce qu'on supprimerait les Rothschild, les Lebaudy ou les Christophle.

Les accumulations de capitaux dont on se plaint sont la conséquence fatale de nos institutions sociales, comme les Thévenet et les Rouvier sont les produits naturels du régime parlementaire.

Enlevez Rouvier, vous en aurez aussitôt un second.

Enlevez Rothschild ou Lebaudy, il en surgira bien vite de nouveaux, si vous conservez vos lois actuelles, même avec les amendements inapplicables, insuffisants, je dirais presque enfantins, que M. de Morès propose d'y apporter.

Modifiez au contraire les lois, et les accumulations de capitaux disparaîtront d'elles-mêmes sans que l'on ait besoin de toucher aux individus.

Il est vrai qu'il est tels révolutionnaires qui se déclareraient peut-être satisfaits le jour où un grand financier actuel aurait été supprimé et aurait été remplacé par un autre.

Je ne dis cela ni pour M. de Morès dont je suis l'adversaire résolu, dont je hais et réprouve les opinions, mais que je n'ai aucun motif de ne pas croire sincère, ni pour aucune des personnalités qui marchent à ses côtés et que je ne veux pas connaître.

Mais je me demande si les prêtres de cette religion de persécution et de haine, que l'on a cru assez vieille pour pouvoir être rajeunie, ne sont pas les agents inconscients de quelque grande entreprise de haute banque, s'il ne s'agit pas d'une concurrence aux financiers actuels, montée et poussée par d'autres financiers placés dans la coulisse.

Après 1830, après 1848, après 1870, nous avons vu des hommes politiques fusiller le peuple qui les avait portés au pouvoir, et trouver que tout le monde devait se montrer content puisqu'ils avaient remplacé les gouvernants renversés par la Révolution. Le peuple serait-il destiné à verser à nouveau son sang pour renverser, non plus un gouvernement, mais quelques gros financiers d'aujourd'hui, au profit de quelques gros financiers de demain qui ne manqueraient pas de se déclarer satisfaits lorsqu'ils auraient fait passer le milliard dans leurs poches ?

J'espère que non ! Les leçons du passé ont été assez dures pour qu'il ne lui convienne pas de recommencer l'expérience.

Le jour où le peuple agira, ce sera pour faire ses affaires et non pour faire les affaires de personnalités qui cherchent à se servir de lui bien plus qu'à le servir.

En terminant, on ne saurait trop mettre en
garde les électeurs contre certains révolutionnaires d'une nature spéciale qui leur content fleurette. On ne saurait trop leur dire :
Citoyens, veillez !

ALFRED NAQUET.

La presse du 30 mars 1890 (nouvelle série n° 663)

A NAQUET

Vous m'avez permis, mon cher maître, de
répondre ici même à votre article d'hier. Cela
est nécessaire pour moi et pour nos amis de
la *Presse* qui aiment voir, dans un même journal, ces luttes pour la *vérité* qui ne changent
rien aux rapports des hommes vraiment tolé-
rants les uns envers les autres, mais éclairent
les citoyens avides de sincérité.

Savez-vous bien, mon cher Naquet, que sans
vous en apercevoir, malgré les ressources
de votre grand esprit, vous avez fait hier non
pas une défense de libre-penseur, mais un
plaidoyer de bon sémite froissé dans sa race,
dans ses ancêtres et presque dans sa religion ?

Ce qui vous horripile, c'est ce mot de *juif*
appliqué à tort et à travers pour désigner
tous les pécheurs, non pas seulement d'Is-
raël, mais d'autres lieux.

« Je suis de race juive, m'avez-vous écrit
« un jour, et jamais je ne renierai une race
« qui a mérité l'estime du monde par seize
« siècles de résistance à d'odieuses persécu-
« tions. Je me considérerais comme déshonoré
« si je m'associais par mon silence à des cam-
« pagnes même faites à la légère contre elle, et
« moi qui suis si peu juif, je le deviendrais.
« Que mes coreligionnaires soient persécutés
« ou menacés, moi qui n'ai pas de religion,
« en manière de protestation je rentrerai à la
« synagogue ! Et jugez, s'il en est ainsi pour
« moi, ce qu'il doit en être pour les autres. »

Voilà donc qui est bien établi : c'est la race
qui proteste en vous, c'est le sémite qui se ré-
volte dans son type, dans son organisation,
dans son génie même, génie que vous affirmez, que vous incarnez.

Une première déduction se dégage alors de
ce premier fait :

Vous n'êtes pas, vous ne pouvez pas être
impartial.

Vous n'êtes pas impartial, malgré tous vos efforts, parce qu'il y a au-dessus de vous une question d'atavisme, d'hérédité qui vous domine.

Vous viendriez nous dire : « Je suis antisémite, » nous serions obligés de ne pas vous croire, parce que vous êtes sémite, malgré vous, à cause précisément de la race soigneusement conservée qui crie en vous quand on a touché, comme la chair quand on la meurtrit.

La grande question, elle est là tout entière. Nous n'avons plus de race, nous ; elle a tellement laissé de fleurs et de madrigaux, en Alsace, en Normandie, en Provence et sur les Pyrénées, que le Celte ne crie plus en nous quand on l'attaque. L'amour, ce grand volage, nous a fait bruns ou blonds, grands ou petits. Nous épousons la douce Anglaise avec la même facilité que la brûlante créole. Oui, nous n'avons plus de race proprement dite, d'atavisme, que lorsqu'il s'agit de la patrie française.

Mais vous, vous avez résolument, volontairement, en grande majorité, mis une barrière entre le monde et vous. Je ne blâme pas, je constate. Vous constituez un *gulf stream* séparé dans le grand océan humain ; vous vous mariez entre vous, vos traits — fort beaux le plus souvent — vous servent de mot de passe pour établir une solidarité inouïe dans tous les mondes. Il suffit que l'un de vous soit opprimé pour que les autres accourent ; vous êtes la société secrète permanente, plus ancienne que toutes les autres, plus agissante, plus unie, plus séparée dans tous les temps et dans tout l'univers. Et je vous en félicite

Mais on se demande alors : « Peuvent-ils, dans ces conditions, avoir une patrie ? » Vous dites oui, nous vous croyons ; mais nous savons que l'atavisme est toujours là, toujours puissant, que vos chairs crieront à l'unisson d'autres chairs lorsqu'en un point du monde vos frères, votre race seront menacés et ce cri pourra être un jour, par pure coïncidence, une protestation contre la patrie française. Que ferez-vous alors !

Et puis, il y a cet argent, ce maudit argent. Que voulez-vous, on le dit irrésistible et vous l'aimez. Vous diriez le contraire qu'on ne vous croirait pas encore, remarquez-le bien. C'est une qualité encore, je vous l'accorde. Eh bien ! Cet amour des choses du négoce, cette spécialité merveilleuse, cette supériorité incontestable et incontestée, cet atavisme entin, vous crée des antagonismes naturels. Il faut supporter certains inconvénients pour tant d'avantages. Car vous accumulez la richesse malgré vous, fonctionnellement; vous attirez l'or comme l'aimant attire le fer, de sorte qu'on a pu dire: « Tous les accapareurs ne sont pas juifs, mais tous les juifs sont accapareurs » dans le bon sens du mot, s'il en a un.

Or donc, étant donné que vous revendiquez hautement l'honneur d'être de race juive, vous ne pouvez en renier les deux merveilleuses qualités : la solidarité accusée par un esprit de famille que nous vous envions et une affinité pour les métaux précieux que nous sommes forcés de vous envier encore.

Alors, soyons crus et vrais. L'excès de ces qualités constitue, il n'y a pas à le nier, un danger pour tous les peuples. Ils se raidissent constamment, vous le voyez bien, contre cette accumulation de l'or et de la sélection ethnique volontaire.

Vous êtes bel et bien une aristocratie spéciale n'opprimant plus par le fer, mais par l'argent. Et vous avez le tort de toutes les aristocraties, c'est d'être attaqués, mais avouez que vous avez une fortune singulière, vous n'avez jamais été encore vaincus, comme toutes les autres aristocraties.

Il y a un remède à tout, pourtant. Si vous voulez qu'on ne vous traite point en dominateurs, faites alors votre nuit du 4 Août. Apportez, non pas seulement votre argent sur l'autel humain, mais encore votre race, vos atavismes merveilleux. Ne faites pas un type à part, noyez-vous dans le grand courant universel. À ce moment il n'y aura plus de juifs, nous le serons tous et l'antisémitisme aura profité à tous, il aura vécu.

Mais, je le répète, tant qu'il y aura de par le monde une race ayant son égoisme à elle, ses pratiques, son type, qui se marquera, s'affichera, se différenciera à dessein, elle aura malheureusement ses ennemis, ses détracteurs, ses envieux, ses proscripteurs comme les Chinois aux États-Unis. Quand le plus grand nombre se sentira opprimé, ruiné, exploité, même par des hommes supérieurs, le plus grand nombre se révoltera et se ruera sur eux; ce sera l'éternel et inévitable plébiscite de la misère contre la richesse.

Conclusion, mon cher Naquet : c'est la question de race qui est l'obstacle et la cause du grand conflit. Or, vous tenez à la race plus que personne. Que faire alors?

Résignez-vous et défendez-vous. Vous le faites, du reste, fort bien et vous n'êtes point des faibles, allez.

Ou bien immolez-vous, vous minorité, pour le plus grand bien de la majorité. Le sacrifice ne serait pas sans grandeur.

FRANCIS LAUR.

ibidem

CHRONIQUE DU PARTI NATIONAL

Lettre de M. de Morès

Nous avons reçu hier la lettre suivante :

Paris, 28 mars 1890.

Monsieur le rédacteur en chef de la *Presse*,

Dans votre numéro de ce matin, je lis sous la signature de M. Naquet un long article où je suis attaqué violemment.

Mon but, et, je l'espère, celui de M. Naquet, est le renversement de l'état de choses actuel.

Il faut donc éviter la division dans les colonnes d'assaut. Après la victoire ou la défaite, je répondrai à M. Naquet. Moi aussi, je veille.

Recevez, monsieur le rédacteur en chef, l'expression de mes sentiments les plus distingués.

MORÈS

La presse du 30 mars 1890 (nelle série — n° 664)

A FRANCIS LAUR

Notre collaborateur et ami Francis Laur a répondu hier matin à mon article contre l'antisémitisme.

Je ne veux pas répliquer. Je veux seulement retirer des déclarations de Laur l'enseignement qu'elles comportent.

Depuis des mois, les antisémites prétendent se réfugier derrière je ne sais plus quelle défintilon de Toussenel et se défendent de faire une guerre de religion ou de race.

Laur convient nettement aujourd'hui qu'il fait une guerre de race.

C'est à cet aveu que je tenais. Il est fait. J'en prends acte.

La doctrine antisémite étant maintenant bien établie, je m'en repose sur le jugement du pays, et j'arrête là, momentanément au moins, la polémique.

ALFRED NAQUET.

La presse du 4 avril 1886 (...)

La presse du 6 avril 1890 — (n^{elle} série — n° 670)

LA VRAIE LIBRE-PENSÉE

[illegible]

Et je parle ici avec une impartialité d'autant plus grande que je l'ai partagée autrefois.

J'ai été, moi aussi, à une époque déjà éloignée, et où j'avais heureusement l'excuse de l'extrême jeunesse, un sectaire antireligieux.

A cette époque, que je regrette un peu à cause de la forêt de cheveux blancs qui m'a poussé depuis, je banquetais volontiers le vendredi saint ; et, n'entendant pas mériter le reproche qu'adressait Lisbonne, il y a quelques jours, aux hommes de ma race ; ne voulant pas, alors que le hasard m'avait fait juif, me borner à tourner en ridicule des rites qui ne pouvaient pas me toucher, — ce que j'aurais toujours considéré comme malséant ; — tenant à bien montrer que j'agissais en libre-penseur et seulement en libre-penseur, je me faisais un devoir d'organiser aussi des dîners pour la Pâque juive et pour le jour du grand jeûne de Kipour, dîners dans lesquels, à la barbe de Moïse, on me bourrait de pain et de viande de porc.

Eh bien ! je suis revenu de tout cela, et je crois avoir fait, en en revenant, des progrès considérables dans l'art de penser avec liberté.

Je me croyais libre-penseur, je n'étais qu'un

religieux retourné ? alors que je m'affirmais
ennemi de toutes les religions, j'en avais une
à laquelle je professais une dévotion toute
particulière : l'irréligion. Je ne me contentais
pas de ne pas croire ; je voulais empêcher les
autres de croire ou les blesser dans leurs
croyances. L'acte était le même qu'eût été celui d'un catholique m'imposant ses rites ou
tournant en ridicule ma philosophie.

J'ai reconnu depuis lors qu'entre celui qui
fait maigre parce que c'est le vendredi saint
et celui qui fait gras parce que c'est le vendredi saint, il n'existe pas de différence sen
sible.

L'un et l'autre sont des religieux à leur manière, des religieux de deux religions différentes et opposées, mais des religieux et ni
l'un ni l'autre n'a le droit de se réclamer de
la libre-pensée.

J'ajoute que je ne saurais blâmer les maris
qui, pour être agréables à leurs femmes, consentent à se priver de viande une fois par an
ou même une fois par semaine. Cette pratique
n'a rien que de très hygiénique ; les médecins
l'ordonnent ; Marat s'y soumettrait certainement volontiers, si on lui demandait de ne pas
faire gras le lundi ; si donc il s'y refusait le vendredi alors que sa femme le lui demanderait,
ce serait uniquement pour violenter celle-ci
dans sa conscience. On peut être, en effet,
blessé dans ses convictions, si l'on est catholique, en faisant gras le jour où l'Eglise le défend ; mais lorsqu'on est indifférent en matière
religieuse, on ne saurait être atteint que dans
ses goûts matériels et nullement dans ses opinions parce qu'on mangera ce jour-là du pois-
son au lieu d'un beefsteak. Or, j'avoue que je
n'ai aucun goût pour violenter qui que ce soit
dans ses sentiments intimes.

Chez moi, bien que ma famille soit d'origine
catholique et que je sois moi-même d'origine
juive, nous sommes les uns et les autres si
peu religieux que nous ignorons le plus souvent quel jour tombe le vendredi saint, la

Pâque [illegible] de Kipour.

[illegible] si l'on me privait de ma côtelette le vendredi saint ou de mon pain le jour de la Pâque juive, je n'aurais garde de me plaindre. Je ne protesterais que contre le jeûne de Kipour, et ceci au nom de l'hygiène pure et non par d'autres motifs.

Que Maret veuille bien le croire : si tant est que les croyances religieuses doivent un jour s'effacer, cette tolérance large fera plus pour les faire disparaître que tous les actes d'ostentation [illegible] accomplait la secte radicale.

Par les actes d'ostentation, par l'intolérance dans la famille, on peut faire perdre à la religion un peu de terrain en étendue, mais on lui en fait gagner un énorme en intensité.

L'intolérance sectaire d'un côté entraîne de l'autre la résistance opiniâtre et passionnée, et le résultat le plus sensible est de couper la société française en deux moitiés ennemies.

Quoiqu'il soit convenu [illegible] par la décision [illegible] de mon [illegible], que je ne puis [illegible] avoir de patrie, [illegible] je suis de race juive et que l'atavisme [illegible] d'en avoir une, j'aime la France [illegible] peut-être [illegible] qui [illegible] cela que je [illegible] le [illegible] de ce [illegible] ou sous le [illegible] cite à la [illegible] en [illegible]

Croyons au Christ, [illegible] à Moïse, ne croyons à rien du [illegible] la [illegible] plus conforme à notre [illegible] croyons [illegible] celle, d'origine romaine, d'origine grecque, [illegible] franque, [illegible] germaine, ou [illegible] ; [illegible] comme [illegible] et professons [illegible] ou la philosophie [illegible] re[illegible] les [illegible] nos croyances, [illegible] réciproquement, et soyons frères dans une religion qui, celle-là, [illegible] nous [illegible] commune à tous : la religion de la Patrie.

voilà, selon moi, et je n'en déplaise à Maret
comme à Laur, quelle est la vraie doctrine de
la libre-pensée.

ALFRED NAQUET.

La presse du 11 avril 1890 (n^{lle} série n° 67)

A UN CONTRADICTEUR

Un nouveau collaborateur de la *France*
consacrait hier un long article, dans ce journal, au boulangisme dont il se sépare résolument. Il n'a jamais fait avec nous d'autre alliance que celle d'une action parallèle. Aujour-
d'hui cette action parallèle elle-même est abandonnée par lui ; il marche désormais pour son
propre compte, c'est-à-dire pour le compte de
ce qu'il appelle les revisionnistes indépendants.

Notre confrère a découvert sur le tard que le
nom du général Boulanger, au lieu d'être une
force, était devenu un obstacle pour la revision, et il veut opérer sans lui.

L'Italia farà da sè.

Nous désirons sincèrement qu'il ne se
trompe pas et que sa petite colonne indépendante — indépendante du Général seulement
— puisse nous être d'un secours quelconque
pour l'œuvre de transformation, de réformes,
de propreté nationale, au succès de laquelle
nous travaillons.

Nous ne l'espérons pas.

Nous nous souvenons d'une époque où le
boulangisme n'était pas né, où personne même
ne pouvait soupçonner qu'il naîtrait un jour.
Il y avait alors une ligne revisionniste à la
tête de laquelle était une grande quantité de
républicains, presque tous hommes d'une
réelle valeur.

Cette ligue, malgré ses efforts, a piteusement échoué.

Il est vrai que, si ma mémoire est fidèle,
notre contradicteur n'en faisait pas partie ;
mais malgré le talent, l'activité, la volonté
qu'il possède et auxquels je me plais à rendre
hommage, je doute que sa présence dans la

Ligua en eût changé les résultats.

Les motifs qui firent avorter la Ligue de la revision, et qui amenèrent l'insuccès de toutes les tentatives collectives entreprises par des groupes sans direction, sont de deux ordres.

D'abord, abattre un système autour duquel se sont groupés tous les intérêts qui gravitent autour du parlementarisme est un de ces travaux herculéens qui ne peuvent réussir que sous une poussée formidable de l'opinion publique. Le peuple de France, malgré vingt ans de République et un siècle de Révolution, n'en est point encore arrrivé à un développement politique qui lui permette de se passionner pour un groupe d'hommes ou pour une idée abstraite.

Anacharsis Clootz a écrit jadis : « France, guéris des individus. »

Cette phrase a été, depuis, reprise par bien d'autres, et moi-même, je l'ai prononcée plus d'une fois.

Mais, quelque désir que nous ayons tous de voir notre pays se détacher des hommes pour ne s'attacher qu'aux idées, quiconque tient compte des faits doit reconnaître que dans les masses profondes du Suffrage universel qui s'agitent hors des grands centres, une idée n'a aucune chance de passionner les esprits lorsqu'elle ne se personnalise pas.

Sans Gambetta, qui avait personnifié la République, la République ne se serait pas implantée.

Sans Boulanger, qui depuis deux ans personnifie la revision, la revision n'aurait pas poussé dans le pays les innombrables racines qu'elle y a développées en tous sens ; et nous ne serions pas en droit d'en prévoir le triomphe prochain.

Il est vrai que le rédacteur de la *France* songe peut-être — et c'est en cela que consiste son indépendance — à changer notre porte-drapeau et à placer sa personnalité aux lieu et place de celle du général Boulanger.

Peu m'importerait si cette substitution était susceptible d'amener un résultat.

Mais j'avoue, n'en déplaise à notre nouvel adversaire, que je ne vois pas bien l'immense et légitime popularité du Général lui revenir, à lui, quelque digne qu'il puisse en être.

Une autre cause de l'avortement des tentatives revisionnistes de 1881 fut l'anarchie, qui est fatale dans tout groupe où l'on ne reconnaît pas librement une direction consentie et voulue.

Se déclarer indépendant du Général, c'est retomber de gaieté de cœur dans ce qui a fait autrefois notre faiblesse, et y retomber sans excuse, puisque la chance veut que nous ayons ce que nous n'avions pas alors, le moyen d'éviter le défaut de cohésion qui nous tuait.

Je sais bien que d'aucuns rêvent de rendre à notre parti, sous la direction de notre allié d'hier, de notre rival d'aujourd'hui, la cohésion que nous aurions détruite en éliminant le Général.

Ici encore je vois nettement ce que nous perdrions ; mais je vois moins nettement ce que nous gagnerions.

Notre confrère combat, comme moi, depuis de longues années pour la revision. Si nous avions dû, si nous avions pu, l'un ou l'autre, nous créer la puissance directrice qui mène à la victoire, ce serait fait depuis longtemps.

Ce n'est pas fait, c'est donc que nous n'en avions pas les éléments.

Et comme le Général a eu ces éléments qui nous faisaient défaut, comme il les a encore, ce serait folie que de nous priver de la seule force qui ait fait ses preuves et, sous prétexte de je ne sais quelle impersonnalité purement apparente, de vouloir faire du boulangisme sans Boulanger.

Nous sommes aussi indépendants que qui que ce soit : mais nous nous sommes donné un chef qui nous a déjà montré, à plusieurs reprises, comment on conduit ses troupes à la victoire. Nous n'en changerons pas.

ALFRED NAQUET.

La presse du 20 avril 1890 (n^{elle} série — n° 684)

CONFIANCE DE COMMANDE

Raine plaisante agréablement notre ami Laur sur ses illusions, et il lui démontre, par un procès en règle de Granger et des blanquistes, que nous n'avons aucune chance de l'emporter au 27 avril et au 4 mai.

Les opportunistes sont-ils bien sincères dans cette sécurité?

Il suffit de relire un article que publiait Maret il y a quatre jours, pour se persuader qu'il n'en est rien, que c'est là une confiance de commande à l'usage de l'électeur.

Maret, en effet, tout en déclarant improbable notre victoire, ne s'occupe que d'une seule chose, ne cherche qu'à en atténuer la portée.

Il prévoit, le malin, que dans quelques jours l'Hôtel de Ville appartiendra au boulangisme; il se doute bien du retentissement énorme qu'aura en France cet éclatant verdict de la capitale, et il s'efforce de parer ce coup en démontrant au public, et peut-être en cherchant à se faire croire à lui-même, que ce triomphe sera de nul effet.

Il se demande à quoi cela nous servira d'entrer en majorité au Conseil municipal. Il nous rappelle, ce que nous savons de reste, que le Conseil municipal n'exerce aucune souveraineté; et, nous menaçant des foudres gouvernementales, il nous avertit que, à ce qu'il appelle la première incartade de nos amis, M. Constans peut le dissoudre.

Nous ne l'ignorons pas; et j'ajoute, au risque de dévoiler nos plans, que cette dissolution est l'un des épisodes politiques probables sur lesquels nous fondons les espérances les plus vives.

L'invalidation des députés de la Seine a été, de la part de la Chambre, une faute capitale; elle a rendu nécessaire une agitation qui devait forcément être féconde, et qui, en nous fournissant l'occasion d'une première revanche du 22 septembre, a relevé les courages et a été la meilleure préparation qu'on pût souhaiter à l'élection actuelle.

Et cependant cette agitation s'était bornée à quelques quartiers de Paris et de la banlieue.

Que sera-ce lorsque les élus de la capitale seront brisés tous; lorsque Paris sera souffleté dans sa souveraineté, non plus sous un masque, non plus sous le prétexte qu'une élection a été entachée d'irrégularités, mais clairement, délibérément, et uniquement parce que ses élus déplaisent et qu'on se refuse à obtempérer à leurs revendications?

On dissoudra le Conseil; je le veux bien. Mais après? Il faudra bien convoquer à nouveulent les électeurs pour le réélire, et est-il possible de concevoir des doutes sur la manière dont Paris répondra à cette provocation ?

Voudra-t-on supprimer tout à fait la représentation parisienne ? Voudra-t-on essayer de revenir à l'ancienne loi de l'Empire ? Opportunistes et radicaux le désirent sans doute, mais ils ne le peuvent pas sans reviser la Constitution.

La représentation municipale de Paris supprimée, où prendrait-on les électeurs sénatoriaux du département de la Seine ?

La loi de 1875 ne permet point aux commissions municipales de prendre part aux élections des sénateurs. Elle laisse cette fonction aux Conseils normaux, même dissous, pendant la période qui précède l'expiration de leurs mandats.

Ici, l'on ne pourrait pas faire des électeurs inamovibles des conseillers dont le mandat serait expiré, et il faudrait de toute nécessité réunir le Congrès pour établir sur une nouvelle base le corps électoral sénatorial de Paris et de sa banlieue.

Or, quelque sûrs que soient les opportunistes de leur majorité, ils n'oseraient pas réunir l'Assemblée nationale. Cette ombre de revision suffirait à les épouvanter.

Ils ne pourront donc pas supprimer définitivement le Conseil municipal, et chaque dissolution qu'ils essaieront aura pour résultat une manifestation nouvelle des Parisiens, plus éclatante, plus écrasante chaque fois.

Au surplus, s'ils avaient assez de courage pour réunir le Congrès et pour revenir à la loi impériale, rien ne saurait mieux nous servir.

Paris mis délibérément hors du droit commun ; Paris traité en ville conquise, en ville occupée par un gouvernement exécré, c'est la chute de ce gouvernement à une échéance forcément prochaine.

L'Empire a connu pendant quelques années cette situation. Il en est mort.

La forme opportuniste de la République en mourrait comme lui, sans avoir besoin pour en finir de la guerre et de ses désastres.

Renverser l'Empire — même alors que Paris et les grandes villes se prononçaient contre lui — était chose difficile, car l'Empire avait dans les campagnes une majorité bien établie, une majorité solide.

L'opportunisme n'a dans les campagnes qu'une majorité de hasard, qu'une majorité récoltée par la pression officielle, la fraude et la calomnie.

Elle n'est pas encore bien éloignée, l'époque où la Dordogne, l'Aisne, la Charente-Inférieure, la Somme et le Nord donnaient au général Boulanger des majorités formidables. Ces beaux jours seront vite revenus quand la lutte engagée et poursuivie à Paris aura suffisamment démontré à tous, par les manifestations parisiennes, que les accusations lancées contre le général Boulanger et son parti étaient d'odieux mensonges.

Maret le sait bien. Il sait que l'entrée du boulangisme en majorité à l'Hôtel de Ville, c'est l'effondrement de son parti ; il sait cela, comme Ranc doit commencer à comprendre que notre victoire est certaine.

Mais Ranc veut affaiblir le courant, en répétant, comme il le faisait avant le 27 janvier 1889, qu'il est assuré de notre défaite. Et Maret qui, plus avisé, prépare sa ligne de retraite, déclare avec désinvolture que si nous sommes vainqueurs, cela ne prouvera rien..., tout en se réservant néanmoins de prétendre, au cas où nous aurions le dessous, que cela prouve tout, au contraire.

En réalité, ils ont, l'un et l'autre, le sentiment qu'ils livrent une bataille décisive, tandis qu'il n'en est pas de même pour nous.

Un parti d'opposition peut subir des échecs, sans pour cela cesser de progresser.

Le parti républicain a essuyé des défaites pendant 15 ans, sous l'Empire, et ces défaites l'ont mené au pouvoir.

Il est, par contre, des revers qu'un gouvernement ne peut pas subir, sans être à ce point diminué dans son autorité morale que sa disparition devient affaire de jours.

Nous ne serons pas battus ; mais, si nous l'étions, nous demeurerions debout, fortifiés et non affaiblis par la lutte.

Vaincu, le gouvernement est perdu.

Libre à Ranc, libre à Maret de contester ces vérités évidentes. Il est permis à tous de nier la lumière. Mais ces dénégations n'empêchent pas le soleil de répandre sur tous ses rayons éclatants. Quelques aveugles ou quelques zélateurs intéressés de la nuit ne sauraient empêcher le jour de briller.

Il en est de même en politique, et cela nous suffit amplement.

ALFRED NAQUET.

La presse du 27 avril 1890 (petite série - n° 691)

PRUDENCE & FERMETÉ

Les événements qui viennent de se produire en Autriche, à Biala et à Lercheufeld, rendent rêveurs nos parlementaires.

Comme les Etats-Unis, comme la Suisse, comme l'Angleterre elle-même, la France semble devoir être privée, le 1er mai, de ces troubles dans la rue, de ces violences qui sont le propre des pays où le Suffrage universel n'existe pas.

Cela ne fait pas l'affaire des hommes qui nous gouvernent, qui nous exploitent, et qui se sentent chaque jour plus menacés par la marée toujours montante du mécontentement général.

S'ils pouvaient avoir leur petite émeute, eux aussi ! S'ils pouvaient, comme en Galicie, comme à Vienne, enregistrer leurs scènes de désordre et de pillage, que leurs feuilles à tout faire mettraient charitablement à la charge des boulangistes ! Quelle chance inespérée pour les élections municipales ! Ce serait le seul moyen, par le désarroi que cela jetterait momentanément dans la population, de transformer en une victoire de surprise et d'escamotage l'irrémédiable défaite qui les attend.

Aussi le ministère que préside M. de Freycinet ne perd-il aucune occasion pour alarmer les esprits et pour provoquer des tentatives révolutionnaires auxquelles, dans le parti socialiste sérieux, personne, absolument personne, ne pense en ce moment.

Hier matin, notamment, les journaux bien informés portaient à notre connaissance que toute l'armée de Paris serait sur pied le 1er mai, à l'effet d'assurer la circulation (que personne ne menace), que des troupes seraient même amenées de province, ou tout au moins que toutes les mesures seraient prises pour les diriger rapidement sur Paris en cas de besoin ; que la gendarmerie de Seine-et-Oise serait requise ; — que sais-je encore ? Nous serions à la veille du 18 mars 1871 ou du 24 mai 1848 qu'on ne prendrait pas plus ostensiblement des dispositions militaires plus effrayantes.

Et pourquoi tout cela ?

Est-ce que nous sommes en péril de voir se produire chez nous les scènes qui ont ensanglanté les rues de Biala ? Allons donc !

Mais si l'on pouvait alarmer un peu les esprits, on réussirait peut-être à en retirer quelques résultats pour le scrutin du 27 avril. Et puis, si les soi-disant précautions que l'on prend avec cette ostentation pouvaient engendrer ce que l'on semble redouter, une accumulation de badauds qui dégénérerait — qu'on s'arrangerait au besoin pour faire dégénérer — en collision avec la troupe !

Cela permettrait de fusiller un peu les citoyens paisibles qui se trouveraient dans la rue, d'arrêter comme complices ceux qui seraient demeurés tranquillement chez eux, et d'en finir pour quelque temps avec le Parti revisionniste auquel le Suffrage universel s'obstine à demeurer inébranlablement attaché.

Le gouvernement a évidemment besoin d'une émeute, émeute pour effrayer, émeute pour réprimer.

Aussi ne serions-nous nullement surpris si, le 1ᵉʳ mai, tandis que les troupes défileront avec apparat dans certaines rues, dans d'autres rues quelques hordes de gens sans aveu à la solde du ministère de l'intérieur, allaient casser les carreaux ou enfoncer les portes de quelques-uns de nos grands établissements industriels ou financiers.

Cette provocation, de la part du gouvernement prêt à tout que nous possédons, est à craindre ; mais elle n'est pas dangereuse, pourvu qu'elle soit prévue et que les bons citoyens la méprisent et refusent de s'y associer.

Elle ne deviendrait périlleuse que si les honnêtes gens, les socialistes sincères donnaient dans le panneau et se joignaient à un mouvement dont ils ne connaîtraient pas l'origine.

C'est ce que cherchent M. de Freycinet et ses complices. C'est ce qu'ils n'auront pas.

Il suffit d'indiquer la manœuvre pour qu'elle avorte.

Le parti socialiste a décidé de ne pas manifester dans les rues le 1ᵉʳ mai.

Quiconque, au mépris de cette décision, se livrera à des entreprises factieuses, sera non un ami du peuple mais un agent de police.

Allez, messieurs du gouvernement ! Vos intentions sont percées à jour, vos espérances sont dévoilées ; et ce n'est pas encore avec ces moyens-là que vous arrêterez la grande manifestation électorale, imposante et féconde, qui se prépare pour le 27 avril et le 4 mai !

Ces jours-là, vous serez battus sans qu'il soit besoin de tumulte ni de barricades; et cette défaite sera le prélude de votre écrasement prochain.

Mais pour ne pas compromettre ce beau résultat, ce résultat certain, il faut ne se laisser entraîner à aucune imprudence, ne tomber dans aucun piège.

Le peuple y veillera.

ALFRED NAQUET.

ÉLECTION LÉGISLATIVE DE L'ARRONDISSEMENT DE LODÈVE DU 27 AVRIL 1890.

COMITÉ RÉPUBLICAIN RÉVISIONNISTE
DE CLERMONT-L'HÉRAULT

ÉLECTEURS,

Le Comité n'ayant pas de candidat à lui, il devait interpeller dans la lutte. Il a prié en préalable l'un des Députés les plus ??? ??? seront les républicains révisionnistes. Voici leur réponse :

DÉPÊCHE TÉLÉGRAPHIQUE

Paris, le 25 avril 1890, à 11 h. 15 du matin.

Électeur de Lodève, je voterais et ferais voter pour LEROY-BEAULIEU, sans aucune hésitation.

Cordialement.

LABAT
Vice-Président ???, Député de Paris.

Paris, le 26 avril 1890.

Mon cher Concitoyen,

Je vous remercie de la confiance que vous vouliez bien me témoigner, et je m'empresse de répondre à la question que vous me posez dans votre lettre en votre nom et au nom de nos amis politiques de Clermont-l'Hérault.

Entre M. MÉNARD-DORIAN, candidat de CONSTANS et M. LEROY-BEAULIEU, candidat de protestation, je n'hésiterais pas un instant, bien que ce dernier ne représente pas entièrement nos opinions.

Je voterais donc, si j'avais l'honneur d'être électeur dans votre circonscription pour M. LEROY-BEAULIEU, pour protester contre les odieuses manœuvres et les fraudes honteuses que n'ont pas craint d'employer les opportunistes.

Réparer dans l'urne un bulletin blanc ce serait assurer le succès du candidat officiel, ce qu'il faut éviter à tout prix. J'engage donc tous nos amis, sincères partisans de la cause révisionniste à voter pour M. LEROY-BEAULIEU.

Je ne doute pas qu'ils se rangent tous à cet avis dans un esprit de parfaite union et de solidarité républicaine.

Croyez, mon cher Président, à mes sentiments très dévoués.

Signé : G. LAGUERRE
Député de Paris.

—◆—

DÉPÊCHE TÉLÉGRAPHIQUE

Paris, 24 avril, 3 h. 12 du soir.

LEROY-BEAULIEU sans hésiter ; lettre suit.

NAQUET
Député de Paris.

—◆—

Paris, le 24 avril 1889
44, rue de Mâcon.

Cher Citoyen,

[texte fortement effacé]

Signé : A. [illisible]
Député de Paris.

Certifié conforme

Pour le Comité de Clermont-l'Hérault
F^e BOUQUET, Avocat.

Clermont-l'Hérault, Imp. E. Léaut.

La presse du 29 avril 1890 (xme série n° 593)

CONFIANCE

Les journaux de la coalition gouvernementale, opportunistes, possibilistes et radicaux, vont sans nul doute pousser des cris de joie.

Comme au 16 février, lorsqu'ils affirmaient, avec l'accent de la certitude, le succès de M. Bourneville et l'écrasement du revisionniste dans le cinquième, ils vont déclarer, à son de trompe, que le boulangisme n'existe plus.

Ils espéreront ainsi semer le doute et l'indécision dans la population parisienne et remporter dimanche prochain la victoire qui leur fait défaut aujourd'hui.

De la part d'adversaires à qui la correction importe peu, qui n'ont aucun respect de la vérité et pour lesquels tous les moyens sont bons, la manœuvre pourrait être habile, si elle n'avait été déjà si souvent employée par eux et toujours avec de si piteux résultats.

Malheureusement pour eux, heureusement pour nous, cette attitude est connue; et les électeurs parisiens ne sont pas de ceux à qui l'on en fait accroire.

Ils savent compter, examiner, et tirer des chiffres ce qu'il comporte.

Or, ce qu'ils comportent, c'est que le gouvernement subit un échec.

Nous n'avons pas ou presque pas de résultats au premier tour.

Mais le ministère n'a pas plus le droit de s'en enorgueillir que n'avaient ce droit les monarchistes au lendemain du 1er tour de scrutin, lors de l'élection législative de 1885.

Eux aussi avaient fait passer leurs candidats dans tous les départements où ils pouvaient espérer vaincre, tandis que les républicains étaient ballottés partout.

ils déclarèrent que la monarchie était faite, et, quinze jours plus tard, les républicains prenaient leur revanche : c'était une Chambre républicaine qui s'installait au Palais-Bourbon.

Il en sera de même dimanche prochain pour l'élection municipale de Paris.

Là où le gouvernement pouvait vaincre, il a vaincu. Ces succès sont, à peu de chose près, les seuls sur lesquels il puisse compter, et nous lui montrerons, le 4 mai, qu'il n'est ni sage ni prudent d'escompter des triomphes qui ne doivent pas se réaliser.

Partout nos candidats tiennent la tête.

Partout les dissidents revisionnistes sont battus, fait important qui témoigne de la cohésion et de l'admirable discipline de nos troupes.

De plus, des abstentions considérables sont à signaler.

Comme au 22 septembre, comme au 16 février dans le cinquième, un grand nombre d'électeurs, comprenant que le ballottage s'imposait, ont eu le tort de ne pas aller voter et de se réserver pour le second tour de scrutin.

Ces abstenants donneront tous dimanche prochain, comme ils ont donné dans les circonstances que nous venons de rappeler, et ils décideront de la victoire.

Il y a en outre des modérés républicains, des socialistes indépendants, voire même des conservateurs qui ont voulu se compter sur des candidats de leur nuance.

Demain, ces candidats auront disparu.

Les socialistes n'auront plus que le choix entre les hommes de la stagnation, de l'impuissance et de la honte, et les partisans des réformes, du progrès démocratique, de la révision par une Constituante. Comment hésiteraient-ils ?

Les modérés et les conservateurs, d'autre part, se trouveront placés entre des sectaires et les partisans de cette République honnête,

ouverte, libérale, qui se réclame du programme de Tours, qui affirme toutes les libertés,
et, entre les libertés, la liberté de conscience,
la plus sacrée de toutes, la plus grande et la
plus belle conquête de la Révolution.

Ceux-là non plus ne peuvent pas hésiter.
Leurs voix sont nécessairement acquises à
nos candidats.

Que nos adversaires triomphent donc, pendant qu'il en est temps encore. Ils ont une semaine pour se réjouir. Nous la leur marchan-
derons d'autant moins qu'ils vont avoir à dé-
compter bientôt.

Pour nous, nous demeurons ce que nous
étions hier, fermes et convaincus du triomphe
définitif qui, dans ce noble pays de France, ne
fait jamais défaut à qui représente la probité,
la justice et la liberté.

ALFRED NAQUET.

Lettre adressée au Col Bornanges lui demandant de soutenir
rédigé par [illegible] reçue par [illegible]
[illegible]

CHAMBRE

DES DÉPUTÉS

St Brelade 29 Avril 1890

Mon Général

Le resultat des elections municipales de Paris venant après celui des elections legislatives a apporté dans nos esprits la demonstration d'une verité profondement triste, mais que notre devoir etait de vous signaler, le courant d'opinion qui s'etait etabli si puissamment en faveur des idées du parti national & de son chef n'existe plus, les causes de cet abandon sont multiples, mais la principale est assurément l'abominable arrêt de la haute cour, et l'œuvre de calomnie entreprise contre vous ;

campagne odieuse — facilitée par votre
absence.

Vous avez, avec raison, constamment
réclamé des juges à la place des ennemis
qui vous ont condamné. Mais puisqu'on
persiste à vous refuser des juges réguliers,
notre conviction profonde est que la
seule issue qui vous soit offerte est
de rentrer quand même en France,
de vous présenter le front haut devant
vos ennemis du Sénat, et de les braver,
fort de votre innocence. Cette attitude
fière et digne vous relèverait aux yeux
de tous et sauverait l'avenir de notre
parti.

Ces idées sont celles du comité
républicain national. C'est au nom
de nos collègues que nous vous les
avons soumises, en vous demandant la

vérité si cruelle qu'elle soit, et en vous déclarant tout prêts à continuer vigoureusement la campagne si vous partagiez notre manière de voir. Votre avis a été différent du nôtre.

Impuissants à faire triompher notre pensée auprès de vous, nous avons un dernier devoir à remplir : remettre entre vos mains nos démissions de membres du comité républicain national, dans l'impossibilité où nous sommes de poursuivre désormais l'œuvre de patriotisme et de relèvement national que nous avions entreprise à vos côtés.

Veuillez agréer, mon général, avec l'expression de notre respec... [illisible]

tristesse, l'assurance de nos amitiés
personnelles bien sincères & bien
persis

av.

La presse du 6 mai 1890 (2e série — n° 700)

LA DÉFAITE !

Dimanche dernier, nous voulions encore croire le succès possible. Nous avions vu, dans plusieurs circonstances que nous rappelions, le Suffrage universel se reprendre entre le premier et le second tour de scrutin, et nous pensions que nous allions assister, pour la troisième ou la quatrième fois, à un phénomène de cet ordre. Cette espérance pouvait paraître chimérique, les événements ont même démontré qu'elle l'était ; mais les hommes qui ont une foi profonde dans la grandeur et la justesse de leur cause, ne peuvent admettre la défaite que lorsque celle-ci est à la ... apparente à tous les yeux et irrémé-

... ...rd'hui, le doute n'est plus possible ; l'erreur ne serait plus excusable. Nous sommes battus et bien battus.

Au 22 septembre, nous avions perdu les départements, mais nous avions à peu près conservé nos positions à Paris. Nous nous disions que la pression officielle et la fraude étaient pour beaucoup dans nos échecs de province, que d'ailleurs, si même le courant de la triple élection y avait été enrayé grâce à des calomnies et à des équivoques sans nombre, rien n'était irrévocablement perdu tant qu'on avait pour soi la population de Paris.

Depuis lors, les invalidations de six députés et leur réélection triomphale nous avaient fait croire à la persistance dans le département de la Seine d'un état d'esprit qui, il faut bien le reconnaître, n'y existe plus.

Aujourd'hui, en effet, Paris vient d'avoir une grande, une solennelle occasion d'exprimer son sentiment et sa volonté. L'élection municipale, placée sur un terrain nettement politique, lui permettait de se prononcer avec la même netteté qu'au 27 janvier 1889 entre le parti républicain national et le gouvernement parlementaire. Il s'est prononcé contre nous. Il a fait contre nous la coalition qu'il faisait en notre faveur il y a quinze mois. Il a voté pour tous les candidats qu'on a voulu, à la condition d'écarter ceux en qui le Comité national avait placé sa confiance.

Cette réponse est péremptoire et nous ne nous abaisserons pas à ergoter sur sa signification.

Ce que nous ne ferons pas surtout, c'est ce qu'ont fait nos adversaires au lendemain du 27 janvier, et tout récemment encore au lendemain du 16 février et du 2 mars 1890 : nous n'insulterons pas Paris parce qu'il ne nous a pas suivis ; et nous ne déclarerons pas *urbi et orbi*, comme le faisaient les journaux opportunistes lorsque c'était nous qui avions la victoire, qu'en se séparant de nous, Paris a trahi la République.

Non ! Paris a eu ses motifs pour agir comme il l'a fait. Nous estimons que ceux-ci sont mauvais, que la population de la capitale s'est trompée, qu'elle a commis un acte préjudiciable aux intérêts de la Patrie et de la République ; mais il est une chose dont nous ne doutons pas : c'est de sa loyauté et de sa sincérité républicaines. Elle a certainement cru agir de la manière la plus profitable à la République. Nous verrons, avant qu'il soit peu, qui de nous ou d'elle s'est trompé. Nous sommes persuadés que c'est elle. Mais nous n'accuserons pas ses intentions. Nous savons que Paris est demeuré ce qu'il est depuis un siècle : la grande ville qui a donné la liberté au monde et qui est toujours prête à se sacrifier pour la défense de la République et de la démocratie.

On nous permettra même de le dire ici : nous désirerions que l'erreur fût de notre côté et non du sien.

Nous n'avons poursuivi qu'un but depuis trois ans : la grandeur de la Patrie et la consolidation de la République par une Revision capable de la mettre en possession de ce que nous considérons comme son organisme naturel.

Nous avons échoué.

Si le parlementarisme donne tort à nos critiques ; si, fortifié par la victoire qu'il vient de remporter, et instruit par les dangers qu'il a courus, il est susceptible de se réformer lui-même et de donner à la France ce que tout pays est en droit d'exiger de son gouvernement: l'ordre, le progrès et la liberté, nul n'applaudira plus énergiquement que nous à ce résultat.

Aussi bien, même dans cette hypothèse, malheureusement improbable, notre action n'aurait pas été inutile. Un très grand péril était, en effet, seul capable de déterminer la concentration que poursuivent les parlementaires, et qui serait l'unique moyen, s'il pouvait en exister un, de faire sortir un gouvernement du parlementarisme.

Si, par contre, ainsi que nous en sommes persuadés, le parlementarisme, débarrassé de la peur du boulangisme, demeure ce qu'il a toujours été chez nous, ce qu'il n'a point encore cessé d'être : le servilisme ou l'anarchie;

et si alors le pays, instruit par cette dernière expérience, se décide enfin à faire avec nous ou avec d'autres ce que nous lui avions proposé, il pourra compter toujours, comme par le passé, sur notre dévouement et sur nos efforts.

A l'heure présente, nous ne pouvons plus le servir utilement qu'en consentant à désarmer, au moins pour un temps.

Il veut faire un nouvel essai loyal du régime parlementaire. Qu'il le fasse! Cet essai portera un enseignement d'autant plus probant que nous ne le troublerons pas.

Quoi qu'il advienne, du reste, nous avons déterminé dans le pays un mouvement d'idées qui ne saurait être entièrement perdu.

Nous avons semé; la moisson peut-être ne lèvera que plus tard et pour d'autres que pour nous. Qu'importe à des patriotes qui ont fait leur devoir et qui ont la conscience, même dans la défaite, d'avoir servi la Patrie.

ALFRED NAQUET.

La presse du 10 mai 1890 (n^{elle} série - n° 704)

L'INTERPELLATION D'HIER

La séance d'hier, à la Chambre des députés,

a été particulièrement intéressante.

Notre ami Laur ayant lu à la tribune la lettre par laquelle le sous-gouverneur du Crédit Foncier donnait sa démission, et ayant demandé au gouvernement de s'expliquer sur les accusations relevées dans cette lettre à la charge de notre second établissement financier, un débat très vif s'en est suivi entre l'honorable M. Levêque et l'honorable M. Christophle.

Ce débat même prouve le grave inconvénient qu'il y a de permettre le cumul du mandat législatif et de fonction conférées par l'Etat.

La Chambre, en effet, n'avait pas à s'immiscer dans des questions qui sont du ressort des assemblées d'actionnaires ou de la justice. Elle n'avait qu'à se demander si, en présence des faits graves portés à sa connaissance, le ministre des finances avait suffisamment protégé les intérêts généraux dont il avait la sauvegarde, s'il avait accompli son devoir tout entier.

Puisque nous avons le malheur de vivre sous le régime parlementaire, au moins faudrait-il le pratiquer selon les principes sur lesquels il repose, et, d'après les principes, ce qui était en jeu hier, ce qui pouvait seulement être en jeu, c'était la responsabilité ministérielle.

M. Millerand l'a fait remarquer à la fin de la séance en proposant un excellent ordre du jour : mais cet ordre du jour n'a malheureusement pas eu même les honneurs d'un vote.

M. Rouvier, M. de Freycinet, se sont engagés à faire « à leur heure » une enquête avec les moyens d'information dont ils disposent, et la majorité docile qui les suit s'est empressée de leur donner par mains levées le bill d'indemnité qu'ils réclamaient d'elle.

Il était difficile qu'il en fût autrement, car presque personne, dans cette discussion, n'avait une entière liberté d'allures.

Certes, M. Levêque a été très net lorsqu'il a accusé le gouverneur du Crédit Foncier de de s'être livré à des opérations contraires aux statuts sans consulter son conseil d'administration, sans même le consulter lui, sous-gouverneur, son collègue.

Certes encore ! M. Christophle a laissé échap-

per bien des aveux et a frisé le comique lorsqu'il s'est défendu, par exemple, d'avoir soulevé le débat, comme s'il était d'usage que l'on
s'accusât soi-même.

Certes, enfin, M. Rouvier a cherché des biais
pour expliquer comment il n'était pas intervenu plus tôt, pourquoi, saisi de la lettre par
laquelle M. Levêque lui dénonçait les faits si-
gnalés maintenant à l'attention de la Chambre, il n'avait pas, de son autorité propre, or-
donné une enquête, sans attendre d'y être
contraint par un vote du Parlement.

Mais, en réalité, l'on sentait qu'une chose
planait sur la discussion, que personne n'osait
dire et qui était toute sa netteté aux débats.

Le Crédit Foncier a fait des frais de publicité
considérables, soit ! tout le monde l'a reconnu.
Mais à quels chiffres ces frais s'élèvent-ils et
qu'est-ce qui se cache sous cette dénomina-
tion par trop générale ? Voilà ce qu'il aurait
fallu savoir et ce que personne n'avait intérêt
à dire, pas même M. Millerand, puisqu'en septembre 1899 il a lutté dans la coalition gouvernementale.

Aux élections législatives dernières, des
sommes énormes ont été employées à soutenir les candidats officiels et à organiser
la pression sans précédent qui a abouti à la
défaite momentanée de l'idée révisionniste.
Où les sommes ont-elles été prises ?

Les fonds secrets votés par les Chambres
sont loin de représenter ce qui a été dépensé.
Où a-t-on puisé l'excédent ?

Je n'aime pas porter des accusations sans
preuves. Mais ici la réponse est tellement dans
toutes les bouches, tout le monde sait si bien
que la caisse de la rue des Capucines n'y était
pas étrangère, qu'on ne s'expose même pas,
en l'affirmant, à un démenti sérieux.

Il était donc difficile à M. Christophle de défendre efficacement sa gestion, puisqu'il lui
était impossible de découvrir son chef hiérar-
chique, M. Rouvier, c'est-à-dire le gouvernement.

Mais il était non moins difficile à ce gouvernement qui avait trouvé chez M. Christophle un appui dans les mauvais jours, d'acca-
bler ce dernier après un triomphe dont une
bonne partie lui est due.

Quant aux députés que la candidature officielle a fait élire, ils ne pouvaient pas non plus
se montrer bien exigeants et bien rigoureux.

Après quelques passes d'armes assez serrées,
tout s'est donc terminé comme se terminent
les débats parlementaires en général, par un
ordre du jour qui enterre la question, car, on
peut être rassuré, rien ne sortira de l'enquête
promise par M. de Freycinet.

C'est un exemple de plus de ce que peut
donner le parlementarisme. Cet exemple portera un double fruit. Il montrera à la fois ce
qui se passe dans l'ombre, avec la complicité
et même l'incitation du gouvernement, et
l'impuissance des Chambres actuelles à rien
empêcher et à rien réprimer.

Sous ce double rapport, il faut savoir gré à
notre ami Laur d'avoir porté à la tribune, avec
un tact infini, une interpellation qui devait
être si instructive pour le pays.

ALFRED NAQUET.

L'Éclair Du 10 mai 1890 — (3ᵐᵉ année — n° 523)

Conversation avec M. Naquet sur l'avenir du parti. — Dissensions entre les membres du Comité national. — La lutte cesse momentanément. — L'avenir

Des polémiques n'ont pas tardé à être engagées,
entre boulangistes, dès le lendemain des élections.

C'est ainsi, par exemple, que M. Castelin adressait dans la *Cocarde*, des reproches à MM. Laisant
et Naquet au sujet de leurs articles de la *Presse*.

Ces discussions d'ailleurs ont été presque aussitôt closes par les déclarations de ce dernier journal,
se refusant à « polémiquer contre ses amis ».

M. Castelin a déclaré de son côté l'incident clos,
tout en affirmant qu'il considérait « comme des adversaires, tous ceux qui désertent au lendemain du
combat. »

Nous avons voulu pour préciser, une dernière
fois, la situation des diverses fractions du parti
boulangiste interroger M. Naquet Voici la conversation que vous avez eue hier avec lui, et dont les
réticences ne seront pas moins remarquées par nos
lecteurs, que les affirmations.

— Je ne veux pas refuser de me laisser interviewer sur la question boulangiste, bien que j'aie
exprimé toute mon opinion dans l'article de la
Presse que vous avez reproduit.

Toutefois, puisque nous allons pour un instant entrer dans l'ombre, je veux bien revenir sur la question qui intéresse notre parti, et vous dire en mon nom personnel, quelques mots sur la conduite que nous devons désormais tenir. Pour moi, le boulangisme, tel que je l'ai compris, tel que nous l'avons tous compris subsiste entier plus que jamais. Je suis toujours partisan d'une république ouver..., d'une république nationale, d'une république vraiment digne de ce nom.

Le suffrage universel, en se prononçant contre nous, s'est trompé, car il a condamné une œuvre vraiment républicaine et patriotique.

Mais nous sommes trop respectueux du suffrage universel pour ne pas nous incliner devant sa volonté.

Puisqu'il a affirmé son désir de tenter une nouvelle expérience du régime parlementaire, je pense qu'il faut laisser cette expérience se produire.

Pourtant, elle était bien assez faite déjà. Celle qui recommence, je le crois, ne sera pas meilleure.

Comme je suis patriote avant tout, je fais des vœux pour que notre pays évite une révolution. Si donc cette nouvelle expérience du régime parlementaire réussissait, je serais le premier à m'en féliciter.

Qu'on nous donne un gouvernement sage, franchement républicain, et je ne ferai plus d'opposition.

Toute la question est de savoir si on agira ainsi, et je crains que l'avenir n'amène pas un aussi bon résultat. C'est alors que nous pourrons nous lever de nouveau. Nous pourrons dire que nos adversaires n'auront pas profité de la confiance que nous leur avons momentanément accordée, malgré leurs fautes. Nous pourrons réclamer qu'on nous rende cette justice, que nous aurons su, du moins, nous tenir à l'écart et ne pas provoquer des agitations forcément stériles.

Qui aura, à ce moment, à reprendre la campagne ? Sera-ce nous ? Cela, c'est l'avenir, c'est l'imprévu.

Tout ce qu'il faut retenir des résultats de ces derniers événements, c'est que pour l'instant, nous nous écartons des luttes violentes.

— Mais demandons-nous à M. Naquet, est-ce bien là l'opinion qui a prévalu au sein du comité.

— Ne m'interrogez pas là-dessus, répondit-il, à cette allusion aux polémiques dont nous parlions au début. Il est convenu que nous ne dirons rien de cela, ni les uns ni les autres. Nous avons résolu de nous en tenir strictement à l'ordre du jour communiqué aux journaux. C'est sur cet ordre du jour que le public et la presse doivent tabler pour des appréciations à ce sujet.

— Mais enfin quelle est désormais la situation du général Boulanger dans le parti ?

— Le général Boulanger a été notre chef durant ces deux années de lutte ardente. Aujourd'hui nous nous retirons pour un temps. Je n'ai donc plus, politiquement parlant, à m'occuper de la personnalité du général Boulanger.

Je dis politiquement parlant et j'insiste sur ce

- 91 -

...Car le général Boulanger a été notre ami
[il aurait] été notre chef. Et bien entendu, nous
protesterons toujours contre le jugement de la
Haute-Cour, contre les iniquités dont le général a
été victime.

— Mais si un jour vous recommencez la lutte, re-
deviendra-t-il votre chef ?

— A cela je vous répondrai encore : c'est l'avenir.
C'est donc l'imprévu. Je ne puis vous en dire davantage.

La presse du 14 mai 1890 (n^{elle} série - n° 208)

POLITIQUE FÉCONDE

L'article que j'ai publié au lendemain des
élections municipales de Paris, et qui a eu
quelque retentissement, m'a attiré un assez
grand nombre de lettres. La plupart sont des
lettres approbatives. Quelques-unes cependant
critiquent ma manière de voir.

Des premières je n'ai pas à m'occuper ici,
mais je tiens à répondre à ceux de mes amis
qui m'ont écrit les secondes.

Vous parlez de désarmer, me disent-ils, prenez garde, on vous oubliera. Vos comités se
désorganiseront et vous ne les retrouverez
plus au jour où vous aurez besoin d'eux. Il ne
faut jamais déserter la lutte. Il faut entretenir
toujours une salutaire agitation.

Telle est en substance l'argumentation des
révisionnistes qui ne partagent pas ma manière de voir sur la tactique à suivre aujour-
d'hui. Cette argumentation ne m'a pas convaincu.

Et d'abord, qu'on me permette d'écarter
cette double objection : « On vous oubliera ;
vos comités se disloqueront et vous ne les retrouverez plus lorsque vous les chercherez. »

Peu m'importe d'être ou de ne pas être oublié.
Ce que je poursuis, ce que j'ai toujours poursuivi — et beaucoup de nos adversaires les
plus résolus me rendent, sous ce rapport,
justice — ce n'est pas un but personnel, mais
le triomphe d'une idée. La question n'est donc
pas pour moi de savoir si telle ou telle politique aura pour effet de maintenir ma personnalité et celle de mes amis en vedette, mais bien
de rechercher quel sera son effet sur les solutions auxquelles j'aspire pour mon pays.
Aussi, fût-il vrai que la politique expectante

que je préconise à cette heure dût nous écarter, mes amis et moi, pour un temps ou même pour toujours du pouvoir, je ne la suivrais pas moins avec passion si je la croyais féconde, si j'y voyais un moyen d'arriver à la réalisation par d'autres de ce que je considère comme une nécessité pour la République : la Revision.

Quant aux comités, ce sont évidemment des forces que je suis loin de méconnaître. Mais ils sont impuissants à remplacer un courant d'opinion, tandis qu'un courant d'opinion les remplace ou les fait spontanément éclore. Au 27 janvier, et surtout en province lors de la triple élection, ou mieux lors de l'élection de la Dordogne, nous n'avions point encore la savante organisation que nous avons eue depuis à Paris. Et c'est cependant alors que nous avons compté nos plus beaux succès.

La seule chose qui doive nous préoccuper est donc l'opinion.

J'ai la conviction profonde, pour ma part, que dans ce pays de suffrage universel, en dépit de toutes les pressions et de toutes les candidatures officielles, là où va le courant de l'opinion, là est le succès. Ce courant, nous l'avons eu pendant près de deux ans, et avec une telle force qu'il semblait devoir tout emporter.

Puis les moments difficiles sont venus, et, par suite d'une série de causes qu'il serait trop long et qu'il serait en même temps oiseux d'énumérer, il s'est retiré de nous. Après des victoires foudroyantes comme aucun parti n'en a connu, nous avons été arrêtés dans nos triomphes et l'heure de la défaite a sonné.

Est-ce une raison pour désespérer?

Nullement! Mais c'est une raison pour orienter notre politique sur une voie qui nous conduise au salut et non à des déroutes nouvelles.

Que voulons-nous?

La revision de la Constitution par une Constituante, la fin du parlementarisme qui nous énerve, une Constitution démocratique, basée sur la séparation des pouvoirs, et qui soit un véritable outil de réformes et de progrès.

Que faut-il pour que nous atteignions ce but?

Que la France en comprenne l'utilité et la grandeur, que la majorité des électeurs français l'impose aux pouvoirs publics.

Ce que nous devons chercher avant tout, c'est donc de faire pénétrer notre conviction dans les masses.

... que ce soit, aujourd'hui, par des agitations, des réunions publiques, des banquets et des discours enflammés que nous y parviendrons le plus vite et le plus sûrement.

Ce sentiment n'est pas le mien.

Après trois ans d'une lutte passionnée et ardente, le pays désire un temps de repos et l'on peut être certain qu'il s'éloignera de quiconque le lui refusera.

Il n'est pas convaincu, comme nous, de l'incompatibilité du parlementarisme avec la démocratie. Il veut faire une expérience nouvelle du régime bâtard inauguré en 1875; si nous troublons cette expérience, il nous en attribuera l'insuccès et n'en sera pas éclairé.

Enfin, notre action sert de spectre aux parlementaires. A l'aide de ce spectre, ils obtiennent une concentration qui leur permet d'éviter les crises ministérielles et d'expliquer au suffrage universel leur stérilité législative. Nous leur conserverions donc, en continuant l'action, la plateforme qui seule leur permet de se concilier le pays.

Faisons, au contraire, de la politique en simples spectateurs, et les parlementaires, ne nous ayant plus en face d'eux pour les unir, se diviseront probablement et nous ramèneront à l'ère des crises perpétuelles.

Et s'ils ne le font pas, s'ils maintiennent leur concentration, ce sera à la condition de piétiner sur place, d'écarter systématiquement toutes réformes, de croupir dans l'immobilité.

Et comme nul ne pourra nous imputer la responsabilité de cette impuissance ou de ces crises, le pays ne tardera pas à ouvrir les yeux.

Il verra bientôt qu'une revision s'impose; il reconnaîtra que ceux-là disaient vrai que, dans un moment d'erreur, il a condamnés; et il se formera contre le parlementarisme un mouvement auquel ce système politique ne résistera plus.

Les électeurs, à ce moment-là, se souviendront-ils de nous? Se rappelleront-ils les conseils salutaires que nous leur avons donnés, la campagne énergique que nous avons faite?

Ou bien, iront-ils demander à d'autres, à des nouveaux, de terminer l'œuvre que nous avons commencée, de faire fructifier les principes que nous avons répandus et sur lesquels l'expérimentation actuelle aura achevé d'éclairer les esprits?

Je ne sais. Mais ceci est absolument secondaire. Ce dont je suis certain, c'est que nos idées triompheront et c'est là le seul point qui me touche ; je ne m'inquiète pas de savoir quels seront les instruments de cette victoire.

Voilà pourquoi je continuerai de conseiller à nos amis l'attitude que je leur ai conseillée le 5 mai, et dans laquelle je crois trouver ce que je cherchais hier dans la lutte de tous les instants, le chemin le plus court pour arriver à la réalisation des réformes qui sont le but de ma vie.

ALFRED NAQUET.

La presse du 21 mai 1890 (n^{elle} série - n° 715)

SOCIÉTÉS COOPÉRATIVES

M. Cornély a fait, dans le *Gaulois*, un éloge mérité de la Société coopérative de Consommation qui s'est récemment fondée à Bordeaux. Mais il a commis dans son argumentation une erreur que j'ai entendu également commettre il y a quelques mois, par mon ami Laur, et qui demande à être relevée.

M. Cornély démontre fort bien que le salaire réel d'un ouvrier n'est point le salaire apparent, la somme en argent ou en or qu'il reçoit, mais bien ce qu'il peut se procurer avec cette somme. Il fait ressortir avec une extrême justesse que, suivant que les objets de consommation sont chers ou à bon marché, l'ouvrier peut en acheter avec le même argent une quantité plus ou moins considérable ; que quelquefois même, suivant les lieux, il peut en acheter avec moins d'argent plus qu'il n'en achèterait ailleurs avec une somme plus forte, et qu'ainsi tel ouvrier payé à raison de trois francs par jour peut être plus riche que tel autre qui reçoit dix francs pour sa journée.

« Ceci est d'une exactitude scrupuleuse, et parfaitement exactes, par suite, les conséquences suivantes qu'en tire M. Cornély :

« L'augmentation des salaires, dit-il, a pour résultat immédiat de faire la hausse sur les prix de toutes les marchandises, et l'ouvrier, qui se croit plus heureux parce qu'il a obtenu un franc de plus par jour, retombe bien vite dans l'état dont il avait cru s'affranchir. Cette élévation du prix de sa journée se trouve compensée par celle qu'elle détermine elle-même sur la valeur des marchandises diverses. »

C'est parler d'or.

Mais M. Cornély ajoute — comme M. Francis Laur — qu'il faut améliorer la situation de l'ouvrier en abaissant la valeur des marchandises, le salaire apparent demeurant constant ; que c'est là le seul moyen de faire hausser le salaire réel. Et il prône les sociétés coopératives de consommation.

S'il avait réfléchi seulement cinq minutes, il se serait aperçu qu'il tournait dans un cercle vicieux.

S'il est vrai que le relèvement direct du salaire en argent a pour résultat fatal une hausse sur les denrées, hausse qui ramène le salaire réel à son taux primitif, il est non moins vrai que toute baisse sur les denrées, détermine, par une répercussion inversé, une diminution du salaire en espèces qui ramène le salaire réel au même taux qu'auparavant.

C'est qu'en effet, dans notre société actuelle, les lois économiques sont inéluctables et le demeureront aussi longtemps que le mode de production n'aura pas subi des transformations profondes.

La force du travail, comme disait Karl Marx, c'est-à-dire la journée de travail, vaut comme toute marchandise ce qu'elle coûte à produire, ou, en d'autres termes, ce qu'il faut à l'ouvrier pour reconstituer son énergie dépensée et pour engendrer. Or, toute marchandise étant ramenée par l'offre et la demande à sa valeur réelle, le prix de la journée de travail, égal à ce dont l'ouvrier a strictement besoin pour vivre et élever sa famille, s'abaisse ou s'élève selon que les denrées sont chères ou à bon marché. Si c'est un mirage décevant que l'augmentation du salaire en argent, c'en est donc forcément un autre que l'abaissement du prix des produits nécessaires à l'existence.

Les sociétés de coopération pourront avoir des résultats heureux pour leurs membres aussi longtemps qu'elles seront assez peu nombreuses pour n'exercer aucune répercussion sur le prix de la journée de travail. Mais dès qu'elles se seraient généralisées, la conséquence inévitable que nous venons d'analyser se manifesterait aussitôt et l'ouvrier se retrouverait Gros-Jean comme devant.

Sans doute, un certain nombre de parasites, d'oisifs seraient supprimés à l'avantage de l'avoir social ; mais étant donné la force absorbante du capital, il en serait de cela comme de l'économie sociale résultant des machines, c'est le capital seul qui s'en trouverait accru, sans que le travailleur en profitât en rien.

Le problème social est plus compliqué que cela. Il doit tendre à un but : confondre dans les mêmes individus les fonctions de capitaliste et de travailleur aujourd'hui exercées par des individus distincts.

Ce but est en partie atteint en ce qui concerne la terre, parce que la division de la propriété a déjà mis l'instrument terre entre les mains du paysan et, par suite de la dépréciation de la propriété, l'y mettra de plus en plus.

Mais dans la grande industrie les difficultés sont autrement ardues. C'est par la coopération, sans doute, et par la coopération seule qu'elles peuvent être surmontées.

Mais ce ne sont pas les sociétés coopératives de consommation, ce sont seulement les sociétés coopératives de production qui doivent conduire à la solution cherchée.

ALFRED NAQUET.

La presse du 13 mai 1890 (x série - n° 712)

LE JUGEMENT DE L'HISTOIRE

Lorsqu'on est vaincu et momentanément impuissant, la plus grande satisfaction que l'on puisse éprouver est certainement de voir reprendre et défendre par d'autres les principes que l'on s'est efforcé en vain de faire triompher. Non seulement on s'en félicite pour le pays, mais on s'en réjouit pour soi même, parce qu'on y voit la justification éclatante de la politique à laquelle on s'est consacré.

Ce plaisir, les députés du Parti républicain national ont pu le savourer mardi en écoutant les éloquentes paroles de M. Deschanel. L'orateur, il est vrai, les a quelque peu maltraités, de crainte sans doute qu'une confusion entre lui et eux ne fût possible. Mais qu'importe à des hommes de cœur qui n'ont poursuivi et ne poursuivent que le bien de la Patrie, les attaques qu'on leur prodigue, voire même les outrages dont on les accable, si tout en les attaquant, tout en les outrageant, on rend involontairement hommage aux idées pour le succès desquelles ils ont combattu?

Il ne faut pas demander à des contemporains encore chauds de la lutte, ce qu'ils ne peuvent pas donner, ce qui serait presque plus grand que nature : d'être impartiaux et justes vis-à-vis de leurs adversaires d'hier.

Les partis qui ont subi une grande défaite

après avoir été près de remporter une grande
victoire, à moins de circonstances qui ra-
mènent le vent dans leurs voiles, — ne peuvent espérer un jugement impartial que de la
postérité.

Mais le jugement impartial qu'il n'aurait pas
porté lui-même, que, l'eût-il désiré, il lui eût
été peut-être difficile de porter, M. Deschanel
et les orateurs qui parlent son langage contribuent plus qu'ils ne le pensent à en asseoir
les bases. C'est avec leurs paroles, avec leurs
conseils rapprochés des nôtres, que plus
tard, quand l'apaisement sera fait, l'histoire
pourra juger et apprécier sainement cette
lutte de trois années dont les élections du
27 avril et du 4 mai ont été le dénouement.

M. Deschanel, comme l'avait fait M. de
Freycinet lui-même le jour où il vint lire à la
tribune sa déclaration ministérielle, a répété,
peut-être avec plus de talent, mais certainement pas avec plus de foi, ce que n'ont cessé
de dire depuis des années les orateurs de
notre parti.

En entendant M. Deschanel, je me tâtais ; je
me demandais si j'étais bien éveillé, si c'était
bien une personne étrangère qui occupait la
tribune, si ce n'était pas moi-même qui avais
la parole, et si, au lieu de nous trouver au
Palais-Bourbon, nous ne nous trouvions pas
au banquet de Tours.

Ce sont, en effet, les déclarations de Tours
en faveur de la République tolérante, libérale
ouverte et nationale — l'orateur nous a même
emprunté ce dernier mot en en demandant à
la Chambre excuse grande — que M. Deschanel a eu le courage d'affirmer.

Ainsi que nous, bien qu'il ait le tort de n'être
pas revisionniste et de croire au régime parlementaire, il voit dans la mobilité du pouvoir
un danger pour les institutions républicaines.

Ainsi que nous, il dénonce cette politique
néfaste qui « cherche à asseoir le gouvernement d'une nation sur la moitié de cette nation, alors que cette moitié elle-même est représentée dans le Parlement par des groupes
très divers, avec des tendances souvent incon-
ciliables » et déclare que « c'est là une chimère, une gageure insoutenable, où les volontés les plus fortes et les plus nobles talents
finiraient par se briser ».

Nous n'avons jamais dit ni pensé autre
chose ; et un jour, lorsqu'il ne sera plus sous
l'empire des passions qui le dominent et
l'agitent encore à cette heure, M. Deschanel
se rendra compte du rôle considérable joué,

par notre parti dans le mouvement de réconciliation dont il se faisait mardi l'éloquent défenseur. Il se demandera si la campagne énergique que nous avons menée en faveur de la liberté de conscience pendant plusieurs années consécutives, et dont le résultat a été d'éteindre de vieux préjugés révolutionnaires surannés; il se demandera si cette campagne, dis-je, à supposer qu'elle n'ait contribué en rien à déterminer ses convictions propres, n'a pas admirablement préparé le terrain sur lequel il évoluait avant-hier. Et s'il est sincère, il reconnaîtra alors qu'il lui aurait été difficile de parler ainsi, il y a trois ans, devant la Chambre, et surtout de trouver un écho à ses paroles dans le pays.

M. Deschanel s'est incliné avec respect devant la mémoire de Thiers et devant celle de Gambetta. Il a loué ces deux hommes d'avoir, au moment où ils dirigeaient l'armée républicaine, cherché à faire tomber les barrières qui divisent les enfants de la France en deux camps ennemis.

Et il n'a vu qu'avec une colère dont il n'est pas encore remis, la tentative généreuse d'un groupe d'hommes qui, peut-être parce qu'ils venaient dans un moment plus propice, ont plus fait que tous ceux qui les ont précédés pour réunir l'universalité des Français dans la République; d'un groupe d'hommes dont les efforts auraient été couronnés à cet égard d'un succès complet, effaçant jusqu'au souvenir des luttes contre la forme républicaine, si leur tentative de revision avait réussi.

Et, à supposer que, par un parti-pris dont les esprits les plus remarquables ne réussissent pas toujours à s'affranchir, M. Deschanel n'arrive jamais à faire cette concession à la vérité historique, nos enfants la feront, et une grande partie de nos contemporains, même parmi ceux que nous avons combattus, l'ont faite déjà.

Dans quelques années, quand une revision qui, malgré tout s'impose et sera faite — peut-être par d'autres que nous —; quand la politique de tolérance et de liberté se sera définitivement implantée dans notre pays; quand, grâce à cette politique, personne en France ne contestera plus la légitimité de la République; quand nous aurons conquis le bien suprême: une forme de gouvernement universellement consentie; ce jour-là le peuple se souviendra de nos efforts et reconnaîtra la part considérable qui leur est due dans ce résultat national.

ALFRED NAQUET.

La presse du 23 mai 1890 (n^{elle} série n° 917)

Cette rédaction est de Laisant; mais je l'insère la à cause du vote de remerciements
me concernant

Le Comité républicain national, dans sa
séance du 21 mai 1890, a prononcé sa dissolution.

Fidèles à la cause de la République nationale, pour laquelle ils n'ont cessé de combattre, ses membres persistent à voir dans
la revision de la Constitution, la meilleure
et la seule garantie de l'affermissement d'une
République ouverte aux bons citoyens, capable d'accomplir les réformes sociales et
digne enfin d'un pays tel que la France.

Ils n'abandonnent pas plus leurs espérances que ne le font les vaillants électeurs
républicains, et le patriotisme s'est encore
affirmé avec tant d'énergie aux dernières
élections municipales.

Tous conserveront un reconnaissant souvenir au président du Comité républicain
national, à l'ancien ministre de la guerre
qui paye de la proscription et de l'exil les
services rendus au pays.

Le Comité républicain national, en se séparant, tient à témoigner à ses vice-présidents, MM. Naquet et Laisant, tous ses sentiments d'estime et d'affectueuse camaraderie, et les remercie du dévouement avec
lequel ils ont présidé ses débats.

La presse du 2 juin 1890 (n^elle série n° 727)

M. le préfet d'Ille-et-Vilaine vient de prononcer à Fougères des paroles dont nous aurions mauvaise grâce à ne pas le féliciter.

Le représentant du gouvernement y a fait appel à la réconciliation de tous les républicains sur le terrain « d'une République largement ouverte à tous, à toutes les aspirations, à toutes les bonnes volontés, à tous les dévouements. » Il a convié les représentants élus de l'opinion à tous les degrés à oublier les divisions d'hier, il a demandé aux vainqueurs et aux vaincus de ne plus se souvenir des ardeurs de la lutte et de se tendre la main pour reconquérir le département à la République.

Ce sont là des paroles dont notre devoir est de prendre acte.

Les idées qu'a exprimées M. le préfet sur la plupart des points, ont toujours été les nôtres, et il n'a pas dépendu de nous que les divisions que l'on déplore n'aient été évitées dans le passé; il ne dépendra pas de nous davantage que leur souvenir soit effacé dans l'avenir.

Quoi qu'on ait pu en penser et en dire dans le camp que nous avons été appelés à combattre, nous n'avons jamais recherché l'établissement du pouvoir personnel, nous n'avons jamais été que les serviteurs d'une idée, et si nous avons réclamé, si nous réclamons encore la revision, ce n'est que pour élargir, fortifier et consolider la République.

Rien ne saurait donc nous être plus agréable que de voir enfin nos intentions reconnues et de pouvoir ainsi poursuivre nos revendications d'union et de progrès, avec le concours de quiconque est sincèrement attaché aux institutions républicaines.

Que l'administration mette ses actes en harmonie avec ses déclarations, et elle peut être certaine de ne rencontrer chez nous aucun esprit d'opposition systématique.

R. LE HÉRISSÉ.

quoique signée de le Hérissé, cette rédaction est de moi. Sur sa demande, je l'avais écrite pendant qu'il en écrivait une autre. après lecture des deux, il a choisi la mienne, bien que la sienne valût au moins autant. — A. Naquet

La presse du 3 juin 1890 (n° série n° 225)

CONCLUSION ET PRÉMISSES

M. le duc de Broglie devait, il y a eu dimanche huit jours, présider la réunion annuelle de l'Association de la presse monarchique et y prononcer un discours. Empêché de le faire, il a consenti à écrire le discours, demeuré à l'état de projet, et à le livrer à la publicité.

Les idées qu'y développe le noble académicien pèchent surtout par la conclusion ; mais il est difficile à un esprit impartial de ne pas s'incliner devant la justesse des prémisses.

La conclusion, c'est la monarchie. M. de Broglie peut faire appel à toutes les ressources de sa dialectique et de son éloquence ; il ne ramènera jamais la France à cette forme de gouvernement qui a eu ses jours de grandeur et de gloire, mais qui a fait son temps et dont le pays, à juste titre d'ailleurs, ne veut plus même qu'on lui parle.

Les prémisses résident dans l'affirmation de cette pensée que le parlementarisme est une forme adéquate à la monarchie et qu'il est contraire au bon sens comme à la science politique, de vouloir l'associer à la forme républicaine.

Messieurs, on médit beaucoup, de nos jours, du régime parlementaire, et ce n'est pas ici le lieu d'en discuter les avantages ou les abus. Mais il ne faut faire aux choses (pas plus qu'aux hommes) que les reproches qu'elles méritent.

Or, si je ne dis pas absolument, comme Montesquieu, que le gouvernement représentatif est sorti des forêts de la Germanie, il est certain que le régime parlementaire a pris naissance au pied d'une des plus vieilles monarchies du monde.

Jamais, avant notre République française, il n'avait passé par l'esprit de personne de séparer le régime parlementaire de la monarchie. Partout et toujours, il avait paru nécessaire d'avoir dans ce régime, qui assure tant de pouvoir aux assemblées, une autorité supérieure qui n'en dépendît pas et qui formât comme le point fixe, le pivot autour duquel s'opèrent les variations mobiles et toujours orageuses des grandes réunions d'hommes. La monarchie, toujours et partout, a été regardée comme nécessaire, pour qu'une majorité parlementaire ne prétende pas à l'omnipotence.

Le parlementarisme républicain est une invention exclusivement française, que nous aurions pu faire figurer à l'Exposition dernière parmi nos produits nationaux.

On pourrait peut-être adresser à l'ancien président du Conseil du maréchal de Mac-Mahon le reproche d'avoir contribué à la confection de cet édifice hybride qu'il critique si justement et si amèrement aujourd'hui. Mais, il faut le reconnaître, le reproche manquerait d'équité. Lorsque M. de Broglie vota la Constitution de 1875, il ne poursuivait certes pas l'établissement d'un organisme républicain durable. Il croyait préparer le lit de la dynastie de son choix, et il participait à l'élaboration d'une Constitution qui, dans sa pensée, était monarchique encore bien que décorée de l'étiquette républicaine.

Du reste, M. le duc de Broglie eût-il coopéré sans arrière-pensée à l'élaboration de la loi qui a organisé les pouvoirs publics actuels, cette erreur momentanée de l'homme n'enlèverait rien à l'exactitude du raisonnement invoqué aujourd'hui par lui contre des institutions qui sont en partie son œuvre.

L'ancien ministre du 16 Mai dit ce que nous avons répété bien des fois depuis dix ans, sans avoir réussi, il est vrai, à ébranler la conviction de la majorité gouvernementale : qu'il y a incompatibilité absolue entre le régime parlementaire et la République, et qu'aucun peuple n'a eu avant nous l'étrange idée d'un aussi étonnant mariage.

Mais ce que M. de Broglie ne voit pas assez, c'est que plus ses prémisses sont exactes, plus est fausse sa conclusion : le retour à l'état monarchique.

Ce qui a échappé, en effet, à l'éminent écrivain, et ce qui aurait dû lui démontrer l'état actuel de l'Italie, de l'Espagne, du Portugal et de l'Angleterre elle-même, c'est que l'incompatibilité, qu'il signale à bon droit, n'existe pas seulement entre le régime parlementaire et la République, mais entre le régime parlementaire et le suffrage universel.

Possible dans un pays aristocratique ou censitaire, le parlementarisme craque de toutes parts, même sous la monarchie, dès que s'étend le droit de suffrage. Le conflit naturel qui s'élève alors entre les chambres et la couronne aboutit rapidement à la suppression effective de l'un de ces deux pouvoirs et à la suprématie de l'autre. A Londres une longue pratique, une vitesse acquise pendant deux siècles, permettent au système de fonctionner encore un peu mieux que chez nous, mais l'omnipotence des communes est dès à présent égale à celle de nos députés, et il n'est presque aucun des vices de notre gouvernement qui n'aille en se développant avec une rapidité tous les jours croissante de l'autre côté du détroit.

Or, comme il est de toute impossibilité de

revenir au cens et au régime aristocratique ; comme M. le duc de Broglie, malgré les tendances de son esprit, ne songe certainement pas à un pareil retour vers le passé, il devrait, pour être conséquent avec lui-même, conclure à la nécessité de la République.

La monarchie, en effet, ne se présente à nous que sous deux aspects :

Ou bien le monarque exerce véritablement le pouvoir, règne et gouverne, en un mot ;

Ou bien il se contente de régner, laissant au pays le soin de se gouverner et de s'administrer comme il l'entend.

Dans la première hypothèse, le monarque étant irrévocable, irresponsable et même héréditaire, la nation n'a aucun moyen de faire triompher sa volonté. Elle est forcée de subir le bon plaisir du maître. C'est le despotisme ; c'est le pouvoir personnel dans toute sa ampleur.

Dans la seconde hypothèse, le monarque est réduit, de même que le président de notre République, à un rôle de réceptions et d'apparat, et le pouvoir effectif étant exercé par des ministres responsables. On se trouve en plein parlementarisme.

Entre les deux solutions, la monarchie n'offre rien. Il faut choisir l'une ou l'autre ou il faut sortir de la monarchie.

Cela étant, la conséquence s'impose, les nations modernes ne sauraient accepter le despotisme, et le parlementarisme est en opposition avec l'état démocratique auquel elles sont déjà parvenues ou vers lequel elles s'acheminent rapidement. La monarchie, qui aboutit à l'une ou à l'autre de ces formes gouvernementales, est par cela même finie et doit céder la place à une forme plus large, plus élastique, à une forme capable de nous apporter la troisième solution que nous cherchons.

Cette forme plus large, c'est la forme républicaine ; et cette troisième solution que nous cherchons, c'est la séparation des pouvoirs, telle que l'ont instituée les États-Unis et toutes les autres républiques existantes.

C'est pour cela que la revision s'impose ; mais c'est aussi pour cela que la République ne peut être mise en question.

ALFRED NAQUET.

La presse du 4 juin 1890 (n^lle série - n° 729)

ERRATA

Dans mon article d'hier se sont glissées deux fautes
d'impression qui le rendent presque incompréhen-
sible.

Au onzième alinéa, on lit :

« L'ancien ministre du 16 Mai dit ce que nous avons
répété bien des fois depuis dix ans, nous avons réussi,
il est vrai, à ébranler la conviction de la majorité parlementaire... »

Sous cette forme, la phrase n'a aucun sens. J'avais
écrit :

« L'ancien ministre du 16 Mai dit ce que nous avons
répété bien des fois depuis dix ans, *sans avoir réussi*, il
est vrai, à ébranler les convictions de la majorité gouvernementale »

Au treizième alinéa, on lit :

« Ce qui a échappé, en effet, à l'éminent écrivain
et ce qui aurait dû lui démontrer l'état actuel de l'Italie... , etc. »

J'avais écrit :

« Ce qui a échappé, en effet, à l'éminent écrivain
et *ce qu'aurait* dû lui démontrer l'état actuel de l'Italie..., etc. »

A. N.

La presse du 14 juin 1890 (n^lle série - n° 939)

Parlementarisme et Représentation

Les mots ont, en politique comme en toutes
choses, une action considérable. Un parti doit
toujours veiller soigneusement à leur choix.
Il risque, s'il ne le fait, d'être mal compris, de
voir ses intentions dénaturées; il s'expose à
perdre des éléments dont l'appoint lui aurait
été naturellement acquis si, par suite de l'im-
propriété des termes adoptés, il n'avait fait
naître des incertitudes sur le but poursuivi
par lui.

Peut-être, à cet égard, le parti revisionniste
a-t-il commis une faute en désignant sous le
nom de *parlementarisme* le régime constitutionnel établi en 1875. Le mot « régime de cabinets » aurait mieux valu. Il n'aurait pas
prêté à l'équivoque, et l'équivoque, on ne saurait en disconvenir, a joué un rôle important
dans nos défaites de septembre et d'avril.

Aux yeux de quiconque n'a pas fait une
étude approfondie des constitutions politiques,
le mot « parlementarisme » venant du mot
« parlement », l'idée de l'abolition du Parle-

ment a paru impliquée dans la suppression
du parlementarisme. Plus de parlementarisme,
donc plus de Parlement; la question s'est présentée sous cette forme à l'esprit de bien des
électeurs et les a éloignés de nous. « Le Parti
national, se sont dit ces électeurs, repousse le
parlementarisme; il ne veut donc plus de
Chambres, plus de représentation du pays; il
veut nous ramener au gouvernement personnel. » Et comme la France est, à juste titre,
hostile au pouvoir personnel pour l'avoir trop
connu et en avoir trop souffert, elle nous a
condamnés.

La défaite nous a créé momentanément des
loisirs. Le mieux pour nous est de les employer à revenir sur notre but et sur nos aspirations, afin de dissiper les erreurs d'appréciations sous lesquelles nous avons suc-
combé.

Combattre le parlementarisme n'est pas
être l'adversaire des Chambres, ce n'est pas
être hostile à la représentation du pays par
des corps élus; c'est seulement vouloir modifier les rapports actuels du législatif et de
l'exécutif. A la rigueur, nous aurions pu nous
déclarer parlementaires, tout en réclamant
une organisation différente des pouvoirs publics, et peut-être aurions-nous évité de la
sorte de malheureuses préventions.

Nous avons opposé le régime américain au
régime anglais : nous avons désigné le premier sous le nom de régime représentatif et
le second sous le nom de régime parlementaire ; et, adversaires résolus du dernier dans
une démocratie, nous nous sommes appelés
« anti-parlementaires. »

Nous aurions pu tout aussi bien désigner le
système américain sous le nom de « régime
de la séparation des pouvoirs » et le système
anglais sous le nom de « régime de cabinets »,
Personne, dans ce cas, ne se serait mépris
sur nos tendances.

Ne l'ayant pas fait, nous devons à tout le
moins réparer cette faute de tactique en expliquant clairement et nettement nos doctrines.

Actuellement, les ministres sont nommés
par le président de la République; mais ils
sont responsables devant les Chambres. Pour
demeurer au pouvoir, il leur faut conserver
une majorité dans le Parlement. Par suite de
cette situation, ils cessent d'être les représentants supérieurs de l'Etat et deviennent les
chefs d'un syndicat parlementaire. Pour se
maintenir, ils sont obligés d'accorder aux dé-

putés toutes sortes d'avantages et les députés, de leur côté, sont conduits, bien souvent, à voter contre leur conscience pour conserver au pouvoir les réprésentants de leur groupe d'intérêts.

Conséquence plus grave : cet état de choses ne se limite pas à la Chambre; il se répercute dans le pays. Si les ministres sont les chefs d'un syndicat de députés, chaque député, dans sa circonscription, devient à son tour le chef d'un syndicat de grands électeurs. Ceux-ci connaissent la puissance de leurs élus sur le pouvoir, et exigent d'eux toute une pluie de faveurs.

Enfin les grands électeurs concentrent aussi, sous leur direction, dans leurs communes, des groupes de citoyens réunis pour se partager les prébendes gouvernementales. Pour ne rien perdre de son autorité, tout grand électeur doit donc combler ses partisans de sinécures; de même, le député doit s'incliner devant les exigences du grand électeur et le ministre devant celles du député.

Un courant de corruption s'étend ainsi du centre à la circonférence. Les intérêts généraux sont négligés au profit des intérêts privés de quelques-uns. Comment ferait-on un crime à un député d'avoir oublié son programme politique? Son vrai programme consiste à obtenir des places pour ses amis; et ce programme-là, il le respecte scrupuleusement, mais hélas! au détriment des intérêts vitaux de la nation.

Nous voulions porter remède à cette situation, et nous espérions y parvenir par la séparation des pouvoirs. D'après nous, les fonctions de ministres devraient être incompatibles avec le mandat législatif; espèces de préfets de première grandeur, choisis par le chef de l'Etat pour administrer, pour faire appliquer les lois, ils ne devraient avoir aucune part dans le pouvoir législatif; l'entrée des Chambres devrait leur être interdite. Ils ne pourraient ainsi ni peser sur la conscience des députés pour en obtenir certains votes, ni subir la pression de ces derniers et se voir imposer à chaque instant des mesures funestes et des nominations déplorables. Aux Chambres le pouvoir exclusif de légiférer, à l'exécutif le pouvoir exclusif d'administrer; telles nous paraissaient être les règles logiques de tout gouvernement démocratique.

Si les imperfections du système actuel se

répercutent de la Chambre jusque dans la plus petite bourgade, il en serait de même des avantages du régime nouveau.

N'ayant plus à craindre d'être mis en minorité, n'ayant plus à lutter contre des coalitions permanentes, les ministres seraient à même de travailler, ne subiraient plus l'ingérence constante des députés dans l'administration, et s'inspireraient, dès lors, beaucoup plus facilement du bien exclusif des services dirigés par eux.

N'ayant plus de faveurs à espérer, les députés chercheraient à asseoir leur popularité sur les services généraux rendus par eux au pays dans le domaine du travail législatif. A leur tour, leurs grands et leurs petits électeurs leur demanderaient de bonnes lois et cesseraient d'en attendre des perceptions et des débits de tabac.

Au lieu de la corruption s'étendant sur la France entière, nous verrions se développer un esprit public nouveau. Les citoyens seraient dès lors préoccupés des grandes réformes vraiment fécondes et dignes de fixer l'attention du pays. Une circulation d'idées nouvelles et vivifiantes s'emparerait de la nation au profit de tous.

Il serait facile, si nous n'étions arrêtés par les limites imposées à un article de journal, de choisir une question au hasard et de montrer comment elle se résout aujourd'hui, comment elle se résoudrait demain.

Ces développements seraient d'ailleurs inutiles pour tout homme impartial, pour quiconque n'est pas aveuglé par l'esprit de parti, notre but, après ces explications, doit être clair dès à présent, notre idéal limpide.

Nous ne voulons pas du pouvoir personnel. Nous n'avons jamais tendu à la suppression ni même à l'amoindrissement des Chambres. Nous avons seulement voulu renfermer les Chambres, comme l'exécutif, dans leurs rôles respectifs. Nous avons cherché à empêcher une réaction funeste de ces deux grands pouvoirs l'un sur l'autre.

Si nous avions réussi, non seulement nous n'aurions pas amoindri le Parlement, mais nous en aurions élargi l'influence en le maintenant dans sa sphère d'action naturelle et supérieure. En empêchant l'exécutif de s'imposer à elles par la question de confiance, nous aurions rehaussé la puissance des Chambres. De même, en le soustrayant à la menace des coalitions, nous aurions donné une dignité plus haute à l'exécutif. Ces deux grands éléments dont le gouvernement se compose auraient gagné chacun en force et en indépendance sans en rien diminuer l'autre, et la République fortifiée par cette organisation nouvelle y aurait puisé respect et grandeur.

Voilà quelles ont été nos vues; voilà quelles elles sont encore.

Le pays ne nous a pas suivis. Mais les luttes passionnées et ardentes s'éloignant, s'estompant avec le temps, il ne peut manquer de nous comprendre et de revenir de ses préventions.

La Revision apparaîtra bientôt à tous comme nécessaire. Par nous ou par d'autres, elle se fera. Dans un cas comme dans l'autre, nous aurons le mérite d'avoir posé nettement la question, d'avoir, les premiers, efficacement répandu les germes de cette transformation indispensable. L'avenir impartial rendra justice à nos efforts.

ALFRED NAQUET.

Journal officiel de la R. F. du 17 juin 1890 (22ème année — n° 162)
Séance de la chambre des députés du 16 juin 1890
Discours de A. Naquet sur la proposition Moeckau relative au référendum communal

M. le président. La parole est à M. Alfred Naquet.

M. Alfred Naquet. Messieurs, s'il s'agissait d'un vote et d'une discussion sur le fond, je n'accepterais pas la proposition qui a été déposée par M. de Mackau.

Elle ne me paraît p   en effet, organiser le *referendum* d'une manière suffisamment complète et suffisamment démocratique.

Mais il ne s'agit que d'une prise en considération. Comme le reconnaissait M. de Mackau lui-même il y a une minute, à cette tribune, si vous preniez cette proposition en considération, il dépendrait de la commission qui serait élue dans vos bureaux de la transformer et de la rendre conforme aux aspirations démocratiques de ce pays; et comme, en somme, la proposition introduit la discussion sur le principe même du *referendum*... (*Bruit à gauche.*)

M. le rapporteur. C'est précisément le principe que nous combattons.

M. Alfred Naquet. ... comme elle introduit la discussion sur le principe du *referendum* et comme, ainsi que vient de me le

dire dans une interruption M. le rapporteur, comme il le disait d'ailleurs tout à l'heure à la tribune même, c'est le principe et non la proposition spéciale qu'il combat...

M. le rapporteur. Nous les combattons tous les deux.

M. Alfred Naquet. ... étant partisan résolu du principe, il trouvera évidemment naturel que, sans accepter la proposition qui nous est soumise, je vote pour la prise en considération.

Je trouve, en effet, qu'il est assez bizarre qu'une Assemblée républicaine, qu'une Assemblée qui se réclame constamment du suffrage universel vienne prétendre que le suffrage universel, qui est absolument compétent quand il s'agit de faire des choix de personnes, cesse d'être compétent lorsqu'il s'agit de faire des choix de principes.

M. le rapporteur. Vous n'étiez pas partisan du *referendum* au moment du plébiscite!

M. Alfred Naquet. J'en ai toujours été partisan.

A l'époque du plébiscite impérial, j'ai voté contre l'empire parce que j'étais alors, ainsi que je le suis aujourd'hui, républicain.

(*Exclamations à gauche.*) A l'Assemblée nationale, j'ai été de ceux qui ont voté le plébiscite, parce que j'ai été toujours partisan — et je le serai toujours — de l'appel direct à la nation.

Un membre à gauche. Vous êtes un césarien.

M. Alfred Naquet. Il ne s'agit pas de césariens.

Puisque vous faites des élections, tous les jours, si vous mettiez votre attitude en harmonie avec les doctrines que vous affirmez en ce moment, vous auriez le plus grand soin de renier toute espèce de programme et de vous refuser à discuter toutes les questions qui, d'une manière indirecte, sont soumises dans votre personne à l'approbation du peuple...

M. Lagnel. C'est vous qui avez la prétention de nous donner des leçons !...

M. Alfred Naquet... car si le peuple est incapable de se prononcer sur les questions qui lui sont soumises alors qu'on les lui soumet directement, il l'est aussi bien pour se prononcer sur ces questions quand on les lui soumet indirectement sur la tête de telle ou telle personne.

Un membre à gauche. Ce n'est pas exact.

M. Alfred Naquet. On me dit que ce n'est pas exact. Vous avez raison, dans une certaine mesure ; il est certain que lorsqu'on pose une question indirectement au peuple, on la pose mal ; et cela pour une bonne raison, c'est que dans un programme électoral on insère huit ou dix questions ; or, il n'est pas possible que tous les électeurs soient d'accord avec vous sur tous les points d'un programme.

M. Maurice-Faure. Je demande la parole.

M. Alfred Naquet. Votre élection ne prouve pas du tout que les différents points de votre programme aient été acceptés par le suffrage universel. Ce que je dis est si vrai, que nous avons à côté de nous une République qui a le droit de se dire aussi démocratique que la nôtre, la République helvétique.

Que voit-on dans cette République ?

M. du Perier de Larsan. On n'y voit pas de césariens ! (*Applaudissements à gauche et au centre.*)

M. Alfred Naquet. Le meilleur moyen que vous ayez de prouver que vous n'êtes pas des césariens, c'est de donner au suffrage universel le droit de se prononcer sur ce qui l'intéresse et de ne pas chercher à faire de la dictature personnelle.

M. Maurice-Faure. Le droit de s'étrangler !

M. le rapporteur. Ne parlez pas de corde dans la maison d'un pendu !

M. Alfred Naquet. Si la dictature, la maison du pendu est quelque part, elle est chez vous et chez vos amis.

M. Lagnel. Vous vouliez recommencer 1851.

M. Castelin. 1851 n'a rapporté à M. Naquet que les poursuites et la prison.

M. le président. Je vous prie de ne pas interrompre.

M. Alfred Naquet. M. le rapporteur nous disait tout à l'heure que, si le *referendum* municipal était admis, il n'y aurait plus d'administration municipale possible ; il ajoutait que les municipalités seraient obligées de se démettre à chaque vote hostile, — ce qui par parenthèse n'est pas trop respectueux pour la Constitution de 1875 qui n'a pas cru organiser l'anarchie en organisant les crises ministérielles à jet continu.

Je ne crois pas que le *referendum* soit l'organisation de l'anarchie dans la commune ; mais ce que je relève dans cette discussion, c'est que le rapporteur a la conscience que si les maires et les conseils municipaux étaient obligés de soumettre à l'acceptation populaire les diverses questions qui intéressent leurs administrés, il leur arriverait souvent de ne pas avoir gain de cause devant les populations. Il ressort nettement de cet aveu que, dans ces cas, et en n'appelant pas les communes à se prononcer, ils imposent à ces communes des décisions qu'elles auraient repoussées si on les eût consultées. (*Très bien ! très bien ! à droite.*)

Or, imposer à une commune des décisions que cette commune repousse, c'est faire, sur le terrain communal, de la dictature, et c'est être par conséquent césarien au premier chef. (*Très bien ! très bien ! à droite.*)

Je disais, messieurs, que nous avons un exemple frappant en Suisse, à nos portes. Nous voyons là un peuple qui pratique le *referendum*, et qui le pratique sur le triple terrain fédéral, cantonal et communal.

M. Leydet. On le critique beaucoup en Suisse.

M. le rapporteur. Vous discutez au fond.

M. Alfred Naquet. Si je discutais au fond, je discuterais la proposition de l'honorable M. de Mackau, tandis que je discute la prise en considération, c'est-à-dire la question de principe, me réservant de ne pas voter la proposition de M. de Mackau et d'en voter une autre.

En Suisse, disais-je, vous voyez tous les

jours des députés au Conseil fédéral, cantonal ou municipal, nommés sur un programme complexe, prendre des décisions conformes au programme qu'ils ont accepté; mais, comme le fait de l'élection d'un homme sur un programme ne prouve pas le moins du monde que l'ensemble de ce programme ait été accepté, d'abord parce qu'il est complexe et que tous ceux qui ont voté pour le député n'ont pas voté pour tous les points de son programme, et ensuite parce qu'il y a un côté personnel qui joue un rôle considérable dans les élections; comme, dis-je, il n'est pas du tout démontré que le fait de l'élection entraîne l'adhésion au programme de l'élu sur tous les points, il arrive tous les jours que par la voie du *referendum* on pose au pays une des questions contenues dans ce programme, et que le pays repousse les lois qui ont été acceptées par le Conseil fédéral ou le Conseil cantonal.

M. Leydet. C'est le moyen de ne rien faire.

A droite. De ne rien faire de nuisible.

M. Alfred Naquet. Qu'est-ce que cela prouve? Que si le suffrage universel n'avait pas été consulté, on lui aurait imposé des lois dont il ne voulait pas. (*Très bien! très bien! à droite.*) Je ne conçois pas que des démocrates considèrent comme un acte démocratique le pouvoir d'imposer à une commune des mesures dont elle ne veut pas. (*Applaudissements à droite.*)

M. Lagnel. Les républicains ne peuvent pas admettre que M. Naquet leur donne des leçons!

M. le président. Veuillez garder le silence, monsieur Lagnel, vous n'avez pas la parole.

M. Alfred Naquet. Dans tous les cas, monsieur, je n'ai pas de leçons à recevoir de vous.

M. le président. Monsieur Naquet, je vous prie de vous renfermer dans la question.

Je préviens les interrupteurs que je les rappellerai à l'ordre s'ils continuent.

M. Alfred Naquet. Je crois ne rien dire de blessant pour l'Assemblée. Je me borne à discuter des principes et par conséquent les quelques paroles que j'ai prononcées devant vous ne méritent à aucun degré les interruptions qui se sont produites.

Voix à gauche. Elles ne méritent que les applaudissements de la droite!

M. Engerand. Elles devraient mériter les applaudissements de tout le monde. (*Bruit à gauche.*)

M. Alfred Naquet. Peu m'importe de quel côté peuvent venir les applaudissements. Lorsque sur un projet de loi ou sur l'ordre du jour d'une interpellation, la droite vous apporte ses voix, vous ne les rejetez pas, et vous avez parfaitement raison, car la vérité est la vérité, quels que soient ceux qui l'acclament.

Par conséquent, si la droite m'applaudit en ce moment, quand j'affirme des principes que je crois être vrais, j'accepte les applaudissements de la droite, et je suis heureux de les recevoir.

Messieurs, j'ajoute un dernier mot et je descends de cette tribune, car je ne veux pas abuser de l'attention de la Chambre.

On disait il n'y a qu'un instant que le *referendum* serait la guerre allumée dans la commune; que ce seraient les passions perpétuellement surexcitées. Je crois, au contraire, que l'appel direct au pays sur les questions qui lui sont soumises, et non sur les personnes qui se disputent ses suffrages, serait le meilleur moyen d'apaisement qu'on puisse imaginer.

Lorsqu'une commune se voit imposer, malgré elle, par ses élus, des dispositions dont elle ne veut pas — et notez que c'est là ce à quoi vous tenez, car si vous étiez toujours certains d'avoir l'appui de vos commettants, vous ne verriez aucun inconvénient à les consulter; mais vous redoutez d'être mis en minorité par eux et vous voulez leur imposer ce qu'ils repoussent — dans ce cas les passions se surexcitent. (*Dénégations à gauche.*)

A gauche. Ce n'est pas la question!

A droite. C'est la vérité même.

M. Alfred Naquet. Je le répète, lorsque vous appelez le suffrage universel à se prononcer et que, par « oui » ou par « non », le suffrage universel décide, tout le monde s'incline, tandis qu'on ne s'incline pas devant la décision d'un conseil municipal et d'un petit nombre d'élus.

La décision du conseil municipal, quand elle est mal vue de la population, a pour résultat d'allumer la guerre dans la commune. Le suffrage universel fait disparaître cette guerre. (*Interruptions à gauche.*)

M. Saint-Germain (Oran). Alors, il n'y a plus besoin de conseillers municipaux.

Un membre. Ni de commissions à la Chambre!

M. Alfred Naquet. Nous ne supprimons pas les commissions de la Chambre, parce que ces commissions ne jugent pas en dernier ressort et qu'après qu'elles ont apporté un rapport à la Chambre celle-ci vote sur le fond même de la question.

M. Camille Cousset. Alors, vous supprimez le principe même du mandat!

M. Alfred Naquet. Les conseils municipaux doivent être au suffrage universel des communes ce que les commissions sont au suffrage universel dans cette Chambre. (*Rumeurs à gauche.*)

M. le rapporteur. Quand les électeurs ne sont pas contents de nous, ils nous changent.

M. le président. N'interrompez pas ; vous avez toujours le droit de répondre, monsieur le rapporteur.

M. Alfred Naquet. Je ne vous ai pas interrompu, veuillez me laisser parler.

Vous avez parlé des enquêtes *de commodo et incommodo*, des pétitions, du droit de réunion.

Plus que quiconque je respecte ces droits divers. Mais, enfin, il ne faut pas oublier une chose : le droit de pétition, c'est le suffrage public. Le *referendum* obéit, au contraire, au principe qui est à la base de toutes nos lois électorales, au principe du scrutin secret. Or, dans le scrutin public, l'électeur n'a pas une indépendance suffisante, et il a cette indépendance dans le scrutin secret.

Voilà pourquoi le *referendum*, qui appelle tous les électeurs à se prononcer librement sans avoir à supporter la pression de qui que ce soit, est supérieur au droit de pétition dont on n'use pas et dont on ne peut pas user à cause de la pression qui s'exerce contre lui. (*Très bien ! à droite.*)

On a prétendu tout à l'heure que la Suisse pouvait user du droit de *referendum* parce que c'était un pays éclairé, et que nous ne pouvons pas en user parce que nous étions un pays moins éclairé. (*Interruptions à gauche.*)

Plusieurs membres à gauche. On n'a pas dit cela !

M. le baron de Mackau. C'est écrit dans le rapport !

M. Alfred Naquet. M. le rapporteur a dit que lorsque nous serions aussi instruits que la Suisse, on pourrait examiner la proposition de M. de Mackau.

Donc il a dit d'une manière indirecte, mais très claire, que si nous ne pouvions pas employer le même procédé que la Suisse, c'est que nous étions moins éclairés. Je suis donc très autorisé à répondre à une théorie qui a été apportée ici et qui, même, a été imprimée dans le rapport.

A droite. Le rapport en dit même davantage.

M. Alfred Naquet. Eh bien, je ne voudrais pas que mon pays se décernât des brevets d'incapacité pour demeurer dans la routine et refuser d'opérer une réforme que d'autres ont menée à bien. C'est pourquoi je voterai le principe du *refe-*

rendus sans me faire beaucoup d'illusions sur le résultat qui l'attend dans
cette Chambre, mais parce que j'espère
que ce sera pour le pays un de ces en-

M. —————— *... s'inspirera des*
intérêts de quartier.

M. Le Hérissé. Et ce seront, en effet, les
intérêts de quartier qui toujours domine-
ront. (*Très bien! très bien! à gauche. — Interruptions à droite.*)

La presse du 27 juin 1890 (2ᵉ série — nᵒ 250)

LA PROPOSITION FREPPEL

La Chambre venait hier de discuter l'interpellation de M. du Breuil de Saint-Germain sur
les événements de Vicq.

Le parti revisionniste et le parti socialiste,
ne pouvant ni condamner l'application de la
loi ni sanctionner de leurs suffrages des violences qu'avec plus de modération et de prudence
les agents du gouvernement auraient réussi
à éviter, avaient voté l'ordre du jour pur et simple proposé par M. Granger.

La bataille semblait terminée, pour cette
journée du moins, lorsque l'honorable évêque
d'Angers est venu apporter une proposition
de loi tendant à attribuer aux conseils municipaux le choix entre l'enseignement laïque et
l'enseignement congréganiste.

Aussitôt la majorité a demandé l'urgence et
la discussion immédiate.

Sur ce premier point, notre attitude ne pouvait pas être douteuse. Discuter ainsi *ab irato*
une proposition de loi de cette importance, à
cinq heures du soir, c'est évidemment vouloir
l'enterrer. Le parti de la revision ne pouvait
se prêter à une semblable manœuvre dirigée
contre les droits des minorités. Il a repoussé
la discussion immédiate.

Mais celle-ci ayant été admise, nous nous
trouvions dans l'obligation de nous prononcer sur le fond.

Nous n'avons pas hésité, et quoique regret-
tant que la discussion eût été aussi hâtive et
aussi étranglée, nous avons refusé nos voix à
la proposition Freppel.

Nous sommes des partisans résolus de la
liberté religieuse. Nous sommes aussi hostiles qu'on peut l'être à toutes les mesures, à

tous les actes qui sont, ou même qui paraissent être faits en violation de la liberté de conscience.

Mais la question était mal posée, et la liberté religieuse n'y était nullement intéressée.

Toutefois, comme elle l'était certainement dans l'intention des auteurs de la proposition, sinon dans le texte même de cette dernière, il est bon de montrer que ce texte ne répondait nullement à ces intentions, et que, par suite, notre vote n'a été en aucune façon contradictoire avec le programme de Tours.

Ce qui importe, ce que nous devons sauvegarder, c'est la liberté de l'individu.

Or en quoi, je le demande, la liberté du chef de famille est-elle plus ou moins sauvegardée lorsqu'on remet aux communes, au lieu de le remettre à la nation, le droit de décider du caractère laïque ou confessionnel de l'école ?

Dans une commune, tout comme dans l'ensemble de la République, il y a une majorité et une minorité. Admettons par hypothèse que le père de famille soit autorisé à se plaindre, lorsqu'il est catholique, de la substitution d'un enseignement neutre à un enseignement religieux.

Mais si même il en était ainsi, en quoi la minorité qui se verrait imposer cet enseignement neutre par la majorité communale, serait-elle plus libre de faire prévaloir ses sentiments que si la décision avait été prise par le pouvoir central ?

On m'objectera peut-être que dans certaines communes l'enseignement congréganiste prévaudrait et que ce seraient là autant de circonscriptions arrachées à « l'oppression jacobine ».

Cette objection ne me touche pas. Dans ces communes-là, ce seraient les non-catholiques qui auraient un droit égal à se plaindre de « l'oppression cléricale », et finalement, pris dans un camp ou dans l'autre, le nombre des « opprimés » serait le même.

Il en aurait été autrement si l'on nous avait demandé, par exemple, d'élargir partout, de par la loi générale, les facilités accordées aux parents pour l'enseignement religieux. Là nous aurions probablement voté les modifications qu'on nous eût proposées.

Mais le projet qui nous était soumis était autre. Il s'agissait bien moins d'un projet de loi scolaire que d'un projet de décentralisation, bien moins de savoir si la liberté religieuse serait respectée dans l'école ainsi qu'elle doit l'être partout, que savoir si nous

ferions un nouveau départ entre les attributions des communes et celles de l'Etat.

Or, si nous sommes résolument décentrali-
sateurs, si nous voulons l'autonomie de la
commune et du département lorsque les circonscriptions se meuvent sur le terrain qui
leur appartient en propre, lorsqu'elles n'em-
piètent pas sur le terrain national, nous ne
saurions en aucune manière reconnaître aux
collectivités parcellaires le droit de battre en
brèche les lois votées par la nation, et d'em-
piéter de la sorte sur le domaine réservé à
l'Etat.

La question se posait donc ainsi : Dans le
départ des attributions, l'enseignement primaire est-il du ressort des municipalités ou du
ressort de l'Etat ?

A nos yeux la réponse n'était pas douteuse :
l'enseignement primaire est du ressort de
l'Etat. C'est cette considération et cette considération seule qui a dicté notre conduite.

Rendre aux communes le droit au choix
dont on parle, ce serait allumer la guerre religieuse sur tous les points du territoire français.

Ici l'enseignement congréganiste domine-
rait, et la lutte poussant à l'intolérance, il deviendrait fatalement bien vite intolérant et op-
presseur des consciences.

Là l'enseignement laïque l'emporterait, et
par les mêmes raisons, il perdrait le caractère
de neutralité qu'il doit avoir, et revêtirait, de
son côté, un caractère non moins intolérant
et non moins oppressif que son rival.

Enfin, dans d'autres localités, où les majorités seraient moins établies, moins solides,
où les électeurs seraient plus divisés, on verrait tous les trois ans des bouleversements
se produire, les instituteurs congréganistes
remplaçant alternativement les instituteurs
laïques et étant remplacés par eux.

Nous aurions ainsi trois Frances dans une :
la France jacobine, la France cléricale et la
France où l'anarchie des idées régnerait.

Nous en arriverions bien vite à l'état d'é-
miettement qui nous rendrait mûrs pour la
domination étrangère.

On peut discuter si l'enseignement doit être
laïque ou congréganiste et, dans l'un comme
dans l'autre cas, quelle garantie de liberté il
doit renfermer.

Mais il est une chose sur laquelle on ne
saurait hésiter, c'est qu'il doit être un, qu'il ne
doit pas être abandonné aux municipalités,

qu'il entre au premier chef dans les attributions de l'État.
ALFRED NAQUET.

Discours prononcé aux obsèques de Barbe
au père Lachaise le vendredi 1er août 1890

Messieurs,

L'homme qui nous quitte a été à la fois une puissante intelligence, un patriote éprouvé, un républicain sincère, un bon citoyen

Proudhon, dans son admirable livre : « de la justice dans la Révolution et dans l'Église, » a écrit, à propos de la mort, quelques pages éloquentes que le décès de mon vieil ami Barbe me remet en mémoire.

Quand un homme meurt sans avoir accompli aucune œuvre importante ; lorsque, en descendant dans la tombe, il a la conscience d'avoir moins donné à la société qu'il n'en a reçu, sa mort doit, pourvu qu'il ait la notion de ses devoirs, déterminer dans son âme des sentiments de désespoir profond.

Mais lorsque, en quittant la vie, il a le droit de se dire qu'il a donné à la société plus qu'il n'a reçu d'elle ;

Lorsqu'il a rempli grandement et noblement sa tâche en ce monde ;

Lorsqu'il a attaché son nom à quelque création importante, la mort n'est plus pour lui que le couronnement final de son œuvre, quelque chose comme une apothéose, et s'il se sent mourir il meurt dans la joie du devoir accompli et, comme dit le grand critique, dans « l'éthanasie. »

Cette joie suprême a manqué à Barbe au dernier moment, car il ne s'est pas vu mourir; mais on peut affirmer que, depuis longtemps, elle était en lui et que, ayant le sentiment de ce qu'il avait fait, il était préparé pour l'heure dernière qu'il envisageait sans faiblesse et sans peur.

Je suis un de ses plus anciens amis, un de ses plus anciens collaborateurs dans la fondation de cette magnifique industrie des explosifs dont l'inventeur de la dynamite lui-même, le savant ingénieur Nobel me disait un jour, à la suite d'une cérémonie funèbre, comme celle-ci, aux obsèques du père du défunt actuel, qu'elle était due au moins autant au génie de Barbe qu'à sa propre découverte.

C'est cette longue intimité, cette constante collaboration, qui me vaut aujourd'hui de porter la parole à côté du cercueil de mon ami, parce que, plus que qui que ce soit, je puis dire qui il fut.

Né le 4 février 1836, Barbe meurt jeune; mais dans le laps trop court des années qui lui ont été imparties, que de choses accomplies qui illustreraient une existence infiniment plus prolongée !

Polytechnicien, puis officier d'artillerie, il quitte bientôt l'armée pour l'industrie.

La vie de garnison ne pouvait suffire à sa vaste activité.

Mais en quittant l'armée, il n'abandonnait rien de son amour ardent pour la patrie française; et, lorsque l'heure de la

Grande lutte donna, il reprit du service et vint se mettre à la disposition du gouvernement.

Le Gouvernement lui confia le Commandement de l'artillerie au siège de Toul; il ne pouvait la mettre en des mains plus dignes.

Par son courage à toute épreuve, son activité infatigable, sa jovialité, sa bonne humeur au milieu des périls, bonne humeur qui relevait le moral des troupes, il sut donner aux assiégés une confiance, qui, hélas! a fait défaut sur bien d'autres points.

Il gagna là cette Croix de la légion d'honneur qui a orné depuis sa poitrine, et qu'il n'a jamais voulu échanger contre celle d'officier, bien gagnée par lui cependant dans d'autres journées du travail humain, parce que, me disait-il souvent, une croix gagnée dans la défense du sol natal ne peut s'échanger contre une croix supérieure que si celle-ci a été conquise également sur les champs de bataille.

Une nouvelle distinction gagnée sur les champs de bataille, malgré son âge, et quoique profondément pacifique comme tous ceux qui aiment vraiment leur pays, il n'y avait pas renoncé.

Il y a quatre ans environ, lorsque, pendant la période électorale qui précéda le renouvellement du Reichstag impérial, et, plus tard, après l'incident Schnaebelé, on put croire la paix menacée et les jours de l'invasion revenus, quoique fatigué, quoique sa santé fût déjà atteinte, il était prêt à réunir là ses

...cier et à reprendre l'épée pour la défense de la France en péril.

Heureusement, cette épreuve de la guerre a été évitée à l'Europe et Barbe n'a pas eu à mettre à exécution ses projets ; mais ceux qui le voyaient journellement alors savent à quel point sa résolution était prise, et doivent lui tenir compte des intentions généreuses que les événements européens ont seuls empêché de se traduire en faits.

Dans l'Industrie, dans les Affaires, la vie de Barbe a été tout entière une vie d'efforts et de production.

Sans doute il a rencontré la fortune dans un labeur de chaque jour ; mais cette fortune, péniblement acquise, n'a été qu'une quote-part infime des avantages qu'il a procurés au pays.

Barbe appartient à cette catégorie d'industriels, qui relèvent l'Industrie et méritent la reconnaissance.

Ses entreprises, en effet, ont répandu le bien-être au milieu d'une légion d'hommes : ouvriers, contre-maîtres, savants, ingénieurs, collaborateurs de tous ordres qu'il aimait avoir à ses côtés.

D'ailleurs les économies considérables que les explosifs nouveaux, plus puissants, ont permis tant à l'État qu'aux diverses industries privées de construction de réaliser, n'ont-elles pas, dans une large mesure, contribué à l'accroissement de la richesse publique !

C'est particulièrement au nom des sociétés qu'il a fondées, au nom de ses collaborateurs à tous les degrés que je dépose aujourd'hui sur cette tombe l'hommage de leur reconnaissance avec l'expression de leurs douloureux regrets.

Mais Barbe ne s'est pas borné à être un grand industriel, un ingénieur hors cadres ; on vous a dit qu'il avait été
un homme public. Sa vie politique vient de vous être
retracée ; je n'ai pas à y revenir ; mais les sentiments que je
viens de traduire seraient incomplets dans leur expression,
si, en adressant à Barbe notre dernier adieu, et en manifes-
tant, une fois encore, l'affliction si vive que nous cause
à tous sa mort si prématurée, je n'offrais en exemple aux
jeunes générations cette vie toute faite de patriotisme, de
travail et d'honneur. (1)

La presse du 25 août 1890 (n° … — n° …)

COUP DE FORCE ¿ COUP DE FORCE

Les journaux font grand bruit autour des
révélations du *Figaro* et d'une interview du
Gaulois dans lequel je les ai déclarées exactes
en ce qui me concerne.

Avec une absence de sincérité à laquelle on
nous a habitués depuis deux ans, on feint de
croire que tout appel à la violence a nécessairement pour objectif l'établissement d'une dictature, et l'on se scandalise à la vue d'un
vieux républicain s'efforçant de refaire le
Deux Décembre.

Le scandale serait justifié si ces prémisses
étaient exactes. On oublie malheureusement
une chose : c'est que s'il y a eu des actes de
violence commis en faveur de la dictature, il
y en a eu qui n'ont profité qu'à la liberté.

On aurait raison de flétrir quiconque essaie-
rait de copier Pavia ; mais on aurait tort de ne
pas glorifier celui qui se proposerait pour but
d'imiter Prim, dont le pronunciamento a eu
pour unique conséquence de rendre libre l'Espagne.

1) voir page 128 et 130 deux interviews publiés à leur date.

Avant donc de signaliser un appel à la force, il serait bon de rechercher quel but poursuivaient ceux qui voulaient y recourir.

Est-ce bien d'ailleurs au parti républicain qui a vécu pendant un siècle sur des traditions révolutionnaires, qu'il appartient de condamner ceux qui n'ont fait que demeurer fidèles à ce qui fut son universelle doctrine?

Mᵉ Vacquerie, qui m'attaque, a, si je ne me trompe, admiré Barbès et à juste titre. Or, Barbès a été un insurgé, tout comme Blanqui et Ledru-Rollin, non seulement sous la monarchie mais encore sous la République de 1848; les événements du 15 mai 1848 et du 13 juin 1849 sont là pour l'attester.

Et ce ne sont pas seulement les révolutions de la rue que le parti républicain a glorifiées; il a glorifié aussi les coups de force par en haut, le 18 fructidor en France et les nombreux pronunciamentos par lesquels l'Espagne a conquis sa liberté.

Qu'il fasse son *mea culpa*; c'est son affaire. Mais qu'il soit au moins tolérant vis-à-vis de ceux dont l'unique faute serait de penser encore aujourd'hui comme il pensait hier. …

Si donc on veut juger équitablement les hommes qui ont engagé le général Boulanger à un acte de violence, il faut surtout rechercher le but poursuivi par eux.

Pour ce qui est de mon attitude, l'explication en est simple.

Après 1885, j'ai été effrayé, comme je l'avais été au 16 mai 1877, pour le maintien des institutions républicaines. Je craignais de voir la droite, qui avait failli vaincre au 4 octobre de cette année-là, l'emporter définitivement en 1889.

J'estime encore que le péril existait et que, s'il a disparu, c'est au boulangisme qu'on le doit, malgré son avortement. Le boulangisme a provisoirement sauvé la République dans son échec: il l'aurait sauvée définitivement par son triomphe.

Il a déterminé une cohésion des forces parlementaires et un mouvement passionné du pays dans les deux sens qui, jointe à la suppression du scrutin de liste et à une pression sans précédent dont nous avons eu à nous plaindre, mais que les parlementaires ont eu à leur actif, et qui n'aurait pas eu lieu sans notre levée de boucliers, ont sauvé, pour un temps, le parlementarisme.

Sans nous, il est probable que l'on se serait traîné dans la succession ininterrompue des crises ministérielles, que l'écœurement n'au-

rait pas trouvé son correctif dans l'ardeur de
la lutte, et la République pouvait être mise en
danger.

Un homme honnête et judicieux pouvait
donc redouter l'échéance de 1889. Cet état
d'esprit est celui dans lequel, à tort ou à raison, mais en tous cas sincèrement, je me
trouvais placé.

Voilà pourquoi je rêvais un mouvement qui,
en modifiant les institutions, aurait donné à
la République une Constitution plus en harmonie avec son principe, et aurait créé un
nouvel état de choses, capable de procurer à
tout le moins à la République un nouveau et
puissant crédit.

Ce mouvement, par qui le faire exécuter?
Par la rue? On aurait sûrement échoué; et
d'ailleurs on ne sait jamais ce qui sortira d'une
révolution de la rue. Je n'en étais pas partisan.

Mais un acte analogue à celui du général
Prim, renversant le parlementarisme, appelant une Constituante, dotant le pays non
d'une Constitution césarienne, mais d'une
constitution directoriale avec séparation des
pouvoirs, analogue à celle qui fonctionne en
Suisse, je le désirais, et j'y ai effectivement
poussé le général Boulanger.

J'étais convaincu en agissant ainsi que j'a-
gissais dans l'intérêt de la République et de la
France; et je cherchais si peu à établir un
César que je n'aurais voulu agir que si j'étais
parvenu à entraîner les hommes de l'extrême
gauche. Je n'ai renoncé au but que je poursuivais que quand le général me fit entrevoir
un péril pour la Patrie, et aussi quand je
compris l'inutilité de mes efforts pour amener
certains chefs de l'extrême gauche à partager
mon sentiment. Je regrette encore que ces
derniers aient été opposés à cette tentative de
rénovation par la force. S'ils y avaient consenti, la France et la République seraient à
cette heure en meilleure situation.

Mais après que le général Boulanger eût été
renversé du ministère, lorsque ce dernier fut
rentré dans la vie privée, je devins naturellement opposé à toute tentative d'émeute ou de
révolution populaire, et le général ne pouvait
plus en tenter d'autre, à supposer qu'il voulût
en tenter une, ce qui n'a jamais été le cas.

A partir de la chute du ministère Goblet, j'ai
été pour la voie légale, pour la voie légale
exclusivement; j'estimais que l'émeute perdrait tout et j'espérais le succès électoral.

J'estime encore que nous l'aurions eu si le général Boulanger était demeuré à Paris et avait affronté la haute cour. Je n'ai désespéré qu'après son départ ; et si j'ai fait alors effort pour le couvrir, comme c'était mon devoir, j'ai jugé, dès ce moment, la partie gravement compromise.

C'est ce qui fait que les uns peuvent me dépeindre sous les couleurs d'un fauteur de coup d'État, et les autres me présenter comme un donneur de conseils pusillanimes. C'est une question de moment.

Mais ce qui reste de tout cela, c'est que, républicain j'ai été, républicain je suis, républicain je mourrai, et que je n'ai pas plus poursuivi une campagne antirépublicaine que ne l'ont fait les vétérans de notre parti qui s'adressaient aux mêmes moyens avant que l'on n'eût proclamée close l'ère héroïque de la démocratie.

Tout ceci, d'ailleurs, est rétrospectif ; mes idées, mon parti ont été vaincus ; mes espérances se sont évanouies, et si je remplis encore, à cette heure, le mandat qui m'a été confié, je me suis retiré définitivement de la politique militante, comme il convient à un homme public qui a engagé sa responsabilité dans une grande aventure, au sens élevé du mot et qui a échoué.

On peut donc, aujourd'hui, me juger sans passion, comme un lutteur qui a cessé le combat, et j'ai la conviction que si l'on consent à le faire, si l'on est assez dépouillé des colères de la veille pour pouvoir en faire abstraction, ma conduite sera jugée comme celle d'un républicain et d'un patriote qui n'a jamais été guidé que par l'amour du pays et de la liberté.

ALFRED NAQUET.

La presse Du 2 9bre 1890 (n.elle série - n° 220)

UNE EXPLICATION

Mon ami[illegible] [illegible] [illegible] [illegible] [illegible] [illegible] [illegible] la lettre que nous donne[illegible] ci-après. Je croyais qu'il me connaissait assez pour ne pas vouloir me juger et me condamner sans m'entendre ; et s'il [illegible] [illegible] il n'aurait pas laissé

supposer qu'il me considérait comme l'un des
auteurs des « Coulisses du boulangisme ».

La vérité est que je demeure strictement
fidèle à l'article que j'ai publié dans ce journal au lendemain des élections municipales
de Paris.

Après une défaite comme celle que notre
parti a subie, et étant donné la part que j'ai
prise à la lutte, j'estime qu'il n'y a plus de
place pour moi dans la politique.

Les hommes jeunes encore, qui ont de longues années devant eux, sont en droit d'espérer qu'un jour viendra où, les haines étant
calmées, les ardeurs du combat étant apai-
sées, il se produira des circonstances de nature à leur permettre de rendre de nouveaux
services à leur pays. Ces circonstances, non
seulement ils peuvent honorablement les attendre; mais ils le doivent.

Quant à moi, qui ai cinquante-six ans, qui
suis arrivé depuis longtemps déjà sur le second versant de l'existence, je me trouve dans
une position différente, et je ne puis ni ne
dois attendre et escompter des événements
qui, en tout état de cause, seront probablement très lents à venir.

Aussi suis-je décidé à m'abstraire de plus
en plus de la vie politique, à ne plus assister
à ce qui se passe qu'en simple spectateur at-
tristé; et il est probable que si mes électeurs
m'y autorisent, j'irai jusqu'à sortir du Parlement. Les intérêts du corps électoral que je
représente, une injonction de la part de
mon comité pourraient seuls m'empêcher de
le faire.

Ce n'est donc pas l'instant où je suis animé
de telles intentions que je choisirais pour faire
autour de mon nom une réclame qui a toujours été contradictoire avec mon caractère,
et qui l'est aujourd'hui plus encore qu'elle ne
l'a jamais été.

Je n'ai été mêlé en rien aux « Coulisses du
boulangisme ». J'aurais préféré que cette publication n'eût pas lieu; mais il n'était pas en
mon pouvoir de l'empêcher. Toutefois, je n'ai
jamais eu l'habitude de cacher mes actes; j'ai
toujours raconté ceux-ci sans réticences; j'ai
toujours opéré en pleine lumière — plus même
peut-être que je ne l'aurais dû si j'avais été

plus préoccupé de mes intérêts personnels —
et comme je ne rougis pas plus de mes actions aujourd'hui qu'hier, lorsqu'on est venu
me demander si les faits énoncés dans les indiscrétions du *Figaro* étaient exacts en ce qui
me concernait, j'ai cru de mon devoir, puisque l'auteur de ces indiscrétions, qui m'avait
entendu les raconter mille fois s'était jugé
autorisé à les livrer au public, d'avouer leur
exactitude. Je l'ai cru d'autant plus que cet
aveu n'atteignait que moi et personne en dehors de moi. Me réfugier dans une équivoque
ne m'aurait pas paru digne, et il ne me reste
qu'un seul souci à cette heure, celui de ma
dignité.

Cette affirmation n'entraîne d'ailleurs, de
ma part aucune adhésion à une publication
dont je connais depuis longtemps l'auteur et
que je n'ai, par suite, aucune raison de ne pas
attribuer à des mobiles honorables, mais à
laquelle je n'ai à donner ni approbation ni
improbation ; à laquelle, en un mot, j'entends
demeurer totalement étranger.

Et puisque j'en suis à des explications, un
mot encore.

Une lettre a été écrite au général Boulanger
pour lui demander s'il était vrai que, *ainsi que
je l'aurais déclaré*, il eût connu avant leur publication les articles du *Figaro*.

Le Général a nié, et il l'a fait dans des termes qu'il aurait évités s'il s'était renseigné
d'abord auprès de moi relativement à l'exactitude des paroles qui m'étaient prêtées. Je suis
certain qu'il les regrettera après avoir lu ces
lignes.

S'il m'avait interrogé ; si même il s'était
borné à lire mes réponses aux reporters du
Gaulois et de l'*Éclair*, il aurait vu que je n'a-
vais prononcé aucune des paroles que l'on me
mettait dans la bouche.

Je m'étais borné à répondre aux questions
qu'on me posait sur le nom de l'auteur des
articles du *Figaro*, que je n'avais pas à le dévoiler tant qu'il ne lui conviendrait pas à lui-
même de lever l'anonymat, mais que cet anonymat, n'impliquait aucunement de sa part la
pensée de se soustraire à la responsabilité de
son acte. Et j'en donnais pour preuve une
lettre écrite par lui au Général, lettre dans

laquelle il se faisait connaître comme l'auteur de la publication.

Ceci dit, j'espère que les divers organes de l'opinion voudront bien me laisser dans la retraite où j'entre de mon plein gré, comme un homme qui ne regrette rien de son passé, mais qui juge sa carrière politique finie.

ALFRED NAQUET.

Le Temps du 8 7bre 1890 (30e année — n° 10705)

La liquidation boulangiste

M. NAQUET ET SON COMITÉ ÉLECTORAL

Le groupe du « Drapeau » (ancienne Ligue des patriotes) avait convoqué, hier soir, M. Alfred Naquet, député du 5e arrondissement, à une réunion privée, donnée dans la salle Roux, rue Maubert. M. Naquet est arrivé à neuf heures et demie, accompagné de M. Lefèvre, son secrétaire. La porte a été refusée à M. Lefèvre, comme du reste à toute personne qui n'avait pas de carte constatant la qualité de membre du groupe du Drapeau.

Dès l'arrivée du député du 5e arrondissement, la séance est ouverte. Soixante membres environ sont présents. La réunion est présidée par le docteur Antomarchi ; le citoyen Deliens est nommé secrétaire.

Le bureau constitué, divers incidents se produisent. Le secrétaire du groupe dit qu'il a, de son autorité privée, convoqué par lettres deux journaux : le *XIXe Siècle* et l'*Éclair* ; il demande, en conséquence, l'admission, dans la salle de réunion, de tous les membres de la presse présents. A ce moment, M. Naquet se lève et déclare que, si un seul membre de la presse entre dans la réunion, il quittera la salle immédiatement. On vote sur ces deux propositions, et les membres de la presse ne sont pas admis. On prie même le rédacteur de l'*Éclair*, qui avait pris place dans la salle, de se retirer.

Le citoyen Decamp demande la parole pour accuser le citoyen Delisles de faire partie de la police. Le citoyen Delisles repousse énergiquement cette accusation que rien ne justifie et demande à l'assemblée de ne pas accepter des affirmations qui ne reposent sur aucun fondement. La réunion accepte les explications du citoyen Delisles.

La parole est donnée au citoyen Redon qui demande à M. Naquet s'il consent à signer l'ordre du jour accepté par les autres députés boulangistes, à la suite de la réunion du café Riche, et flétrissant M. Mermeix, député, auteur des « Coulisses du boulangisme ».

M. Naquet, sans donner d'explications, déclare qu'il n'avait pas signé et qu'il ne signerait jamais l'ordre du jour rédigé par les députés boulangistes à la suite de la réunion du café Riche.

Le citoyen Antomarchi, président, prend la parole et explique que, depuis une semaine, M. Naquet a été fort malmené par la presse à l'occasion des révélations contenues dans les « Coulisses du boulangisme », qu'il importe à ceux qui ont soutenu la candidature de M. Naquet d'être fixés sur certains points; aussi il pose au député plusieurs questions: M. Naquet avait-il eu connaissance des « Coulisses du boulangisme », avant leur publication? Est-il vrai que M. Naquet ait corrigé les épreuves de M. Mermeix? Y a-t-il ajouté quelque chose? Quel rôle a-t-il joué pendant la nuit historique? Savait-il d'où venait l'argent?

M. Naquet raconte qu'ayant rencontré M. Mermeix dans les couloirs de la Chambre des députés, celui-ci lui aurait dit : « Mon cher Naquet, j'ai l'intention de publier un livre sur le boulangisme, pour prouver à ses adversaires que le général Boulanger avait toujours été républicain. » M. Naquet lui aurait répondu, à cette époque, qu'il n'y voyait aucun inconvénient et que, d'ailleurs il n'avait pas le droit de s'opposer à cette publication. — M. Naquet ajoute qu'il avait lu le premier article et qu'il n'y avait trouvé que des choses qu'il connaissait déjà, mais qu'il avait rencontré dans la suite de la publication des choses qu'il ignorait complètement. Cependant M. Naquet reconnaît avoir insisté auprès de M. Mermeix, pour que celui-ci fasse bien ressortir dans son article que c'était lui, Naquet, qui avait vivement conseillé au général de faire un coup de force. Quant à la nuit historique, M. Naquet affirme n'en avoir eu nullement connaissance.

Au sujet de la provenance de l'argent, voici ce qu'il a su : « M. Naquet a été voir Boulanger à Londres ; comme il avait agité cette question devant le général, celui-ci lui aurait dit de s'adresser à Dillon, en qui il avait toute confiance et qu'il avait chargé de tout lui révéler. Dillon lui aurait alors déclaré qu'en grande partie l'argent aurait été versé par lui, qu'il avait donné 1,500,000 francs, sa fortune personnelle, et qu'il avait obtenu la signature de sa femme pour 300,000 francs ; « deux autres de mes amis, aurait ajouté Dillon, partisans de la politique du général, ont aussi donné de l'argent, mais je ne puis dire leurs noms ».

D'après M. Naquet, Dillon, qu'il attaque vivement et qu'il traite d'*agent royaliste*, aurait été l'homme néfaste du boulangisme. C'est lui qui, une première fois, aurait été cause du départ de Boulanger pour Bruxelles; car, avant son départ définitif, Boulanger est parti à Bruxelles, sans rien dire, sans consulter personne; lorsque les amis du général eurent connaissance de ce départ clandestin, ils lui ont expédié M. Le Hérissé, qui est allé en Belgique et qui, à force d'insistance, est parvenu à ramener le général à Paris.

M. Naquet n'hésite pas à déclarer qu'après les révélations des « Coulisses du boulangisme », révélations « dont il a eu la preuve pour la plupart, sa conscience lui interdit désormais de faire de la politique à côté du général Boulanger ». Aussi le député du cinquième arrondissement s'engage *formellement* à donner sa démission dès la rentrée des Chambres; c'est chez lui une décision inébranlable, sur laquelle il ne reviendra pas. Il renonce à la politique pour toute sa vie; par conséquent il est désormais inutile de le questionner, il ne rendra plus de comptes.

A ce moment, le citoyen Redon traite M. Naquet de « lâcheur », lui reprochant de n'être plus républicain et déclarant qu'il n'était plus digne de la confiance de ses électeurs.

Le député du cinquième arrondissement, ainsi interpellé, s'écrie qu'il ne reconnaît à personne le droit de douter de son honorabilité et il dit qu'il va se retirer.

La réunion a pris fin sur ces mots.

Cet exposé est fort inexact. ainsi je n'ai pas dit que Mermeix avait publié son livre pour prouver que le Général avait toujours été républicain. J'ai dit, au contraire, que son but avait été de défendre le Comité contre des responsabilités que M? Pierre Denis, dans un journal dont les frais sont faits par le Général, s'efforçait de faire peser sur lui et qui ne lui incombent pas.

Le Gaulois du 21 août 1890 (3e série — n° 2914) oublié à sa date

QUI EST-CE ?

Chez M. Naquet

Le *Figaro* d'hier a commencé la publication de ses *Coulisses du boulangisme*, qui, si l'auteur inconnu tient les promesses du début, prendront rang dans les révélations les plus intéressantes sur notre temps.

Dans le premier chapitre de cette histoire du boulangisme, on explique pourquoi le général Boulanger n'a pas voulu quand il le pouvait, en 1887 au ministère, faire un coup d'Etat ; pourquoi il ne s'est pas emparé du pouvoir par une entreprise violente les 27-28 janvier 1889.

M. Naquet — on le verra dans notre Revue des journaux — incita en vain le général à chasser les Chambres et à renouveler l'exploit d'Augereau en fructidor.

M. Naquet, n'ayant pas jusqu'ici la réputation d'un déménageur de parlements par les fenêtres, nous avons voulu savoir de lui si on ne lui avait pas gratuitement prêté un rôle et un langage de fantaisie.

Nous nous sommes rendu chez l'ancien vice-président du Comité républicain national. Il nous a reçu dans son appartement, au six me étage, rue de Moscou, 44.

Au moment où nous nous sommes présenté, M. Naquet revisait la copie d'un ouvrage qu'il vient de terminer et qui va partir pour l'imprimerie. Ce livre est une réfutation du collectivisme de la doctrine de Marx.

— Avez-vous lu le *Figaro ?* demandons-nous à M. Naquet.

— Oui.

— Eh bien, que dites-vous des *Coulisses du boulangisme ?*

— Je dis que c'est vrai... Je n'ai pas à me plaindre... C'est absolument vrai. Oui... j'aurais voulu que le général Boulanger, quand il était ministre, fit un coup de force sans lequel on ne revisera jamais la Constitution. Je l'y ai encouragé... excité.

» Il ne s'est pas décidé.

» Tout cela, je vous le répète, est vrai...

— Mais de qui est ce récit ?

— Vous m'en demandez trop...

— Trop !... Ne savez-vous donc pas quel est l'auteur des *Coulisses du boulangisme ?*... Pour qu'il connaisse si bien ce qui s'est passé entre vous et le général Boulanger, il faut qu'il soit de vos amis, que vous lui ayez fait des confidences...

— Je ne vous ai pas dit que je ne connaissais pas l'auteur des articles du *Figaro.* Mais vous me demandez trop en me demandant son nom... Je ne puis pas vous le dire... C'est un de mes amis très intimes. Il m'a demandé le secret... Je le lui garde...

— Mais pourquoi ne signe-t-il pas, si c'est une personnalité du parti boulangiste ? Son nom, au bas de son histoire, en augmenterait l'intérêt.

— Je n'en sais rien. Mais, ce que je sais, c'est qu'il ne se cache pas ; car il a écrit au général Boulanger pour lui faire connaître la vérité.

— Cet auteur mystérieux, enfin, est-ce un député, est-ce un journaliste, est-ce un avocat, est-ce un homme très en vue de votre parti ?

— Je ne puis rien vous dire de plus. C'est un de mes amis.

» Il est en des termes tels avec moi
que, il y a trois semaines, à ma demande,
il avait consenti à ne pas publier son ouvrage.

» Pendant près de quinze jours, l'idée
de la publication a été abandonnée par
lui. Il ne l'a reprise que lorsque je lui ai
rendu l'autorisation de se servir des renseignements que je lui avais confidentiel-
lement donnés.

» Vous voyez que nous sommes bien
amis...

» Mais tous ceux qui ont fait la campagne boulangiste sont restés en relations
très cordiales avec moi. Vous pouvez
donc soupçonner beaucoup de personnes.

— Savez-vous si l'auteur des *Coulisses du
boulangisme* est documenté sur toutes les
parties de son sujet comme sur ce qui
vous concerne ?

— Je le crois, je crois qu'il a pénétré
tous les secrets de l'entreprise, qu'il en
connaît tous les dessous. Il m'a montré
des chapitres bien étonnants et qui feront
du bruit...

Sur ces paroles nous avons pris congé
du député du cinquième arrondissement,
un peu plus intrigué qu'en entrant chez
lui et en nous répétant sans pouvoir nous
répondre : « Qui est-ce ? qui est-ce ? »

LOUIS LAMBERT.

L'Éclair du 22 août 1890 (3e année — n° 626)
oublié à sa date

COUP D'ÉTAT

M. NAQUET ET LES « COULISSES DU BOULANGISME »

Un coup d'État manqué. — Les scrupules
du général Boulanger. — M. Naquet et
Danton. — La soirée du 28 janvier.
L'affaire Schnœbelé et la guerre
possible. — La fin d'un rôle

Le boulangisme est à présent le domaine des his-
toriens. Nous entrons dans la période des mémoires
et des commentaires. Un des chapitres de cette histoire qui ne sera pas des plus faciles à débrouiller pour

les écrivains futurs, vient de paraître hier dans le *Figaro* sous ce titre : « Les coulisses du Boulangisme ».

L'auteur s'efforce d'y présenter le général Boulanger comme ayant volontairement évité le Coup d'Etat que lui conseillaient ses amis, et surtout M. Naquet. Dans ces feuillets d'histoire contemporaine, M. Naquet joue le rôle du tentateur, et le général Boulanger celui d'une sorte d'excellent garçon, incorruptible en ce qui touche l'emploi de la violence, et ne voulant compter que sur sa chance, sa popularité, en un mot sur son étoile.

Si le 28 janvier, à minuit, cette étoile commença à décroître, ce fut donc d'après l'auteur de l'article, la faute du général lui-même, qui par suite des leçons paternelles, ressentait une véritable horreur du Deux Décembre. De telle sorte que nous arrvions à cette impression finale, que le moins boulangiste de tout le parti aurait été le général Boulanger lui-même.

Bien des détails sont encore donnés sur les débuts du boulangisme, sur le rôle que jouèrent MM. Clémenceau, Anatole de la Forge, Tony Révillon, Pelletan, Laguerre, Millerand, Laisant, etc., alors que l'extrême gauche se préoccupait seulement de soutenir le général en tant que ministre de la guerre. Mais ce qui ressort de tout cela, c'est que M. Naquet fut, dès le premier jour, le seul partisan du coup de force.

Le 28 janvier, tout était prêt pour cette violence. Il ressort nettement des détails donnés que les gardiens de la paix, la garde républicaine auraient secondé l'entreprise presque sans qu'il fût nécessaire de leur faire signe. M. Clément, porteur d'un mandat d'amener, se serait trouvé tout seul et aurait été dans l'impuissance de procéder à l'arrestation. Les ministres, dans leurs cabinets respectifs, se seraient attendus à ce moment même à être bel et bien expulsés de leurs ministères. Bref, c'est la seule volonté du général, partant dès le lendemain en villégiature, qui aurait empêché l'exécution de ce plan, et c'est M. Naquet qui aurait été battu.

Nous avons tenu, vu l'importance de ces assertions, à interroger le vice-président du Comité national lui-même.

Voici les explications que, sans hésiter, M. Naquet a bien voulu nous fournir. On va voir qu'elles ne laissent subsister aucune obscurité sur l'authenticité du rôle qu'on lui attribue.

Chez M. Naquet

— Ah vous venez, nous dit-il, à propos de l'article du *Figaro* ? Eh ! bien, tout ce qu'il raconte est exact, absolument tout. Je connaissais l'article avant qu'il ne parût puisqu'on avait pris la peine de me le soumettre. Il a été, pour ainsi dire, approuvé par moi. Je pourrais vous en nommer l'auteur, mais je me suis engagé à ne pas dévoiler son anonymat. Oui ce qu'il dit est vrai. Pendant deux ans, j'ai fait tout ce qui était en mon pouvoir pour pousser le général Boulanger à un coup de force.

Je pensais alors et je pense toujours que le parle-

mentarisme est une forme déplorable de gouvernement, et je suis convaincu qu'il est absolument
nécessaire de modifier l'organisation de la Constitution de 1875.

Or il est impossible d'obtenir la revision par les
voies de droit. Lorsque je me suis aperçu de la
place considérable que le général avait prise dans
la nation, lorsque je me suis rendu compte de la
force dont il disposait, j'ai songé à employer cette
force à l'accomplissement d'une œuvre que je ju-
geais nécessaire au bien du pays.

Je connaissais le général. Très honnête homme,
très désintéressé, sincèrement républicain, ambi-
tieux avant tout de fortifier et d'élargir la République, je le savais incapable d'abuser de la situation à laquelle je désirais le voir élever. Alors j'ai
mis tout en œuvre pour l'amener à mes idées, pour
le persuader de la nécessité de renverser, même par
un coup de force, le parlementarisme en revisant
la Constitution de 1875.

Les refus du général

— Le général ne s'est jamais décidé à tenter un
coup d'État?

— Jamais; je l'ai toujours trouvé inébranlable.

— Quelles étaient ses principales objections?

— Il ne voulait pas de coup d'État, pers uadé, disait-il, qu'un gouvernement fondé dans ces conditions, ne pouvait être durable. La réussite, d'ailleurs, était loin d'être certaine. Au moment de son
coup d'État, Louis Napoléon était président de la
République, il tenait tout le pouvoir, exécutif, l'armée, la police, la magistrature, les préfets. La
Chambre était impopulaire et la France l'aimait,
lui. Il n'en est pas moins vrai que Louis-Napoléon
avait failli échouer.

Puis, le général se souvenait de la haine de son
père contre le coup d'État de 1851. En faire un à
son tour lui répugnait.

Il me disait un jour : « Nous faisons un coup
d'État ; nous réussissons. Par notre manière d'agir
ensuite, par le désintéressement que nous sommes
bien résolus à montrer, nous pourrons nous faire
pardonner ; mais si nous échouons, quelle terrible
responsabilité nous encourons ! A qui ferons-nous
croire que nous n'étions pas mûs par des vues d'ambition personnelle et que nous n'agissions que dans
le seul bien du pays ? Personne ne nous croira et
nous serons à tout jamais perdus dans l'opinion de
nos concitoyens. »

Sur ce point, je n'étais pas d'accord avec lui et je
pensais, avec Danton, que l'intérêt de la patrie doit
passer avant le souci de notre réputation.

Eventualité d'une guerre

Enfin, une autre fois, il me fit une objection beaucoup plus sérieuse et contre laquelle, je l'avoue, je
ne trouvai rien à dire.

C'était au moment de l'affaire Schnœbelé. La paix
alors paraissait assez précaire : « Supposez, me disait-il, que nous tentions, comme vous le voulez,
un coup de force... Je laisse de côté l'échec, vous

vous doutez, en ce cas, de ce qui adviendrait. Nous réussissons ; nous renversons le gouvernement. Cela ne se fera pas sans créer dans le pays une certaine agitation. Peut être même aurions-nous une guerre civile. Le président de la République, le Sénat, la Chambre usent de leurs influences. Ils ont dans l'armée beaucoup de parents, d'amis. Ce sont sans cesse des soulèvements à réprimer, une foule de précautions à prendre.

» Sur ces entrefaites, l'Allemagne nous attaque. Tout se trouve désorganisé ; nous ne pouvons mobiliser, nous ne pouvons nous défendre. Nous sommes battus ; notre pays est envahi, rançonné, ruiné. Qui peut prévoir les conséquences d'un tel désastre ? Et c'est nous, voyez-vous, nous seuls qui serions responsables. Je n'assumerai jamais, entendez-vous, une semblable responsabilité ! »

— A ce moment continua M. Naquet, chaque jour, des nouvelles graves nous arrivaient : l'Europe semblait prête à s'allumer au contact de la moindre étincelle. Cette dernière objection me frappa tellement que je n'insistai plus. Depuis cette époque, je n'ai plus jamais reparlé au général Boulanger, de coup d'État.

L'attitude actuelle du général

— Voyez-vous encore, de temps à autre, le général ?

— Je ne l'ai pas vu depuis les élections municipales. Nous sommes battus maintenant ; le pays a prononcé et a affirmé sa volonté de faire un nouvel essai du parlementarisme. Nous n'avons qu'à nous incliner, et, comme je ne suis pas un doctrinaire, je souhaite de toutes mes forces, mais sans l'espérer, que cet essai donne au pays de bons résultats.

— Comment le général accepte-t-il son échec ?

— La dernière fois que je l'ai vu, il paraissait très calme et semblait avoir espoir encore de prendre part aux affaires et d'arriver, mais selon moi, il se trompe, et je crois que, désormais, le rôle politique du général Boulanger est fini.

Tel a été l'entretien que nous avons eu avec M. Naquet. Les lecteurs de l'*Éclair* se souviendront, en ce qui concerne sa conclusion, que l'attitude du général est jugée par M. Naquet exactement telle qu'elle nous apparut quand nous pûmes récemment nous entretenir avec l'hôte de Sainte-Brelade. Toute la différence, c'est que le général ne croyait pas son rôle terminé et que M. Naquet pense le contraire.

L'Éclair du 14 9bre 1890 (3ᵉ année - nᵒ 643

Chez M. Naquet

Après nous avoir dit que l'ordre du jour voté en partie contre lui dans la réunion du septième arrondissement ne le touchait que fort peu, et nous avoir assuré de nouveau de son intention de se démettre de son mandat de député à la rentrée des Chambres,

M. Naquet nous a exposé quelques idées sur les Conséquences du boulangisme, en général

— Comme j'ai eu l'occasion de le dire, j'ai finalement approuvé le projet de M. Mermeix, mais non sans lui avoir fait quelques sérieuses objections. Une fois que je l'ai vu absolument décidé, je lui ai fourni des renseignements en ce qui concernait mon rôle personnel.

Du moment que quelqu'un voulait écrire l'histoire de ces dernières années et défendre le Comité National qui — ceci est l'absolue vérité — n'a jamais avoué les engagements du général avec les partisans de la monarchie si ces engagements existent réellement, j'aimais mieux lui donner le moyen d'écrire une histoire entièrement exacte.

Je n'ai donc pas été collaborateur de M. Mermeix, pas plus que les officiers généraux qui ont renseigné M. Thiers sur les guerres de l'Empire n'ont été les collaborateurs du grand historien.

— Maintenant, à mon avis, on a eu grand tort d'attaquer avec tant d'acrimonie l'auteur de la publication

Comprenez-moi bien, je vous prie.

Je dis, on a eu tort — non pas de blâmer l'œuvre comme inopportune, c'est mon avis, — mais de la flétrir à la légère.

Le général Boulanger renié

A moi aussi l'on m'a demandé de la flétrir ; j'ai refusé. Voici pourquoi.

J'ai examiné les résultats obtenus par cette publication. Or, elle m'a montré le général Boulanger sous un jour que je ne connaissais pas.

Au Comité national, nous pensions bien parfois qu'il se tramait quelque chose dans l'ombre, alors nous demandions des explications. On nous répondait, on nous donnait des paroles d'honneur, des garanties.

Mais cette publication m'a appris, comme à d'autres, des choses que je ne connaissais pas — par exemple, la chose la plus grave, les engagements du général Boulanger vis-à-vis les royalistes, vis-à-vis la monarchie.

M. Mermeix approuvé !

De prime abord, on flétrit Mermeix qui annonce cette chose épouvantable. On discute son intention, on lui dit : « Vous êtes un vénal ; vous avez agi dans le but de gagner de l'argent mais non en homme politique ».

Certes, si son intention a été de gagner de l'argent à l'aide de cette publication, il a eu grandement tort ; seulement, il faut le prouver.

Mais voici qui est plus grave. On flétrit l'ouvrage en lui-même tout de suite, sur de simples dénégations.

Ne valait-il pas mieux attendre afin de savoir si ce qui y était dit était vrai ou faux ?

N'aurait-on pas mieux agi — politiquement parlant — en nommant, par exemple, une commission de trois ou quatre membres chargée de faire une enquête auprès des personnes mises en cause. La duchesse d'Uzès, par exemple, d'autres personna-

nous auraient pu donner des preuves pour ou contre.

Cette enquête terminée. on aurait flétri comme il
convenait l'œuvre mensongère si... mensonge il y
avait.

La marche parallèle

Nous demandons ensuite à M. Naquet son opinion
sur les « papiers secrets » du *Paris*.

Ces papiers, ces lettres ne prouvent rien qu'on ne
sache déjà. Pour ma part, je n'ai jamais caché ce
que nous avons appelé : « La marche parallèle. »

Oui, j'ai vu M. de Mackau, M. Auffray, oui; nous
avons été d'accord sur certains points.

Tout ce que je viens de vous dire, je l'ai bien souvent
avancé en réunion publique aux temps les plus
heureux du boulangisme.

J'ai toujours dit aux électeurs : « Nous avons
deux étapes à franchir. La première se termine à la
nomination d'une Constituante ; la seconde à l'acceptation d'une Constitution nouvelle ». J'ai eu à
ce sujet de longues discussions avec M. de Mackau.

L'Éclair du 16 9bre 1890 (3e année — n° 651)

BOITE AUX LETTRES

Nous recevons de M. Alfred Naquet la lettre suivante :

Paris le 13 septembre 1890.
Monsieur le Directeur de « l'Éclair ».

Je lis dans votre numéro de ce matin, portant la date
du 11, le compte-rendu d'un entretien que j'aurais eu
avec un de vos rédacteurs et qui est très imparfaitement
rendu.

J'ai, en effet, sans savoir que je parlais à un journaliste, causé à bâtons rompus avec votre rédacteur, que
j'ai rencontré dans la rue de Londres, que je ne connaissait pas, qui n'a pris aucune note, et auquel, désirant
demeurer étranger aux débats du moment, j'ai recom-
mandé de me mettre en cause le moins possible, lorsque
j'ai su à qui je parlais.

En résumé, je me suis borné à lui dire que je n'avais
pas à me préoccuper du vote des comités du 7e arrondissement dont je ne suis pas justiciable.

En ce qui concerne les « Coulisses du Boulangisme »,
je lui ai simplement répété ce que j'avais écrit dans la
« Presse » au lendemain de la publication de la lettre de
M. de Susini.

Votre collaborateur me fait approuver l'œuvre de M.
Mermeix et met cette approbation en relief par un sous-
titre.

Il me prête ainsi une pensée que je n'ai pas exprimée
et qui n'est pas la mienne.

J'ai regretté la publication des « Coulisses du Boulangisme ». n'estimant pas que les événements dont le député
du 7e a entrepris de raconter l'histoire soient assez éloignés pour permettre d'en retracer les principaux traits
dans des documents publiés.

Mais je n'ai ni à approuver ni à improuver M. Mermeix. et surtout je n'ai pas le droit, lorsque ce dernier

affirme, ainsi qu'il l'a fait dans le « Figaro », n'avoir agi que pour défendre le Comité national contre des responsabilités qu'on cherchait à imputer à ce dernier et qui ne lui incombaient pas, je n'ai pas le droit, dis-je, d'attribuer, sans aucune preuve, à l'auteur, des mobiles inavouables.

J'estime que le rôle des membres de l'ancien Comité boulangiste aurait dû consister, acceptant la proposition de M. Mermeix, à élire une commission qui se serait éclairée sur l'exactitude des faits énoncés et qui aurait pu ensuite équitablement condamner ou absoudre.

Mais condamner sans preuve, sur de simples allégations, n'a jamais été mon fait ; et j'y suis d'autant moins porté qu'un courant irréfléchi de l'opinion tendrait à m'y pousser.

Je crois plus courageux et plus digne, dussé-je en souffrir, de laisser passer ce courant et de demeurer étranger aux approbations comme aux flétrissures.

Voilà ce que j'ai dit : rien de moins, rien de plus ; et je vous serais reconnaissant, Monsieur le Directeur, de vouloir bien insérer cette communication dans votre prochain numéro.

Veuillez agréer, Monsieur le Directeur, l'assurance de ma parfaite considération,

A. NAQUET.

18 9bre 1890

oublié à son rang — Voir à la page 150

mon interview de l'Éclair par lequel j'annonce que je ne donne pas ma démission —

Le XIXᵉ siècle du 28 7ᵇʳᵉ 1890 (nᵒ 6,831)

Monsieur

Nos amis et vous n'avez pas voté pour moi, puisque vous êtes et n'avez tenu d'être antiboulangistes. Je ne vous dois donc en aucune mesure mon mandat, conquis sur votre candidat malgré vous, et je ne vous dois dès lors aucun compte.

Je ne me rendrai donc pas à votre réunion où je n'ai que faire et où vous pourrez voter à votre aise toutes les résolutions qui vous plairont et qui ne sauraient m'atteindre.

Veuillez agréer, &c

Naquet

La Presse du 1ᵉʳ 8ᵇʳᵉ 1890 (nᵉˡˡᵉ série nᵒ 848)

MORSURES INOFFENSIVES

L'époque où nous vivons est féconde en choses curieuses, mais j'en connais peu d'aussi désopilante que cette soi-disant Ligue socialiste antiboulangiste qui s'est donné pour mission d'aller exécuter d'arrondissement en arrondissement les députés du Parti national.

Avant-hier c'était Granger et Ernest Roche, hier c'était moi. Demain ce sera Paulin Méry, Le Senne ou tout autre.

Ce qu'il y a d'amusant dans ces exécutions d'opéra-comique, c'est que les députés auxquels il s'agit de demander leur démission sont convoqués par une série de fumistes qui n'ont jamais voté pour eux et qui, pour la plupart, ne sont pas inscrits sur les listes électorales de leurs circonscriptions.

Ainsi dans mon cas, le président qui m'avait convoqué était du quatrième arrondissement et non du cinquième, et mes amis m'affirment que, parmi les signataires de l'affiche qui annonçait la réunion, il n'y avait pas un seul nom connu de mon arrondissement.

Tous électeurs voyageurs. Quelque chose comme ces figurants qui, sur la scène, passent et repassent un nombre incalculable de fois pour donner l'illusion d'un cortège formidable.

Aujourd'hui ils figurent au dix-neuvième arrondissement, demain au dix-huitième, puis au dix-septième, puis au cinquième. Au demeurant ce sont toujours les mêmes. On ne sait pas au juste d'où ils sortent; mais, comme apparemment ils viennent un peu de partout, ils ne sont en majorité nulle part, et c'est toujours par des étrangers que sont jugés les représentants que ces singuliers juges se défèrent, eux-mêmes.

Déjà il serait assez roide que des adversaires politiques s'arrogeassent le droit de demander des comptes au député qu'ils ont combattu comme candidat; et le cas de M. Lavy, concurrent malheureux de M. Saint-Martin, s'arrogeant le droit de juger son vainqueur me paraît à tout le moins bizarre.

Au premier abord, j'avais cru qu'il s'agissait de quelque chose d'analogue au cinquième, et j'avais répondu que les électeurs de M. Bourneville ne m'ayant jamais accordé leur confiance étaient mal placés pour me demander des comptes que je ne leur dois pas.

Mais il ne s'agissait même pas de cela. Ce n'étaient point les partisans du candidat battu qui cherchaient à prendre une revanche sur le vainqueur, c'étaient des exécuteurs ambulants qui se donnaient l'agrément de cette petite représentation bouffonne.

Et, en effet, l'un des représentants les plus autorisés du comité Bourneville, l'un de ceux qui ont lutté avec le plus d'acharnement contre moi, tant aux élections du 22 septembre qu'à celles qui ont suivi mon invalidation, a défendu le comité Bourneville de toute solidarité avec la réunion de la salle Octobre du

28 septembre, et a déclaré que ni ses amis ni lui n'y avaient participé en quoi que ce fût.

Ainsi voilà qui est clair, M. Chancel et ceux qui ont fait campagne avec lui sont des hommes politiques. Comme tels ils m'ont combattu et me combattraient encore probablement avec le même succès — si une nouvelle lutte électorale s'engageait. Mais ils sont trop au courant des droits et des devoirs réciproques de l'électeur et de l'élu pour que l'idée se soit jamais présentée à leur esprit de citer à leur barre le député qui, malgré leurs efforts, a été nommé contre leur programme et qui, en aucun cas, ne saurait rien avoir à démêler avec eux.

Ceux qui sont venus ont eu moins de scrupules; et cependant, en bonne règle, ils auraient dû en avoir davantage, puisque, si j'avais persisté dans mon sentiment premier et si je m'étais démis de mon mandat, ils n'auraient même pas eu voix délibérative dans le choix de mon successeur. J'ajoute que le cinquième arrondissement, dont les électeurs sont assez grands garçons pour faire leurs affaires eux-mêmes, ne les aurait certainement pas appelés avec voix consultative.

Il est juste toutefois de reconnaître que ces petites scènes politico-comiques ont peut-être un côté avantageux pour ceux qui les organisent.

On a bien soin d'exiger de chaque auditeur trente centimes pour les frais de la salle, et pour peu que, par désœuvrement, ou par ignorance de ce que sont les promoteurs de la fête, la foule réponde à l'invitation qui lui est adressée, la recette dépasse les dépenses et il y a un excédent budgétaire, dont ceux qui l'encaissent pourraient seuls nous faire connaître l'emploi.

Quoi qu'il en soit, nous nous reprocherions amèrement de troubler ces *bons citoyens*, ces *socialistes sincères* dans leur petite industrie. Qu'ils louent des salles! Qu'ils réclament des cotisations et qu'ils appellent à leur barre des représentants du peuple trop soucieux de leurs devoirs pour daigner se rendre à leur appel! Leurs harangues sont trop inoffensives pour que nous fassions jamais aucun effort en vue de leur retirer ce passe-temps fructueux.

Au surplus, seraient-ils privés par le bon sens public des avantages qui doivent résulter pour eux de la cotisation de trente centimes combinée avec le nombre des membres de la réunion, ils trouveraient encore aux déclamations auxquelles ils se livrent un plaisir que nous ne leur disputons pas et ne leur disputerons en aucun cas.

Pour les incapables et les ratés, qui n'ont jamais rendu aucun service au pays, qui sont incapables de lui en rendre et qui ont échoué dans toutes leurs entreprises, il est certainement très doux de baver sur les hommes qui ont consacré leur vie à la République, à la France, et qui ont été assez heureux pour laisser une trace soit par les souffrances qu'ils ont endurées, soit par les réformes auxquelles ils ont attaché leur nom.

Qu'ils répandent donc sur eux leur salive, tout à leur aise. Les crochets venimeux de ces crotales humains sont depuis longtemps arrachés, et leurs morsures sont sans péril pour ceux qui les subissent.

ALFRED NAQUET.

Le Jour du 4 octobre 1890 —

Nous recevons la lettre suivante :

Paris, le 2 octobre 1890.

Monsieur,

Je lis dans votre numéro de ce jour une information relative au départ du général Boulanger, dans laquelle vous me faites jouer un rôle personnel.

Votre religion a été surprise. Cette information, en ce qui me concerne, est absolument inexacte dans tous ses points.

Je fais appel à votre loyauté pour insérer cette rectification dans votre prochain numéro.

Veuillez agréer, monsieur, l'assurance de ma considération distinguée.

A. NAQUET

Cette lettre est écrite en réponse à une information où l'on prétendait que j'aurais occasionné le départ du Général en l'avisant de la prochaine arrestation. Et j'aurais eu innocence, pas ici, ou dans... — c'est absolument faux ainsi que je l'affirme dans le... Ce jour.

L'Éclair du 8 octobre 1890 (n° 673)

LE BOULANGISME

L'OPINION DE M. ALFRED NAQUET
SUR LES « COULISSES »

L'HISTOIRE DU BOULANGISME

M. Naquet n'est pas l'inspirateur des Coulisses. — Le Comité national et la droite. A l'assaut de la République. — Recrues républicaines. — L'argent

A plusieurs reprises, nous avions questionné M. Naquet à propos des « Coulisses du Boulangisme » et nous lui avions demandé quelle était son opinion actuelle sur le boulangisme lui-même. Chaque fois le député du cinquième arrondissement s'était borné à nous répondre sur quelques points spéciaux ; mais il s'était refusé jusqu'ici à une interview d'ensemble.

Cependant, un journal du soir ayant accusé péremptoirement M. Naquet d'avoir été le principal inspirateur des « Coulisses » et d'en avoir même corrigé les épreuves, nous avons tenté une nouvelle démarche auprès de lui afin de savoir s'il ne lui conviendrait pas aujourd'hui de s'expliquer à ce sujet.

A notre question, M. Naquet a répondu :

R. — A propos des « Coulisses », je n'ai rien à dire que je n'aie déjà dit, si ce n'est que l'accusation dont vous me parlez est un odieux mensonge. Non seulement je n'ai pas inspiré, mais j'ai désapprouvé cette publication, parce que je juge les événements dont elle retrace l'histoire trop récents pour que la période historique soit ouverte à leur égard. Je l'ai dit franchement à M. Mermeix lorsque, pour la première fois, il m'a manifesté l'intention d'écrire un livre destiné à défendre le Comité républicain national contre les attaques malveillantes et calomnieuses d'un journal qu'inspire le général Boulanger. Lorsque j'ai reconnu que sa résolution était inébranlable, j'ai consenti à lui fournir quelques renseignements strictement limités aux faits auxquels j'ai été personnellement mêlé. Dès l'instant où le livre devait paraître je désirais au moins que mes faits et gestes ne fussent pas dénaturés, ainsi que cela aurait pu arriver si je m'étais tu, quel qu'eût été le désir d'impartialité de l'écrivain. Je ne suis pas allé au-delà et je défie qui que ce soit d'établir que j'ai joué dans cette publication un rôle différent de celui que je viens de vous indiquer.

D. — Alors vous réprouvez le livre.

R. — Je n'ai pas dit cela. J'ai simplement dit que j'en avais jugé l'apparition inopportune, mais le réprouver serait porter un jugement sur les mobiles

qui est inspiré son auteur. Je n'en ai pas le droit.
M. Mermeix affirme qu'il n'a eu qu'un but : défendre ses amis et lui contre certaines responsabilités qu'on leur imputait. Je n'ai aucune raison de douter de sa parole, alors surtout que les faits graves qu'il signale n'ont pas été démentis.

Les alliances avec la droite

D. — Vous persistez donc à prétendre que vous ne connaissez pas les faits dont il est question et que, notamment, vous ignoriez les alliances avec la droite et les origines de l'argent ?

R. — Je sais que le « vrai peut quelquefois n'être pas vraisemblable » et réciproquement, et je m'inquiète assez peu, du reste, ayant la conscience tranquille, de ce que les uns et les autres peuvent penser. mais je n'éprouve aucune objection à vous faire connaître la vérité tout entière sur ce que j'ai su, sur ce que j'ai accepté, sur ce que j'ai conçu. On en croira ce qu'on voudra.

Dans la première période de mes rapports avec le général Boulanger, c'est-à-dire dans cet intervalle qui va de l'élévation du général au ministère à son départ pour Clermont, j'ai considéré le général Boulanger comme le chef possible du parti radical et j'ai espéré arriver par lui au triomphe de ce parti. Il n'était nullement question alors d'alliance avec la droite.

Le discours du café Riche

D. — Mais, lors de votre entrée dans le boulangisme proprement dit, il y avait déjà des signes non équivoques qui démontraient les alliances.

R. — Lorsque je suis allé au Café Riche, en effet, l'ancien parti impérialiste avait commencé à faire campagne pour le général, mais ce parti, qui n'avait plus aucun espoir de restauration impériale. dont un certain nombre de membres ont même perdu le désir d'un tel retour au passé, venait franchement à la République. Ennemis du parlementarisme bien plus que de la forme républicaine, les impérialistes acceptaient avec joie une constitution plébiscitée, basée sur la séparation des pouvoirs.

L'alliance avec ces anciens partisans de l'empire me paraissait de tous points désirable. D'abord elle renforçait les troupes révisionnistes ; ensuite, et surtout, elle accroissait l'importance numérique de l'armée républicaine et brisait l'union conservatrice.

C'est dans ce sens que j'écrivis mon discours du Café Riche et celui du général, je puis le dire aujourd'hui, puisque ce dernier, dans le but de rejeter sur moi la responsabilité — responsabilité dont je m'honore — du programme de Tours, a fait avouer par la *Voix du Peuple* qu'il n'écrivait pas ses discours lui-même.

Je croyais alors que les partis allaient se déclasser, que les orléanistes, dont les tendances sont parlementaires, livreraient bataille côte à côte avec les opportunistes pour la conservation du parlementarisme, et qu'ainsi nous aurions la lutte entre deux armées l'une révisionniste, l'autre antirévisionniste, appelées toutes deux à évoluer sur le terrain de la République.

J'y voyais deux grands avantages : la République mise hors de cause et les partis plus logiquement classés.

D — Mais vous avez dû vous apercevoir assez vite que vous vous étiez trompé et que les royalistes cherchaient à livrer l'assaut à la République en se servant de vous.

R. — J'ai commencé à en avoir l'aperception lors de la triple élection. Je pensais alors que le général, vaincu dans l'Ardèche, obligé de prendre une éclatante revanche ou de disparaître, avait dû prendre des engagements électoraux dans les trois départements où il avait posé sa candidature. Mais l'idée ne se présentait même pas à mon esprit qu'il en eût pris de plus étendus.

Cela est si vrai que je lui écrivis d'Ems où j'étais alors, une longue lettre dans laquelle je le mettais en garde contre de nouvelles tentatives électorales qui, en augmentant le nombre des points sur lesquels il aurait à prendre des engagements, le lieraient pour l'avenir.

Le général me répondit en deux lignes que je me méprenais sur l'importance des engagements contractés par lui, qu'il partait et que nous parlerions de cela quand nous serions rentrés l'un et l'autre à Paris.

Ces affirmations, je l'avoue, ne me convainquirent qu'à demi, et mes doutes devinrent plus manifestes lors de l'élection Auffray dans les Ardennes. A ce moment, je faillis me séparer du Comité, et je fis passer dans la *Presse* un article violent contre l'orléanisme, article qui fut accepté, d'après le conseil du général, sur la menace de ma démission. Cet article était intitulé : *L'Ennemi.*

L'action parallèle

D. — Ultérieurement vos coups ne sont devenus des certitudes. Comment êtes-vous passé ?

R. — J'espérais que l'élection du 27 janvier serait un fort coup de barre à gauche. Puis vinrent les poursuites contre la Ligue des patriotes, l'exil, la Haute Cour. En ce sens je conçus le désir, se réparer dans ces conditions eut été une désertion. J'ajoute que je n'en avais pas le désir.

Je voyais bien l'action parallèle des monarchistes ; et je crois même avoir été le premier à me servir de ce mot dans le discours de Tours. Mais pourvu que ce ne fût qu'une action parallèle, une coalition momentanée, elle m'apparaissait sans danger.

J'ai eu, par la suite, bien souvent à négocier avec M. Auffray et M. de Mackau en vue des élections. La situation était nette, je leur disais à eux ce que j'écrivais dans mes articles, ce que je répétais dans les réunions publiques :

« Il y a deux étapes à franchir pour nous. La première consiste à battre les républicains qui se refusent à convoquer une Constituante, la seconde consistera à constituer.

« Sur le premier point, nous pouvons marcher ensemble. Sur le second, c'est autre chose. Une fois la convocation d'une Constituante conquise sur les républicains opportunistes ou radicaux, quand il s'agira d'élire la Constituante, nous changerons notre fusil d'épaule, et nous ferons voter partout pour des républicains quels qu'il soient, contre les adversaires de la République d'où qu'ils viennent. »

Ces messieurs n'élevaient aucune objection et se déclaraient prêts à se rallier à la République si elle avait la consécration de la souveraineté nationale.

Dans tous les cas, rien n'était plus net, plus avouable qu'une action parallèle ainsi définie, et non seulement le général Boulanger m'autorisait à la définir ainsi, mais il m'y incitait. J'ai des centaines de lettres de lui comme il a des centaines de lettres de moi. Toutes, sans exception, de part et d'autre, sont conçues dans l'esprit le plus républicain.

Adhésions de la République

D. — Vous en étiez donc venu à croire que les royalistes accepteraient la République volontiers.

R. — Je ne vais pas jusque-là, mais je suis convaincu qu'ils s'y seraient ralliés si elle était sortie victorieuse — comme la chose était certaine pour moi — de l'épreuve de la Constituante. Il ne m'est même pas démontré que, pour quelques-uns, la République ne fut acceptée d'avance, les réserves qu'ils faisaient n'ayant qu'un but, but très honorable, celui de ne pas rompre sans de graves motifs avec tout leur passé.

Dans tous les cas, si la question peut faire doute en ce qui concerne les états-majors royalistes, elle ne fait aucun doute à mes yeux en ce qui concerne les troupes conservatrices, et surtout en ce qui concerne les états-majors catholiques.

D. — Vous avez cru à la sincérité du clergé ?

R. — J'y crois encore. Le clergé s'est depuis longtemps aperçu que les princes se servent de lui plus qu'ils ne le servent... Lorsque les prêtres ont entrevu une république libérale, à laquelle ils ne demandaient pas l'intolérance en leur faveur, mais la tolérance pour tous, ils se sont précipités dans le mouvement avec joie et avec patriotisme.

Ah! je vous l'avoue, ce que j'ai vu à cet égard après l'admirable banquet de Tours, après l'adhésion si franche, si loyale, si sincère, de M. Delahaye était si grand et si beau que j'en avais été ébloui....

...A ce moment-là, j'ai réellement cru que la forme républicaine allait être mise hors du débat, que nous allions jouir enfin de ce bien suprême : une forme de gouvernement universellement consentie. J'ai entrevu vraiment la réconciliation de tous les Français dans la République. Cette éclatante vision m'avait enthousiasmé, et m'enthousiasme encore rétrospectivement après tous nos revers.

La candidature Aufray

D. — Puisque vous parlez des catholiques, me permettriez-vous de vous demander ce qu'il y a d'exact dans le fait que vous auriez inspiré M. Auschitzky et dans la collaboration que ce dernier vous prête au *Rosier de Marie* ?

R. — J'ai si peu inspiré M. Auschtizky que, depuis que ce monsieur s'est parmis ces racontars ridicules, je ne le reçois plus et ne le salue plus. M. Auschtizky, qui a fait fonctions chez moi de secrétaire par intérim pendant deux mois, et à qui, par bienveillance, j'avais accordé le droit de se dire mon secrétaire, abuse étrangement de la confiance que j'avais mise en lui pour publier un tas de faits inexacts, dont quelques-uns sont bâtis sur des données exactes. (C'est d'ailleurs une singulière manière, de la part de ce monsieur, de me remercier du service que je lui ai rendu en lui procurant une place rémunératrice dont il avait grand besoin.)

Il en est ainsi de son affirmation que j'aurais collaboré au journal du commandeur Lantier, *Le Rosier de Marie*.

Voici les faits dans leur exactitude :

Je connaissais depuis longtemps le commandant Lantier, qui est Marseillais et qui, à ce titre, est presque mon compatriote.

Dans les jours qui précédèrent l'élection du 27 janvier 1889, M. Lantier vint me voir. A ce moment-là les catholiques étaient encore hésitants, et M. Lantier venait me demander quelle serait l'attitude du Parti National eu égard à la religion. Je lui donnai des réponses qui le satisfirent et il me promit de faire un effort pour amener ses amis à accorder leurs suffrages au général Boulanger.

Il me pria alors de lui soumettre quelques idées sur la forme à donner à sa campagne. Je les lui soumis en lui indiquant comment je comprenais que cette campagne fût conduite. Il tint compte de mes avis. Ma prétendue collaboration n'a pas été au-delà.

D. — Mais que promettiez-vous donc aux catholiques?

R. — La tolérance, une liberté égale pour tous. Rien de plus. Ultérieurement, lorsque M. Delahaye vint conférer avec moi à propos du banquet de Tours, je précisai davantage. Je déclarai que j'irais volontiers jusqu'à demander que les décrets relatifs à l'expulsion des religieux fussent rapportés, et que la question de la séparation des Églises et de l'État dont, pour ma part, j'ai toujours été et je demeure le partisan convaincu, fût soumise au *referendum*. C'est sur ces bases que l'accord intervint.

D. — Fut-il question entre M. Delahaye et vous de la loi scolaire?

R. — Oui ! Mais sur ce point je refusai de m'engager à quoi que ce fût. J'ai toujours été pour la neutralité de l'école. Je pense, il est vrai, que cette neutralité doit être réelle, absolue, et qu'elle ne doit pas couvrir une guerre à la religion. Mais pour rien au monde je ne serais allé plus loin; c'eût été contraire à mon sentiment. M. Delahaye, d'ailleurs, se contenta de ce que je lui promettais, et j'ai rarement rencontré un homme plus ferme, plus droit et plus sincère que lui. Sur le terrain de liberté que je

lui offrais, aût s'a crié avec plus de bonne foi :
« Vive la République! »

L'argent

D. — Mais enfin, vous avez accepté sciemment de l'argent des état-majors royalistes. Comment accordez-vous cela avec l'indépendance républicaine que vous dites avoir conservée vis-à-vis d'eux.

R. — C'est bien simple.

Jusqu'à l'exil, je n'ai absolument rien su des origines de l'argent.

A Londres, M. le comte Dillon m'affirma que les ressources avaient été exclusivement fournies par lui et par quelques amis non politiques dont il ne pouvait me dire les noms parce qu'il leur avait promis le secret ; mais il ajouta qu'aucun engagement, même financier, n'avait été pris vis-à-vis d'eux. Puis il me dit :

« Maintenant, je ne vous cache pas que, à la veille des élections générales, je me propose de demander quelques subsides aux conservateurs. Puisque, en vue de la Constituante, et jusqu'au jour où cette assemblée sera convoquée, nous marchons parallèlement avec eux, je trouve naturel que chacun donne ce qu'il a pour concourir à la victoire commune. Ces messieurs ont des ressources supérieures aux nôtres. Dans les départements où une alliance électorale sera conclue, là, où nous aurons des candidats et où ils en auront aussi, il est naturel que ceux qui ont de l'argent en fournissent à ceux qui n'en ont pas assez. »

La chose ainsi comprise ne modifiait en rien les bases de l'action commune telle que le général l'avait conçue, telle que je l'avais acceptée. Je m'y prêtai. Les conservateurs promirent de nous venir en aide jusqu'à concurrence de 1.300.000 francs. Je n'en ai jamais fait un mystère, et les plus avancés, les plus républicains de nos comités ont su ce qu'il en était et ne s'en sont pas formalisés.

Les trois millions de la duchesse d'Uzès

D. — Vous ignoriez donc les 3 millions donnés par Mme la duchesse d'Uzès.

R — Je n'en ai eu connaissance que bien après les élections du 22 septembre. Je me hâte de dire que en aurais-je été informé, cela n'aurait en rien modifié mon attitude pourvu que les choses demeurassent sur la base de l'accord intervenu.

D. — Qu'avez-vous donc appris depuis lors qui ait pu modifier vos sentiments?

R. — J'ai appris les faits, absolument inconnus de moi jusqu'alors, qui m'ont été révélés depuis par les « Coulisses du Boulangisme » : « le Comité de droite opérant dans l'ombre à côté du Comité de gauche, les visites du comte Dillon et du général lui même au comte de Paris, les faits qui se sont passés pendant la nuit historique, la promesse faite aux conservateurs, de mettre, en consultant le pays, la force gouvernementale au service d'une restauration monarchique, en un mot tout ce qui était la négation absolue de l'entente ostensiblement avouée,

tout ce qui était la violation des engagements pris
vis-à-vis des républicains du Comité.

D. — Vous croyez donc que le général voulait
rétablir la monarchie.

R — Je ne le crois pas. Je crois plutôt que le
général exprimait sa pensée vraie lorsqu'il disait à
M. Le Hérissé en parlant des royalistes : « Les im-
béciles ! me suis-je assez f.....ichu d'eux. »

Il n'en reste pas moins que s'il voulait rétablir la
monarchie il nous trahissait et que s'il ne la voulait
pas rétablir, il trompait les royalistes pour obtenir leur concours. Or, je n'admets la duplicité vis-à-
vis de personne.

Celui qui promet ce qu'il ne veut pas tenir ne
saurait inspirer confiance à qui que ce soit ; et peut-
être si le général avait triomphé, aurions-nous été
tous déçus. Quand j'ai eu la connaissance de tous ces
faits, j'en suis arrivé à me dire que notre triomphe,
au lieu d'être cette aurore de la réconciliation générale et de la liberté que j'en attendais, aurait pu
devenir un grand malheur. J'ai tout perdu personnellement à la défaite de notre parti ; mais j'aime
encore mieux une défaite qui m'atteint dans mes
intérêts personnels qu'une victoire qui, peut-être
aurait lancé mon pays dans des événements de nature à faire regretter ce qui existe, quelque détestable que ce qui existe soit.

La rupture

D. — Vous avez cependant rompu avec le général
après les élections d'avril 1890 — c'est-à-dire avant
les Coulisses — et d'après vous, vous ignoriez cependant encore à ce moment là les faits qui ont été
portés depuis lors à votre connaissance.

R. — Après le 22 septembre, j'ai vu la partie perdue, et j'ai pensé que, dans l'intérêt même de la
cause que nous avions défendue, il était sage de
discontinuer la lutte.

Je l'ai dit au général. Je l'ai engagé à se retirer
en Amérique en lançant un manifeste pour déclarer
que, vaincu par le suffrage universel, il se retirait
de la lice ne voulant pas devenir une occasion de
trouble pour la France, qu'il attendait du suffrage
universel seul, quand il serait mieux informé, le redressement de l'erreur commise par les électeurs.

D. — Que répondait le général ?

R. — Il parut d'abord accepter mon conseil, mais
le lendemain, sur les avis opposés, venant de quelques-uns de nos amis, il revint sur son opinion et
se détermina à fixer sa résidence à Jersey.

J'acceptai par discipline la continuation de la
lutte. Pourtant, après mon invalidation, je ne voulais pas me représenter, Je pourrais vous montrer
10 lettres du général, me représentant cette abstention comme une défection.

Je cédai, mais j'allai le voir à Jersey et je lui tins
ce langage :

« Mon général, vous voulez que je me représente.
Je me représenterai. Elu ou non élu, je ferai campagne jusqu'aux élections municipales. Mais je

vous préviens que je n'ai aucun goût pour la vie de garnison. Je m'engage pour la durée de la guerre. La dernière bataille, selon moi, aura lieu aux élections municipales. Si cette bataille est perdue, je me retire de la lutte. »

Le général ne fit aucune objection.

Après le premier tour de scrutin des élections municipales, je revins à Jersey avec MM. Déroulède, Laguerre, Laisant et Le Hérissé.

Nous déclarâmes au général, que, à moins qu'en rentrant en France, il ne nous donnât un nouvel élément d'agitation féconde, nous ne voyions plus le moyen de continuer le combat. Le général s'étant refusé à suivre cet avis, et ne nous ayant rien indiqué qui pût remplacer le moyen que nous lui proposions, nous nous retirâmes, et à mon retour je publiai mon article « la Défaite ».

D. — A partir de ce moment vous fûtes brouillé avec le chef du parti.

R. — Telle n'était pas mon intention. Et, dès mon retour, j'écrivis à l'exilé de Jersey une lettre de huit pages dont j'ai gardé le double. Je lui réitérais dans cette lettre l'expression de mes sentiments d'affection personnelle et de dévouement qui n'avaient pas à être modifiés par l'attitude politique que les circonstances m'imposaient.

« Le général ne daigna pas me répondre. A quelque temps de là, il faisait paraître la *Voix du peuple*. Ce journal rédigé sous son inspiration par M. Pierre Denis, cherchait à rejeter sur le Comité la responsabilité des actes propres du général, de l'alliance avec la droite, aussi bien dans les parties que le comité avait subies après les avoir combattues, que dans celles qu'il n'avait jamais connues et dont on se réservait de le charger également plus tard.

J'avoue que cette polémique m'a indigné, et je conçois qu'elle ait pu entraîner Mermeix à entreprendre sa publication.

Mais, je le répète, malgré cela je n'étais pas partisan de cette publication, d'autant que j'ignorais encore ce que j'ai su depuis. Il me déplaisait d'attaquer celui auquel j'avais tout sacrifié, et j'aurais voulu appliquer à la circonstance le mot de Fontenoy : « Messieurs, tirez les premiers ! »

A l'heure qu'il est, je n'ai plus à émettre des opinions rétrospectives. Ce qui est fait est fait. Mais étant de ceux qui ont toujours considéré l'orléanisme comme notre principal ennemi, de ceux qui l'auraient combattu même sous l'Empire s'il avait eu chance de renaître alors, de ceux qui considéraient la plus mauvaise des républiques comme supérieure à la meilleure des monarchies, je ne puis laisser dire que j'ai abandonné le général pour aller aux Orléanistes.

Or, c'est là ce que le général a dit et écrit dans des lettres que j'ai lues. C'est là ce qu'il répétait encore dans une interview récente, en affirmant qu'à l'exception de Rochefort, il n'y avait aucun républicain dans le Comité.

Ce sont là des affirmations contre lesquelles je m'élèverai toujours avec indignation. Libre à mes collègues de l'ancien Comité de les accepter, moi je les repousse. Que l'on m'ait trompé, passe encore ! Mais qu'après m'avoir trompé on me dénonce comme coupable de ce que je n'ai pu empêcher parce que je l'ignorais, jamais!

Le général est dans l'erreur s'il croit reconquérir sa popularité par de pareils moyens, et, pour moi, tout ce que je puis et veux dire de lui à cet égard, c'est que je le plains.

D. — Ainsi vous regrettez de vous être donné au Parti national?

R. — Celui dont le but a été grand et les intentions pures n'a rien à regretter. Je gémis sur mes espérances déçues, sur mes affections brisées dans les deux camps; mais si, dans les mêmes conditions, et sans être mieux éclairé que je ne l'étais, j'avais à recommencer, je recommencerais.

Le bilan du boulangisme

Au demeurant, nos deux ans de lutte n'ont pas été inutiles.

La plus grande partie des troupes impérialistes qui ont combattu pour la République sous la bannière du général Boulanger, sont restées, quoique l'idée révisionniste soit devenue impersonnelle.

Il en est de même pour la majorité des membres du clergé et des catholiques.

La politique d'intolérance a été frappée à mort. Les sectaires de cette politique sont au moins aussi vaincus que nous.

La République, que nous aurions faite de granit par notre victoire si notre chef avait été ce que nous pensions, a gagné du terrain grâce à nous, même par notre défaite, et la revision elle-même, momentanément oubliée, a poussé d'assez profondes racines pour qu'on puisse être certain qu'elle aboutira finalement.

Avoir occasionné de tels résultats ce n'est pas avoir été inutile à son pays.

Comme hommes, nous pouvons être disqualifiés et insultés. C'est le sort des vaincus. Mais qu'importe les hommes si les idées triomphent! Danton disait : « Périsse notre mémoire et que la République soit sauvée! » Reprenant le vers que Victor Hugo a écrit à propos de Marc Aurèle, je dis à mon tour, en l'appliquant à cette sublime apostrophe de Danton :

« Je ne suis qu'un atôme et je fais comme lui. »

D. — Ainsi vous donnez un démenti à toutes les allégations du journal auquel je faisais allusion en débutant.

R. — Je ne m'en donne même pas la peine. Il y a des accusations qui, en cherchant à être perfides, sont tellement bêtes qu'elles ne valent pas un démenti. Tant pis pour ceux qui sont les inspirateurs ou les auteurs de pareilles sottises. Je ne m'abaisse pas à les réfuter.

— 150 —

L'Éclair du 9 octobre 1890 (3e année — n° 574)

Nous recevons la lettre suivante :

« Paris, le 7 octobre 1890.

» Monsieur le directeur,

» Je viens de lire l'interview que l'« Éclair » a bien voulu publier et dans lequel mes idées sont absolument, complètement reproduites.

» Seulement il s'y est glissé une coquille d'imprimerie que, par exception, je viens vous prier de rectifier demain. A la troisième colonne, quatorzième alinéa au-dessous de la rubrique « La rupture », on lit :

« ...à quelque temps de là il faisait paraître la *Voix du peuple*. Ce journal, rédigé sous son inspiration par M. Pierre Denis, cherchait à rejeter sur le Comité la responsabilité des actes propres du général, de l'alliance avec la droite, *aussi bien dans les parties que le Comité avait subies après les avoir combattues, que dans celles qu'il n'a jamais* BEAUCOUP *connues et dont on se réservait de le charger également.*

» Par une erreur du typographe sans doute, le mot « beaucoup » qui n'existait pas sur la copie que votre rédacteur avait bien voulu me montrer après l'avoir écrite sous ma dictée, a été *ajouté.*

» Or ce mot dénature ma pensée. Je veux parler en effet de cette partie des compromissions avec la droite que le Comité n'a connue ni peu ni prou, qu'il n'a pas connue du tout, qui était l'œuvre propre et personnelle du général et du comte Dillon.

» Je compte sur votre obligeance pour faire paraître demain cette lettre dans l'*Éclair*.

» Veuillez agréer, monsieur le directeur, l'expression de mes meilleurs sentiments.

» A. NAQUET ».

oublié à la page 135

L'Éclair du 18 7bre 1890 (3e année — n° 653)

LÉ BOULANGISME

M. NAQUET NE DONNERA PAS SA DEMISSION

La révision quand même! — Le général blâmé. — Un « bon tour aux orléanistes. » — Voisin de la duchesse. — Les explications de la « Voix du Peuple. » — Chez M. Naquet.

Changement de résolu-
tion

On a vu hier à notre Correspondance des lettres de MM. Naquet et Michelin s'expliquant sur divers incidents des polémiques boulangistes.

Nous avons obtenu d'eux, dans des conversations tenues hier, de nouvelles appréciations. M. Michelin, qui a joué un certain rôle surtout au début du boulangisme, nous a exposé ses idées sur la révision et sur l'attitude du général qui l'incarnait.

Quant à M. Naquet, nous avons cru devoir lui demander si comme M. Déroulède, il était toujours décidé à se retirer du monde politique.

Chez M. Alfred Naquet

— Vous aviez, demandons-nous au député du Ve arrondissement, annoncé votre intention de démissionner. Persistez-vous dans votre résolution, et la nouvelle est-elle toujours exacte ?

— Elle était exacte hier. Elle a cessé de l'être aujourd'hui. Hier encore, malgré les supplications des membres les plus influents de mon Comité, qui me conjuraient de ne pas quitter la Chambre, j'étais déterminé à me retirer. Je voulais dire adieu pour toujours à la vie publique, estimant que c'était ce qu'il y avait de plus digne après une défaite comme celle que nous avons subie. Mais mon sentiment s'est modifié depuis et mon parti est pris maintenant de ne pas donner ma démission.

— Qu'est-ce qui a pu vous faire changer à ce point de manière de voir en si peu de temps, et comment votre dignité ne vous commande-t-elle plus à cette heure ce qu'elle vous commandait 24 heures auparavant ?

— La cause en est dans l'interview du général Boulanger qu'a publiée hier le *XIXe Siècle*. Quoique le général n'y ait prononcé mon nom qu'une fois, quoiqu'il sache bien que je n'ai jamais été mêlé à aucune intrigue, il m'attaque dans mon honneur en prétendant que je n'étais pas républicain. Il ne le dit pas explicitement, il est vrai, mais il le dit implicitement, puisqu'il déclare qu'un seul membre du Comité était républicain, Rochefort. Cela est clair : M. Rochefort seul était républicain, aucun autre de nous ne l'était. Monarchiste Laguerre, monarchiste Laisant, monarchiste Le Hérissé, monarchiste Déroulède, monarchiste Vacher, monarchiste Snaini, monarchiste Borie, monarchiste moi-même.

En présence d'accusations aussi peu justifiées, je ne puis plus me démettre. Je paraîtrais accepter la condamnation et tomber sous le coup de ces calomnies que le public prendrait peut-être dès lors pour une réalité. Je ne le veux pas et si, alors que personne ne m'attaquait, ma dignité pouvait me commander une retraite honorable, elle m'ordonne aujourd'hui de relever fièrement la tête en face des calomniateurs d'où qu'ils viennent,

Le Temps du 15 8bre 1890 (n° 10974)

Nous recevons la lettre suivante :

Paris, le 14 octobre.

Monsieur le directeur,

Je lis dans votre numéro de ce jour :

« On se souvient que, dans une conversation avec un rédacteur du *XIX° Siècle*, M. Edouard Drumont avait parlé de la collaboration de M. Naquet à la feuille religioso-mystique le *Rosier de Marie*. Aucun démenti ne s'est produit à ce sujet, au moins du côté de M. Naquet ; il n'en a pas été de même du directeur du *Rosier de Marie* auquel M. Drumont adresse aujourd'hui la réponse suivante, que nous reproduisons à titre de curiosité. »

Il paraît que celui de vos rédacteurs auquel est dû cet entrefilet n'a pas eu connaissance de l'interview de moi qui a paru dans l'*Eclair* du 8 octobre 1890. Il y aurait lu le démenti le plus net et le plus formel de ma prétendue collaboration au *Rosier de Marie*.

J'ajoute, monsieur le directeur, que le hasard seul de l'interview que l'on m'a demandée a été cause du démenti que j'ai donné à ces affirmations grotesques.

Un homme politique, en effet, ne saurait être obligé de prendre la plume chaque jour pour répondre aux imaginations fertiles de ses adversaires.

C'est ainsi qu'hier le *XIX° Siècle* renfermait le compte rendu d'un discours dans lequel M. Hubbard me représentait comme ayant été négocier à Londres un emprunt de plusieurs millions en faveur de M. de Biré, au profit du boulangisme.

Or, je n'ai jamais négocié aucun emprunt et je n'ai jamais connu M. de Biré.

Et cependant je n'ai fait aucune rectification ; et je n'en aurais fait aucune si votre entrefilet d'aujourd'hui ne m'inspirait le désir de montrer à quel îlot de réfutations il faudrait se contraindre si l'on devait s'occuper des accusations sans fondement qui pleuvent sur les hommes en vue.

A. NAQUET.

Quand nous disions que M. Naquet n'avait pas démenti, nous entendions qu'il ne l'avait pas fait directement par lettre signée, les interviews étant toujours contestables et généralement contestées. Il le fait aujourd'hui : nous lui en donnons acte bien volontiers.

La presse du 24 8bre 1890 (x² série — n° 871)

UNE LIQUIDATION

La Chambre, dans sa première séance, a, en quelques heures, liquidé, on peut le dire, les différentes questions qui avaient défrayé l'opinion pendant toutes les vacances.

A l'exception de l'interpellation de M. Desprês, qui a été renvoyée après le budget, plus rien ne reste à l'ordre du jour, de ce dont on s'était occupé avec passion au cours des derniers mois.

A la suite de la publication des « Coulisses », quelques-uns de nos amis avaient conçu l'idée bizarre de demander des poursuites eux-mêmes contre leur propre parti. C'est une conception que nous n'avons jamais comprise. Nous l'avons trouvée quelque peu puérile ; et il nous apparaissait qu'elle joignait à ce défaut capital cet autre inconvénient grave d'accepter la juridiction de la haute cour. Aussi ne nous serions-nous certainement pas associé à l'interpellation de M. Goussot.

Nous sommes cependant heureux de pouvoir ajouter que, si la conception était mauvaise, le talent avec lequel le jeune député de Pantin l'a développé a été considérable. Au point de vue oratoire, M. Goussot a obtenu, même parmi ses adversaires, un succès bien mérité et qui lui en promet de plus éclatants pour le jour où il mettra ses belles qualités au service d'une idée moins perdue d'avance.

Quant à la proposition en elle-même, elle a eu le sort qu'elle méritait. Sans doute, des poursuites ne pourraient que nous être utiles. Mais c'est pour cela que le gouvernement ne pouvait pas les ordonner. On ne demande pas sérieusement aux gens de se détruire de leurs propres mains.

La seconde question qui est venue en discussion est celle qui a été portée à la tribune par M. Hubbard. L'honorable député de Seine-et-Oise proposait, on le sait, de faire élire le Sénat par le Suffrage universel.

La proposition pouvait être envisagée à bien des points de vue différents et c'est ce qui explique que nos amis se soient divisés.

Pour les uns, il y avait une affirmation de la souveraineté nationale, un hommage rendu au Suffrage universel dans un vote favorable à la proposition Hubbard ; et ceux-là ont mis un bulletin blanc dans l'urne.

D'autres ont craint, en votant la proposition, de reconnaître le Sénat ; et, ne voulant ni faire acte d'adhésion à l'institution des deux Chambres, ni voter contre le Suffrage universel, ils ont cru devoir se réfugier dans l'abstention. J'ai été de ces derniers.

L'hésitation a été pour moi d'autant plus grande qu'en 1884, après que la Chambre de cette époque eût voté l'amendement Floquet, dont la proposition du député actuel de Seine-et-Oise n'est que la reproduction, je pris la parole au Sénat pour défendre cet amendement, en faveur duquel j'obtins les honneurs d'une épreuve douteuse, ce qui était beaucoup au Luxembourg.

Je pouvais donc me considérer comme engagé par mes anciens votes et par mes anciens discours.

Mais, en 1884, la situation était toute autre qu'aujourd'hui.

En 1884, la lutte que nous avons soutenue pendant plus de deux ans n'avait pas eu lieu;

En 1884, le Sénat n'avait jamais fonctionné en qualité de haute cour;

En 1884, on pouvait encore espérer arriver à une Révision non point imposée au Sénat, mais faite, dans l'intérêt de la République, d'accord avec le Sénat.

C'est ce qui fait que telle solution qui alors me paraissait possible et même désirable m'est apparue lundi dernier sous un tout autre jour. C'est ce qui explique que, tout en comprenant et en appréciant les scrupules de ceux de nos amis qui ont cru devoir apporter l'appui de leurs suffrages au projet de réforme du Sénat, j'ai préféré m'abstenir, ne voulant rien connaître, en fait de projets relatifs à l'institution du Sénat, que celui qui nous apportera sa suppression.

La Chambre a repoussé l'urgence de la proposition Hubbard, quoique à une assez faible majorité, et tout ce qui pouvait passionner l'assemblée se trouvant maintenant écarté, nous allons pouvoir entrer dans la discussion du budget.

Il ne faut pas oublier que, si les Chambres sont appelées à faire des lois, à voter des réformes, elles sont surtout comptables des deniers publics, et que le vote du budget est certainement la plus importante et la plus grave de leurs attributions.

Le régime parlementaire, avec ses questions, ses interpellations stériles, ses intrigues de couloirs, a généralement pour effet de rejeter au second plan cette fonction du Parlement, qui devrait être au premier.

De là, les budgets mal étudiés et votés à la hâte; souvent, des douzièmes provisoires; presque toujours des décisions prises bien plutôt dans un intérêt électoral, ou dans celui d'une combinaison ministérielle ou antiministérielle, qu'en vue d'une bonne gestion des finances du pays.

Nous ne croyons pas à l'avenir du parlementarisme. Nous pensons plus que jamais que la Revision de notre Constitution s'impose, mais nous ne saurions nous dissimuler que la France s'est refusée à nous suivre sur ce terrain et qu'elle a voulu essayer une fois encore du parlementarisme avant de se décider à en finir avec lui.

Nous n'avons aucune foi dans le résultat de cette nouvelle tentative. Mais, nous l'avons répété souvent, nous n'entendons pas la troubler et nous serions même heureux de la voir aboutir.

Si les dangers auxquels nous avons exposé le parlementarisme avaient pour effet d'assagir à ce point les parlementaires qu'un régime hier impossible fût devenu capable aujourd'hui d'apporter au pays l'ordre et le progrès qu'il est en droit d'exiger de son gouvernement, nous serions les premiers à nous en réjouir.

Eh bien ! Si les parlementaires veulent fournir la preuve de la vitalité de leur régime de prédilection, il importe pour eux de ne plus troubler la discussion du budget par une foule de questions oiseuse, d'envisager courageusement la situation financière sans préoccupation mesquine d'intérêt électoral ou ministériel, et de donner enfin aux contribuables l'équilibre budgétaire dont une nation ne saurait être longtemps privée.

S'ils font cela, ils auront certainement plus de droits que par le passé à prétendre à la réconciliation du Grand-Turc et de la République de Venise, je veux dire à la réconciliation du régime de cabinets et du Suffrage universel.

S'ils ne le font pas ; s'ils se perdent en vaines formules ; s'ils se dérobent devant les résolutions viriles, et s'ils nous présentent, comme ils l'ont toujours fait jusqu'à ce jour, un faux équilibre destiné à masquer un déficit réel, c'est à nous, c'est aux revisionnistes qu'ils fourniront de nouvelles armes ; et il peuvent se tenir pour assurés que ces armes, nous ne manquerons pas de nous en emparer et de nous en servir.

ALFRED NAQUET.

L'Éclair du 25 octobre 1890 (3ᵉ année nᵒ 690)

UN DÉMENTI

RÉPONSE DE M. NAQUET AU GÉNÉRAL BOULANGER

Où est passé l'argent. — Les comptes du général
Boulanger. — M. Naquet mis en cause. — La
réponse du vice-président du comité national. — Les frais de séjour de M. Naquet à Londres et à Bruxelles. — Un
démenti

Nous avons reproduit hier une lettre adressée par le général Boulanger à un de ses amis, dans laquelle il s'expliquait
sur l'origine des ressources qui l'avaient fait vivre personnellement pendant la période de lutte du boulangisme.

Le général tout en détaillant son budget désignait assez
clairement l'ancien vice-président du Comité national, M. Naquet, comme ayant reçu des « appointements » de lui et
comme ayant vécu à Bruxelles et à Londres, avec plusieurs
membres de sa famille, à ses frais.

Nous avons été hier matin rendre visite à M. Naquet,
mettant à sa disposition notre journal pour lui demander ce
qu'il y avait d'exact dans les faits avancés par le général
Boulanger en ce qui le concerne ?

— Rien, absolument rien. Je suis absolument indigné de
la façon d'agir du général, et je viens justement d'écrire une
lettre à votre directeur qui est une réponse très nette et très
catégorique à celle que vous reproduisiez hier.

M. Naquet nous remet sa réponse que nous nous empres-
sons de publier :

Lettre de M. Naquet

« A Monsieur le directeur de l'*Eclair*,

» Monsieur, vous reproduisez ce matin une lettre de M. le
général Boulanger qui nécessite une réponse.

» Il ne m'appartient pas de discuter les chiffres que donne,
si tardivement, le général, et qui sont peu d'accord avec le
luxe princier que ce dernier déployait tant à Londres que
dans la rue Dumont-d'Urville.

» Mais il y a dans sa lettre une affirmation grave que je
ne puis laisser passer sans la relever. La voici :

« ... pendant son séjour à Bruxelles et à Londres de sept
mois, l'un de ses membres a été, *outre ses appointements*, défrayé de tout, non seulement lui personnellement, mais sa
belle-sœur, la mère, la sœur, le fils de cette belle-sœur, en
tout cinq personnes. Et ce n'est pas encore celui-là qui coû-
tait le plus cher. »

» Ici, je suis visé personnellement, car seul j'ai habité Londres en famille, et je réponds au général que ce qu'il dit est
faux.

» Je me sers de cette expression pour ne pas en employer
une plus dure qui était sous ma plume.

» Qu'il me permette de lui dire d'abord que ma belle-
sœur, sa sœur, son fils et sa mère n'ont rien à voir à tout
ceci. Ces dames ont une fortune absolument indépendante
de la mienne et même supérieure à la mienne ; et elles sont
venues à Londres comme elles étaient cet été en Suisse,

comme leur mère est en ce moment à Nice, parce que leur fortune le leur permettait.

» Quant à moi, je n'ai jamais reçu ni appointements—est-il nécessaire de le dire ? — ni même d'indemnité.

» Il est bien vrai que lorsque, à Bruxelles, le général me demanda de le suivre, je lui soumis, entre autres causes d'hésitation, des motifs d'ordre pécuniaire.

» La fortune que mon père m'a laissée est plus que modeste et la politique ne l'a pas accrue. Je prévoyais l'obligation d'avoir un double appartement, de nombreuses invitations des membres du comité et même des candidats qui viendraient à Londres, et je trouvais le sacrifice lourd.

» Le Général me répondit qu'il m'imposait de venir, mais que je n'avais pas à m'inquiéter de l'argent et que le comité m'allouerait une indemnité de déplacement.

» Il ajouta même, ce qui ne s'accorde guère avec ses affirmations d'aujourd'hui : « Je fais bien appel moi-même aux ressources du comité. ...

» Je n'en suis pas déshonoré et vous n'en serez pas déshonoré davantage ».

» Je lui répondis que lui savait d'où venait l'argent, que je l'ignorais et que cela établissait entre nous une différence fondamentale. C'est même à ce propos que s'échangèrent entre lui et moi ces premières conversations sur les origines de l'argent, conversations dont j'ai déjà raconté les suites. J'ai refusé, malgré tout, sa proposition et j'ai subi les sacrifices que mon parti exigeait de moi.

» Le Général paraît avoir mauvaise mémoire. Il ne se rappelle plus avoir fait appel au comte Dillon pour ses dépenses personnelles. Ses souvenirs le portent, par contre, à prendre les propositions qu'il m'a faites et dont je l'ai remercié pour des faits réalisés. Tant pis pour lui.

» Quant à moi, le boulangisme m'a coûté ma situation politique, et m'a profondément entamé dans ma situation pécuniaire. J'ajoute qu'il a failli m'atteindre dans ma liberté, car *le jour où le chef se dérobait à son devoir en fuyant la France, je répondais, avec plusieurs de mes collègues, devant la police correctionnelle, d'un prétendu délit de société secrète.*

» Je ne permettrai pas à l'homme qui nous a perdus de chercher en outre à nous atteindre dans notre honneur. Or, c'est ce qu'il fait manifestement. Le passage de sa lettre que je viens de reproduire a un caractère calomnieux qui ne peut échapper à personne.

» Si même — ce qui n'est pas — j'avais accepté l'offre du général à Bruxelles, si j'avais reçu une indemnité justifiée par ce que l'on exigeait de moi — et si cela était — *je le dirais hautement, car ce serait absolument honorable.*

» Or, le général parle d'appointements, et ajoute que j'ai été défrayé de tout.

» A moins qu'il ne veuille dire par là qu'en effet il a réglé les dépenses d'hôtel pendant les quelques jours que nous avons passés à l'hôtel Mengelle ou à l'hôtel Bristol — et où j'étais seul sans ma famille — je ne puis voir dans cette expression qui est doublement mensongère, que le désir de me faire passer pour un stipendié.

» C'est à cela que j'oppose des dénégations indignées.

» Le général avait l'habitude de faire signer des petits papiers toutes les fois qu'il rendait un service. S'il avait fait pour moi ce qu'il prétend, il aurait des petits papiers. Qu'il les montre. Je les attends de pied ferme.

» Le général croit se laver des révélations qui l'écrasent

en essayant d'entraîner ses amis dans sa chute honteuse.

» Il n'y parviendra pas. Il peut nous avoir entraînés dans sa chute politiquement ; les services que nous lui avons rendus peuvent avoir eu pour conséquence notre ruine financière — ou à peu près. Quant à l'honneur, il demeure intact, et si quelqu'un est atteint de ce côté, ce n'est certainement pas nous.

» Vous m'obligerez, Monsieur le Directeur, si vous voulez bien publier cette réponse.

» Veuillez agréer, en attendant, l'assurance de ma considération la plus distinguée.

» A. NAQUET. »

Le Rosier de Marie du 25 8bre 1890 (n^e série — n° 43)

Lettre de M. Naquet à M. le Commandeur Lautier, au Rosier de Marie, 37, rue de l'Abbé-Grégoire, Paris.

Paris, le 21 octobre 1890.
44, rue de Moscou.

« Cher Commandeur,

« Je vois que, malgré mes dénégations, cependant si nettes et si catégoriques, on continue à faire du bruit autour de cette absurde fable : ma collaboration au *Rosier de Marie*.

« Je pense que, malgré ce qu'elles ont de ridicule, ces allégations sont de nature à vous ennuyer, tout comme elles me fatiguent moi-même, et, pour y couper court une bonne fois, je viens vous prier d'insérer dans votre journal une protestation énergique de ma part contre des racontars que rien absolument ne justifie.

« Il y a de longues années que j'ai l'honneur de vous connaître. Pendant la campagne boulangiste, vous vous étiez résolument placé sur le terrain de la réconciliation nationale ; si, avoir suivi cette politique commune, c'est avoir été collaborateurs, nous l'avons été ; nous avons, en effet, travaillé, chacun dans notre sphère, à cette œuvre d'apaisement et de relèvement national.

« Si, par contre, on veut prétendre, par ce mot, « collaboration », que je vous ai fourni des articles et que vous les avez insérés, on affirme une chose absolument inexacte et que votre caractère — j'entends le caractère de votre feuille — ne vous aurait pas plus permis d'accepter que je n'aurais pu vous offrir.

« Agréez....

« A. NAQUET. »

a été reproduit par le Temps et l'éclair

Le Temps du 30 8bre 1890 (n° 10758

— Nous avions fait demander à M. Naquet s'il était exact, ainsi que divers journaux l'annonçaient, qu'il se disposait à partir pour le Transvaal, où sa présence était réclamée par les intérêts d'une société dont il fait partie. M. Naquet nous a répondu par la lettre suivante :

Monsieur,

La décision définitive ne doit être prise qu'aujourd'hui par le conseil d'administration de la société qui exploite le monopole de la dynamite au Transvaal. Mais il est dès à présent infiniment probable que je vais demander un congé à la Chambre, et, si elle me l'accorde comme tout me le fait espérer, partir pour la République sud-africaine dans les premiers jours de novembre.

A. NAQUET.

Le Siècle du 9 9bre 1890 (54e année - n° 20,048) - Voi; varia 8 9bre 189

L'Interview avec M. Naquet

A la suite de l'interview que nous avons publié hier, nous avons reçu dès le matin la lettre suivante de M. Antonin Proust, député :

Paris, le 8 novembre 1890.

Monsieur le Rédacteur,

M. Naquet me prête sur la publication des comptes du général Boulanger une appréciation à laquelle je désire rendre sa véritable portée, en reproduisant les véritables termes de ma conversation avec M. Naquet. Le jour où les comptes du général Boulanger ont été publiés, j'ai rencontré M. Naquet au sortir de la salle d'attente de la Chambre des députés. M. Naquet m'a dit que la personne dont parlait le général Boulanger et qui aurait mis à sa charge les frais de voyage et de séjour de sa famille à Bruxelles, était lui, qu'il y avait là une calomnie et qu'il se proposait d'y répondre. Je me suis borné à faire observer à M. Naquet que ces comptes de cuisine ne me paraissaient présenter qu'un médiocre intérêt.

Veuillez agréer, Monsieur le Rédacteur, l'assurance de mes sentiments très distingués.

ANTONIN PROUST.

Dans l'après-midi, nous avons reçu la lettre suivante de M. Alfred Naquet :

Mon cher collègue,

Votre bonne foi a été surprise par la personne qui vous a apporté l'interview que vous avez publié de moi, ce matin, dans votre journal.

M. Amaudru s'était toujours montré mon ami. Vers la fin d'octobre dernier, il me demanda un rendez vous que je m'empressai de lui accorder. Nous eûmes ensemble un long entretien amical, dans lequel nous échangeâmes à bâtons rompus des idées qui n'ont aucune ressemblance et aucun rapport avec celles qu'il me prête aujourd'hui.

Quelques jours plus tard, l'*Eclair* m'envoyait la copie d'une *interview* de moi que M. Amaudru lui avait portée et sur laquelle on voulait prendre mon avis.

J'y jetai un coup d'œil et me hâtai de la déchirer.

Mais voulant ménager la susceptibilité de M. Amaudru que j'estimais, et auquel je n'attribuais encore aucune pensée malveillante, j'écrivis à ce dernier de revenir me voir, en lui montrant dans quelle situation pénible il m'aurait placé si tous les racontars qu'il avait portés à l'*Eclair* avaient vu le jour.

M. Amaudru revint, parut comprendre, et me promit formellement de ne rien publier me concernant.

Je n'ai pas été, par suite, peu surpris en lisant ce matin les lignes qu'il a communiquées au *Siècle*.

Il y a là une série d'erreurs, de contre-vérités, d'allégations mensongères et odieuses qui ne sont jamais sorties de ma bouche.

Comment aurais-je dit que Rochefort a été chez M. de Mackau, alors que certainement il n'y a jamais mis les pieds ?

Comment aurais-je tenu sur Mme la duchesse d'Uzès les propos que me prête M. Amaudru ?

Comment aurais-je calomnié en bloc mes anciens collègues du comité national qui sont séparés de moi en ce moment, mais pour lesquels j'ai conservé toute mon estime ?

M'attribuer de pareilles paroles, alors que j'avais prié M. Amaudru de ne pas même publier de moi les choses naturelles que j'ai pu lui dire dans l'intimité d'une conversation, c'est faire un acte contre lequel j'ai le droit de protester avec indignation.

Quant à vous, mon cher collègue, vous êtes victime comme moi d'un action inqualifiable ; mais je vois très bien que les sentiments qui vous ont dirigé en insérant la prose de M. Amaudru ne sont que loyaux et honnêtes.

Recevez, je vous prie, l'expression de mes sentiments bien dévoués.

A. NAQUET.

Enfin nous avons reçu dans la soirée la lettre suivante de M. Noël Amaudru que notre impartialité nous fait un devoir de pub ier au même titre que celle de M. Naquet.

Paris, 6 novembre 1890.

Monsieur et honoré confrère,

Les relations, déjà anciennes, que j'ai eues avec Naquet et qu'il a bien voulu rappeler me font un devoir d'attribuer à un simple accès d'amnésie partielle le démenti circulaire qu'il a pris la peine d'adresser à la presse au sujet de ses récentes déclarations. C'est un cas des plus fréquents.

Je répondrai brièvement.

Mon avant-dernière entrevue avec le député du cinquième arrondissement a eu lieu le 29 octobre dernier. Il ne le nie pas. Je ne lui avais pas caché que je comptais utiliser ses confidences. Voici, d'ailleurs, la lettre, par laquelle il me conviait à ce rendez-vous :

« Paris, le 25 octobre 1890.

« Mon cher et excellent ami,

« ... Mercredi, il n'y aura pas Chambre et je serai libre jusque vers quatre heures.

« Pouvez-vous venir chez moi vers deux « heures moins un quart. Nous aurons du temps « pour causer.

« Amit és cordiales.

« A. NAQUET. »

L'interview fut portée au journal l'*Eclair*. Là, une première surprise m'était réservée. *M. Naquet ayant l'habitude de s'interviewer lui-même*, on s'étonna à juste titre qu'il eût pris cette fois un intermédiaire.

Ma copie lui fut soumise le soir même, et, dès le lendemain, M. Naquet me faisait tenir l'épître suivante, où il contestait, non le fonds, certes, mais l'opportunité de la publication :

« Paris, le 30 octobre 1890.

« Mon cher ami,

« *Après mûre réflexion* je ne trouve pas possi-« ble de laisser publier l'interwiew que vous « avez l'extrême amabilité de m'envoyer.

« D'une part, il n'est plus certain que j'aille « en Afrique (!!!).

» De l'autre j'ai toujours déclaré que je me » défendais contre le général Boulanger, mais » ne l'attaquais pas. Ceci serait une attaque à » fond et spontanée non seulement contre le » général, mais contre mes collègues...

« Si une pareille interview voyait le jour, ce « serait pour moi un désastre, et, en voulant « m'être agréable, vous m'écraseriez.

« Laissons donc ÇA (!), mon cher ami... si « vous voulez, revenez me voir dimanche à « deux heures, nous causerons. J'étudierai si « je puis encore dire quelque chose d'utile et « dans ce cas, JE L'ÉCRIRAI MOI-MÊME. Mais, « TOUTE RÉFLEXION FAITE et *tous mes amis* « *consultés*, je suis en ce moment pour l'abs-« tention, pas à Clignancourt, et j'estime que. « *même pour ce qui pourrait être dit*, il vaut « cependant mieux ne rien dire.

« Pardon et vive amitié,

A. NAQUET.

Comme on le voit, M. Naquet n'a élevé aucune objection essentielle contre l'incident de la duchesse d'Uzès, contre ses appréciations sur le rôle de Rochefort, contre la comptabilité du général, en un mot contre aucun des passages importants de l'interview. Le témoignage spontané de M. Antonin Proust démontre que je n'ai pu inventer les faits que j'ai eu à enregistrer.

Alors, quoi ?

Je n'ai rien promis à M. Naquet dans ma dernière entrevue avec lui. Il a dû voir qu'il ne m'avait guère convaincu de l'utilité pratique du mensonge.

Au surplus, je suis sûr de lui avoir rendu, un peu malgré lui, j'en conviens, un signalé service en reproduisant, dans leur éclat primesautier, tous ses aveux.

Il m'en remerciera dans trois mois, étant donné, comme il l'a dit lui même, que la politique est le perpétuel provisoire.

Veuillez agréer, Monsieur et honoré confrère, avec mes remerciements pour votre gracieuse hospitalité, l'expression de mes sentiments respectueux.

NOEL AMAUDRU.

L'Éclair du 14 9bre 1890 (n° 210)

UNE PROTESTATION

UNE LETTRE RECTIFICATIVE DE M. E. DRUMONT

A propos de l'interwiev de M. Paul Déroulède. — Les engagements du général Boulanger avec les royalistes. — Promesse de rétablir la monarchie. — M. Drumont chez le marquis de Breteuil

[M. Edouard Drumont, en réponse à l'interwiev de M. Déroulède que nous avons publiée récemment, réclame de notre impartialité l'insertion de la lettre suivante.

Nous ne saurions lui refuser cette satisfaction, d'autant, croyons-nous, que ce document ne manquera pas d'intéresser vivement nos lecteurs.]

Lettre de M. Drumont

« Soisy-sous-Etiolles, 11 nov. 90.

« Mon cher confrère,

« Dans un *interview* avec un rédacteur de l'*Eclair*, M. Déroulède a jugé à propos de citer une conversation avec Mme la duchesse d'Uzès dans laquelle elle déclarait que ce que j'ai écrit dans *Dernière Bataille* sur les engagements du général Boulanger avec les royalistes était *un grossier mensonge.*

» Je dois à mon honneur d'écrivain de protester contre cette parole qui dépasse vraiment la limite des dénégations permises. N'étant pas du même monde que la duchesse d Uzès, je n'emploierai pas des mots aussi violents qu'elle, je me contenterai de lui faire respectueusement observer qu'elle n'a pas dit la vérité.

» Pour convaincre vos lecteurs, il m'est nécessaire d'entrer dans quelques explications, et je pense que vous voudrez bien m'y autoriser.

» Les renseignements sur les rapports du général Boulanger avec le parti royaliste m'ont été fournis par le marquis de Breteuil, ils ne m'ont pas été donnés dans une conversation à bâtons rompus, entre deux portes, ils m'ont été donnés dans une longue séance qui a commencé à dix heures du matin et qui s'est terminée à quatre heures de l'après-midi après un déjeûner, d'ailleurs excellent, auquel m'avait convié M. de Breteuil.

» Ne me fiant pas à ma mémoire, qui est cependant étonnamment sûre, j'ai pris un crayon et j'ai écrit tout ce qui m'était dit sur un petit calepin noir de six sous, sur lequel je prends mes notes et j'ai montré à plusieurs de vos confrères les notes prises sur des points contestés.

» L'hôtel du marquis de Breteuil n'est séparé de mon logis que par la Seine et, en rentrant chez moi, j'a écrit immédiatement, tout au long, pour moi seul, tout ce qui m'avait été raconté et qui constituait une page d'histoire pleine d'animation et de vie.

» Le marquis de Breteuil m'a paru, ce qu'il est d'ailleurs, un homme d'esprit à la fois passionné et un peu sceptique, beau joueur, portant la défaite avec bonne humeur : il m'a fait comprendre le plaisir que Gondi trouvait aux manéges de la politique, même lorsque la chance tournait contre lui.

» Il a eu le bon goût de se conduire envers moi comme on doit se conduire envers un écrivain véritable ; il ne m'a rien caché et m'a dit simplement : « Je » vous prie de ne pas parler de cela, ne prononcez pas » tel nom, ne mentionnez pas la première entrevue de » Boulanger avec M. de Martimprey... »

» Il est sorti de cette conversation la page qu'on a lue dans *Dernière Bataille*, l'esquisse très exacte, très précise dans ses lignes, mais volontairement incolore, qui était comme le canevas, le projet d'un tableau définitif encore à peindre.

» Personne n'a contesté qu'en cette occasion j'ai agi en parfait galant homme puisque je me suis borné à une étude psychologique, que j'ai évité de citer aucun nom et que j'ai fait violence à mes instincts d'artiste pour laisser de côté tous les détails, toutes les anecdotes piquantes qui auraient ajouté de l'intérêt à mon récit.

» Maintenant que les royalistes ont parlé, qu'ils ont prononcé les noms qu'on m'avait demandé de taire, qu'ils ont « mangé le morceau », comme on dit, tout le monde trouvera naturel que je ne me laisse pas traiter de menteur par Mme la duchesse d'Uzès.

» Mme la duchesse d'Uzès sait parfaitement qu'il y avait engagement formel pris par Boulanger de rétablir la monarchie.

» A ce propos, M. de Breteuil me racontait ceci :

» — Il nous avait fait, à ce sujet, ici même, dans ce salon, les promesses les plus absolues. Seulement, nous le connaissions tellement fourbe, que nous lui demandions à chaque instant de renouveler ces promesses. De temps en temps, de Mun me disait : « Il y a huit jours que je n'ai pas entendu le général nous promettre de rétablir la monarchie ; si nous le faisions venir ? » On le faisait venir vers minuit, c'était son heure, et, adossé à la cheminée, de Mun assis dans le fauteuil où vous êtes, Boulanger nous faisait les déclarations les plus énergiques. »

» Quant au fait des conditions posées et acceptées que je me suis borné à indiquer dans mon livre par un simple trait au fusain et que je n'ai précisées que dans un *interview*, il m'a été affirmé également par M. de Breteuil et je le trouve mentionné dans mon petit calepin noir.

» Pris isolément, ce fait paraît sujet à caution, mais il apparaissait très logique dans la conversation intéressante et vivante de M. de Breteuil; il était amené par l'enchaînement des circonstances qui l'expliquaient et le rendaient très compréhensible.

» Ceux qui s'étaient lancés dans cette aventure et qui avaient fait tant de sacrifices pour qu'elle réussît se préoccupaient, comme de raison, du lendemain d'une victoire qui, pour eux, était certaine et qui l'aurait été effectivement si le général Boulanger n'avait pas fui comme un couard ; ils s'informaient du moment où l'on pourrait prendre livraison de l'objet acheté.

» Boulanger avait d'abord demandé trois mois pour la période de transition, mais comme on n'avait nulle envie de recommencer le septennat, on s'était récrié. Le général, auquel les promesses ne coûtaient rien quand il y avait de l'argent au bout, avait réclamé au moins quinze jours. La question de la situation qui lui serait faite se posa tout naturellement à ce moment.

» Tout en conservant probablement l'arrière-pensée de jouer ses alliés, Boulanger, avec la duplicité instinctive et la rouerie presque inconsciente qui lui étaient particulières, songea quand même à se garder à carreau au cas où il serait forcé de tenir ses promesses; il était habitué à la haute vie et il n'avait aucun désir de retrouver la place de Jaude et de retourner simple commandant de corps à Clermont.

» Ces transactions, d'ailleurs, n'ont rien que de très normal en politique, et la situation était identique, avec le génie de Bonaparte en plus, lorsque Louis XVIII, après avoir fait les mêmes propositions à Pichegru et à Moreau, demanda au vainqueur de Marengo de lui rendre le trône de France en lui disant : « Marquez vous-
» même, général, la place que vous voulez occuper dans
» l'État. »

» Ce n'est pas trop donner à la conjecture — quoique, cette fois, je ne sache rien de positif — que de supposer qu'en sollicitant à Londres une entrevue avec le comte de Paris, entrevue qui n'avait aucune raison d'être, qui ne pouvait qu'être compromettante si elle était connue et dont le comte de Paris ne voulait pas, le général Boulanger a cherché à avoir une confirmation nouvelle d'engagements antérieurement pris envers lui.

» On voit en tout cas ce que valent les démentis de la duchesse d'Uzès... Le comte Albert de Mun et le marquis de Breteuil faisaient partie, ainsi que les *Coulisses du Boulangisme* nous l'ont appris, du « comité de la bourse de la duchesse » et ils n'ont rien dû laisser ignorer à celle qui fournissait les fonds...

C'est, d'ailleurs, se moquer outrageusement de la crédulité du public et croire les Français encore plus badauds qu'ils ne le sont, que de vouloir faire admettre qu'un parti, qui ne passe pas pour attacher ses chiens avec des saucisses, ait versé *huit millions* uniquement pour faire nommer Martineau, Goussot ou Paulin Méry députés de Paris...

» Vous me permettrez, mon cher confrère, d'ajouter un mot encore pour déplorer le rôle que jouent dans cette affaire les chefs de ce qui fut le parti conservateur et qui n'est maintenant qu'un troupeau en détresse.

» Ceux qui ont risqué cette partie avaient deux attitudes à prendre.

» Ils pouvaient garder un silence plein de dignité.

» Ils ne l'ont pas fait, et ce sont eux-mêmes qui ont allumé le pétard des *Coulisses du Boulangisme*.

» Dès qu'ils parlaient, ils pouvaient s'expliquer franchement, raconter toute l'histoire, dire ce que me disait le marquis de Breteuil : « Nous étions convaincus que la monarchie seule pouvait sauver la France; nous avons acheté l'homme qui nous semblait pouvoir rétablir cette monarchie. »

» Au lieu de cela que trouvons-nous ? Des demi aveux, des demi affirmations, des dénégations timides que d'autres témoignages contredisent le lendemain... N'est-il pas honteux de voir un parti qui a représenté tant de nobles idées réduit, grâce à ceux qui le mènent, à cette posture humiliante et piteuse ?

» Un homme comme le comte de Mun ne devrait-il pas faire comprendre à la duchesse d'Uzès le ridicule des marivaudages auxquels elle se livre ? Elle a été très contente de voir proclamer par Mermeix la grandeur des sacrifices qu'elle avait faits à sa cause ; elle a laissé supposer dans des *interviews* qu'elle avait des lettres de Boulanger démontrant son intention de rétablir la monarchie ; aujourd'hui elle permet à Déroulède de déclarer que ce que j'ai dit à ce sujet est « un grossier mensonge ».

» Ces comédies de société, ces proverbes de Musset, sont jolis dans un salon, derrière un paravent, mais franchement quand on s'occupe de politique, c'est-à-dire, des destinées d'un pays, on devrait avoir plus de suite dans les idées et plus de sérieux dans l'esprit. Il y a toujours un moment dans la vie où tout finit par se savoir, que la duchesse dise tout une bonne fois et qu'on n'entende plus parler du boulangisme !

» Quant à moi, tout en éprouvant un profond respect pour Mme la duchesse d'Uzès, tout en admirant la générosité dont elle a fait preuve, je ne crois pas dépasser mon droit en lui répétant, une fois de plus, que si elle a dit effectivement que le récit de *Dernière Bataille* était un grossier mensonge, elle a dit absolument le contraire de la vérité.

» Veuillez agréer, mon cher confrère, avec mes remerciements pour l'hospitalité que vous donnerez, je n'en doute pas, à cette lettre de protestation, l'assurance de mes sentiments tous dévoués.

» ÉDOUARD DRUMONT. »

L'Éclair du 15 9bre 1890 (n° 712)

LA TUBERCULOSE

IMPORTANTE COMMUNICATION DU DOCTEUR KOCH

Un article impatiemment attendu. — Le traitement de la phtisie. — Les résultats obtenus par le célèbre professeur allemand. — Affluence de malades. — Les médecins étrangers. — Pour l'humanité

BERLIN, 14 NOVEMBRE. — L'article que le docteur Koch vient de publier dans la *Semaine Médicale Allemande* était attendu non seulement par le corps médical, mais aussi par le public tout entier, avec une impatience que justifie l'importance de la découverte du savant professeur.

Les malades n'avaient du reste pas attendu cette publication pour venir se soumettre au traitement du docteur Koch.

En effet, ainsi que je vous l'ai déjà signalé, les phtisiques affluent de tous les points de l'Allemagne et même de l'étranger. Le professeur Bettelheim, de Vienne, a demandé par dépêche au docteur Koch s'il consentirait à traiter des malades qu'il avait l'intention de lui envoyer. Le docteur Koch ayant répondu affirmativement, un grand nombre de malades viennois sont déjà arrivés.

La clinique particulière du docteur Levy, où se sont faites les premières expériences, est bientôt devenue insuffisante. Une nouvelle clinique contenant cent lits vient de s'établir à l'Albrechtstrasse sous la direction du docteur Cornet, l'un des aides du docteur Koch. D'autres nouvelles cliniques vont aussi s'ouvrir incessamment, elles seront desservies par le docteur et ses aides.

La communication du docteur Koch

L'article du docteur Koch sur la guérison de la tuberculose a pour titre : *Nouvelles communications concernant un remède contre la tuberculose par le docteur Koch*.

D'après ce document, le docteur Koch avait l'intention de clore entièrement ses recherches et de faire des expériences sur une plus grande échelle au sujet de la préparation et l'emploi du remède, avant de publier des renseignements relatifs à ce dernier.

Comme, malgré ses précautions, le public a déjà obtenu trop de notions à ce sujet et les a dénaturées et exagérées, le docteur Koch publie un aperçu de l'état de la question, pour empêcher qu'on ne se fasse une idée fausse de sa découverte ; il est obligé toutefois de réserver encore certains points importants.

Les expériences faites sous la direction du docteur Koch par les docteurs Libbertz et Pfuhl ne sont pas encore terminées. Le docteur Koch ne peut donc pas encore fournir de renseignements concernant l'origine et la préparation du remède. Il dit seulement que ce médicament consiste en un liquide clair, de couleur brunâtre, qui peut être conservé sans mesures de précaution. Avant de l'employer, on doit l'étendre d'eau ; le remède, une fois dilué, peut se dissoudre et, dans ce cas, il n'est plus utilisable. Quand on l'introduit dans l'estomac, le médicament ne produit aucun effet ; il doit être employé au moyen d'injections sous-cutanées.

Après quelques expériences faites sur d'autres parties du corps, le docteur Koch a choisi, pour appliquer le remède, la région du dos, entre les omoplates et la région lombaire, parce que c'est en ces endroits qu'il a constaté la moindre réaction locale, et que les injections n'y ont presque pas causé de douleur.

L'effet du médicament

En ce qui concerne l'effet du médicament sur l'homme, le docteur Koch n'a pas tardé à constater un point très important, le remède agit sur l'homme autrement que sur le cobay. L'homme est extraordinairement plus sensible aux effets du médicament que cet animal.

Après une injection de 0.25 centimètres qu'il s'était faite au bras, le docteur Koch a ressenti, au bout de trois heures, des tiraillements dans les membres, de la lassitude, une tendance à tousser et des embarras respiratoires, qui ont augmenté rapidement ; cinq heures après l'injection, il a eu de violents frissons, qui ont duré près d'une heure. Il a eu ensuite des vomissements. La température du corps s'est élevée jusqu'à 39° 6. Au bout d'environ douze heures, le malaise a diminué ; la température s'est abaissée et a fini le lendemain par redescendre à son degré normal. La lourdeur des membres et la lassitude ont toutefois duré encore quelque jours, et l'endroit où avait eu lieu l'injection est resté, pendant le même espace de temps, un peu douloureux et rouge.

La limite inférieure de l'effet du remède est, chez l'homme sain, à environ 0.01 centimètre (ce qui équivaut à 1 centimètre cube, lorsqu'il y a 1 partie de remède dans 100 parties d'eau). La plupart des hommes n'ont éprouvé à cette limite que de légères douleurs dans les membres et une lassitude de peu de durée.

Bien qu'il y ait, en ce qui concerne les effets du remède employé et en tenant compte du poids du corps, une différence très importante entre l'homme et l'animal qui a servi aux expériences, on constate cependant une assez grande ressemblance en ce qui concerne quelques autres propriétés. La plus importante de ces propriétés est l'action spéciale exercée sur les processus tuberculeux, de quelque espèce qu'ils soient.

Parlant ensuite des effets produits par le remède sur le cobay, le docteur Koch s'exprime de la manière suivante :

» L'homme sain ne réagit pas ou presque pas à 0.01 centimètre. Il en est de même des hommes malades non tuberculeux.

» Au contraire, chez les hommes atteints de tuberculose, il se produit, à 0.01 centimètre, non seulement une forte réaction générale, mais aussi une réaction locale. La réaction générale consiste en un accès de fièvre, commençant le plus souvent par des frissons. La température du corps dépasse 39° et atteint souvent 40° et même 41°. On ressent des douleurs dans les membres, le besoin de tousser, une grande lassitude et de fréquentes nausées suivies de vomissements.

» L'accès commence le plus souvent quatre ou cinq heures après l'injection et dure de douze à quinze heures.

» Il est extrêmement faible chez les malades, qui s'en trouvent relativement bien et d'habitude mieux que précédemment, dès qu'il est passé. La réaction locale s'observe mieux sur les personnes atteintes de lupus.

» L'action spécialement anti-tuberculeuse du remède se manifeste chez ces malades d'une façon tout à fait surprenante. Quelques heures après l'injection, les parties du corps qui sont atteintes de lupus commencent à enfler et à rougir.

» Pendant la fièvre, l'enflure et la rougeur augmentent de plus en plus, à tel point que le tissu malade est, par endroits, d'un rouge brun et est atteint de nécrose.

» Après la fièvre, l'enflure diminue petit à petit. Les parties atteintes de lupus se couvrent de croûtes de sérum qui suppurent et se dessèchent à l'air et se transforment en eschares, lesquelles tombent au bout de deux ou trois jours et laissent parfois, après une seule injection, une cicatrice unie et rouge. Il faut habituellement plusieurs injections pour faire disparaître entièrement le lupus.

» Il est très important de faire remarquer que les modifications décrites ci-dessus ne concernent que les parties de la peau atteintes de lupus. Les granulations les plus petites et les moins visibles qui sont cachées dans le tissu inodulaire sont elles-mêmes soumises au processus et deviennent visibles par suite de l'enflure et du changement de couleur, tandis que le véritable tissu inodulaire, dans lequel les modifications du lupus ont complètement disparu, n'est pas altéré.

» Ce processus, si instructif en ce qui concerne la nature du remède, nous prouve que toutes les expériences devraient commencer par les malades atteints de lupus.

» Dans les organes internes, une réaction générale domine naturellement. On peut admettre qu'ici encore il se produit des modifications semblables aux phénomènes de réaction qui ont été constatés directement et décrits dans le lupus. Ce fait ne comporte aucune exception lorsqu'un processus tuberculeux quelconque existe à l'intérieur du corps à 0.01. »

Un élément de diagnostic

M. Koch croit pouvoir conclure que le remède constituera pour l'avenir un élément de diagnostic indispensa-

ble. On pourra avec cela diagnostiquer même les cas
douteux de phtisie à leur début, quand on n'aura pas
réussi, avec la découverte des bacilles, etc., à se rendre
un compte exact de la nature de la maladie. Les affections des glandes, la tuberculose cachée des os, la tuberculose douteuse de la peau, etc., seront très faciles à reconnaître.

La puissance de guérison du remède

Cependant la puissance de guérison du remède
est bien plus importante que son efficacité comme diagnostic.

Des observations faites jusqu'à présent il reste acquis
que, dans les modifications produites par le remède sur
une peau atteinte de lupus, il ne s'agit pas de détruire
les bacilles du tubercule qui se trouvent dans le tissu,
mais que seulement le tissu qui renferme les bacilles du
tubercule subit l'action du remède.

Dans le tissu se produisent des courants de circulation importants et en même temps des transformations
profondes dans la nutrition à laquelle le tissu, selon la
manière dont on fait agir le remède, met fin plus ou
moins vite.

Ainsi donc le remède ne tue pas les bacilles du tubercule, mais le tissu tuberculeux.

De plus, on a déjà tracé une limite précise du
point jusqu'où l'action du remède peut s'étendre :
il ne peut avoir une influence que sur les tuber-
cules vivants ; sur ceux qui sont déjà morts, comme,
par exemple, les masses caséiformes, les os nécrosés, il
n'agit pas, non plus que sur les tissus que le remède lui-
même a déjà détruits. Dans ces masses de tissus morts,
il peut se trouver encore des bacilles du tubercule vivants, qui ne peuvent ni être éliminés avec le tissu, ni
pénétrer dans le tissu vivant.

Il faudra donc d'abord, détruire les tissus tuberculeux encore vivants, puis faire tout ce qui sera possible
pour éliminer les tissus morts, le plus promptement possible, par exemple, avec le secours de la chirurgie ;
mais dans le cas où cela est impossible, il sera nécessaire
par l'application continuée du remède, de protéger le
tissu vivant menacé, contre la nouvelle invasion des parasites.

L'application du remède

Ce qui précède explique également d'autres propriétés particulières du remède ; ainsi il peut être pris
par doses dont la quantité peut être augmentée très
rapidement.

Cela ne veut pas dire qu'on puisse en faire une habitude, bien que l'on constate qu'après trois semaines
on puisse donner une dose cinq cents fois plus considérable que la première prise par le patient. Ceci s'explique d'autant plus aisément qu'au commencement, il y
a beaucoup de tissu vivant, qui n'exige conséquemment
qu'une minime quantité du remède pour éprouver une

forte réaction ; chaque injection fait disparaître une certaine quantité du remède pour éprouver une forte réaction : ensuite il faut des doses proportionnées ; te toujours plus fortes pour produire la même réaction ; olrsqu'on a agi contre la tuberculose au moyen de ces doses progressives, de telle sorte qu'il ne se produise plus qu'une très faible réaction, on peut en conclure que tout le tissu tuberculeux susceptible de réaction est détruit.

L'avenir nous apprendra, dit le docteur Koch, si cette manière de voir est exacte ; mais en attendant il y a là une indication dont il faut tenir compte.

Les expériences

En terminant, le docteur Koch dit, à propos de l'application qui a été faite du remède jusqu'à présent :

« Chez tous les malades souffrant du lupus et auxquels on a fait des injections à 0.01, la réaction a été complète ; puis on a cessé les injections, et après une ou deux semaines, on a fait une autre injection à 0.01, et ainsi de suite jusqu'à ce que la réaction soit devenue plus faible ; enfin on a cessé ce traitement. Chez deux malades souffrant du lupus à la figure, après trois ou quatre injections aux endroits atteints, les traces du mal sont absolument disparues. Pour les autres malades du lupus, la durée du traitement a été abrégée en conséquence.

» Toutes ces personnes étaient âgées, et avaient, jusqu'à présent, suivi sans succès d'autres traitements. Il en a été de même pour les maladies des glandes; des os, la tuberculose des articulations; même succès que pour le lupus : prompte guérison dans les cas récents et plus faciles, amélioration procédant plus lentement dans les cas difficiles.

» Des malades atteints d'une tuberculose prononcée des poumons se sont montrés beaucoup plus sensibles à l'égard du remède que les tuberculeux qui étaient traités par les procédés chirurgicaux. Règle générale : les phtisiques ont réagi encore fortement avec des doses considérablement réduites, telles que deux millièmes de centimètre cube et même un seul millième.

» De cette dose initiale peu élevée on peut ensuite aller jusqu'aux doses qui sont bien supportées par les autres malades. En conséquence, les phtisiques ont reçu d'abord la dose de 0.001 par personne. Puis, si la température s'élevait, la même dose a été renouvelée chaque jour jusqu'à ce qu'il ne se produisit plus aucune réaction. C'est alors seulement que l'on a donné la dose de 0.002, jusqu'à disparition de réaction, et ainsi de suite, en augmentant presque toujours de 0.001 seulement ou de 0.002 tout au plus, jusqu'à concurrence de un centième et au-delà.

» Ainsi un malade peut, presque sans fièvre et presque sans qu'il s'en aperçoive, être amené à recevoir des doses très élevées. Des phtisiques encore assez forts sont arrivés plus rapidement à recevoir des doses plus fortes et le succès de la cure a été manifestement plus rapide. En général, la toux et les expectorations ont augmenté un peu après les premières injections, puis elles sont devenues de plus en plus faibles, et dans les cas les plus favorables elles ont fini par disparaître complètement. En outre, l'expectoration a perdu sa consistance purulente et a pris un aspect mucilagineux.

» Le nombre des bacilles expectorés n'a diminué ordinairement que lorsque l'expectoration avait pris un aspect mucilagineux. Parfois, les bacilles ont alors fini par disparaître tout à fait ; mais parfois aussi on a constaté leur présence jusqu'à la cessation complète de l'expectoration.

» Les sueurs qui se produisaient pendant la nuit ont en même temps cessé, l'aspect des malades s'est amélioré, et le poids du corps a augmenté. Toutes les personnes soignées pendant la première phase de la phtisie ont été délivrées de tout symptôme morbide au bout de quatre à six semaines et ont pu être considérées comme guéries. L'état des malades qui n'ont pas de trop grandes cavernes s'est aussi beaucoup amélioré, et ils ont été presque guéris.

« C'est seulement dans les cas où il y avait beaucoup de grandes cavernes dans les poumons qu'on n'a pas constaté d'amélioration visible, bien que l'expectoration ait diminué et que l'injection ait rendu l'état des malades un peu meilleur. »

Le docteur a dû pour ces raisons admettre que la phtisie à son début pourrait être guérie avec sûreté par son remède.

Les expériences faites jusqu'à présent ne permettent pas encore d'affirmer que la guérison est définitive ; mais il est possible cependant que les personnes guéries n'éprouvent pas de rechute.

Il est probable que les phtisiques ayant de grandes cavernes ne tireront qu'exceptionnellement un profit durable du remède, mais l'état de la plupart d'entre eux sera momentanément amélioré.

La conclusion

Il faut conclure de ce qui précède que la tuberculose sera influencée par le remède chez ces malades comme chez les autres, mais qu'il sera habituellement impossible de faire disparaître les masses albumineuses nécrosées et les processus de suppuration secondaires.

Involontairement, on a été amené à se demander s'il ne serait pas possible de traiter quelques-uns de ces cas graves en combinant la nouvelle méthode curative avec l'intervention de la chirurgie ou d'autres moyens curatifs.

M. Koch déconseille énergiquement d'appliquer le remède systématiquement et sans distinction à tous les tuberculeux. Il préférerait l'application du remède dans des établissements appropriés où une observation scrupaleuse et un traitement normal seraient plus facilement praticables, à un traitement administré par tournée ou à domicile.

Il croit que les méthodes suivies jusqu'à présent, climat de montagne, traitement à l'air libre, alimentation spécifique, pourront être d'une grande utilité dans la période de convalescence, si on les applique conjointement avec la nouvelle méthode, notamment dans les cas graves qui ont été négligés.

La condition importante de la nouvelle méthode réside dans son application aussi accélérée que possible. En effet, dans la période de début de la phtisie, le traitement peut déployer toute son efficacité.

Le docteur Koch recommande, en conséquence, aux médecins un diagnostic le plus prompt possible.

Il importe en particulier de constater la phtisie le plus tôt possible par la recherche des bacilles tuberculeux dans les crachats. Dans les cas douteux, une injection d'essai pourra donner la certitude sur la présence de la tuberculose. C'est seulement lorsque tous les cas ont été traités à temps et lorsque le développement des formes de caractère grave aura été arrêté que la nouvelle méthode curative sera devenue un véritable bienfait pour l'humanité souffrante.

Le docteur Koch fait observer en fin de compte qu'il a négligé à dessein de donner des chiffres statistiques et de décrire des cas spéciaux de maladie, par ce motif que les médecins à qui appartiennent les malades sur lesquels des expériences ont été faites se sont chargés eux-mêmes de décrire ces cas. Il ne veut pas, quant à lui, les devancer dans la description aussi objective que possible de ces observations.

Le national du 19 9bre 1890 (13e année — n° 9620)

PROFILS ISRAÉLITES

M. ALFRED NAQUET

Il y a dans M. Alfred Naquet un savant, un révolutionnaire et un législateur.

Sur le rôle du révolutionnaire, qui s'est trouvé mêlé étroitement aux récents événements politiques que l'on sait, l'opinion s'est quelque peu partagée; sur le rôle du savant et du législateur, elle a été unanime à applaudir. Quant à l'homme complet, on peut dire qu'elle n'hésite pas à voir en lui un homme de haute valeur, à qui on ne peut pas refuser d'avoir mis au moins une conviction ardente dans les manifestations si diverses de son activité.

et qui tiendra certainement une place dans son siècle.

Savant, il l'a été à peu près exclusivement pendant la première moitié de sa vie ; il l'est encore un peu aujourd'hui, et malgré l'absorbante politique, il s'intéresse toujours aux sciences qui ont passionné sa jeunesse.

Originaire de Carpentras, où il est né en 1834, il était bachelier ès-lettres à dix-sept ans, commençait ses études de médecine à Montpellier et les terminait à Paris où il était reçu docteur en médecine en l'année 1859, puis agrégé en chimie quatre ans plus tard. C'est à cette dernière science qu'il se voua particulièrement. Mais, agrégé, on devait à cette époque faire deux années de stage, c'est-à-dire ne rien faire et ne rien gagner avant d'obtenir un poste quelconque. Cela ne faisait nullement l'affaire de notre jeune étudiant — qui, au cours de sa carrière, devait plus d'une fois céder à sa manie voyageuse—etqui cette fois n'hésita pas à partir pour Palerme, où l'on demandait un professeur de bonne volonté pour fonder la chaire de physique et de chimie à l'Institut technique national. Pendant son séjour de deux ans à Palerme, il écrivit plusieurs ouvrages scientifiques et rejoignit au bout de ce temps la Faculté de médecine où il commença un cours très brillant de chimie organique.

Mais, à côté du savant, l'homme politique avait grandi et grandi sous la forme du révolutionnaire, c'est-à dire du républicain déjà avancé, en plein Empire. Sa première sortie fut la création du « Congrès de la paix » qu'il organisa en 1867, à Genève avec Accollas, le professeur de droit, et où il prononça cette phrase qui ne devait pas rester sans effet : « Je propose au congrès de ne pas se séparer sans un vote de flétrissure à la mémoire de Napoléon Ier, le plus grand malfaiteur du siècle. » On le convainquit d'affiliation à des sociétés secrètes et ce fameux procès fut instruit, où Jules Favre défendit Accollas, Crémieux, Naquet, Ch. Floquet un troisième accusé, et qui se termina par la condamnation de notre révolutionnaire à quinze mois de prison.

Ces quinze mois ne furent pas perdus ; le savant reprit le dessus et Naquet les consacra à un travail opiniâtre, collabora au *Grand Dictionnaire universel*, au *Dictionnaire de chimie* de Wurtz, au *Moniteur scientifique*, écrivit le feuilleton scientifique pour la *Tribune* que dirigeait Pelletan et pour la *Démocratie*, enfin un livre qui eut grand retentissement : *Religion, propriété, famille* ; il y défendait, en républicain farouche, l'institution de la propriété, attaquait celle du mariage et de la famille actuelle, enfin y exposait sa théorie religieuse et philosophi-

que, celle qu'il professe encore et qu'on peut devi-
ner, celle du savant, le matérialisme, mais laissant
à chacun sa liberté de conscience. Cet ouvrage,
dont les vues étaient trop larges au gré de l'Empire,
soûta à son auteur une nouvelle condamnation à
quatre mois de prison, qu'il ne fit pas : le voilà
parti pour l'Espagne, comme correspondant du
Rappel et du *Réveil.*

Il y travailla encore beaucoup ses sciences, quoiqu'il eût perdu, comme condamné politique, sa
chaire d'agrégé, et il y fit une connaissance intéressante, celle de Stanley, devenu correspondant du
New York Hérald par suite de circonstances assez
curiouses : le jeune Américain, engagé marin à bord
d'un paquebot des Etats-Unis, s'était brouillé, grâce
à son caractère déjà vif mais aussi singulièrement
énergique, avec la moitié de l'équipage, et, débar-
qué à Cadix, avait simplement traversé à pied,
sans un sou, mendiant son pain, l'Espagne du sud
au nord, les Pyrénées jusqu'à Perpignan, où il s'é-
tait vu arrêter pour vagabondage; là, le procureur
général lui avait donné faculté de prévenir sa famille, qui avait envoyé des secours; Stanley, rapa-
trié, avait raconté son voyage dans le *New York
Hérald* et accepté de retourner en Espagne comme
correspondant de la feuille américaine.

Ils s'entendirent très bien, Naquet et lui, bien que
l'un ne parlât pas à ce moment un mot d'anglais et
l'autre pas davantage le français; mais ils se ren-
contrèrent pour soutenir l'insurrection républicaine
du député Garrido.

Sur ces entrefaites, le 4 septembre arrive; Naquet
est naturellement parmi les envahisseurs du corps
législatif; la révolution accomplie, il est nommé par
Gambetta secrétaire de la commission d'étude des
moyens de défense, à Tours.

Il est élu député de Vaucluse en 71, siège à la
gauche radicale de la Chambre de Versailles, est
réélu en 1881, devient sénateur en 1883 et de nouveau député aux dernières élections.

Le révolutionnaire une première fois satisfait, —
puisqu'il devait se soulever une seconde fois dans
la suite, — le législateur se montra. L'œuvre législative de M. Naquet se résume en quatre points : il a
été l'initiateur de la loi sur la liberté de la presse,
mais son action s'est à peu près bornée là; il a été
l'initiateur, le rapporteur, et on peut dire le fondateur de la loi de 1881 sur la liberté de réunion; il
fut l'initiateur encore, le rapporteur à la Chambre et
au Sénat de la loi qui a validé les opérations à terme
dans le commerce ou à la bourse, et son rapport est
encore cité journellement devant les tribunaux où
il fait autorité; enfin c'est à lui qu'est dû le rétablissement du divorce; c'est à lui que tant d'époux et

d'épouse engagés dans les liens d'une union malheureuse — on sait combien il s'en est présenté depuis 1884 — doivent d'avoir recouvré leur liberté. C'est après avoir vu de trop près l'ineptie de l'indissolubilité de la chaîne conjugale, après s'être séparé de sa femme pour cause de mésintelligence religieuse, que M. Naquet se voua au rétablissement du divorce et entreprit contre la routine — un terrible adversaire — une campagne de huit années, dont le début « fut accueilli par des éclats de rire », dit-il, dans son livre, *le Divorce*, mais dont le triomphe lui vaudra la reconnaissance de ses contemporains et de la postérité.

Comment M. Naquet est devenu boulangiste pour avoir cru rencontrer un partisan de la revision telle qu'il la comprenait et la prêchait depuis plusieurs années, c'est-à-dire dans le sens américain, dans le sens de la séparation des pouvoirs, comment il a abandonné le parti sur les menées duquel il est resté, avec combien d'autres ! trop longtemps aveugle, nous n'en parlerons pas davantage. Les fumées de la bataille ne sont pas encore dissipées : laissons à l'histoire le soin de narrer et d'apprécier des faits trop rapprochés de nous.

JÉRÔME JACOBSON.

L'Intransigeant du 28 novembre 1890 (n° 3789)

LETTRE
DU
GÉNÉRAL BOULANGER
AUX ÉLECTEURS DE CLIGNANCOURT

A la suite des ordres du jour de sympathie et de confiance votés par le Comité républicain socialiste intransigeant du dix-huitième arrondissement, qui l'a choisi pour président d'honneur, le général Boulanger a, dès son retour à Jersey, adressé à ce comité la lettre suivante :

Villa Saint-Brelade, 24 novembre 1890.

Chers concitoyens,

J'ai à vous remercier des témoignages de fidèle sympathie que vous m'avez adressés et qui m'ont vivement touché, en même temps que du zèle avec lequel vous avez affirmé et propagé l'idée et la pratique de l'abstention qui a remporté un premier et sérieux succès.

En recommandant l'abstention, je n'ai fait que m'inspirer des vœux et des sentiments des citoyens de Clignancourt qui me représentaient cette tactique comme la seule qui pût être adoptée dans les circonstances actuelles et comme la seule compatible avec leurs opinions et leur dignité.

Je ne puis que féliciter ces citoyens de leur conseil, en vous remerciant de votre concours. Plus de dix mille électeurs, malgré les sollicitations de tant de candidats, se disputant âprement leurs suffrages, ont refusé de jeter un nom dans l'urne. Nous avons le droit de croire et de dire que le plus grand nombre de ces dix mille électeurs, en s'abstenant, ont voulu, sinon affirmer la fidélité de leur sympathie pour une cause qui est la nôtre, tout au moins protester contre le parlementarisme que nous combattons, qui ne peut subsister que par la violation des droits du suffrage universel et par la proscription, et qui se sent si faible qu'il voit un péril dans un homme désarmé, sans pouvoir et proscrit.

Ce résultat doit vous encourager, comme il me confirme dans l'espoir que j'ai mis en la justice du peuple, dont le jour finira bien par venir. Au scrutin du 30 novembre vous retrouverez le même nombre d'abstentions, s'il ne s'est pas accru encore de ceux qui comprennent que le régime parlementaire ne peut rien pour eux et que l'abstention est le moyen pacifique et efficace d'en finir avec lui pour établir la République nationale populaire, que veut, j'en suis sûr, la majorité du pays.

Persévérez donc dans votre propagande et dans l'exemple que les citoyens de Clignancourt ont eu l'honneur de donner à la démocratie pour lui apprendre comment elle peut, sans émeutes et sans coups d'État, se débarrasser des parlementaires et devenir souveraine. Croyez bien que si je me suis résolu à une patiente attente, je n'ai jamais désespéré de l'avenir et que je saurai mériter la confiance que vous me témoignez, le jour où il faudra faire son devoir.

A vous de cœur.

Général BOULANGER

L'Eclair du 4 janvier 1891 (4ᵉ année — nᵒ 760)

LE BOULANGISME

UNE LETTRE-PROGRAMME DU GÉNÉRAL BOULANGER

A propos du voyage de M. Déroulède à Jersey. — Une série d'informations inexactes. — Le général Boulanger et l'action parlementaires. — Sa politique. — Point d'intermédiaire.

[A la suite du récent voyage de M. Déroulède à Jersey plusieurs de nos confrères ont annoncé que les députés boulangistes restés fidèles allaient former un nouveau groupe sous la présidence et sous la direction du député de la Charente.

Questionné à ce sujet, M. Déroulède, on s'en souvient, a répondu qu'il se préparait à convoquer tous ses collègues du groupe révisionniste et que seulement après cette réunion il ferait connaître les résultats de son entrevue avec le général Boulanger.

Le bruit ayant également couru que la déclaration de M. Déroulède coïnciderait avec un manifeste du général, nous avons écrit à ce dernier pour lui demander de vouloir bien nous fournir des renseignements sur les projets qu'on lui prêtait et nous réserver la primeur du document qu'il préparait.

Voici la réponse que, très obligeamment, le général Boulanger nous a adressée :]

Lettre du Général Boulanger

« Jersey, Saint-Brelade Villa, 30 décembre 1890.

» A Monsieur le directeur de l'*Eclair*.

» Monsieur, il m'est bien facile de vous donner les renseignements que vous me demandez au sujet de l'exactitude d'informations qui ont été publiées, ces jours derniers, sur une direction nouvelle de la politique boulangiste. Ces informations sont de pure fantaisie.

» Je m'en tiens, comme l'a dit la *Voix du Peuple*, aux termes de ma lettre à M. Laisant, dans laquelle je disais ne vouloir plus avoir de représentant ni d'intermédiaire, comme aussi aux récentes déclarations qu'il m'a été donné de faire.

« Je comprends que des journaux plus ou moins hostiles s'empressent d'accueillir des informations me représentant comme ayant oublié ces déclarations ; mais j'ai lieu de m'étonner que ces informations soient confirmées par des journaux qui disent m'être dévoués, alors qu'il aurait été facile à leurs directeurs de se renseigner auprès de moi, comme vous l'avez fait.

« Je crois qu'il n'y a rien à attendre de ce que l'on appelle l'action parlementaire, dont je me préoccupe fort peu. Pourtant, je ne veux pas décourager ceux de mes amis qui croient en elle ; et, sans partager leurs illusions, je ne pourrais que les féliciter s'ils obtenaient par elle quelques unes des grandes réformes, quelques-uns des progrès qui sont à accomplir. C'est pourquoi je songe d'autant moins à leur donner une direction politique qu'ils ont reçu de leurs électeurs des mandats très différents, souvent peu conciliables, et que je ne saurais leur désigner un leader, qu'ils ont à choisir eux-mêmes, s'il leur convient d'en avoir un.

» N'attendant rien de l'action parlementaire, je suis bien résolu à ne recommander personne aux électeurs, et je suis d'avis que l'abstention est encore la manifestation la plus significative qu'ils puissent faire contre le parlementarisme chaque fois que, à raison des circonstances ou du caractère spécial d'une candidature, ils ne pourront manifester plus nettement et plus énergiquement leurs sentiments et leur volonté.

» Il m'a été donné de recevoir l'expression d'un trop grand nombre d'opinions pour croire qu'on puisse les enfermer toutes dans une formule étroite et les soumettre à la direction d'un homme ou d'un Comité. C'est la connaissance de tant d'opinions diverses, dans lesquelles il y a quelque chose de juste ou de légitime, qui m'a rendu tolérant envers toutes, en m'inspirant la pensée de les concilier, autant qu'il était possible, en donnant dans une République nouvelle une extension plus grande à l'exercice de la souveraineté populaire. Je n'ai pas eu besoin, pour arriver à cette conclusion, de l'exhortation de conseillers ou même d'amis, avec lesquels je me suis trouvé d'accord sur un très grand nombre de points, pas plus que je n'ai eu besoin de quelqu'un pour conserver en l'avenir une confiance que je n'ai jamais perdue.

» Pourtant, si je crois à la nécessité d'une grande tolérance en ce qui concerne les opinions personnelles, cette tolérance ne va pas jusqu'à laisser subsister des équivoques qui ont été trop exploitées et qu'il importe de faire cesser.

» La République que je voulais travailler à établir en France et qui ressemble par beaucoup de points à son aînée la République des États-Unis d'Amérique, est celle dans laquelle la liberté serait vraiment respectée, dans laquelle le peuple aurait la plus grande part de pouvoir qu'il puisse exercer directement et qui serait ouverte à tous ceux qui peuvent par leurs talents ou leur mérite rendre des services à la nation, mais qui ne tolérerait les privilèges pour aucun parti, aucune caste prétendant à la domination ou à l'exploitation du pays.

» J'ai à cet égard des opinions, et pas de système ; je n'en veux adopter aucun parce que je crois qu'aucun ne peut satisfaire aux nécessités sociales actuelles ; et c'est pour connaître les volontés et les besoins de la Démocratie que je veux rester en communication directe avec ceux qui veulent bien me conserver leur sympathie et leur confiance, dans le peuple comme parmi ses mandataires.

» Vous pourrez apprécier par les renseignements que je vous donne sur mes opinions et mes résolutions combien étaient fausses les informations qui ont été publiées et dont je vous remercie de me fournir l'occasion de rectifier les inexactitudes.

» Recevez, Monsieur le Directeur, l'assurance de ma considération très distinguée.

» Général BOULANGER. »

L'Eclair du 9 janvier 1891 (4ᵉ année - nᵒ 765)

LE BOULANGISME

Une dépêche de M. Déroulède. — Le député d'Angoulême se prononce contre l'abstention

Nous recevons la dépêche suivante :

« Londres, 7 janvier.

» Monsieur le directeur de l'*Eclair*,

» Je vous serais très obligé de faire connaître à vos lecteurs que j'étais venu voir Henri Rochefort à Londres au moment où paraissait l'entrefilet lu par moi ce matin dans l'*Eclair*.

« Je vous remercie d'avoir envoyé chez moi pour me demander mon avis au sujet des diverses nouvelles plus ou moins contradictoires qui ont paru ces derniers temps au sujet du parti boulangiste, mais en dehors de la question de l'abstention, contre laquelle je me prononce nettement, ne voulant ni abandonner nos électeurs, ni récuser le suffrage universel, je suis résolu, d'accord en cela avec mes meilleurs amis, à garder quand même le silence.

« Croyez, je vous prie, à mes meilleurs sentiments.

« DÉROULÈDE ».

L'Eclair du 8 janvier 1891 (4ᵉ année - nᵒ 764)

LE BOULANGISME

Réponse du général Boulanger à l'interview de M. Castelin.

Le général Boulanger nous adresse la dépêche suivante en réponse à l'interview de M. Castelin, publiée dans l'*Eclair*.

« Jersey, 6 janvier.

« Je lis une interview de M. Castelin qui dénature complètement ma lettre.

« Loin d'abdiquer je reste ce que j'ai toujours été : le chef du parti républicain national ouvert à tous et le serviteur de la démocratie.

« Général BOULANGER. »

Nota – Du 14 9bre au 8 Janvier 1891, une erreur a fait insérer dans le volume des pièces non émanées de moi qui auraient dû figurer aux simples Varia, — tandisque du 10 novembre 1890 au 4 Janvier 1891 plusieurs pièces qui devraient figurer ici sont insérées aux simples Varia où on devra les chercher

—

Le journal officiel de la Rép. Franç.
du 24 février 1891 (23e année – n° 54)
[illegible] [illegible] p.3 [illegible]
Discours sur le mode du recrutement des juges de paix

M. le président. La parole est à M. Naquet.

M. Alfred Naquet. Messieurs, lors de la discussion qui se produisit dans cette Chambre en 1883 sur le recrutement de la magistrature en général, de la grande magistrature, je crus de mon devoir de combattre un projet élaboré par une commission et qui concluait à l'élection des magistrats.

M. le comte de Douville-Maillefeu. C'est une erreur !

M. Alfred Naquet. Vous m'avez même, mon cher collègue, très fortement interrompu pendant que je parlais. (On rit.)

M. le comte de Douville-Maillefeu. Vous vous trompez ! C'est un amendement signé de moi qui a été adopté par la Chambre, après avoir été combattu par la commission.

M. Alfred Naquet. Cela n'a qu'une importance relative....

M. le comte de Douville-Maillefeu. Je vous demande pardon !

M. Alfred Naquet. Votre amendement a été renvoyé à la commission.

M. le comte de Douville-Maillefeu. Et adopté par la Chambre.

M. Alfred Naquet. La commission arriva devant la Chambre avec un projet tendant à la nomination des magistrats, non pas par le suffrage universel, mais par un corps électoral spécial. C'est sur ce projet que je pris la parole et que je combattis le système de l'élection.

A l'heure qu'il est, je reconnais que, s'agissant des juges de paix, qui, la plupart du temps, jugent plutôt en équité qu'en droit, l'affaire a moins d'importance ; néanmoins, comme il est incontestable qu'en augmentant leur compétence — et je suis, pour ma part, très partisan de l'élargissement de la compétence des juges de paix, — vous allez rendre plus nombreux les cas dans lesquels ils auront à statuer en droit, bien que le principe soit moins directement en cause qu'il ne l'était à propos du recrutement des magistrats en général, je crois que l'élection des juges de paix par le suffrage universel serait une très mauvaise mesure, une mesure susceptible de porter atteinte à l'impartialité de la justice en France. Pour ma part, je m'y opposerai de toutes mes forces, et par ma parole et par mon vote.

On a beaucoup parlé, au cours de cette

discussion, des principes républicains, des principes démocratiques. De ce qu'à l'origine de nos libertés publiques, alors que l'expérience du passé n'était pas encore là pour guider les hommes illustres qui ont fait la Révolution française, on a, pendant un temps, admis l'élection de la magistrature en général et des juges de paix en particulier on en est arrivé à conclure que le principe républicain voulait que le juge fût, absolument comme le député, le délégué direct du suffrage universel.

Je crois qu'au contraire le véritable principe démocratique, surtout dans un gouvernement centralisé comme le nôtre, est que le juge ne dérive pas d'une manière directe et immédiate du suffrage universel.

J'entends bien que, comme le disait tout à l'heure M. Bouge, tous les pouvoirs émanent du suffrage universel. Il est bien clair que c'est le suffrage universel qui est à la base de la souveraineté sous toutes ses formes, mais il n'en est pas moins établi que les délégations conférées par le suffrage universel peuvent être données d'une manière médiate ou immédiate. Quand il s'agit du pouvoir législatif, la délégation est immédiate; je crois que quand il s'agit du juge le principe même est que cette délégation soit médiate, indirecte.

La raison en est bien simple; elle est d'une nature analogue à celle qui, très vraisemblablement, vous ferait repousser aujourd'hui une proposition comme celle que présenta autrefois M. Langlois à l'Assemblée nationale et qui tendait à faire élire les préfets par les conseillers généraux. Vous la repousseriez parce que, sous notre régime, la loi, qui est une pour toute la France, est faite au centre par l'ensemble du peuple français représenté par les deux branches du Parlement, tandis que l'élection des magistrats, tout comme, d'ailleurs, l'élection des députés, se produirait dans des circonscriptions parcellaires.

Bien que la fiction veuille que nous soyons les représentants de la France entière, aucun de nous n'a été élu par toute la France. Nous avons été élus par des circonscriptions limitées. Seulement quand nous arrivons à la Chambre, nous nous trouvons en présence de collègues qui ont été élus par d'autres circonscriptions; et, comme aucun de nous ne fait la loi à lui seul, comme c'est le Parlement dans son ensemble qui la vote, il en résulte naturellement que de toutes ces individualités représentant chacune un collège parcellaire se dégage la volonté générale du suffrage universel. Si bien qu'on peut dire que la loi qui émane de la Chambre et du Sénat est la loi émanée du suffrage universel dans son ensemble, la loi émanée de l'ensemble du pays.

Mais cette loi, quelle est-elle? Pouvez-vous dire qu'elle satisfasse jamais d'une manière absolue et complète chacune ou même peut-être aucune des circonscriptions qui nous ont élus? Non, parce que toute loi, dans un régime représentatif, est le résultat d'une transaction : des uns vont plus loin qu'ils ne voulaient aller d'abord...

Un membre à gauche. Tout est transaction!

M. Alfred Naquet. Tout est transaction dans le régime représentatif.

M. Emile Moreau. Vous vous y connaissez, en transactions!

M. Alfred Naquet. Je ne fais pas de politique, mon cher collègue, je discute un principe de législation.

Je disais que dans le système représentatif, tout est transaction : les uns vont plus loin qu'ils n'auraient voulu aller; les autres vont moins loin, et de là résulte un ensemble de dispositions qui est acceptable pour tous, bien qu'il ne satisfasse d'une manière complète que quelques-uns.

Si donc vous donniez aux collectivités parcellaires qui vous ont élus en tant que députés le droit d'élire soit les administrateurs, soit les juges chargés d'appliquer la loi, vous vous heurteriez constamment à des conflits entre le principe de la loi elle-même et l'application de cette loi. C'est là ce qu'il importe d'éviter.

Dans aucune circonstance je n'accepterais de confier à des circonscriptions déterminées l'application de la loi, soit dans sa forme administrative, soit dans sa forme judiciaire.

Ah! si nous étions une nation de philosophes!... Et encore, je ne sais pas s'il suffirait d'être une nation de philosophes; peut-être faudrait-il pour cela être une nation d'anges descendus du ciel!

Si nous étions une nation de philosophes capables de discerner sans passion la différence qui sépare le domaine législatif du domaine administratif ou judiciaire, à ce point que ceux qui sont ennemis d'une loi, qui ont voté dans leur circonscription pour un député auquel ils ont donné mandat de combattre cette loi, fussent en même temps assez imbus du devoir qui incombe à tous les citoyens de respecter la loi aussi longtemps qu'elle existe pour élire ensuite des magistrats ou des administrateurs avec mandat d'appliquer cette même loi dont ils ne veulent pas ; si nous étions parvenus à ce degré de développement philosophique auquel je ne crois pas que jamais aucune nation puisse parvenir, mais auquel certainement nous ne sommes pas parvenus, je reconnais que l'élection directe des magistrats par le suffrage universel, au point de vue purement doctrinal, ne présenterait pas d'inconvénients.

Mais nous n'en sommes pas là. Il est incontestable que si vous concédez à des circonscriptions limitées, restreintes, le droit de nommer des administrateurs ou des juges, c'est-à-dire des hommes chargés d'exécuter la loi qui est faite, au centre, par la nation tout entière, vous risquez de faire naître des conflits entre le pouvoir législatif, c'est-à-dire entre la loi générale, et le pouvoir qui est chargé d'appliquer cette loi.

Un membre à gauche. Qui est-ce qui doit le nommer ?

M. Alfred Naquet. Soit le pouvoir exécutif, soit la représentation nationale, en tout cas, le gouvernement central.

M. Le Veillé. Et la séparation des pouvoirs, qu'est-ce que vous en faites ?

M. Alfred Naquet. Il faut que le pouvoir qui a fait la loi nomme ceux qui sont chargés de l'exécuter, afin qu'il ne puisse pas y avoir conflit entre les deux pouvoirs.

Un membre à gauche. C'est le despotisme !

M. Alfred Naquet. Comment! Alors vous vous considérez comme un despote quand vous faites la loi ? (*Interruptions.*)

Un membre à gauche. Vous taxez le suffrage universel d'incapacité.

M. le président. Messieurs, veuillez laisser l'orateur développer sa pensée.

M. Alfred Naquet. Je ne déclare pas le suffrage universel incapable, et tout à l'heure l'honorable M. Cousset, qui a considérablement allégé ma tâche, a répondu à cette objection, et il y a répondu supérieurement.

Le suffrage universel n'est nullement incapable en matière législative ; il n'y a pas d'incapacité matérielle du suffrage universel ; mais le suffrage universel ne peut pas faire que la partie équivaille au tout, et il ne peut pas faire que toutes les parties soient semblables entre elles. Or, il est incontestable que si vous remplissez votre mandat quand vous édictez une loi qui est le résultat du sentiment général de la Chambre, de l'entente et de la transaction qui se sont produites entre tous les membres de cette Assemblée, entente qui représente, je le répète, l'opinion moyenne du suffrage universel, non pas à Brest, à Bordeaux ou à Marseille, mais dans tout le pays, dans la France entière, il est incontestable, dis-je, qu'il peut y avoir conflit entre cette opinion du pays représenté par la Chambre et une fraction de ce pays représentée par une circonscription judiciaire ou administrative déterminée.

Il n'y a pas d'incapacité du suffrage universel pris en soi, il y a un antagonisme entre le fait de l'unité de la loi et le fait de la décentralisation dans l'application de la loi, voilà tout.

Tel est le point doctrinal, et à cet égard, rappelant ici un discours extrêmement remarquable et extrêmement substantiel qui a été prononcé en 1883 par l'honorable ministre actuel du commerce, M. Jules Roche, je dirai que cet antagonisme entre le pouvoir judiciaire et le pouvoir législatif est tellement peu l'exception qu'en 1793 la Convention nationale, par un décret dont vous trouverez la date dans le discours que je rappelle, fut obligée d'annuler en bloc tous les jugements rendus dans le pays et de supprimer l'élection des magistrats, qui ne fut rétablie qu'après le 9 thermidor dans la Constitution de l'an III. Et il en fut ainsi parce qu'un conflit s'était élevé d'un bout de la France à l'autre entre le pouvoir législatif représenté par la Convention et le pouvoir judiciaire représenté par les juges élus.

Tout à l'heure l'honorable M. Bouge, après nous avoir cité un exemple tiré de la Révolution française, nous a parlé d'un exemple pris hors de chez nous.

Il nous a parlé des Etats-Unis d'Amérique et de la Suisse.

Pour la Suisse, l'exemple est mal choisi, car il n'est pas exact qu'en Suisse les magistrats soient, sinon dans quelques cantons, élus par le suffrage universel. (*Interruptions.*)

M. Vietto. Vous parlez d'élections, de suffrage universel ; ce sont des choses dont vous n'avez pas le droit de parler. (*Très bien ! très bien ! sur divers bancs.*)

M. Alfred Naquet. Je n'ai pas saisi votre interruption.

M. le président. Veuillez garder le silence. L'orateur a le droit de parler sur toutes les questions qui se traitent à la tribune.

M. Alfred Naquet. Je disais que l'exemple de la Suisse était mal choisi, car à l'exception des petits cantons d'Uri, de Schwytz et d'Unterwald, dans lesquels il n'y a pas de représentation nationale, où le gouvernement est direct, les juges en Suisse ne sont pas élus par le suffrage universel. Ils sont nommés par le grand conseil, c'est-à-dire par le pouvoir législatif cantonal; et comme la Suisse est un pays fédératif, et que la loi est faite par les cantons, la Suisse rentre dans le principe en faisant nommer les juges par le même pouvoir qui fait les lois. L'élection des juges par l'assemblée nationale, c'est comme si vous élisiez vous-mêmes les juges. Il y aurait là une difficulté matérielle, il n'y aurait pas d'objection de doctrine.

Quant aux États-Unis, la magistrature y pèche sous bien des rapports; et il suffit, comme je l'ai fait bien souvent, d'étudier la constitution américaine dont je suis, au point de vue politique, un admirateur passionné, pour savoir que des plaintes considérables se sont élevées et s'élèvent chaque jour contre le principe électif appliqué à la magistrature, et qu'on cherche à remédier aux inconvénients qui en résultent en prolongeant le mandat des juges au point de les rendre presque inamovibles. A New-York notamment, ils sont élus pour vingt ans. Voilà pour le côté doctrinal.

A côté de ce point de vue, il y a le point de vue des faits.

M. Bougo, tout à l'heure, l'a abordé à cette tribune; il vous a dit : On prétendra qu'il est difficile d'admettre qu'un juge de paix placé entre les adversaires qui l'ont combattu avec ardeur, avec animation, au milieu des diffamations, des calomnies, auxquelles tous ceux qui ont affronté la lutte électorale savent qu'il faut se soumettre, ne pourra pas demeurer impartial entre ceux qui l'auront attaqué et ceux qui l'auront fait élire.

Eh bien, je crois que sous ce rapport l'argument n'a pas été suffisamment réfuté par l'honorable M. Bouge; je crois que M. Cosset au contraire a fait justice de l'assimilation présentée par M. Bouge des juges de paix aux juges consulaires, et d'une manière assez complète pour que je me dispense de discuter sur ce point. (*Bruit. — Aux voix! aux voix!*)

J'ai terminé, messieurs. Au point de vue des faits, M. Cosset a si bien fait justice de l'argumentation de M. Bouge qu'il n'y a pas à y revenir.

J'avais un point de doctrine à soutenir à propos de la compétence du suffrage universel. C'est fait. J'espère avoir réussi à démontrer que le vrai principe républicain est contraire à l'élection des juges. (*Bruit à gauche.*)

M. Le Senne. C'est comme cela que vous comprenez le *referendum!*

M. Alfred Naquet. Ceia n'a rien à voir avec la question!

M. Le Senne. Vous ne tiendriez pas le même langage devant vos électeurs!

M. Alfred Naquet. Nous y retournerons dès demain, si vous le voulez!

Lettre au Correspondant du Sokol Berliner Anzeiger

Paris le 11 mars 1891

44 rue de Moscou

Monsieur

Je reçois la lettre par laquelle vous me demandez de vous dire « si je ne pense pas qu'une réconciliation puisse avoir lieu entre la France et l'Allemagne, et à quelles conditions on pourrait la sceller. »

Ma réponse sera bien nette. Aussi longtemps que l'Allemagne détiendra nos provinces d'Alsace et de Lorraine, j'estime que toute tentative de réconciliation, pour généreux que soit le but de la part de ceux qui les poursuivent, est chimérique et dangereux.

Nul ne désirerait plus que moi une réconciliation entre les deux grands peuples qui sont à la tête de la civilisation par les arts, les lettres, les sciences. J'estime que leur accord, leur harmonie, seraient chose féconde pour eux-mêmes et pour l'humanité.

Mais c'est là malheureusement un rêve que les événements de 1870 – 1871 ont rendu irréalisable tant que

le démembrement de notre patrie accompli à cette é-
poque ne sera pas réparé.

Les Allemands aiment passionnément leur patrie.
Ils doivent comprendre que nous aimions passionnément la
nôtre, et que, quand il s'agit de l'intégrité territoriale
de la France, nous hésitions d'autant moins qu'à renoncer
à celle-ci, on renoncerait du même coup à l'intégrité
morale du pays.

Cela ne veut pas dire que j'approuve les manifestations chauvines. Je pense que le sentiment patriotique a tout intérêt à se montrer réservé et
digne. Je suis de ceux qui désirent éviter toute provocation, qui ne désirent pas la guerre, qui ne peuvent, malgré les apparences contraires, renoncer à la
chimère d'une solution pacifique qui inaugurerait u-
ne ère de justice et de droit dans l'humanité, et ho-
norerait l'Allemagne plus qu'il n'est possible de
l'exprimer.

Mais je le répète: tant que les provinces arrachées à la France ne lui seront pas revenues, il
pourra exister, comme aujourd'hui, entre la France
et l'Allemagne, des rapports de commerce, d'industrie,
de travail, voire même des relations courtoises d'homme à homme,.... jamais de réconciliation nationale.

— 185 —

Pardonnez-moi, Monsieur, de vous dire ainsi mon sentiment avec cette franchise, qui n'enlève rien à l'estime et à la sympathie personnelle que j'éprouve pour l'homme qui m'a fait l'honneur de m'interroger.

A. Naquet

Le Figaro du 20 avril 1891 (37ème année — 3e série — n° 110)

BOITE AUX LETTRES

Rome, le 18 avril 1891.
Albergo di Milano.

Monsieur le Rédacteur en chef du *Figaro*,

Je lis à Rome l'article qu'a publié M. Auschitzky dans votre numéro de vendredi à propos de la rencontre fortuite qui s'est produite ici, entre le père Didon et moi, à l'hôtel de Milan — rencontre dont je me félicite car elle m'a procuré un quart d'heure d'une conversation agréable et élevée, dans laquelle, laissant de côté les questions sur lesquelles nous ne serions sans doute pas d'accord, nous n'avons parlé que de ce qui nous unit : l'amour de notre patrie commune.

M. Auschitzky, dont à une époque j'avais fait mon secrétaire et dont j'avais cru pouvoir faire mon ami, trouve sans doute insuffisante la position que je lui ai fait avoir à la Compagnie transatlantique dans un moment où il était sur le pavé, et il cherche à y ajouter une autre profession lucrative. Celle-ci consiste à livrer crûment et orné les confidences qu'il m'est arrivé de lui faire dans l'intimité de l'amitié alors que je croyais parler à un galant homme.

La délicatesse de ce procédé est douteuse ; mais je la lui pardonnerais cependant — le besoin de vivre excuse tant de choses ! — s'il se bornait à reproduire exactement ce que je lui ai dit. Malheureusement, les communications de ce genre n'ont de valeur monnayable qu'à la condition d'avoir du sel, et quand elles n'en ont pas par elles-mêmes on en ajoute en dénaturant les faits.

C'est ce que fait M. Auschitzky. Avec un point vrai, il échafaude tout un roman généralement désagréable à ceux qu'il met en cause, car c'est là un moyen d'allécher la curiosité.

Il me met ainsi dans la nécessité de protester avec indignation contre sa publication récente.

Je ne veux pas m'attarder à raconter au public, dans leurs détails, des faits qui ne sont pour intéresser personne. Je veux seulement déclarer que, tels que M. Auschitzky les présente, ils sont faux.

M. Auschitzky prétend que c'est le P. Didon qui a obtenu de moi l'introduction, dans la loi du divorce, d'une disposition permettant aux époux divorcés de se remarier entre eux.

La vérité est que, dès 1876, dans mon premier projet, 3 ou 4 ans avant de connaître le P. Didon, j'avais supprimé cette inhibition ridicule.

Seulement, les paroles éloquentes du P. Didon sur la réconciliation qu'il ne faut pas rendre impossible m'ont apporté un argument qui a été d'un grand poids dans les Chambres.

Quant à l'anecdote finale relative au couvent de Corbara et qui se termine ainsi :

« Le lendemain, les trois moines de Corbara étaient expulsés par la force armée »,

Je n'ai qu'une chose à dire à cet égard : c'est que le couvent de Corbara n'a jamais été fermé et que les moines n'en ont jamais été expulsés.

Ceci suffit à montrer la foi qu'il est permis d'ajouter aux narrations fantaisistes de mon ancien secrétaire.

Je vous serais bien obligé, monsieur le Rédacteur en chef, si vous vouliez avoir l'amabilité de publier cette rectification dans l'un de vos prochains numéros.

Agréez, je vous prie, l'assurance de ma considération très distinguée.

A. NAQUET.

La Tribuna (de Rome) du 19 avril 1891
IXᵉ année n° 108
(Cette interview m'a été surprise par Barzilai)

A Roma e altrove

IDOLI INFRANTI.

Il fondatore dell'unità germanica, l'uomo che fu lungamente arbitro della situazione internazionale, che assunse ogni sorta di potere e di influenza nel suo paese e in Europa, presentatosi candidato alle elezioni politiche va in ballottaggio con un si carato amico di Bebel e di Libnecht, con uno di quei democratici socialisti dell'officina che egli ha supremamente disprezzato e perseguitato senza posa per via di leggi di restrizione o di proscrizione ed alla cui propaganda ha creduto far argine col socialismo di Stato.

Il gigante fisico e politico, la cui sola presenza in una giornata solenne al gran palazzo della Leipzigerstrasse arrestava il respiro in gola all'Europa, ansiosa li apprendere se egli le avrebbe assicurata la pace o portata la guerra, deve subire, come un neofita della politica, la umiliazione di un secondo scrutinio ed affrontarlo senza alcuna sicurezza del risultato definitivo.

E' bastato che il giovane imperatore gli levasse le mani dal capo perché si dileguassero i ricordi di un passato glorioso; i servigi dell'antico ambasciatore, del ministro di Prussia, dell'uomo che conduceva Guglielmo I a Versaglia, scomparissero dalla memoria, per lasciare luogo solo al lievito degli odii seminati nello esercizio della sua potestà dal ministro di Stato, alla gazzarra dei piccoli che lo avevano fieramente attaccato negli ultimi anni a colpi d'articoli e di *pamphlets* coi quali essi amano d'illudersi di averlo atterrato.

Parve un sogno ai tedeschi più contro di lui accaniti che la politica della Germania guidata da lui di successo in successo a signoreggiare gli avvenimenti, potesse di un tratto liberarsi dall'impulso vigoroso della sua mano — ed oggi si reputa superfluo perfino che da uno stallo dei Reichstag egli parli come rappresentante della nazione; oggi il suo nome come quello di un uomo troppo grande o pericoloso, è scritto su tutti i gusci di ostrica

del Reame di Prussia.

E veramente il fu la sua soverchia grandezza, nelle sue sovrapposizioni sono le cause della sua precipitosa rovina.

Una tradizione si adatta a lungo anzi difficilmente ed a sere immento inata, identificata in un uomo — a ripetere da lui la buona e la cattiva fortuna, a subire l'assorbimento di ogni sua potestà sia pure in nome del genio o del patriottismo.

Bismarck riuniva tutti i poteri del popolo e della Corona, invadeva colla sua persona tutta la scena politica del suo paese. Può resistere alla insofferenza del popolo decapitato, ma quando al caso si aggiunse l'insofferenza di un principio che succedeva a due larve d'imperatori, deciso ad agire ed a contare per qualche cosa, il colosso dovette sparire.

Ma degli uomini che negli ultimi anni più occuparono la opinione pubblica dell'Europa, o parvero arbitri dei suoi destini non è solo Ottone di Bismarck che sopravvive abbandonato alla propria disfatta.

Giorni sono un dispaccio da Parigi ci narrava di una riunione di deputati boulangisti: Dov'è? che ne è avvenuto di Boulanger?

Ho parlato di lui giorni sono con un uomo che fu tra i suoi più accalorati fautori e in molte occasioni il suo diretto ispiratore: col deputato Naquet.

L'antico luogotenente del partito revisionista ha ormai la sua opinione fatta sul generale — che non è del resto una novità — e la manifesta senza riguardi: era una vescica artificialmente gonfiata, un uomo da nulla.

Si trovò a giocare una parte di primo ordine nella politica del suo paese, senza volerlo, senza saperlo. Non aveva un programma, non un qualsiasi patrimonio d'idee — ne prendeva a prestito a destra e a sinistra così come faceva dei quattrini.

Restituiva quello impasticciato e confuso in un programma politico e non si preoccupava eccessivamente della restituzione di questi.

I suoi principali fornitori di danaro, la duchessa d'Uzès, il conte di Parigi e il barone

Hirsch, nè quest'ultimo per instinguibile odio contro il suo rivale il barone di Rothschild, versando a complesso sette milioni nella cassa del boulangismo esercitate dal conte Dillon; così era [illegible] li reparti al cento per cento: i capitoli del suo programma, imbandito al Casino Lido, a Clignancourt, tendevano colla loro indeterminatezza ad alimentare le speranze dei repubblicani come a ravvivare i sogni dei monarchici che vi aderivano.

In realtà che cosa voleva? Nè la monarchia, nè la repubblica, secondo il signor Naquet.

Voleva un potere personale che avrebbe impiegato soprattutto per difendersi, per regimentare intorno a se una corte di gaudenti o di scialacquatori.

Vi fu un momento all'epoca della sua elezione di Parigi che il Governo — lo confessarono poi allo stesso Naquet Constans, o l'è paut — ritenne la repubblica spacciata. I ministri in quella sera del 27 gennaio, erano riuniti all'Eliseo, e si aspettavano di essere da un momento all'altro arrestati. Avevano motivo di credere che le truppe al momento buono avrebbero fraternizzato coi rivoltosi.

Boulanger non osò, non seppe, si lasciò sfuggire l'occasione.

Doveva ripresentarsi.

Allora Constans organizzò il processo destinato a consigliargli la fuga.

Boulanger fu per giorni attorniato da un agente di polizia, che gli si fingeva devotissimo e gli sussurrava che Constans lo avrebbe fatto arrestare e poi avvelenare in carcere. Boulanger chiamò a raccolta gli amici; essi furono di opinione che non doveva partire.

Quando egli fosse partito, quando il popolo di Parigi non lo avesse più visto caracollare ai Campi Elisi sul bel cavallo nero, l'incanto sarebbe stato rotto.

Ma Boulanger aveva paura — è la vera parola. Fece una prova generale della sua fuga, o andò a Bruxelles. Rimproverato e richiamato tornò a Parigi — ma per ripartire definitivamente.

Aveva paura — lo riconosce il signor Naquet.

E quando dopo lo scacco delle elezioni generali, gli fu proposto ancora una volta di tornare a Parigi, provocando la rinnovazione del giudizio in contraddittorio, mancò poco che egli non buttasse dalla finestra i consiglieri dell'inopportuno croismo.

Ed oggi a fare del boulangismo a tempo perso non c'è che il signor Déroulède il quale del resto fa sopratutto del *déroulédismo*.

Boulanger non èra nulla, rappresentava la dit-

tatura della debolezza, della impotenza —
E non ha limite il dispetto e il disprezzo
di una nazione quando si accorge di aver
abdicata la sua dignità, e di aver bru-
ciato il suo incenso sull'altare di un
idolo di stucco.

Il Secolo (de Milan) des 21-22 avril 1891
XXVIième année — N° 8996

Milano, 21 aprile

Naquet ed i rapporti franco-italiani

NOSTRA CORRISPONDENZA.

Roma, 19 aprile.

(D.) Ebbi occasione in questi giorni di vedere il deputato francese Naquet, l'ex boulangista che ha intrapreso un giro per l'Italia.

Certo egli non ha missione ufficiale alcuna, ma ha conferito al suo ritorno con parecchi ministri, trattenendosi a lungo specialmente col Luzzatti e col Rudini.

Politica economica e politica estera sono le basi di un ravvicinamento fra l'Italia e la Francia, ed è naturale che il Naquet abbia voluto conferire cogli uomini che dirigono l'una e l'altra.

Le impressioni ch'egli recherà in Francia, a quanto mi disse, se non sono eccellenti, sono però abbastanza buone.

Il presidente del Consiglio si tenne molto abbottonato, e non proferì parola che potesse sbilanciarlo. Naquet si dipartì da lui convinto che, restando al potere, rinuoverà forse la triplice alleanza, ma non le darà mai il carattere aggressivo che Crispi aveva voluto imprimerle.

— E questo, diceva il Naquet, è già un passo. Quel che si desidera in Francia non è che l'Italia si stacchi dall'alleanza tedesca, per stringere subito un'alleanza francese, ma che si attenga neutrale, che non si atteggi a nemica nostra, nè a provocatrice di conflitti, che la Francia non vuole. Rudini, se non ci darà la neutralità, almeno non si farà provocatore, e questo è tanto di guadagnato.

Col Luzzatti la posizione doveva invertirsi. In politica estera. Naquet esprimeva il desiderio dei francesi : quanto alla politica economica voleva sapere ciò che desiderava l'Italia.

L'on. Luzzatti avrebbe esposto alquanto modestamente i nostri voti.

— Non domandiamo, avrebbe detto a Naquet, che la Francia ci usi un trattamento speciale, o ci conceda un regime di favore. Desideriamo soltanto che non ci usi un trattamento odioso, e se non vuole concederci di più, non ci conceda meno di quello che accorda agli altri paesi.

Secondo Naquet, è quasi certo che la Francia seconderà questo desiderio.

Il governo è disposto: la parte repubblicana che lo sostiene è nel medesimo ordine di idee : e la propaganda protezionista del Meline, per quanto vigorosamente condotta, non può nuocere. O condurrà ad un regime che escluda i trattati i commercio, o l'Italia avrà necessariamente le stesse condizioni di tutti gli altri paesi : o permetterà che si accordino dei regimi di favore, e l'Italia vi sarà sempre compresa.

Gli chiesi se, essendo possibile un accomodamento nel campo economico, lo sarà del pari in quello finanziario, e qui sorgono i dubbii che pare Naquet abbia manifestato anche ai nostri ministri.

Posti sul piede di eguaglianza cogli altri paesi, per il regime economico, Luzzatti crede che il basso prezzo della mano d'opera fra noi, basti a metterci in grado di sostenere ogni concorrenza ; ma sta di fatto che i banchieri francesi ebbero pressioni dal loro governo, per impedire che concludessero operazioni finanziarie a pro dell'Italia.

— I banchieri desiderano, ed è nel loro interesse, disse Naquet, che questo veto sia tolto: ma il toglierlo dipende da due probabilità. La prima è il possibile ritorno di Crispi, e questo ritorno si teme ancora, o per lo meno si crede probabile in Francia: la seconda, è il riflesso che il capitale francese possa servire ad una guerra contro la Francia. Il giorno in cui la Francia sarà sicura che il ritorno di Crispi è impossibile, la difficoltà sarà mezzo appianata, e lo sarà del tutto, quando si avrà la certezza che i capitali francesi aiuteranno bensì la prosperità dell'Italia, ma non serviranno ad alimentare armamenti e minaccie dirette contro la Francia.

Era facile osservare che il nostro paese abborre dalla politica di Crispi, e l'enorme maggioranza raccoltasi all'improvviso contro di lui non faceva che esprimere un sentimento generale.

— Lo so, rispose Naquet, ed è il caso di accertarmene, che la politica dia su... non è in accordo con quella voluta dal paese, ed è un guaio per la Francia e l'Italia insieme. Ma un paese che vuole, ed una Camera che sa, possono bene costringere le due politiche ad andare pienamente d'accordo.

**

Quando gli dissi che avrei mandato le sue impressioni al *Secolo*, mi avvidi ch'egli, pur essendone lieto, aveva un dente contro di noi, che l'abbiamo attaccato spesso.

— Conseguenze del boulangismo, gli dissi.

— Uh! lo so, rispose egli, che non v'era nulla di astioso in quegli attacchi, che il *Secolo* anzi è benemerito della causa franco-italiana. Il boulangismo, lo confesso, fu un errore: abbiamo male giudicato l'uomo, attribuendogli un valore superiore alla realtà, e fummo ingannati. Credevamo che il danaro pervenisse a Boulanger dall'americano Makay, per la promessa di qualche concessione. Dillon ce ne aveva assicurato. Seppimo soltanto più tardi, e quando non eravamo più in tempo di ritirarci, da chi ed a quale scopo il denaro veniva fornito.

Curioso è il modo con cui la verità venne a galla, e si pubblicarono le *coulisses du boulangisme*. L'aneddoto, credo, è ancora inedito, e ve lo riproduco tal quale.

— Boulanger, narrò Naquet, possedeva otto cavalli. Quattro li portò seco nella fuga: gli altri quattro li affidò alla custodia della duchessa di Uzès. Trascorso un certo tempo, un amico di Boulanger ridotto a mal partito, chiese alla duchessa il permesso di servirsi di due cavalli del generale, per dare lezioni di equitazione e campare la vita. Quando li ebbe, dichiarò che li avrebbe tenuti, avendogli Boulanger preso a prestito due dei suoi senza più restituirglieli. Poco dopo, un altro cavallo morì. Così nelle scuderie della duchessa non restava più che un solo cavallo di Boulanger. Un bel giorno, Boulanger scrive alla duchessa d'aver venduto i quattro cavalli, e la prega di consegnarli a chi si presenterà per ritirarli.

« Fu una sorpresa per la generosa aristocratica, che aveva dato a Boulanger tre milioni e duecentomila franchi, ed essa gli scrisse narrandogli come stavano le cose, e come nelle sue scuderie non si trovasse più che un solo cavallo. Lo si crederebbe? Boulanger rispose una lettera villana, tenendo la duchessa responsabile del deposito, e soggiungendo che avrebbe posto la cosa in tacere soltanto s'ella gli rilasciava una dichiarazione d'esserseli appropriati! La duchessa montò sulle furie, e fece poi quelle rivelazioni, che in gran parte furono una sorpresa anche per il comitato boulangista.

« Ad ogni modo, concluse Naquet, io ho sbagliato e confesso il mio errore; ma questo errore non deve impedire che gli amici della Francia e dell'Italia, si trovino d'accordo nel facilitare il ritorno delle buone relazioni tra i due paesi, al che, se lavora il *Secolo* da parte sua, io pure cerco di cooperare nel miglior modo possibile. »

La presse du 12 mai 1891 (n^{elle} série — n° 1071)

Un certain nombre de journaux persistent à nous classer dans les différents scrutins en dehors du parti républicain et sous une étiquette inexacte.

Ce n'est point au moment où le général Boulanger abandonne le programme de revision qui nous avait groupés autour de lui que nous pouvons laisser persister l'équivoque entretenue avec soin depuis longtemps.

Nous sommes ce que nous étions hier, des républicains revisionnistes, des démocrates sincères, désireux de voir réaliser les réformes sociales.

Rien de plus, rien de moins.

BORIE, député de la Corrèze;
G. LAGUERRE, député de la Seine;
G. LAPORTE, député de la Nièvre;
R. LE HÉRISSÉ, député d'Ille-et-Vilaine;
A. NAQUET, député de la Seine;
TURIGNY, député de la Nièvre.

— 191 —

J'ai reçu les deux lettres suivantes :

Paris, le 12 mai 1891.

Cher ami,

La *Presse* nous apprend ce matin que M. Mermeix approuve la déclaration que nous avons cru devoir signer ensemble.

C'est le droit du député du septième arrondissement, mais il est de notre devoir de déclarer publiquement que pas plus aujourd'hui qu'hier nous n'acceptons une solidarité quelconque avec l'auteur des *Coulisses du Boulangisme*.

Croyez, cher ami, à nos sentiments bien affectueux.

GASTON LAPORTE, D' TURIGNY, BORIE, A. NAQUET, R. LE HÉRISSÉ.

Paris, le 12 mai 1891.

Mon cher Laguerre,

Vous me communiquez la lettre que vous avez reçue de nos collègues.

J'ai toujours revendiqué pour moi seul les périls et la responsabilité des *Coulisses du Boulangisme*.

Aujourd'hui plus que jamais je ne suis disposé à partager avec qui que ce soit l'honneur du service que je crois avoir rendu à la République.

Cordialement, MERMEIX.

Auteur des *Coulisses du Boulangisme*.

Comme mes collègues et amis, j'estime que l'adhésion à un progamme commun ne peut entraîner une solidarité quelconque dans une publication dont Mermeix a toujours revendiqué l'entière responsabilité.

G. L.

DANS LE Ve ARRONDISSEMENT

M. Alfred Naquet, le Maire et le Préfet,

Notre collaborateur et ami, M. Alfred Naquet avait récemment demandé à M. le Maire du V° arrondissement l'autorisation de faire une conférence sur le libre-échange et la protection, dans la salle des mariages de la mairie du Panthéon.

M. le Maire répondit à M. Naquet qu'il n'avait

jamais accordé cette salle que pour des conférences faites au profit d'une constitution ayant un caractère d'intérêt public, mais que cependant, ne voulant prendre la responsabilité ni d'une autorisation ni d'un refus, il allait en référer au Préfet de la Seine.

Le Préfet de la Seine a, paraît-il, opposé son *veto*, car notre ami a reçu, depuis lors, une lettre de M. le Maire du cinquième, par laquelle ce dernier lui refuse la salle demandée.

Nous n'avons pas à juger ici les motifs invoqués par M. le Maire. Il est parfaitement possible qu'en ce qui concerne la mairie du V° ils soient plausibles, mais la même jurisprudence est loin d'avoir prévalu dans toutes les mairies, et dès lors on aurait lieu, si l'on ne connaissait M. Poubelle, de s'étonner de la détermination qui a été prise. Un administrateur placé à la tête d'un service aussi important que la Préfecture de la Seine devrait éviter soigneusement d'avoir deux poids et deux mesures, et de refuser aux hommes de l'opposition ce qu'il concède aux amis du gouvernement. Il le doit d'autant plus que les édifices publics ne sont pas la propriété privée des hommes que le hasard des circonstances ont appelés à gouverner le pays. Ils sont la propriété commune de tous les citoyens, et il n'existe aucune raison honnête pour ne pas reconnaître à un mandataire du suffrage universel les mêmes droits que l'on reconnaît à d'autres.

Mais M. le Préfet de la Seine comprend autrement son devoir. Nous ne nous en plaignons ni ne nous en étonnons; nous nous bornerons à en prendre acte.

La Presse du 21 juin 1891 (n^{lle} série — n° 1111)

PROTECTION ET LIBRE-ÉCHANGE

UN DISCOURS D'ALFRED NAQUET

Une conférence contradictoire. — Un sujet d'actualité. — Alfred Naquet expose la théorie libre-échangiste

Mardi dernier a eu lieu à la salle Octobre, rue de la Montagne-Sainte-Geneviève, 46, une conférence contradictoire qui avait été organisée par le comité Naquet, et dont l'ordre du jour était « le libre échange et la protection. »

Le député de la première circonscription du cinquième a, le premier, pris la parole et il a prononcé un très remarquable et très complet discours, que le manque d'espace nous oblige à publier en deux fois.

Nous en donnons aujourd'hui la première partie.

Après avoir montré l'importance capitale pour la France du débat qui se déroule en ce moment devant la Chambre, il est entré dans le fond du débat.

DISCOURS D'ALFRED NAQUET

Les libre-échangistes, dit-il, reprochent à leurs adversaires, par les droits qu'ils mettent sur tout, d'élever le prix de toutes choses, et de prélever ainsi un impôt de 1 milliard et demi ou 2 milliards sur la consommation.

L'argument est irréfutable; mais M. Méline riposte aussitôt qu'il va faire entrer 1 milliard et demi ou 2 milliards dans la poche du producteur; ce qui est également vrai.

Malheureusement les deux partis adverses sont un peu demeurés dans l'abstraction. On ne s'aperçoit pas assez lorsqu'on raisonne de la sorte que le producteur et le consommateur n'existent pas, que ce sont des abstractions de notre esprit, lequel, impuissant à envisager l'être humain sous toutes ses faces, est conduit, pour l'analyser, à lui faire subir des divisions artificielles dénuées de toute réalité objective.

Ce qui existe, ce sont des hommes qui se présentent alternativement sur le marché comme acheteurs et comme vendeurs, comme consommateurs ou comme producteurs.

Si bien que s'il est vrai que M. Méline prenne au pays, envisagé sous sa face consommatrice, un milliard et demi, il est également vrai qu'il le rend aussitôt à ce même pays envisagé sous sa face productrice, et que dès lors c'est comme si l'on n'avait rien fait.

Je vendais mon vin 5 francs et j'achetais mon pain 5 francs, j'achète maintenant mon pain 10 francs et je vends mon vin 10 francs, rien n'est changé dans ma situation, que l'appellation du chiffre par lequel je détermine ma participation à la consommation et à la production générale, et, en effet, élever le prix de toutes choses, cela ne peut, indépendamment des perturbations et des répercussions dont je parlerai tout à l'heure, ni augmenter la richesse d'un pays ni la diminuer.

La protection, lorsqu'elle se fixe sur une industrie limitée restreinte, que l'on croit utile de conserver à un pays malgré des conditions défavorables, la protection peut avoir sa raison d'être : c'est un impôt, dont le but peut être discuté et approuvé ou improuvé selon les circonstances, mais que l'on comprend parce que l'effet en est précis.

Mais étendre à toutes les branches de la production humaine, la protection, cela aboutit à peu près au même résultat que celui que l'on obtiendrait en modifiant l'unité monétaire : les chiffres qui expriment les rapports de valeurs se modifient; mais les rapports eux-mêmes ne changent pas.

Si donc, faisant une abstraction à mon tour, je pouvais d'une part considérer la France comme un seul et même individu, et d'autre part ne songer qu'au marché intérieur et aux intérêts purement économiques, je serais absolument indifférent à ce que l'on fait à cette heure, et j'attendrais avec sérénité l'effet d'une loi dont les effets seraient de pure apparence.

Malheureusement cette abstraction ne m'est pas permise : la France n'est pas un bloc. C'est un assemblage d'individus et la richesse de la nation n'est faite que des richesses sommées des individualités qui la composent.

Or, les perturbations qui peuvent se produire dans la manière dont est divisée la fortune publique ne sont pas indifférentes. Loin de là.

La division de la richesse nationale

Que toute la richesse nationale appartînt à un seul individu ou qu'elle soit divisée entre des millions de citoyens, cette richesse publique demeurerait la même, et cependant qui ne voit combien la première de ces conditions serait défectueuse par rapport à la seconde, tant au point de vue du bonheur des individus qu'au point de vue de l'intensité de la production générale.

Eh bien ! s'il est indiscutable qu'en envisageant le pays dans son ensemble, les modifications apportées à notre régime économique doivent être de nul effet, il est loin d'en être de même lorsqu'on descend de la collectivité nationale à l'unité humaine. Ici le changement du régime économique est susceptible de déterminer des fluctuations de nature non seulement à léser les citoyens, mais à réagir sur la production, c'est-à-dire sur la richesse réelle.

S'il est vrai, en effet, que l'ensemble des citoyens français soit à la fois consommateur et producteur dans des limites rigoureusement identiques, cela n'est plus vrai du tout lorsqu'il s'agit des individus envisagés séparément.

Les classes

Il y a une classe d'individus, le rentier, dont les fonds sont engagés, non dans l'industrie, mais dans les emprunts d'État, qui ne produit pas, ou tout au moins, dont la production, toute indirecte, ne se traduit pas pour lui par un accroissement de revenu. Sur celui-là, par la cherté des produits de consommation on prélève un impôt qui demeure sans compensation. On l'appauvrit. Mettons, si vous le voulez, que ce soit la classe la moins intéressante aux yeux du législateur. Je le veux bien. Encore fallait-il la signaler, d'autant qu'elle n'est pas la seule dans ce cas.

Les employés qui ont un traitement fixe, lequel ne se relève pas proportionnellement au prix des marchandises, sont dans une situation identique ; et si, en ce qui concerne les ouvriers, on est en droit de s'attendre à des relèvements de salaire, par suite de l'exhaussement du prix des denrées, cette accommodation à l'état nouveau ne saurait se faire en un coup de baguette: elle prendra du temps, et la perturbation par laquelle il faudra passer pendant le moment intermédiaire risque même de compromettre cette accommodation finale en compromettant la production elle-même.

L'action de la protection à outrance à laquelle s'abandonne un Parlement affolé, nulle — et en aucun cas bienfaisante, — si l'on considère l'unité nationale — risque, si l'on considère les individus, de produire dans les situations des fortunes et dans les conditions du travail, des modifications telles, que le travail industriel en éprouvera un arrêt au lieu de l'accroissement que l'on s'en promet, et que la richesse publique, au lieu d'être augmentée, sera diminuée.

Voilà quel serait l'effet d'un système qui aurait pour résultat de surélever le prix de toutes les marchandises, dans l'hypothèse où la France serait isolée dans le monde et où nous n'aurions qu'à envisager notre marché intérieur sans nous préoccuper de ce qui se passe au delà de nos frontières.

Mais cette hypothèse n'existe pour aucune nation et moins encore pour nous que pour les autres; et c'est dans nos relations avec l'étranger que les protectionnistes puisent leur principales objections contre la théorie du libre-échange.

Si, disent-ils, l'étranger produit à meilleur marché que nous et nous inonde de ses produits, l'industrie française sera tuée. Les Français demeureront consommateurs en cessant d'être producteurs, et, comme on ne peut payer des produits qu'avec des produits, ils n'auront plus le moyen de payer les produits qu'ils consommeront, quelque abaissé qu'en soit le prix.

Mieux vaut se fermer au monde et vivre sur nous-mêmes de notre propre travail et de notre propre production; et c'est alors que pour appuyer leurs dires ils arguent de la balance du commerce.

Je tiens seulement à vous faire remarquer que, si même ils étaient fondés à tirer de la balance du commerce les conséquences qu'ils en tirent, le mal serait sans remède et la prohibition la plus absolue n'y remédierait pas.

A la rigueur, ainsi que l'ont fait remarquer à la Chambre plusieurs orateurs, et notamment l'honorable M. Deschanel, on concevrait que, devant une situation telle que la dépeignent M. Méline et la commission des douanes, si elle était telle qu'ils le disent, une nation comme les États-Unis pût se fermer au monde. Les États-Unis produisent tout, ayant presque tous les climats, et ils peuvent, s'ils le veulent, constituer à eux seuls une petite humanité se suffisant à elle-même.

Tel n'est pas notre cas.

La France est loin de produire tout ce qu'elle consomme. Elle ne possède ni les métaux précieux, ni en abondance suffisante, d'autres métaux indispensables à l'industrie tels que le cuivre, le plomb, l'étain et le mercure; ni les épices, ni le coton, ni les bois colorants et les bois de luxe. Elle est forcée, à moins de renoncer à des consommations aux-

qu'elles aucun peuple civilisé ne saurait renoncer à
notre époque, à aller acheter à l'étranger ces matières si nombreuses, si diverses, que ni son sol ni
son sous-sol ne sauraient lui fournir ; et, toujours
en vertu de ce même axiome, auquel se réfèrent les
protectionnistes eux-mêmes, que l'on ne paye des
produits qu'avec des produits, elle est obligée de
vendre une partie de sa production à l'étranger
pour payer les marchandises qu'elle en importe. Si
elle n'exporte plus, elle sera forcée de payer en nu-
méraire, de payer sur son capital, c'est-à-dire de
s'appauvrir, de se ruiner.

Or, si même nous faisons abstraction des représailles économiques auxquelles nous nous exposons
en frappant de droits exorbitants les marchandises
étrangères, comment pourrions-nous continuer à
lutter sur les marchés étrangers lorsque nous aurons élevé le prix de toutes nos matières premières
et de tous nos produits fabriqués.

Par les Drawbacks? Par les admissions tempo-
raires? Il a été surabondamment démontré qu'ils
sont inapplicables, et les primes à l'exportation seraient à peu près impossibles à généraliser.

(La fin à demain.)

La presse du 22 juin 1891 (xme série - n° 1112)

PROTECTION ET LIBRE-ÉCHANGE

UN DISCOURS D'ALFRED NAQUET

Le sol français. — L'industrie nationale. Souvenirs d'Italie. — La gravité de la situation. — Conclusion

Voici la seconde partie du remarquable discours de notre ami Alfred Naquet sur la question de protection et libre-échange :

Si notre sol était appauvri, notre industrie inférieure, il faudrait se résigner à voir se produire un
abaissement dans les prix de la propriété et dans les
salaires, et comme conséquence une diminution de
la population que rien ne saurait empêcher, mais
que, loin de pouvoir éviter, les moyens coercitifs
employés pour les combattre ne pourraient qu'ag-
graver.

Heureusement que nous n'en sommes pas là et
que malgré sa prétendue balance du commerce défavorable, la France, de même que l'Angleterre, est
encore plus riche que le seul pays où la balance du
commerce se présente avec une apparence favorable, l'Autriche; ce qui prouve le cas qu'il faut faire
de cet argument.

Le danger que l'on redoute n'existe pas; les craintes de nos adversaires sont vaines; et je crois, allant plus loin encore, avoir établi que, si le mal qu'ils signalent existait réellement, il serait sans remède.

Mais de ce que, dans ce cas, les médications proposées seraient inefficaces, il ne faudrait pas en conclure qu'elles fussent sans danger. Elles seraient encore périlleuses. Elles devraient être repoussées même dans cette hypothèse inexacte. Combien donc, à plus forte raison, ne devons-nous pas nous en garder, alors que le danger qui détermine les protectionnistes n'existe que dans leur imagination prévenue.

On s'est élevé contre la comparaison du mur de la Chine qui a été si souvent faite. Et cependant cette comparaison, si elle ne correspond pas à une réalité absolue, correspond à une vérité relative.

En Italie

J'étais il y a un mois en Italie. Les Italiens, après la dénonciation du traité de commerce qui les liait à nous, ont subi de dures épreuves. Gouvernés aujourd'hui par un ministère plus sympathique à notre pays, et instruits par l'expérience, ayant reconnu que le marché français l'emporte pour eux en importance sur les autres marchés européens, et leurs intérêts étant d'accord avec les sympathies de race que de mauvais gouvernements ne sont point parvenus malgré tout à extirper du cœur des populations italiennes, ils voudraient renouer avec la France les relations interrompues, et ils en ont donné la preuve en abolissant, en ce qui les concerne, les tarifs différentiels.

Mais une nation est bien obligée de songer à ses intérêts avant de donner carrière à ses sentiments, et les Italiens disent avec raison que si nous leur fermons le marché français ils seront obligés de chercher des débouchés ailleurs. Ces débouchés ne vaudront pas ceux qu'ils auraient ici, mais peu vaut mieux que rien.

Ce qui est vrai de l'Italie, est vrai de la Suisse, de la Belgique, du Portugal, de l'Espagne, du Danemark, de la Suède, de la Norwège, de tous les peuples d'Europe en un mot.

Les traités de commerce

Et dès lors, ne voyez-vous pas que la fermeture de notre marché aura pour conséquence inéluctable la conclusion entre les nations qui nous entourent de traités de commerce qui nous enserreront comme dans une espèce de Zollverein d'un nouveau genre et qui nous isoleront en Europe.

Le traité entre l'Autriche-Hongrie et l'Allemagne est conclu ou près de l'être; et, malgré les assurances que l'on nous donne de temps en temps, je crains bien qu'on ne nous conteste, si nous renonçons nous-mêmes aux tarifs conventionnels, les avantages que l'on assure trop légèrement devoir résulter pour la France de l'article 11 du traité de Francfort.

On déclare déjà qu'on n'admet plus de traité de commerce, qui n'accorde plus à personne la clause du traitement de la nation la plus favorisée, ne peut bénéficier de cette clause et de ce traitement vis-à-vis des autres.

De plus, je crois savoir que l'Allemagne et l'Autriche-Hongrie ont imaginé un système de zones et de *modus vivendi* de certaines frontières, qui leur permettrait par une autre voie de nous dénier le traitement qui semblerait résulter pour nous de l'article 11 du traité de Francfort.

Et alors, n'êtes-vous pas effrayés, citoyens, de l'isolement économique dans lequel nous allons nous trouver et de l'isolement politique dont il pourra être l'origine et la cause.

Car enfin la politique et les intérêts économiques se touchent, et il ne faudrait pas oublier — cette histoire est malheureusement encore assez récente pour que nous nous en souvenions — que l'unification de l'Allemagne a commencé par un zollverein entre les États allemands.

La gravité de la situation

Le moment présent est particulièrement grave, et il dépend de nous d'en faire tourner les éléments à notre profit ou de les dériver contre nous.

La France, par sa sagesse à l'extérieur, par son esprit pacifique, par l'ordre qui n'a cessé de régner chez nous, malgré les libertés dont nous jouissons, est parvenue à faire disparaître bien des préjugés.

La politique ruineuse de la Triple Alliance a déchiré bien des bandeaux. A cette heure, nous voyons se réveiller des sympathies que l'on croyait éteintes et qu'il dépend de nous de fixer.

Persévérons dans la voie des traités de commerce, qui, quoi que l'on en dise, nous a enrichis. Montrons-nous, ce qui a fait jusqu'ici notre force, la nation libérale par excellence. Des liens économiques puissants se noueront entre nous et les nations étrangères. Ces liens économiques enfanteront des relations politiques. Petit à petit, les coalitions ourdies contre nous se dissoudront, et la France redevenue ce qu'elle était jadis, reconquerra pacifiquement sa haute situation civilisatrice dans le monde.

Mais si l'on suit la politique contraire, celle dans laquelle la Chambre est engagée, c'est le jeu de nos puissants et redoutables rivaux que nous jouons.

Je parlais de l'Italie tout à l'heure. A cet égard, remarquez ceci.

Pendant dix années, des ministères qui ont suivi une politique néfaste ont employé tous les moyens en leur pouvoir pour déterminer un courant d'opinion contre nous.

Ils n'y ont que très imparfaitement réussi, et en ce moment un ministère d'apaisement et de détente serait heureux de défaire l'œuvre artificielle de ses prédécesseurs.

Prenons garde, par un protectionnisme aveugle, d'achever en contraire l'œuvre que M. Crispi n'a pas pu mener à bonne fin.

Déjà l'opposition se sert contre M. di Rudini et ses collègues d'un argument qui, bien que non fondé, risque de produire de l'autre côté des Alpes l'effet que l'on s'en promet.

« Voyez, dit-on aux populations italiennes, l'attitude de la France ! Quand M. Crispi était au pouvoir, l'opposition l'entretenait à l'état de légitime défense dans lequel elle se trouvait vis-à-vis de ce qu'on appelait l'attitude provocante du gouvernement italien.

« Eh bien ! cette soi-disant attitude provocante a disparu. Le gouvernement nouveau a fait un pas marqué vers la France. Comment la France y répond-elle ? a-t-elle seulement répondu à l'abolition de nos droits différentiels par l'abolition de ses droits différentiels ? Nullement ! La France agit donc par hostilité systématique à notre égard. »

Voilà l'argument de l'opposition crispinienne. Il est faux. Ce n'est pas par haine de l'Italie que nos protectionnistes veulent fermer le pays, mais simplement par une conception erronée, mais générale de nos intérêts économiques. Mais, faux ou non, ce raisonnement fait son chemin de l'autre côté des monts, et, outre qu'il affaiblit un gouvernement désireux d'aiguiller vers la France, au profit de ceux qui ont tout mis en œuvre pour brouiller les deux pays, il fait plus pour nous aliéner le cœur des masses italiennes que toutes les sornettes savamment élaborées depuis dix années.

Je suis si profondément convaincu de ce que j'avance là, que si je n'étais pas aussi profondément libre-échangiste que je le suis ; si même je croyais, ce qui est l'opposé de ma croyance, que la prolongation de notre régime actuel, complété par des traités de commerce avec les nations avec lesquelles ces traités ont été dénoncés, nous fût dans une certaine mesure défavorable, je serais encore partisan de persévérer dans ce régime et de le compléter.

Le mal économique

Aux yeux des plus fougueux protectionnistes, aux yeux de ceux qui voient toutes choses sous un autre angle que nous, le mal économique n'est pas jusqu'ici vraiment redoutable. Il en est autrement des dangers politiques, et c'est pour cela qu'entre deux périls je choisirais le moindre.

A plus forte raison dois-je être passionné pour les traités de commerce et pour une politique libérale si, ce qui est le cas, je suis convaincu que loin de développer leurs conséquences en deux séries opposées et contradictoires, nos intérêts politiques et nos intérêts économiques développent leur conséquence en deux séries parallèles.

Je le répète, citoyens, le moment est grave ; l'heure que nous traversons est unique. C'est pour la première fois depuis vingt ans que la situation est ce qu'elle est, et si nous laissons échapper l'occasion qui s'offre, nous risquons fort de ne plus la voir se reproduire.

S'il m'est permis de rappeler ici les paroles d'un

grand nombre d'états, je chargés nous n'avons
plus une faute à faire, et c'en serait une, et des plus
lourdes, que de ne pas profiter des circonstances qui
nous permettent de sortir de notre isolement.

Aussi, le nombre des orateurs inscrits ne m'ayant
pas permis d'exposer ma pensée à la Chambre, ai-je
cru de mon devoir de l'exposer devant mes électeurs, afin qu'à leur tour ils puissent, s'ils pensent
comme moi, l'exprimer dans un ordre du jour, et
donner ainsi une force nouvelle à la phalange des
députés de toute nuance qui, en dehors de toutes
considérations de politique, de parti, livre en ce
moment à la Chambre le bon combat pour les libertés économiques du pays.

Après ce discours, fort applaudi, plusieurs orateurs, les citoyens Albert, Camille Adam Macé et
Porches se sont fait entendre.

Le citoyen Camille Adam a été particulièrement
éloquent et a prononcé, à propos des prétendues
charges fiscales de l'agriculture, un discours fort
applaudi que nous regrettons que le manque d'espace nous empêche de reproduire.

Puis, après une réplique fort courte de M. Alfred
Naquet, l'ordre du jour suivant a été voté à l'unanimité.

« Les électeurs du cinquième arrondissement
(première circonscription), réunis le 16 juin au
nombre de plus de 500, salle Octobre,, après avoir
entendu le citoyen Naquet, député, et quelques autres orateurs ;

« Protestent contre les tendances protectionnistes
de la Chambre des députés, qui amèneront une perturbation profonde dans notre système économique
au détriment de la fortune publique ;

« Ils regrettent l'abandon du régime des traités
de commerce qui ont donné 30 ans de prospérité à
la France ».

La séance a été ensuite levée aux cris de : Vive la
République !

Le siècle du 25 juin 1891 (59e année - n° 20.275)

Les tarifs différentiels

On nous assure que le conseil des ministres va examiner ce matin l'importante question des tarifs différentiels envers l'Italie,
dont il a été saisi de nouveau par un membre du Parlement. Un député, M. Alfred Naquet, qui a fait récemment un voyage en
Italie en est revenu avec la conviction qu'il
serait de sage politique de répondre à l'acte
par lequel l'Italie a aboli son tarif différen-
tiel par l'abolition du nôtre.

L'Italie — nous l'observions avant-hier —
est le seul pays de l'Europe qui soit profondément divisé sur la politique extérieure.

Des gouvernements provocateurs sont parvenus par dix ans d'insinuations malveillantes et même de mensonges grossiers, à y
faire naître une opinion factice hostile à la
France.

Mais le bon sens des masses démocratiques a résisté ; et nous voyons en ce moment
un mouvement qui s'accentue contre le renouvellement de la Triple Alliance.

L'opinion de nombreuses personnes est que
nous aurions donné un essor considérable à
ce mouvement en montrant par un acte manifeste à nos détracteurs que, si nous avons
opposé momentanément un tarif de guerre à
des mesures nettement dirigées contre nous,
nous n'avons cependant jamais nourri que
des sentiments fraternels vis-à-vis de la population italienne, dont nous rapprochent

les similitudes de race et d'idées et le souvenir des luttes communes.

A cette heure, les partisans de Crispi puisent leurs arguments contre les amis de la France, dans ce fait que nous ne faisons rien pour nous rapprocher de l'Italie, alors que cependant Crispi est tombé et avec lui sa politique, considérée par tous comme, agressive. Suivant M. Naquet, enlever cet argument à nos adversaires, c'est fortifier nos amis et c'est les aider à créer ce milieu favorable qui seul aura raison de la politique extérieure qui a prévalu pendant ces dernières années chez nos voisins.

Il s'en est ouvert au ministre des affaires étrangères et il n'est pas impossible que la question se pose à la tribune après avoir été examinée en conseil de cabinet.

Espérons que le ministère — où nous sommes convaincus que prévalent les sentiments favorables à une détente entre nos deux nations — ne se refusera pas à une mesure que pour notre part nous considérons comme éminemment politique et que, pendant qu'il en est temps encore, nous verrons tomber une barrière, justifiable si elle n'eut cessé d'être un acte de défensive, mais inexcusable dès l'instant où elle est devenue unilatérale.

L'évènement du 2 juillet 1891 (20ᵉ année n° 8038)

FRANCE & ITALIE

CHEZ M. ALFRED NAQUET

M. Alfred Naquet avait l'intention de questionner l'honorable ministre des affaires étrangères au sujet des tarifs différentiels actuellement en vigueur entre la France et l'Italie. Pressenti par le député de Paris, M. Ribot a soulevé des objections qui ont décidé M. Naquet à abandonner son projet.

Il m'en a esquissé l'économie, hier, dans une conversation dont voici le compte rendu sténographié :

« — Voulez-vous me dire, monsieur le député, pour quel motif vous avez renoncé à questionner M. Ribot?

» — Le ministre m'a déclaré que le gouvernement français aurait été tout à fait disposé à présenter un projet de loi dans le sens de l'abolition des tarifs différentiels, si ce n'était que ces tarifs n'ont plus maintenant qu'une existence de très courte durée. Seulement, il estime que les nouveaux tarifs de douanes que la Chambre vote en ce moment étant appelés à se substituer très prochainement à notre régime actuel, il n'y avait pas lieu de légiférer en vue d'un temps aussi court.

» Il pense même que la commission des douanes, très jalouse de voir les nouveaux tarifs votés rapidement et très désireuse, par suite, de ne pas voir interrompre la discussion, aurait pu se faire un peu tirer l'oreille pour rapporter le nouveau projet, et alors, s'il en avait été ainsi, et pour peu qu'on eut perdu du temps, à quoi se serait réduite la réforme ? à rien du tout.

» — Quel était le but que vous poursuiviez en demandant l'abolition des tarifs différentiels ?

» — Pour bien vous le faire comprendre, il est indispensable que je vous explique ce que c'est que les tarifs différentiels.

» Le traité de commerce franco-italien du 3 novembre 1881 fut dénoncé en 1886 par l'Italie ; après quoi, des délégués du gouvernement italien se rendirent à Paris (en septembre 1887) pour négocier un nouveau traité. Ils n'aboutirent qu'à la prorogation pour six mois du traité dénoncé. Mais à l'expiration de ces six mois, on ne parvint pas à se mettre d'accord. En même temps, les Italiens avaient dénoncé notre convention de navigation, et, les droits de leur tarif général étant plus élevés que les nôtres, nous dûmes leur appliquer un tarif exceptionnel auxquel ils répondirent, de leur côté, par un autre tarif exceptionnel.

» Ces tarifs se différenciant du tarif général des deux peuples, prirent les noms de tarifs différentiels.

» Mais, depuis le 1er janvier 1890, l'Italie a renoncé à l'application de ces droits spéciaux, et du moment où elle y renonçait vis-à-vis de nous, il m'avait paru que nous devions y renoncer vis-à-vis

» — Mais l'Italie avait intérêt, bien plus que nous, à cette abolition des tarifs spéciaux !

» — Certainement, l'Italie a dû être en partie préoccupée par la situation de son industrie et de son commerce qui ont eu beaucoup à souffrir par la dénonciation du traité de 1881. Il n'en est pas moins vrai que les droits spéciaux qui s'étaient surajoutés aux tarifs des deux peuples étaient des droits de guerre et de réprésailles, et que guerre et représailles doivent cesser le jour où la paix est signée.

» Nous pouvons discuter chez nous les questions de protection et de libre-échange, nous demander s'il convient d'avoir des tarifs très élevés ou très bas, mais en dehors des traités de commerce, je ne vois aucune raison qui puisse logiquement permettre d'appliquer à une nation amie un traitement plus sévère que celui que nous appliquons aux autres.

» — Vous appelez l'Italie une nation amie ?

» — Certes, l'Italie fait partie de la triple alliance, mais ce n'est pas une raison suffisante pour se refuser à l'abolition des tarifs différentiels.

» Pendant le ministère de M. Crispi, qui était essentiellement provocateur, il était naturel que la France ne voulût faire aucune concession à l'Italie. Depuis la chute de M. Crispi, il y a eu une détente, et j'ai rapporté de Rome récemment cette conviction que si, dès l'avènement du cabinet nouveau, nous avions témoigné à l'Italie, par des actes, de notre désir d'un rapprochement sérieux, peut-être aurions-nous empêché le renouvellement de la triple alliance.

» En tous cas, on peut dire de nos voi-sins qu'ils sont profondément divisés entre eux sur la politique extérieure, et qu'un sentiment puissant en faveur de la France contrebalance dans les masses l'action gouvernementale dirigée dans le sens allemand. Il fallait, par nos actes, aider au développement du mouvement gallophile en démontrant à nos voisins que nous n'étions personnellement animés d'aucune mauvaise intention à leur égard.

» Depuis dix ans, les journaux à la dévotion de M. Depretis et de M. Crispi ne cessent de leur répéter que nous rêvons leur destruction et leur ruine, et, aujourd'hui encore, ils cherchent à prouver leurs allégations par ce fait que, depuis la chute de M. Crispi, nous n'avons pas modifié l'orientation de notre politique à l'égard de l'Italie. « Si, disent-ils, vous n'agissiez contre nous que par esprit de représailles, vous auriez dû cesser la guerre le lendemain du jour où le nouveau cabinet est arrivé aux affaires. »

» Il y a certainement beaucoup à dire contre cette argumentation ; il n'en est pas moins certain qu'en la réfutant par des actes, nous aurions donné à ceux qui mènent la campagne en faveur de l'alliance latine une force considérable. Cette force aurait-elle été suffisante pour empêcher, dès aujourd'hui, le renouvellement de la triple alliance ? C'est possible, mais je n'oserais l'affirmer ; toutefois, en politique, il faut avoir des vues à longue échéance, et, à supposer même que ce but immédiat n'eût pas été atteint, la triple alliance aurait été bien malade, et on aurait pu considérer le renouvellement actuel, en supposant qu'il ait eu lieu, comme le dernier. »

A. N.   Eugène Clisson.

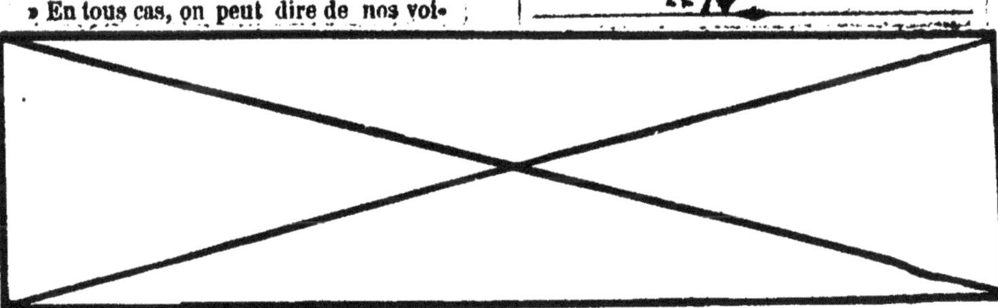

— 203 —

La Scuola positiva (de Naples) 1re année nᵒ 4 — 30 juin 1891 — piazzetta Ca...

IL DIVORZIO ED I CATTOLICI ITALIANI

Recentemente l'egregio sig. Crispolti ha tenuto a Roma, nella sala dell'associazione dei giornalisti, una eloquente conferenza per combattere la tesi che, in quello stesso luogo, era stata sostenuta in favore del divorzio dall'on. Villa e da me.

Debbo anzitutto encomiare il Crispolti per la sua schiettezza e la sua lealtà. Egli non si è imbarazzato negli argomenti che si vogliono trarre dal preteso interesse sociale, astraendo dalla questione religiosa.

Anzi egli ha implicitamente riconosciuto che codesti argomenti sono senza valore. Infatti, parlando degli Ebrei, egli dice che essi sono nel loro diritto, quando reclamano dalla legge civile una libertà che la loro fede religiosa loro concede. Dunque, ammette il sig. Crispolti che là dove la legge religiosa non è contraria al divorzio, questo può essere ammesso senza pericolo dalla legislazione civile. Se avvenisse altrimenti, se ci fosse nel divorzio un pericolo sociale, indipendente dalla religione, nè gli Ebrei, nè i Protestanti potrebbero reclamarlo con miglior fondamento di quello con cui seguaci dell'Islamismo, se ve ne fossero nei nostri paesi, potrebbero reclamare la libertà della poligamia, la quale realmente contraddirebbe ad un alto interesse sociale e morale e perciò non potrebbe venire concessa a nessuno, quale che si fosse la sua fede religiosa.

Dal momento che il Crispolti è pronto a concedere il divorzio agli Ebrei, come lo faceva prima della costituzione del Regno d'Italia il Governo Pontificio, va da sè, che quello che egli dice per gli Ebrei lo direbbe ugualmente per i protestanti — riconosce che, fuori dei precetti religiosi, non esiste alcuna ragione per opporsi alla riforma che noi propugniamo.

Ed è giusto soggiungere, che egli non si è limitato a riconoscere indirettamente questa verità; egli ha pure apertamente dichiarato, con una franchezza, con un coraggio assolutamente lodevoli, che è nella sua qualità di cattolico che egli combatte quel che difendiamo noi.

Ed io posso con tanta maggiore libertà di spirito lodare quell'argomentazione , in quantochè quasi direi , che il Crispolti è nostro alleato. Ed infatti se tutti fossero convinti, che, fuori dei precetti della religione , non ci è nulla che possa fare serio ostacolo al divorzio , la nostra battaglia sarebbe già per metà vinta

L' argomentazione del Crispolti , essendo stata tale , non abbiamo a fare altro, dunque, se non ricercare, se caso mai sia vero, come lo pretende l'egregio conferenziere, che l'introduzione del divorzio nella legge civile violi il gran principio della libertà di coscienza.

Ma prima di confutare l'argomentazione del Crispolti voglio rispondere con due parole ad una sua insinuazione.

Egli ha rammentato che io sono nato da parenti ebrei, ed ha lasciato pensare ai suoi uditori, che la riforma del Codice civile rispetto al vincolo matrimoniale è d'origine puramente ebraica.

Ecco un'affermazione abbastanza erronea!

È vero che il caso ha voluto che propugnassero il divorzio in Francia due Ebrei, il Cremieux nel 1848 ed io nel 1876-1884 ; ma erano ebrei i cittadini che soppressero la indissolubilità del matrimonio nel 1792?

Erano ebrei quelli che per quattro volte ne votarono il ristabilimento negli anni 1831, 1832, 1833 e 1834?

Erano ebrei i Protestanti che lo hanno stabilito su basi altrimenti larghe che noi, in Germania , in Danimarca, in Isvizzera e negli Stati-Uniti d'America ?

Erano ebrei gli Inglesi che lo hanno consacrato nella legislazione della Gran-Brettagna e che ogni giorno più lo vanno allargando ?

Sono forse ebrei quei legislatori che lo hanno conservato nel Belgio, malgrado le tendenze spiccatamente cattoliche dei governanti che tante volte hanno tenuto il potere in quel paese dal 1831 , e che lo tengono ancora adesso? E finalmente era ebreo Napoleone I che conservò il divorzio nel Codice civile, ed era ebreo Pio VII che glielo concedette, quando firmò il concordato colla Francia non ostante quella disposizione del Codice civile francese?

Sarebbe giusto di aggiungere, che se Cremieux propugnò il divorzio , egli non lo fece in suo nome personale. Non fece altro che presentare, nella sua qualità di ministro della giustizia, un disegno di legge in nome del Gabinetto di cui faceva parte, e d'altronde egli era così poco ebreo che aveva educato i propri figli nella religione cattolica.

Per me non ho mai ripudiato, nè ripudierò mai le mie origini ; ma non appartengo alla religione ebrea, più che alla cattolica od alla protestante.

Ho sposato una donna cattolica, e sono libero pensatore nel più ampio senso della parola.

Infine la riforma di cui sono stato il principale propugnatore in Francia è così poco ispirata da sentimenti israelitici, che ho trovato fra gli Israeliti non minor numero di oppositori che fra i cattolici.

Ancora oggi fra gli Israeliti molti ripugnano dal divorziare religiosamente, perchè le formalità del divorzio erbraico non si possono conciliare col rispetto dovuto alla dignità della sposa, ed i Rabbini a loro volta si rifiutano di congiungere nuovamente gli sposi divorziati dai tribunali civili.

Dunque lasciamo stare questa ragione, che non risponde a nessuna realtà obiettiva, e vediamo se la legge, che si è promulgata in Francia e che i liberali vogliono introdurre in Italia, sia davvero una violazione della libertà di coscienza.

Che cosa abbiamo detto noi?

Che il divorzio è facoltativo, che esso non viene imposto a nessuno e che i cattolici saranno sempre liberi di non divorziare.

Sì, risponde il Crispolti. Ma gli sposi sono due, e quel che l'uno non vuol fare, l'altro lo può volere. Lo sposo colpevole può vedersi imposto il divorzio dal suo conjuge; e se il coniuge innocente chiede la separazione, egli può vedere, dopo tre anni in Francia, e dopo cinque anni in Italia, se fosse accolto il progetto del Villa, la sua separazione convertita in divorzio, suo malgrado.

A che vale tale argomento? che significa?

Se il conjuge innocente chiede il divorzio, se l'uno o l'altro dopo la separazione chiede la conversione di questa in divorzio, ciò vuol dire unicamente che lo sposo che fa questa dimanda non è più cattolico, o crede di poter mettere d'accordo con la sua condotta i suoi sentimenti cattolici.

In questo caso, con che dritto lo sposo rimasto cattolico imporrebbe la sua fede all'altro conjuge, che non vi partecipa? Favorisca il Crispolti dirmi se non sarebbe là, ben più che dove egli la vede, la violazione della libertà di coscienza.

Imporre l'indissolubilità del matrimonio al conjuge che non vi è legato dalle sue convinzioni, quando non vi è nessun interesse sociale da invocare in contrario, significa violare la libertà di coscienza. Nè il voler fare l'ipotesi inversa è argomento di alcun valore. Perchè il conjuge cattolico, divorziato suo malgrado, non può reputarsi responsabile di ciò che non dipende dalla sua volontà, e che egli non può impedire. Gli deve bastare di non contrarre nuovo matrimonio per essere in pace colla sua coscienza, ciò che è sempre in suo arbitrio.

Un marito cattolico non può sentirsi rimordere la coscienza, se per caso sua moglie mangia carne il venerdì santo, nè una moglie può credersi in colpa, se suo marito si rifiuta di adempiere al precetto pasquale. È perfettamente lo stesso per l'uomo o per la donna, la cui moglie o il cui marito divorziano contrariamente al desiderio dell'altra parte.

Lo avevamo detto anche noi che i cattolici, non ammettendo il matrimonio civile, non si possono lamentare se la legge rompe un vincolo di cui essi non riconoscono la validità.

A ciò risponde il Crispolti, dicendo che il matrimonio, disgraziatamente, non produce più alcun effetto civile senza l'osservanza delle formalità prescritte dal Codice civile, e che da ciò risulta che, col divorzio, i cattolici perdono le garenzie che loro dava il matrimonio indissolubile.

Ma chi legge attentamente la conferenza del nostro cortese avversario vedrà il poco conto in cui il conferenziere stesso tiene il proprio argomento.

Parlando della introduzione del matrimonio civile in Italia, egli ricorda che dapprincipio i fidanzati protestavano contro la legge, celebrando il solo matrimonio religioso; tanto, che vi fu un momento in cui il governo pensò di stabilire delle penalità contro ogni sacerdote che avesse congiunto in matrimonio religioso degli sposi, i quali non avessero prima adempiuto alla celebrazione del matrimonio col rito civile. Egli soggiunge che se ciò non avvenne, lo si deve alla moderazione degli stessi sacerdoti, i quali, per ispirito di conciliazione, consigliarono ai fidanzati di obbedire alla legge.

Ma se lo Stato non avesse così reagito, o se, di fronte alla minaccia che gli veniva fatta, il clero non si fosse ispirato a dei sentimenti di conciliazione, se gli sposi avessero continuato a protestare rifiutandosi alla celebrazione del matrimonio civile, il Crispolti non se ne sarebbe lamentato. E, in questa ipotesi, quali sarebbero state le garenzie civili del matrimonio, ed anzi quali garenzie civili ebbero coloro che si ostinarono a non celebrare il matrimonio civile? Mi sembra che le garenzie civili concesse in questo caso ai coniugi congiunti col solo rito religioso furono e sono molto minori di quelle che si concedono ai divorziati, perchè qui la legge provvede a tutto, mentre che là non provvedeva, nè potea provvedere a nulla.

La verità è che il C r i s p o l t i protesta con ogni sua energia contro questa separazione del temporale dallo spirituale, contro quella secolarizzazione della società, che agli occhi miei è la più grande conquista della Rivoluzione del secolo ultimo.

Il C r i s p o l t i pretende che i principi filosofici sopra i quali è stabilita tale separazione sono oramai condannati dai filosofi moderni e che gli stessi increduli ammettono la religione come un fatto naturale.

Fatto naturale certo! Ed è perciò che la rispettiamo, anche quando non siamo fedeli al suo insegnamento. Ma se è stato naturale che la religione s'imponesse in un dato tempo alla coscienza dei popoli, è pure un fatto naturale quello che ha prima prodotto l'intima scissione del Cristianesimo, quando si divisero i protestanti dai cattolici, e quello che ha prodotto in seguito la libertà del pensiero.

La ragione ed il sentimento dell'uomo hanno in un dato momento della loro evoluzione prodotto l'umanità religiosa del medio evo; ma hanno pure prodotto quell'ambiente morale di cui fu conseguenza necessaria la secolarizzazione della società contemporanea.

Quella secolarizzazione è oramai la legge di tutt'i popoli civilizzati, e, lo creda il C r i s p o l t i, le società umane non torneranno indietro.

Le società moderne intendono rispettare la libertà di ogni convinzione religiosa o filosofica e chi ha l'onore di scrivere queste pagine per *La Scuola positiva*, è stato abbastanza vilipeso per avere altamente reclamato questo rispetto nel suo discorso di Tours, perchè gli sia lecito di ripetere oggi, sopra quell'argomento, ciò che sempre ha detto e pensato (1). Ma rispettare le convinzioni altrui significa volere in controcambio il rispetto dovuto alle convinzioni proprie.

(1) Durante il periodo del movimento boulangista, noi avevamo pensato che facesse d'uopo riconciliare i cattolici con la forma repubblicana del governo, abbandonando quella politica miserabile di lotta meschina senza alcun elevato ideale, che era stata fino allora il carattere dell'opportunismo e che lo è rimasta tuttora. Avremmo voluto che sotto il gran principio della libertà di coscienza si avessero potuto formare nella Repubblica francese, analogamente a quanto avviene nel Belgio, un gran partito cattolico ed un gran partito libe-

Volere che non si opprimano i fedeli di qualunque religione, significa in controcambio, non volersi lasciare opprimere da nessuna setta religiosa, ed opporvisi energicamente e risolutamente.

Per le società moderne le religioni sono affari di coscienza individuale, che non escono dalla cerchia della vita privata, e la legge civile è dettata da considerazioni d'interesse sociale, le quali non hanno che vedere coi principii di tale o tale altra religione.

Però la secolarizzazione dalla società non è dappertutto interamente compiuta. Rimangono qua e là vestigie dell'ordinamento antico, contro le quali protesta la coscienza moderna e per le quali lottano sempre i difensori del sistema antico.

Ma quelle lotte sono gli ultimi combattimenti parziali con cui termina una grande battaglia, quando già è sicura la vittoria e nulla può oramai cambiarla in una sconfitta.

Quei combattimenti dell'ultima ora sono onorevolissimi per coloro che vi consacrano le loro ultime forze, ma non arrecano veruna modificazione all'andamento delle cose.

La secolarizzazione completa si farà, perchè essa è nella legge naturale della moderna umanità, come lo era la prepotenza religiosa per l'umanità del medio-evo. E l'indissolubilità del matrimonio è una di quelle rare sopravvivenze di istituzioni della società antica, che, già scomparsa dalla legislazione del maggior numero dei popoli, finirà presto con lo scomparire dappertutto, anche in Italia.

Possiamo, dunque, sempre più encomiare il Crispolti per la sua cortesia, per l'altezza delle sue idee; ma la lotta che egli sostiene è lotta disperata. A lui ed ai partigiani delle sue idee nell'ordinamento civile si possono applicare le parole di Napoleone I dopo Austerlitz,

« Honneur au courage malheureux! ».

ALFRED NAQUET
Député au Parlement français.

rale, ambedue repubblicani. Ed era per celebrare quella pace che nel mese di aprile 1889 si tenne il gran banchetto di Tours, al quale assisterono il B o u - l a n g e r e quasi tutt'i repubblicani che formavano il *Comité national*, fra cui R o c h e f o r t ed io.

In quel banchetto io pronunziai un discorso in favore della libertà di coscienza, che mi valse le ingiurie di tutta la stampa opportunista e radicale, che mi presentò come un apostata del liberalismo divenuto di punto in bianco clericale.

I RAPPORTI FRANCO-ITALIANI
ED IL RINNOVAMENTO DELLA TRIPLICE

UN'INTERVISTA COL SIGNOR NAQUET

Parigi, 1 luglio

Vi è noto l'antefatto: il signor Alfredo Naquet, deputato di Parigi, ha fatto recentemente un viaggio in Italia. Egli ne è ritornato con la profonda convinzione che un accordo amichevole e duraturo può stabilirsi fra i due popoli, ed alcuni suoi scritti, pubblicati recentemente, dimostrano il suo desiderio di contribuire a quel ravvicinamento.

Come molti lo furono prima di lui, il signor Naquet è stato colpito delle condizioni inuguali che reggono, presentemente, i rapporti commerciali della Francia con l'Italia. Come molti lo osservarono prima del deputato di Parigi, da un paio d'anni a questa parte l'Italia è andata seminando delle prove materiali e morali di simpatia in favore della Francia, senza ottenerne finora che indifferenza e sarcasmi.

Il sig. Naquet ha quindi creduto di dimostrare ai suoi numerosi amici italiani le sue buone intenzioni a nostro riguardo, facendosi l'interprete di questa flagrante ingiustizia, ed ha informato il ministro degli Affari Esteri della propria intenzione d'interrogarlo sui motivi che hanno impedito, fino a questo momento, al Governo francese di proporre l'abolizione dei diritti differenziali che colpiscono i prodotti italiani.

Il sig. Ribot è sembrato oltremodo annoiato di questa velleità d'un amico dell'Italia, ed ha risposto al deputato di Parigi che la questione era troppo importante perchè potesse prendere una decisione senza consultare il Consiglio dei ministri. Il Consiglio è stato consultato ed ha deciso che il ministro degli Esteri *non* doveva accettare quell'interrogazione.

♣

Mi è quindi sembrato interessante di domandare al sig. Naquet quali erano gli argomenti che egli avrebbe svolto alla tribuna e quali sono le ragioni per le quali il sig. Ribot si è sottratto alla interrogazione. Questa intervista mi è sembrata anche più utile ed opportuna dopo la notizia del rinnovamento della Triplice che ha tanto eccitato la stampa francese.

« L'Italia è, in questo momento, la sola che sia trattata con un regime d'eccezio[ne] dogane francesi — mi ha detto il sig. Na[quet]. Questo fatto, quantunque un simile stato sia per cessare, mi è sembrato spiacevo[le] sono d'avviso che il Governo francese rispondere all'abolizione dei diritti diff[erenziali] italiani con un'identica e immediata [...] Fra pochi mesi la Francia avrà adot[tato] nuovo regime doganale, le tariffe diff[erenziali] cadranno di botto, e l'Italia, se non sa[rà trat]tata meglio degli altri paesi, non sarà nemmeno peggio.... Ma l'effetto che si [avreb]be adesso, abolendo quei diritti, sarà [...] e gl'Italiani saranno autorizzati a ripete[re] che vanno dicendo oggi:—Noi abbiamo [fatto di]verse concessioni e voi ci avete sempre [mostrato le] picche! —

« So bene che i miei colleghi del Par[lamento] e l'opinione pubblica rimproverano a[ll'Italia] anzitutto la sua adesione alla Triplice [...] e quindi l'ostinazione del re Umberto [nel] voler permettere la pubblicazione del [testo] della Triplice. I trattati devono rima[ner se]greti, dice il marchese Rudini; ma [se la] Germania e l'Austria hanno pubblicat[o i] protocolli, e l'Italia è ferma a non v[oler] conoscere il suo. Questo contegno av[valora le] insinuazioni di quelli che veggono in q[uel trat]tato delle clausole a danno della Fran[cia], [e] fa venire in mente le parole di quel [poli]tico italiano che, un dopo pranzo, [a casa] d'una grande dama inglese, esclama[va: — Se i] *Francesi conoscessero il testo del trat[tato] farebbe drizzare loro i capelli.....*

« Tuttavia qualche cosa si è già otte[nuto. Sem]bra che la Triplice sia stata rinnova[ta a] condizioni che porranno l'Italia in [grado di] riavvicinarsi alla Francia. Speriamo, a[lmeno,] se non vi sono oggi più motivi per p[rorogare] un trattato giunto quasi alla scadenz[a, l'Italia] prenderà l'opportunità e l'interesse [di far co]noscere le clausole del nuovo trattat[o. Se in] queste clausole i Francesi non ravv[iseranno] un sentimento ostile verso di loro, s[e vedranno] che l'Italia non si sia impegnata [a garan]tire alla Germania il possesso delle [provincie] conquistate, il movimento che si prod[urrà nel]l'opinione pubblica francese sarà pro[nto, e le] antiche buone relazioni franco-italian[e saranno] immediatamente ristabilite.

« Ma quello che occorre, anzitutt[o...]

chiarire verso noi Francesi la posizione in cui l'Italia si trova attualmente nella Triplice. Il sig. Ribot, che ho veduto pochi giorni fa, mi raccontava che ultimamente, essendosi incontrato col generale Menabrea e discorrendo del rinnovamento della Triplice, egli aveva domandato al generale:

— Voi avete visto quale sia stato il contegno dei parigini durante il soggiorno dell'Imperatore Federico. Essi si astennero da qualsiasi manifestazione e furono corretti fino all'ultimo. Orbene, ammettiamo che l'Imperatore, in un momento di malumore, invece di limitarsi a tiranneggiare l'Alsazia, avesse risposto, all'indifferenza dei parigini, con un insulto brutale, e che da questo incidente fosse scoppiata la guerra, che cosa avrebbe fatto l'Italia?

— L'Italia, rispose il generale Menabrea, non sarebbe intervenuta che se le truppe francesi avessero invaso le provincie dell'Impero.

— Dunque, replicò il sig. Ribot, se malgrado la nostra longanimità, la Germania ci provocasse ad una guerra, e se, come conseguenza delle operazioni di guerra, noi entrassimo in Alsazia, l'Italia aiuterebbe la Germania a mandarcene via? *Il generale Menabrea non rispose verbo.* —

♣

« In Italia, — proseguì il sig. Naquet — ove si considera la questione dei diritti differenziali come un fatto accessorio, avente solamente per iscopo di sollevare la discussione attorno ai rapporti franco-italiani, si fa la politica interna con la politica estera. Noi dunque dobbiamo tentare di cattivarci nuovamente l'amicizia degl'Italiani, ed è per questo che volevo chiedere l'abolizione dei dazi differenziali. Il ministro mi ha risposto che il Governo aveva trattato più volte quella questione e non sarebbe stato alieno dal presentarne, lui stesso, la proposta, se non l'avesse giudicata alquanto pericolosa.

« La Commissione delle dogane — mi ha egli soggiunto — ha già dato parecchie prove della sua intransigenza, non solo nelle questioni che si discutono, ma anche nel semplice fatto di non ammettere che s'interrompano i lavori della preparazione al nuovo regime doganale con questioni estranee. Quale deplorevole effetto produrremmo in Italia se la nostra proposta fosse rinviata ad un mese, e a che gioverebbe allora la nostra iniziativa, dal momento che fra due mesi la nuova legge sarà votata? Eppoi, come si fa a garantire che in una Camera composta quasi di 600 deputati, non tutti famigliari con le questioni di politica estera, non se ne trovi uno che si lasci sfuggire una parola amara, capace di venire male interpretata? Io veggo — ha concluso il ministro — tutti i pericoli d'un simile incidente e non ne scorgo i vantaggi. »

Questo il linguaggio del ministro al sig. Naquet! Quando avrò aggiunto che il sig. Naquet è pessimista sul resultato della discussione doganale, e ritiene che la Francia si circonderà d'una muraglia della China, autorizzando così tutti gli altri popoli a fare altrettanto verso di lei, fino al giorno in cui, forse troppo tardi, essa si accorgerà del proprio errore, sarà riassunta la mia conversazione col deputato di Parigi.

Egli è oltremodo dolente di non aver potuto mettere in esecuzione il suo progetto, di mandare dall'alto della tribuna parlamentare delle parole di amicizia al nostro paese: noi però terremo conto della sua generosa intenzione e gliene saremo grati.

Ma non è senza una melanconica impressione che noi constatiamo adesso che è diventato perfino impossibile di pronunciare il nome dell'Italia nel Parlamento francese, al punto che il ministro degli Esteri si vede costretto di rifiutare un'interrogazione, il cui solo scopo è di mandarci un saluto di simpatia.

Il ministro teme lo scatto d'un *chauvin*; il sig. Ribot non è sicuro che il nome del nostro paese non faccia sugli onorevoli l'effetto del drappo rosso agli occhi del toro!

Se noi del *Corriere di Napoli* non ci fossimo promessi di restare muti fino al momento in cui potremo discorrere praticamente d'affari con la vicina nazione, per non aver l'aria di turbare, colle nostre polemiche, l'opera di alcuni amici disinteressati e coraggiosi, — sarebbe forse giunta l'opportunità di esaminare a qual punto siano oggi le nostre relazioni con la Francia. Ma è bene abbondare in longanimità, sdegnando i nuovi attacchi della stampa francese. Se ci accorderemo, queste inezie saranno dimenticate; se, per disgrazia, verrà la rottura e torneremo ai bei momenti delle quotidiane baruffe, i colleghi francesi siano pure certi, non avranno perso niente per avere aspettato.

R. ALT

La Presse du 10 juillet 1891 (x⁴ série - n° 1130)

LA FRANCE ET L'ITALIE

CONFÉRENCE DE M. ALFRED NAQUET

**La salle des Capucines. — Impressions de voyage. — La politique italienne
Conclusion**

Notre éminent collaborateur et ami, M. Alfred Naquet, député de la Seine, a fait avant-hier soir, devant un très bel auditoire, à la salle des Capucines, une intéressante conférence sur les relations de la France et de l'Italie. M. Naquet, qui a professé à l'Université de Palerme, a laissé un grand nombre d'amis de l'autre côté de la Péninsule : sa parole y aura un profond retentissement.

Après un rapide examen de l'état actuel de l'Europe, le conférencier démontre que la situation la plus avantageuse était pour l'Italie.

« Personne ne songeait à l'attaquer. Elle pouvait s'enrichir, alors que les autres peuples étaient obligés de se ruiner en armements ; elle pouvait rester en dehors de toutes les combinaisons européennes. Elle a cru qu'il était de son intérêt de se lancer dans l'alliance centrale.

« C'est que, continue M. Alfred Naquet, dans la triple alliance, il y a bien plus une question dynastique que le sentiment du peuple italien. »

Aux yeux du député de Paris, le roi Humbert a redouté que la forme de notre gouvernement, que la liberté ne fût une propagande dangereuse contre son trône.

— Nous ne pouvons cependant pas changer notre forme de gouvernement pour faire plaisir aux rois qui nous entourent, ajoute spirituellement le conférencier.

Et il nous dépeint le roi d'Italie se tournant vers l'empereur d'Allemagne, afin d'éviter la propagande républicaine.

M. Alfred Naquet confesse ensuite les fautes commises vis-à-vis de l'Italie, par tous les gouvernements qui se sont succédé en France — l'Empire empêcha l'Italie de conquérir Rome — la République fit l'expédition de Tunisie, alors que la possession de la Tunisie, selon M. Naquet, ne valait pas l'inimitié de l'Italie.

Le gouvernement Crispi exploita cette situation ; il ne laissa jamais échapper la moindre occasion d'envenimer les relations entre les deux peuples. Mais Crispi est tombé et la triple alliance est renouvelée par son successeur, parce que derrière les ministres il y a toujours le roi Humbert.

« Ne nous lassons donc pas de dire à l'Italie, s'écrie M. Naquet dans sa péroraison, que nous n'avons contre elle aucun sentiment de haine. La paix, d'ailleurs, ne saurait être menacée, parce que l'alliance russe grandit chaque jour, et parce que chaque jour la France devient plus forte.

« Ne nous lassons pas de déclarer que nous savons distinguer le gouvernement italien des populations italiennes, et qu'une guerre entre la France et l'Italie, si par malheur elle éclatait, serait, selon l'expression d'Emile de Girardin, une guerre civile.

« Les Italiens doivent être convaincus que le progrès humain bénéficiera de l'union des deux nations sœurs. Nous en appelons de l'Italie mal informée à l'Italie mieux informée, convaincus que nous venons d'assister au dernier renouvellement de la triple alliance. »

Cette vibrante péroraison a été fort applaudie et le succès du conférencier a été considérable.

La Presse du 19 juillet 1891 (n. série – n° 1158)

L'AJOURNEMENT

La Chambre des députés, dans sa séance d'hier, revenant sur son vote de jeudi, a indéfiniment ajourné l'interpellation de M. Laur sur la politique extérieure, et l'on ne va certainement pas manquer de prétendre qu'elle s'est déjugée.

En fait il n'en est rien, et son second vote est aussi logique et aussi rationnel que le premier.

Jeudi, la question était mal posée. Le ministre des affaires étrangères avait manqué de netteté. La Chambre ne savait même pas s'il s'agissait d'un ajournement indéfini ou d'une simple remise à un jour plus ou moins prochain. Il est clair que s'il se fût agi d'une simple remise il aurait mieux valu discuter tout de suite ; et c'est cette considération qui a déterminé le vote de la plupart des députés.

Et puis, il faut bien le dire aussi, le souci de la dignité nationale était également intervenu.

Hier les choses avaient changé de face. Le ministère s'est expliqué nettement, et M. Ribot a parlé dans des termes très fermes, très nets, très patriotiques qui étaient de nature à satisfaire la majorité.

D'autre part, il est d'un usage constant dans tous les pays libres que lorsqu'un cabinet parlementaire refuse un débat sur la politique extérieure, ce débat est écarté. Nos voisins les Anglais qui sont certainement le peuple le plus parlementaire du monde, ne procèdent jamais autrement.

Autant il est en effet naturel et utile que les oppositions se donnent carrière sur la politique intérieure, autant il serait déplorable que les passions s'agitassent à propos des questions où la dignité nationale et dans une certaine mesure la paix de l'Europe, sont intéressées.

La Chambre a donc émis hier, selon nous, un vote patriotique dont le pays lui saura gré.

Supposons le ministère renversé ; qu'auraient pu faire ses successeurs? Ou mentant aux règles des gouvernements parlementaires, ils auraient persévéré dans la politique du cabinet qu'ils auraient remplacé. Et, dans ce cas, l'opinion n'aurait pas manqué d'attribuer leur attitude à des causes qui n'auraient été de nature à relever ni leur prestige ni celui de la nation.

Ou bien le nouveau cabinet se serait lancé dans une voie de représailles dont il n'eût été possible de mesurer ni l'importance ni les résultats.

La France n'abandonne aucune de ses revendications; mais elle est convaincue que le temps est pour elle un puissant coadjuteur. Aussi est-elle profondément pacifique, quoi que puissent en penser ou en dire les auteurs de sainte-alliance ; et elle ne pardonnerait pas aux hommes d'Etat qui la gouvernent de donner une apparence de raison, par leurs actes, à ceux qui ont intérêt à dénaturer nos intentions.

ALFRED NAQUET.

La Presse du 4 août 1891 (n^{elle} série — n° 1154)

Dans le Cinquième arrondissement

ALFRED NAQUET DEVANT SES ÉLECTEURS

La réunion mensuelle du comité Naquet. — Compte rendu de mandat. — Un discours du député du cinquième. L'ordre du jour

Le Comité républicain socialiste-revisionniste de la 1re circonscription du cinquième arrondissement (comité Naquet) a tenu hier soir, au n° 15 de la rue Linné, sa réunion mensuelle.

Le citoyen Naquet, dans un long discours très nourri et très applaudi, a expliqué son vote dans l'interpellation de M. Laur sur la question des passeports en Alsace-Lorraine. Il a montré que, sans rien abdiquer de ses revendications légitimes, la France a le plus grand intérêt à se montrer pacifique et à prouver à l'Europe qu'elle ne médite aucune pensée d'agression. Chaque jour qui s'écoule accroît indirectement sa force en diminuant celle de ses adversaires; chaque jour rend la triple-alliance moins compacte; chaque jour voit se fortifier, ainsi que le démontre l'admirable manifestation de Cronstadt, l'union fraternelle qui nous unit au grand empire du Nord. Les peuples réveillés par le grand événement recommencent à tourner vers nous leurs regards. A Copenhague, à Stockholm, des gouvernements hostiles ont été forcés, par l'enthousiasme de leurs peuples, à faire un accueil sympathique à nos marins, et il n'y a pas jusqu'au vieux parti tory anglais qui, par la bouche de lord Salisbury, n'ait cru devoir, devant le flot montant de l'opinion libérale anglaise, adresser une parole aimable à « la grande République française », en invitant l'escadre du Nord à aller à Portsmouth.

La France a accepté cette invitation, et elle a eu raison de le faire. En démontrant aux autres peuples que, même pour le redressement des griefs si légitimes dont elle souffre, elle ne veut pas prendre la responsabilité de troubler la paix de l'Europe, elle travaille à augmenter les sympathies qui lui arrivent de toutes parts, et si l'heure suprême sonne un jour, dans ce siècle où l'opinion des peuples pèse d'un si grand poids, même dans les pays monarchiques, la patience éclairée dont elle aura fait preuve sera pour elle le plus sûr garant du triomphe.

« Voilà pourquoi, a dit notre ami, je suis contre toutes les manifestations bruyantes et stériles, voilà pourquoi je ne veux pas qu'on se serve des questions extérieures comme d'un élément de politique intérieure ».

S'élevant ensuite, dans un élan d'ardent patriotisme, à une véritable éloquence, il a ajouté :

« J'aime la France. Je l'aime comme vous tous parce que j'y suis né ; parce que les idées de ses grands hommes ont façonné mon cerveau, parce que j'ai été dès mon jeune âge, ému de toutes ses gloires, parce que j'ai souffert de tous ses malheurs.

« Mais je l'aime aussi parce que je suis Européen, parce que je suis homme, parce que je me sens partie intégrante de la civilisation européenne, parce que je sens battre en moi le cœur de l'humanité et parce que la France est encore à cette heure le plus puissant instrument du progrès humain.

« On m'a quelquefois reproché mon cosmopolitisme. Ce cosmopolitisme, au contraire, en dominant mon patriotisme, l'exalte et le fortifie. J'aime la France pour elle-même et je l'aime pour l'humanité.

« C'est pourquoi je ne veux pas compromettre par des intempérances, par des actes sans lendemain, qui nous aliéneraient les cœurs au lieu de les ramener à nous, l'avenir qui commence à s'éclairer pour nous après vingt années d'isolement et de souffrances.

« Je consentirais à voter une déclaration de guerre si nous étions assaillis ou si la Russie était attaquée ; mais hors ces deux hypothèses, je ne mettrais jamais mon vote au bas d'une proposition parlementaire dont le résultat serait : ou une humiliation si l'on reculait après avoir avancé, ou des complications diplomatiques d'où pourrait sortir la guerre dans des conditions qui nous isoleraient.

« Il est bon d'être patriote, je le suis autant et plus que qui que ce soit ; mais le vrai patriotisme n'est pas celui qui s'abandonne à des sentiments irréfléchis ; c'est celui qui calcule ses forces, ses moyens d'action, qui choisit son heure et qui, au prix de sacrifices souvent très durs, sait faire preuve d'une abnégation et d'une patience vraiment profitables au pays.

« C'est pourquoi, résolument pacifique, j'ai cru devoir voter avec la majorité de la Chambre dans l'interpellation de M. Laur. »

Cette péroraison a soulevé des applaudissements enthousiastes et, personne n'ayant demandé la parole, le Comité a clos sa séance par le vote, à l'unanimité, de l'ordre du jour suivant :

« Le Comité républicain socialiste revisionniste de la première circonscription du cinquième arrondissement, considérant que les questions extérieures nécessitent la plus grande prudence pour éviter des complications qui pourraient être préjudiciables à la Patrie, approuve le vote du citoyen Naquet dans l'affaire des passeports, estimant que le vrai patriotisme ne consiste pas dans des manifestations bruyantes et inutiles.

La presse du 18 8bre 1891 (nelle série - n° 1228)

UNE LETTRE D'ALFRED NAQUET

La situation politique

Notre ami, M. Maurice Barrès a fait une enquête auprès de ses collègues revisionnistes.

Voici la lettre qu'il a reçu de notre éminent ami et collaborateur Alfred Naquet :

Dites que j'ai lutté avec toute l'énergie désirable jusqu'aux élections municipales de 1890 ; qu'après le second désastre j'ai cru que des républicains n'avaient pas le droit de s'insurger contre le verdict deux fois rendu par le suffrage universel ; et que, sans rien abandonner de mes principes revisionnistes, j'ai cessé une lutte active que je croyais désormais, et pour un temps au moins, sans objet.

Ajoutez que depuis lors je me borne à défendre à la Chambre les idées qui me sont chères par mon vote, sans me préoccuper de ceux qui les présentent ; mais que je m'abstiens le plus que je puis de faire de la politique militante, la modestie me paraissant s'imposer à ceux qui ont été si profondément frappés dans leurs espérances.

Au surplus, l'essai de parlementarisme actuel réussira ou échouera. S'il réussit, quoique je n'aie jamais cru à cette forme gouvernementale en démocratie, je me réjouirai en patriote que la France ait fait l'économie d'un changement qui consomme toujours de la force vive.

S'il échoue, il faut que son échec ait sur le pays un effet probant qui rende la revision fatale. Or, il n'aura cet effet que si l'essai est loyal, si on ne l'ourais pas par l'obstruction, et ce serait une raison de plus de ne pas faire en ce moment de politique militante.

Simplement personnelle, cette politique serait sans effet ; mais si elle en avait un, si j'entraînais quelqu'un, ou je gênerais le développement du parlementarisme, ou je fournirais un prétexte à ses défenseurs pour prétendre que l'obstruction faite par l'ancien parti boulangiste en a seule empêché le succès.

Je crois donc que la politique expectante s'impose, et, sauf des événements imprévus qui pourraient réclamer l'effort commun de tous les patriotes pour la défense de la France et de la République, c'est cette politique expectante que j'entends suivre.

A. NAQUET.

autographe donné à Robert Kastor⁺ pour
son album de célébrités

J'aime profondément mon pays. Je l'aime pour lui-même, à cause de l'éclat de son génie, de sa largeur d'idées, de son ardent amour de la Justice. Je l'aime aussi pour l'humanité parce que je considère que la disparition ou l'amoindrissement de la France serait le plus grand malheur qui pût advenir au genre humain. Mais c'est parce que j'aime mon pays que je suis absolument pacifique & que je considère comme des fous dangereux ceux qui, dans l'exaltation d'un patriotisme égaré, voudraient déchaîner la Guerre sur l'Europe.

A. Naquet
Paris le 6 Xbre 1891
44 rue de Moscou

⁺ Robert Kastor 24 place Vendôme Paris —

Il secolo decimo-nono (de Gênes) du 9-10 x.bre 1891
n° 343

Un colloquio con Naquet

(Nostra corrispondenza particolare.)

Parigi, 7.

(R.) — Ho avuto oggi un interessante colloquio col deputato Naquet che fu il braccio destro del generale Boulanger, a proposito della situazione internazionale e le condizioni interne della Francia.

« Non scorgo nulla sull'orizzonte politico, mi ha dichiarato quest'oggi il deputato Naquet, che possa per il momento minacciare la pace dell'Europa. La Russia, la Germania e la Francia, non vogliono la guerra.

La Germania, sapendo d'avere oggi alle spalle un colosso come la Russia, teme la guerra più di tutti.

E la pace armata è vero che condurrà fatalmente l'Europa alla bancarotta.

Anche la Francia per quanto sia ricca, non potrà continuare a pagare quasi un miliardo all'anno per la guerra e la marina.

Sono partigiano come l'on. Crispi d'una confederazione europea composta però di piccoli Stati di 4 o 5 milioni d'abitanti.

Bisognerebbe che la Francia fosse divisa come prima del 1789 e l'Italia come prima del 1859. Imperocchè una confederazione europea composta di grandi Stati non assicurerebbe la pace.

Una confederazione europea composta di piccoli Stati ci condurrebbe alla soluzione della questione sociale.

« In quanto alla situazione interna della Francia non si modificherà ancora per qualche tempo. » Il ministero di Freycinet che cerca di dar soddisfazione a tutti i partiti, salvo incidenti, resterà probabilmente al potere almeno fino alle prossime elezioni generali.

In occasione dell'interpellanza Hubbard sull'agitazione dei vescovi, che sarà discussa venerdì prossimo, Freycinet, rivolgendosi alla sinistra dichiarerà che mostrerà fermezza ed energia rispetto al clero, e rivolgendosi alla destra dichiarerà che farà rispettare la libertà di coscienza. Se il parlamentarismo fosse rigorosamente attuato, Jules Ferry, sotto l'aspetto politico, e Meline, sotto l'aspetto economico, dovrebbero essere al potere.

La nuova politica economica dei nostri protezionisti, sarà fatale alla Francia. Non si tratta solo di protezionismo contro la concorrenza estera, ma anche contro la concorrenza interna. E' il ristabilimento delle dogane interne.

« Il mezzogiorno della Francia sarà sacrificato agli interessi del Nord e del centro. »

E' impossibile che tra due o tre anni non si manifesti una reazione nell'opinione pubblica contro il nostro nuovo regime doganale. Deploro il voto del Senato relativo alla questione dei vini, il quale renderà impossibile un accordo colla Spagna, ciò che potrebbe avere gravi conseguenze politiche per la Francia.

La politica protezionista ha esercitata una influenza esiziale pei nostri interessi all'estero. Sono persuaso che se il ministero avesse abolito i diritti differenziali, e concluso un *modus vivendi economico* coll'Italia, forse la triplice alleanza non sarebbe stata rinnovata. Del resto è questa anche l'opinione del conte Greppi, ex ambasciatore italiano a Pietroburgo. »

L'Epoque du 14 Xbre 1891 (3e année n° 107)

Une entrevue avec M. Naquet

La situation internationale. La Confédération européenne. Le protectionnisme. — L'Union douanière.

Nous avons eu une intéressante conversation avec M. Naquet, député, au sujet de la situation internationale et de la nouvelle politique économique de la France.

— Je ne vois rien, nous a déclaré l'honorable M. Naquet, qui puisse menacer en ce moment la paix européenne.

La Russie, l'Allemagne et la France ne veulent pas la guerre. L'Allemagne, sachant d'avoir aujourd'hui sur le dos un colosse comme la Russie, craint la guerre plus que les autres. C'est la paix armée, c'est vrai, « qui mènera fatalement l'Europe à la banqueroute. Même la France, si riche qu'elle soit, ne pourra continuer toujours à payer presque un milliard par an pour la guerre et la marine. »

Je suis partisan d'une Confédération européenne et je suis convaincu qu'elle arrivera un jour.

Mais je n'y crois pas avec de grands Etats comme les Etats actuels, qu'ils soient en monarchie ou en république.

Aussi longtemps que, dans une fédération, un Etat, ou deux au plus, peuvent tenir tête à tous les autres, la fédération est un leurre et la guerre demeure la *superma ratio* des conflits.

On a vu des guerres telles que celle de la sécession aux Etats-Unis et du Sonderbund en Suisse même avec de petits Etats; mais ici c'est rare, parce qu'il faut qu'un grand nombre d'entre eux se groupent pour faire tête aux autres, et ces groupements sont difficiles.

Je pense donc que l'Europe ne formera une confédération sérieuse que le jour où elle sera divisée en petites républiques de quatre à cinq millions au plus d'habitants chacune.

Vous me direz qu'il faudra pour cela diviser les nations actuelles.

Mon esprit ne s'effarouche pas à cette idée.

Quand la France a voulu faire son

unité elle a dû morceler ses provinces et faire des départements.

Quand l'Italie a voulu devenir une, elle a dû morceler ses régions et les diviser en provinces.

Quand l'Europe voudra s'unifier, elle devra briser Allemagne, France, Autriche, Espagne, Italie, les provinces de l'Europe, pour les remplacer par de petits Etats fédérés.

Cela paraît bien loin; mais que voulez-vous? Pour tant qu'on se haïsse de Paris à Berlin, on ne se hait pas plus que jadis de Venise à Gênes. Gênes et Venise sont cependant sœurs aujourd'hui dans l'Italie une; Berlin et Paris le seront un jour dans l'Europe fédérée.

Ces idées, du reste, qui sont, hélas! d'une réalisation très lointaine, ne nous empêchent pas d'être de notre temps, d'aimer notre pays et d'être prêts à le défendre. Nous pensons même que la défense de nos pays respectifs peut être la voie la plus courte pour arriver à l'union finale que je rêve.

Mais croyez-moi cette union c'est le but final. Rêve, utopie peut-être aujourd'hui, réalité demain.

Quant à la nouvelle politique économique de nos protectionnistes, je crois qu'elle sera fatale à la France. Ce n'est pas seulement le protectionnisme contre la concurrence étrangère, mais aussi contre la concurrence intérieure. C'est le rétablissement des douanes intérieures. Le Midi de la France sera sacrifié aux intérêts du Nord et du Centre.

Il est impossible que dans 2 ou 3 ans une réaction de l'opinion publique ne se manifeste contre le nouveau régime douanier. Les paysans s'apercevront que le protectionnisme ne leur fera pas couler l'or dans le sac. Je regrette le vote du Sénat relatif aux vins qui rendra impossible une entente économique avec l'Espagne, ce qui pourrait avoir de graves conséquences politiques pour la France. Le protectionnisme a exercé une influence fâcheuse au point de vue de notre situation extérieure. Je suis absolument de l'avis de M. le comte Greppi, ancien ambassadeur d'Italie à St- Pétersbourg, à savoir que si, après la chute de M. Crispi, la France avait aboli les droits différentiels et conclu un *modus vivendi* économique avec l'Italie, M. di Rudini ne se serait pas empressé de renouveler la triple alliance.

Mais malheureusement, nos ministres, qui sont prisonniers des protectionnistes, n'ont osé prendre une initiative courageuse par crainte de perdre leur portefeuille.

En attendant, ce que m'avait annoncé le ministre des finances d'Italie, M. Luzatti, lorsque je fus à Rome en avril dernier se réalise : une véritable union douanière se constitue autour de nous sous la forme de traités de commerce, et nous, nous nous isolons. Cette union non seulement fortifie la triple alliance à laquelle nous pouvions porter un coup par une politique économique liberale ; mais elle amène à graviter dans l'orbite des puissances centrales des nations telles que la Suisse, la Belgique et peut-être l'Espagne. Le mal tant économique que politique fait par M. Méline et ses amis à la France est incalculable ; et même avec la réaction qu'il entraînera fatalement, ses déplorables effets ne pourront être tous réparés.

Journal officiel de la R.F. du 12 janvier 1892

24ème année n° 11

Séance de la chambre des députés du 11 janvier

M. le président. La parole est à M. Naquet.

M. Alfred Naquet. Messieurs, tout à l'heure, M. le ministre du commerce a porté à cette tribune un argument qui m'a profondément frappé et qui, à mon sens, va contre l'interdiction de coloration de la margarine, aussi bien de celle qui doit être consommée à l'intérieur que de celle qui est destinée à l'exportation.

M. le ministre vous a dit qu'en interdisant la coloration vous allez frapper le commerce de la margarine; que la margarine exportée nous reviendrait sous la forme de pains de beurre; qu'il serait impossible de distinguer ces pains de beurre mélangé des pains de beurre pur, et que vous auriez ainsi facilité la fraude que vous voulez atteindre.

A cela, M. le rapporteur a objecté qu'il était inexact de dire qu'on ne pouvait pas reconnaître la fraude; que si on ne l'apercevait pas lorsque le beurre contient moins de 10 p. 100 de margarine, il devenait facile de la découvrir au-dessus de cette proportion.

J'ai demandé la parole pour répondre brièvement à cette objection.

Oui, à un point de vue purement scientifique, si vous allez dans un grand laboratoire de Paris, si vous vous adressez à des chimistes exercés, vous pourrez reconnaître la présence de la margarine dans un beurre qui en contient de 10 à 15 p. 100.

M. le rapporteur. Il y a des laboratoires à la frontière!

M. Alfred Naquet. Vous la reconnaîtrez à la quantité plus ou moins considérable d'acide butyrique, à certaines formes de cristallisation de l'acide gras mis en liberté. Mais ce sont là des expériences extrêmement délicates, difficiles et longues; elles ne sont pas à la portée de tous les laboratoires de douane. (*Très bien! très bien! sur divers bancs.*)

D'un autre côté, vous ne pourrez pas envoyer dans des laboratoires spéciaux, particulièrement outillés, dirigés par des chimistes exercés, les échantillons de beurre que vous saisirez à la frontière, sous peine de **produire l'encombrement**, et pendant des mois entiers le beurre rancirait en attendant la décision du laboratoire.

Donc, en laissant de côté le point de vue purement scientifique — car nous ne sommes pas ici à l'académie des sciences et nous ne discutons pas sur des procédés chimiques ; nous faisons œuvre de législateurs — au point de vue général et économique il est parfaitement exact de dire qu'il est matériellement impossible de reconnaître le beurre fraudé à l'aide de la margarine de celui qui ne l'est pas, et par conséquent, malgré la réponse de M. le rapporteur, l'argument de M. le ministre du commerce reste avec toute sa force. (*Très bien ! très bien !*)

M. le rapporteur. Je demande la parole. (*Aux voix !*)

M. le président. La parole est à M. le rapporteur. ....

Le XIXe siècle du 9 février 1892 (nº 7330)

CHEZ M. NAQUET

UN AMENDEMENT
A LA LOI DU DIVORCE

Le divorce et la séparation de corps. — Fantaisies de magistrats. — Le nom du mari.

M. Jullien, député de Loir-et-Cher, vient de déposer à la Chambre une proposition de loi portant modification de l'article 310 du Code civil, aux termes duquel, « lorsque la séparation de corps aura duré trois ans, le jugement *pourra* être converti en jugement de divorce sur la demande formée par l'un des époux ».

M. Jullien estime que les tribunaux usent trop souvent de la latitude qui leur est laissée par la loi pour rejeter les demandes de conversion de séparation de corps en divorce, et il propose de décider que les tribunaux seront obligés d'accorder la conversion toutes les fois qu'elle leur sera demandée.

M. Naquet a bien voulu nous fournir sur cette question, qui peut intéresser quelques-unes de nos lectrices mal servies par le sort, ou certains de nos lecteurs, les renseignements suivants :

L'historique de la question

— Il y a longtemps, nous dit l'honorable député, que les partisans du divorce déplorent cette lacune de la loi, et ce n'est point leur faute si elle n'a pas été comblée plus tôt.

Sous l'empire de l'ancienne loi, l'époux contre lequel la séparation avait été prononcée pouvait au bout de trois ans, et après une sommation infructueuse à son conjoint, réclamer la conversion en divorce.

Les tribunaux étaient obligés de la lui accorder.

Mais cette faculté était refusée à celui qui avait obtenu la séparation. On trouvait immoral de lui accorder le droit de revenir sur son option entre les deux termes autorisés pour rompre légalement la vie commune.

Dès 1882, la Chambre fut frappée de cette inconséquence. Il était injuste, en effet, de considérer comme épuisé le droit d'option d'un époux qui avait pu préférer la séparation au divorce, dans l'espoir plus ou moins vague d'une réconciliation.

Il fut donc décidé qu'après trois ans de séparation le divorce serait prononcé de droit, sur la simple requête de l'un ou l'autre des époux.

Après avoir été voté par le Sénat en première lecture, cet article fut renvoyé à la commission, sur la demande de M. Jules Simon, qui, comme vous savez, s'est toujours montré l'adversaire du divorce.

M. Denormandie demanda aussitôt que la conversion en divorce fût obligatoire si elle était demandée par celui qui avait obtenu la séparation, et interdite quand elle serait réclamée par l'autre conjoint.

La commission proposa alors de laisser toute liberté aux tribunaux, et la Chambre, qui se trouvait à la veille des élections générales, craignant de voir reporter la loi sur le divorce à l'autre législature, vota cette transaction.

Fantaisies de magistrats

Cette disposition, continue notre interlocuteur, assez difficile à justifier en principe, eut dans la pratique les plus graves inconvénients.

Les tribunaux de France, suivant les sentiments personnels des magistrats qui les composent, se sont partagés en deux camps bien tranchés : ceux qui sont favorables au divorce, et ceux qui ne l'aiment pas.

Les premiers ne manquent jamais d'accorder la conversion ; les autres la refusent présque toujours. Il s'est ainsi établi deux jurisprudences absolument contradictoires, de telle sorte qu'aujourd'hui, lorsque deux époux séparés de corps veulent obtenir le divorce, leur sort dépend du département ou de l'arrondissement dans lequel ils résident.

Cet situation est intolérable. Aussi quand j'étais sénateur, avais-je déposé un projet de modification de l'article 310. Malgré l'avis favorable de la commission, il fut repoussé. Il a été repris sans plus de succès sous la dernière législature.

M. Jullien, qui s'en fait aujourd'hui le champion, sera plus heureux, car son projet passera certainement à la Chambre, et j'espère que le Sénat lui-même se décidera à l'adopter.

Le nom du mari

Le Sénat a en effet voté récemment une autre modification à la loi du divorce, actuellement pendante devant la Chambre.

Vous savez qu'on a maintenu la séparation de corps à l'usage des femmes qui, pour des motifs religieux, de famille, ou autres, ne veulent pas recourir au divorce. Il convenait de leur permettre, en dehors de cette solution radicale, d'échapper à la tutelle de leur mari, et de gérer elles-mêmes leur fortune ou d'ester en justice.

Or, on a introduit dans cette loi relative à la séparation un article interdisant à la femme divorcée de porter le nom de son mari, clause qui n'avait pas été admise lors du vote de la loi du divorce.

Le Sénat l'a accepté sans difficulté.

Le divorce et la statistique

Nous ne pouvions manquer cette occa-

sion de demander une fois de plus au député du cinquième arrondissement ce qu'il
pense des résultats acquis et de l'avenir
de la loi à laquelle il a attaché son nom.

— Impossible, nous répond-il, de vous
donner des chiffres.

Le divorce n'est pratiqué que depuis
1886, époque à laquelle, sur l'initiative de
M. Brisson, qui avait toujours voté contre
le principe même du divorce, la Chambre
a fait disparaître les chinoiseries de procé-
dure exigées par la loi primitive, que nous
avions été obligés d'accepter telle qu'elle,
sous peine de la voir repousser.

Or, au ministère de la justice, la statisti-
que s'arrête à 1888. Effet, me dit-on, d'une
diminution de crédits.

Mais, quel que puisse être l'accroissement du chiffre des divorces, il faut bien
se garder de le rapprocher de celui des sé-
parations de corps qui étaient prononcées
jadis. Car ce n'est point le nombre des mé-
nages désunis qui augmente, mais celui
des désunions constatées.

Le public mettra encore longtemps à
bien se pénétrer de cette idée, et c'est pour
ne pas jeter dans son esprit un trouble
capable de provoquer une réaction contre
le divorce, que je laisse à mes successeurs
le soin « d'élargir » une loi qui n'est pas
suffisamment libérale.

L'Éclair du 9 février 1892 (5ᵉ année 1170)

OPINIONS

LE DIVORCE ET LES CATHOLIQUES

Le *Figaro* publiait récemment un entrefilet reproduit par l'*Éclair*, où je lis :

« Un mariage qui fit grand bruit dans le monde pa-
risien vient d'être annulé en cour de Rome.

» Le pape a accordé à Mlle Singer l'annulation de
son mariage avec M. Louis-Wilfrid de Scey-Montbéliard.

» Mlle Singer a obtenu le divorce du tribunal de
la Seine, après avoir demandé aux autorités religieuses l'annulation de son mariage.

» Elle est rentrée hier à Paris, venant de Rome. »

Je tiens à appeler sur cette petite nouvelle, insi-
gnifiante en apparence, l'attention de tous ceux qui
s'in... de bonne foi que la loi du divorce a été

faite en violation de la liberté des consciences chrétiennes.

Il y a quelques jours à peine, cinq prélats, auxquels semble devoir s'adjoindre tout l'épiscopat français, faisaient le procès au gouvernement républicain qu'ils accusaient d'avoir opprimé les catholiques. Au nombre des lois soi-disant oppressives était naturellement citée celle qui a rétabli le divorce dans notre pays.

Les cardinaux, qui fulminent si fort à l'aise contre une loi de liberté en la signalant comme attentatoire à la liberté, avaient pu demander d'abord l'avis de Mlle Singer. Il est probable que celle-ci n'aurait pas partagé leur opinion.

Et cependant, Mlle Singer est profondément catholique puisque, avant de s'adresser aux tribunaux français, elle a tenu d'abord à se mettre en règle avec la curie romaine sans l'autorisation de laquelle certainement elle fût demeurée Mme Wilfrid de Scey-Montbéliard.

C'est que, pour elle, le divorce a été une loi tutélaire, qui lui a permis de reconstituer son existence en bénéficiant de la faculté que lui a laissée la loi canonique.

Que l'on suppose, en effet, pour une minute, que la législation française n'eût pas été modifiée en 1884, que la séparation de corps et de biens soit encore le seul recours possible des époux malheureux, quelle aurait été la situation de Mme Wilfrid de Scey-Montbéliard ?

Libre de par la religion, elle aurait été maintenue esclave de par le droit civil. Son mariage, déclaré nul à Rome, aurait été considéré comme dûment valable à Paris ; et si elle avait obtenu séparation de corps et de biens, ce triste palliatif ne l'aurait pas arrachée à la servitude due à un lien que sa religion ne reconnaissait pas et que par cela même sa conscience repoussait.

C'est ce que je n'ai cessé de répéter, tant dans la presse qu'à la tribune de la Chambre ou du Sénat, pendant toute la période durant laquelle j'ai lutté pour le rétablissement du divorce.

Le mariage civil, disais-je alors, n'engage pas la conscience des catholiques. Ceux-ci s'y soumettent sans résistance parce qu'en bons citoyens ils obéissent à la loi et que c'est la loi ; mais le lien qui en résulte n'a aucune valeur à leurs yeux. Ce n'est pas la cérémonie civile qui, pour eux, constitue le mariage, c'est la cérémonie religieuse sans laquelle ils ne se considéreraient pas comme mariés.

Que leur importe dès lors, ajoutais-je, si la loi dénoue dans certains cas un nœud dont ils n'ont jamais reconnu la validité ? Le sacrement demeure inaccessible à l'action des tribunaux français ; les prêtres ne

sont poin[illegible] sanctifier les secondes noces des
époux divorcés dont l'autorité ecclésiastique n'aurait
pas annulé le mariage. Où et quand cette loi du divorce, dont personne n'est forcé d'user, peut-elle exercer une contrainte sur la conscience des croyants ?

Et si, par suite de ce fait que le droit canon compte
beaucoup plus de motifs de nullité que le droit civil,
il est des cas — celui de Mlle Singer nous en fournit
un exemple actuel — où des croyants peuvent user
de la loi du divorce sans se mettre en opposition avec
leur foi, pourquoi le clergé persiste-t-il à anathématiser une institution civile qui, en fait, laisse la religion complètement hors de ses atteintes, et qui peut
souvent profiter même aux personnes les plus religieuses ?

A cette question personne n'a répondu d'une manière satisfaisante quoiqu'on ait souvent essayé de le
faire.

La vérité est qu'on aurait admis dans le monde
catholique, que nous missions le code civil en harmonie avec le droit canon, en étendant les cas de
nullité civile jusqu'où les étend la législation ecclésiastique.

Mais ceci revient à dire que le clergé, même lorsqu'il se tait, n'a jamais cessé de revendiquer, *in petto*,
la matière du mariage; qu'il n'accepte pas sans protestation — dans cet ordre de choses au moins — une
législation civile distincte de la législation religieuse,
et qu'il proteste contre le mariage civil.

Il ne le dit pas, parce qu'il comprend très bien
qu'il se heurterait à une telle résistance de l'opinion
que ses revendications n'auraient nulle prise, mais
c'est le fond de sa pensée, et c'est ce qu'il importe
que nous fassions ressortir.

Le clergé, à cette heure, devant les dernières conquêtes de la société laïque, tendant à compléter l'œuvre de sécularisation commencée en 1789, a momentanément abandonné ses revendications anciennes
pour concentrer son action contre les récentes innovations qu'il croit plus faciles à combattre. Mais au
fond, pour lui, comme en ordre inverse pour M. Clémenceau, le tout fait un bloc; et s'il parvenait aujourd'hui à faire rapporter la loi militaire, la loi scolaire et le divorce, il recommencerait bien vite la
guerre contre ce qui a été conquis sur lui antérieurement.

C'est contre de telles prétentions que nous ne ces-
serons de nous élever. Et pourvu que nous ne soyons
pas des sectaires, que nous nous montrions libéraux,
que, dans nos écoles, la neutralité soit *la neutralité*,
que le divorce demeure ce qu'il est, une institution
facultative n'imposant au clergé aucun sacrifice de
conscience, aucune bénédiction que la religion inter-
dirait; pourvu, en un mot, que chacun conserve la

faculté de croire, de pratiquer librement sa religion et ne soit jamais molesté pour ses croyances et sa foi, nous aurons avec nous l'immense majorité des catholiques français, qui sont certainement fidèles à leur culte, mais qui sont également fidèles aux principes émancipateurs de la Révolution, et pour qui catholicisme n'est pas synonyme de théocratie.

Alfred Naquet.

L'Éclair du 29 février 1892 (6ème année - n° 1190)

LETTRE OUVERTE
LE DIVORCE ET L'ÉGLISE

Il y a quelques jours à peine l'*Éclair* voulait bien publier quelques lignes de moi relatives au mariage annulé en cour de Rome, et au divorce ultérieur à Paris, de Mlle Singer, Mme de Sley Montbéliard.

Une petite brochure de quelques pages, qui m'arrive à l'instant même, m'apporte un second fait de cette nature qui me démontre que les divorces des catholiques sont plus nombreux, plus fréquents que je ne le pensais. Comme cette fréquence même fortifie mon argumentation, je demande la permission de citer ce second cas aux lecteurs de l'*Éclair*.

Il s'agit d'un jugement de divorce rendu par la première chambre du tribunal civil de la Seine, le 30 juillet 1890, entre Mme Jeanne-Marie-Françoise Boissaux, épouse de Gentien Thomas de Bosmelet, demanderesse, et Gentien Thomas de Bosmelet, défendeur.

La femme s'appuyait sur des écarts de conduite constituant à son égard un grief de nature à motiver la rupture du lien conjugal.

Quant au mari, il affirmait que sa femme ne l'avait épousé que pour échapper à la vie sévère de la maison paternelle, mais que, depuis quatorze ans, les époux avaient vécu sous le même toit sans que le mariage fût consommé.

Et l'on sait que, s'il n'y a pas dans le refus par l'un des époux de remplir les devoirs qui dérivent du mariage une cause légale de divorce, ce fait cependant est considéré par les tribunaux comme une *injure grave*, rentrant dans les cas prévus à l'article 231 du Code civil.

Aussi le tribunal a-t-il rendu le jugement que voici :

« *Attendu* que la dame de Bosmelet a formé une demande en divorce contre son mari ;

» Que de son côté, de Bosmelet a formé une demande reconventionnelle contre sa femme ;

» *Attendu* que la demande de la dame de Bosmelet est fondée sur des écarts de conduite de son mari, — qu'il résulte, en effet, des pièces et documents versés au procès, que de Bosmelet s'est livré à des désordres qui sont de nature à constituer une injure grave au regard de sa femme.

» *Attendu* que l'action de Bosmelet est motivée par *le refus persistant de la dame de Bosmelet de remplir les devoirs qui derivent du mariage* ;

» *Attendu* enfin qu'il y a lieu de faire application à la cause de l'article 299 du Code civil;

» Par ces motifs,

» Prononce le divorce entre les époux Gentien de Bosmelet, aux torts réciproques de chacun d'eux. »

Avant de se présenter devant le tribunal civil, les époux de Bosmelet s'étaient présentés devant la curie romaine et avaient demandé l'annulation de leur mariage religieux.

On sait, en effet, que l'Eglise n'est jamais censée rompre un mariage, mais qu'elle déclare dans certains cas celui-ci inexistant, comme ayant été entaché de nullité dès les premiers jours. La non-consommation du mariage étant l'un de ces vices originels qui enlèvent au sacrement toute validité, la curie romaine avait fait droit à la demande des époux de Bosmelet, lesquels, libres l'un et l'autre, aussi bien aux yeux de la loi civile qu'aux yeux de la loi religieuse, peuvent se remarier. On m'affirme même que le mari est dès à présent sur le point de contracter une nouvelle union.

Rien en tout ceci que de très naturel. Il y a là une simple confirmation de cette vérité que je ne cesse de proclamer, que je proclamais il y a quelques jours à peine dans ces mêmes colonnes, à savoir que les catholiques peuvent souvent bénéficier de la loi du divorce sans jamais être opprimés par elle dans leur foi.

La petite brochure à laquelle je me réfère prétend que les motifs invoqués à Rome n'étaient pas réels et avaient été imaginés pour les besoins de la cause.

Ce sont là des affirmations auxquelles je n'ai pas plus à adhérer qu'à les contredire, par le double motif que je n'ai pas l'habitude de me prononcer sur ce que j'ignore et que, d'ailleurs, les dires de la brochure fussent-ils établis, cela n'apporterait aucune lumière nouvelle à mon raisonnement.

Quoi qu'il en soit, en effet, du cas particulier de M. et de Mme Gentien de Bosmelet, il ne saurait être douteux que des motifs tels que ceux, justifiés ou non dans le cas qui nous occupe, qui ont été invoqués par ces derniers, doivent être inventés par des époux désireux de se disjoindre; et il n'est pas douteux non plus que, la fameuse preuve du concile, qui d'ailleurs ne prouvait rien, ayant été abandonnée, il doit bien souvent arriver à l'Église d'être prise à des pièges de cette nature.

Et c'est là une des raisons, à défaut d'autres, qui auraient empêché la société civile de se borner, en matière de mariage, à adopter les prescriptions de la loi religieuse, ainsi que les militants catholiques l'auraient voulu.

Ces prescriptions sont trop larges et laissent trop à l'arbitraire.

Sans doute, à Rome, les hommes atténuent ce qu'elles ont d'exagéré et les rendent même infiniment trop restrictives dans la pratique. Mais la garantie est ici dans le juge seul, tandis que la société civile a cherché sa sécurité dans la loi.

Avec des causes de nullité telles que la non-consommation du mariage et le défaut de consentement valable, un juge pourrait absolument tout ce qu'il voudrait, et la loi civile ne pouvait pas accepter des causes de divorce aussi élastiques, sans exposer la société à des abus, qui, rares peut-être auprès des tribunaux ecclésiastiques, risqueraient de se multiplier s'ils étaient laissés à l'appréciation de chaque tribunal civil.

Je sais bien que dans l'espèce curieuse que je viens de raconter, le tribunal de la Seine a jugé comme la Cour de Rome. Mais comme elle avait, par ailleurs, les écarts de conduite du mari, qui à eux seuls légitimaient la rupture du lien conjugal et que le reste n'était qu'accessoire, la justice civile a pu adopter, sans y regarder de trop près, les motifs qu'avait invoqués la justice ecclésiastique et qui, très vraisemblablement, n'auraient pas suffi au tribunal de la Seine s'ils n'eussent point été étayés d'ailleurs.

Il reste donc bien établi que la loi du divorce est bienfaisante pour les catholiques — car il est bien évident que M. de Bosmelet et sa femme n'auraient pas pu profiter de la nullité prononcée à Rome sous l'empire de notre ancienne législation.

Il est également évident que les causes de nullité invoquées par le droit canonique n'auraient pas pu être sans danger transportées de la société religieuse à la société civile et que la sécularisation de la société étant un fait contre lequel on se heurterait en vain, la loi civile du divorce devait demeurer indépendante, quant à ses causes et à ses effets, de la loi canonique.

Il n'en reste pas moins que les deux lois ont des points de contact, et ces points sont suffisants pour que l'autorité religieuse pût, si elle le voulait, au lieu de batte en brèche la loi du divorce et de l'appeler très injustement une loi inique, élargir au contraire sa jurisprudence pour se mettre d'accord avec la loi civile, dans l'intérêt général de la société.

Il paraît qu'elle fait le contraire et qu'elle impose aux époux divorcés, à titre de pénalité, même lorsqu'ils n'ont point usé de la faculté de remariage, l'inhibition de contracter une nouvelle union s'ils deviennent veufs.

Il y a lieu de s'en étonner alors que le Souverain Pontife qui préside aux destinées de l'Eglise semble animé d'un esprit aussi large et aussi ouvert qu'il est possible de l'espérer d'un homme remplissant cette haute fonction.

Une pareille résistance, je l'ai dit souvent et je ne me lasserai jamais de le redire, ne vient point en effet du caractère particulier de la loi du divorce — cela est surabondamment démontré — mais de la répugnance qu'ont les catholiques à accepter la sécularisation de la société.

Or, si le Pape veut que le christianisme cesse d'être battu en brèche par les non croyants ; s'il veut que la religion dont il est le chef jouisse de la liberté générale, que les sociétés modernes assurent à toutes les opinions, et que, grâce à cette liberté, elle puisse accomplir la haute mission que son chef naturellement lui attribue, il doit, pour réaliser ses désirs, prendre son parti de la laïcité de l'Etat et accepter par suite des lois comme celle du divorce et de la neutralité de l'école.

Si, au contraire, les catholiques continuent à anathématiser la société laïque ; s'ils poursuivent la chimère de rétablir la subordination de la législation civile à la législation canonique, ils rendront impossible l'accord qu'ils recherchent entre les sociétés modernes et eux et perpétueront les luttes qu'ils déplorent jusqu'à destruction complète de l'un des combattants qui, dans l'espèce, ne saurait être qu'eux.

Je suis de ceux qui ne désirent pas cette lutte, qui y préfèrent l'apaisement dans la liberté, et c'est pourquoi je signale aux catholiques de bonne foi le danger auquel ils s'exposent en s'élevant contre une législation civile qui ne les blesse en rien dans leur foi comme ils le font à propos du divorce.

A. Naquet.

L'Éclair du 18 mars 1892 (5e année - n° 1208)

Chez M. Naquet

La dynamite est-elle aussi dangereuse qu'on le pense? Un chimiste de valeur, M. Naquet, nous dit qu'on se fait de la dynamite une idée très exagérée. C'est incontestablement un explosif des plus terribles ; mais de là à s'imaginer qu'une cartouche de dynamite peut causer la destruction complète d'une maison ou d'un corp cde bâtiment, il y a loin.

Nous demandons à M. Naquet quelle quantité de dynamite serait nécessaire pour faire sauter la caserne Lobau.

— Faire sauter une telle construction, nous dit-il me paraît une opération impossible à des mains criminelles, même formidablement armées.

L'État pourrait, pour des raisons de défense, détruire un bâtiment aussi considérable, mais en le minant et en employant de grandes quantités d'explosifs. Je soutiens que des particuliers ne peuvent arriver à un aussi terrible résultat.

Les anarchistes — si anarchistes il y a — pourraient parfaitement employer la nitro-glycérine seule. Ils auraient ainsi un explosif des plus violents et des plus dangereux; mais on ne peut s'en procurer que difficilement et elle est d'un maniement très dangereux.

M. Vian, ancien présid nt de la « Dynamite », ne croit pas que l'explosif employé soit de la dynamite ; tout, au contraire, paraît lui indiquer que ce n'est pas cet explosif qu'on a employé. Peut-être s'est-on servi de fulminate, de panclastite, de picrates.

M. Berthelot disait que la dynamite est aux autres explosifs ce que le choléra est aux autres maladies. Quand on parle de choléra, tout le monde se sauve et pourtant la fièvre typhoïde fait encore plus de victimes que cette terrible maladie. Il y a d'autres explosifs plus terribles que la dynamite, et il ne semble pas juste que ce soit elle seule qui porte la responsabilité de tous les actes criminels de ces derniers jours.

Lettre à M. A. Boudinhon, professeur à l'institut Catholique de Paris, à propos d'un article sur les procès en nullité de mariages religieux publié par lui dans l'université Catholique. (1)

Paris le 19 mars 1892

44, rue de moscou

Monsieur

Je viens de lire l'intéressante & consciencieuse étude que vous avez publiée dans « l'université Catholique » sur les procès en nullité des mariages religieux. Mais cette étude ne pouvait en aucune manière modifier mes opinions sur le divorce — & d'ailleurs elle n'a pas été écrite dans ce but — par l'excellente raison que je ne me suis jamais servi dans ma polémique des raisons que vous réfutez.

Il a pu m'arriver de dire que les causes de nullité admises sont assez élastiques pour que — la preuve étant affaire de Conscience pour le juge — des juges bien disposés pussent facilement prononcer des nullités qui seraient de vrais divorces. Je crois encore que le fait se produit plus souvent que vous-même ne le supposez, & une récente annulation dont j'ai eu l'occasion de parler dans l'éclair me Confirme dans ce sentiment.

Mais je n'ai jamais tiré de là aucun argument pour ma thèse, mon argument Contre les Catholiques qui se sont efforcés d'empêcher l'introduction du divorce dans nos lois civiles est tout autre & vous n'en avez pas parlé dans votre travail.

Je pars d'abord du principe, que les protestants, les israélites, & les libre penseurs qui n'appartiennent à aucun culte auraient lieu de se plaindre de la violation de la liberté de Conscience si on leur interdisait le divorce que leur foi ou leurs Convictions philosophiques permettent, & si on le leur interdisait par l'unique raison qu'une foi qui n'est pas la leur l'interdit. Une telle interdiction par de tels motifs, naturelle sous l'ancien régime où l'Église faisait corps avec l'État ne serait plus Conforme aux idées admises dans notre société sécularisée. Et vous êtes bien près du point de partager mon avis car, après avoir montré le peu de valeur que vous attachez au mariage civil, vous reconnaissez cependant l'utilité de ce dernier en vue de légaliser les unions des personnes ne ressortissant d'aucun culte.

Mais vous me direz peut-être qu'il aurait fallu laisser la matière du mariage à chaque confession religieuse & se borner à introduire le mariage civil & le divorce pour les libre penseurs n'ayant aucune religion ainsi que cela se passe – ou à-peu-près – en Autriche.

C'est là une opinion que je comprends mais que je me refuse à discuter. Je n'en suis pas le partisan, ai-je besoin de vous le dire ? mais la trouverais-je juste que mes conclusions demeureraient les mêmes car la sécularisation du mariage est un fait désormais acquis, un fait qui de France s'est étendu au dehors & fait le tour du monde, un fait contre lequel on peut affirmer que rien ne prévaudra. Ceux-là mêmes qui espéreraient un mouvement de réaction sur ce point doivent d'ailleurs confesser qu'il est loin de se produire, & ils doivent convenir que nous légiférons pour notre époque, & non en vue d'époques lointaines sur lesquelles nous n'avons aucune donnée.

Si donc le mariage civil existe en France tel que le Code civil l'a institué ; & si cette institution a poussé d'assez fortes racines pour que la catholique restauration n'ait pas même essayé de la transformer, pour que les assemblées cléricales de 1849 & de 1871 n'aient élevé aucune protestation à cet endroit, pour que la la–

tholique Belgique la conserve (ainsi que le divorce d'ailleurs) sans aucune protestation de la part des Catholiques qui sont actuellement au pouvoir dans ce pays ou y ont été depuis cinquante ans, il faut bien que chacun en prenne son parti, & c'est en partant de cette donnée que j'ai raisonné.

Le mariage civil existant tel que le Code l'a institué, & nul ne pouvant sérieusement songer aujourd'hui à le supprimer ou à le modifier, j'ai posé la question qui suit.

Aux yeux des Catholiques le lien civil — & c'est là ce que vous affirmez de la façon la plus nette & la plus précise dans votre article — n'a aucune valeur & ne constitue aucunement le mariage, celui-ci résultant du sacrement & du sacrement seul. Cela est si bien votre sentiment que vous protestez contre l'expression de « bénédiction nuptiale » employée aujourd'hui dans les lettres de faire part pour désigner le mariage religieux. Cette expression vous parait trop faible, le mariage religieux étant tout le mariage à vos yeux.

Cela étant, je demande pour la millième fois en quoi un Catholique peut se dire opprimé dans sa foi parce que la loi civile reconnait des cas où elle permet de rescinder un contrat civil, dont lui, Catholique, ne reconnait pas la validité.

Je comprends un Catholique persistant, malgré l'impossibilité du succès, à protester contre le mariage civil; mais je ne le comprends pas se pliant au mariage civil & se disant outragé par

Le divorce civil.

J'ajoute que, puisqu'il y a des cas de nullité canonique qui ne sont pas des cas de nullité civile, il est des circonstances — & j'en ai cité des exemples nombreux — où un catholique a un grand intérêt à ce que le mariage civil, puisqu'il existe, soit tempéré par le divorce civil: puisque sans cela il pourrait demeurer lié par la loi civile alors qu'il serait — je n'ose pas dire délié — par la loi religieuse, mais qu'il serait établi par elle qu'il n'a jamais été lié.

Et je me résume ainsi. Les catholiques, à supposer — ce que je n'admets pas du reste, mais ce que je ne veux pas discuter ici — qu'ils soient froissés par le mariage civil, ne sauraient l'être ni plus ni moins par le divorce civil. L'introduction de cette réforme est même une atténuation du mal dont ils se plaignent, ainsi que je viens de le montrer à l'alinéa précédent.

Je demande donc à mes adversaires de jeter loyalement tout masque, & de faire porter leurs attaques non sur le divorce, simple conséquence du mariage civil, mais sur le mariage civil lui-même.

Il me plairait de voir un esprit comme le vôtre reconnaître franchement que, en concourant au rétablissement du divorce, je n'ai voulu froisser, & n'ai froissé en effet aucune conscience religieuse, & que, si je n'ai pas donné aux catholiques la satisfaction de voir le mariage civil disparaître, du moins je n'ai en rien aggravé la situation qui résultait pour eux de cette institution.

Il me plairait même de vous voir reconnaître que, dans la

limite des cinquante ou soixante cas de nullité ou de dispense accordée par les autorités ecclésiastiques, la réforme dont j'ai été le protagoniste a été utile aux Catholiques alors qu'en aucun cas elle n'a pu les blesser.

Mais je crains que vous ne le reconnaissiez pas, parce que, à votre insu peut-être, vous obéissez à un sentiment que je saisis.

Le mariage civil est tellement dans nos mœurs que vous ne vous hasarderiez pas à l'attaquer de front autrement que dans des revues & des ouvrages de Doctrine.

Au contraire, bien que le divorce s'introduise aussi chaque jour davantage dans nos mœurs, il reste à son endroit dans ce pays des préjugés qui vous donnent une certaine prise, & dont vous essayez de profiter. Vos attaques contre le divorce sont des travaux d'approche destinés à atteindre la forteresse qui est le mariage civil.

Et cela est si vrai que là où le divorce est aussi ancré dans les mœurs que le mariage civil lui-même, en Belgique par exemple, vous cessez de protester.

Je vous demande pardon, Monsieur, de vous avoir ennuyé de la lecture de cette longue lettre. Mais depuis dix ans, à propos du divorce, les écrivains Catholiques & moi ressemblons à des Duellistes qui se battraient en se tournant le dos. Ils auraient quelque peine à croiser le fer. Ce sera notre cas aussi longtemps que vos amis & vous répondrez aux arguments que je n'ai jamais invoqués, & ne répondrez pas à ceux que j'ai invoqués au contraire pour établir que la loi de 1884 n'est pas contraire à la liberté de conscience, ou tout au moins — pour réserver toutes les croyances — ne l'est pas plus que celle qui a institué le mariage civil dans notre pays, & l'est même à un degré moindre à supposer que celle-ci le soit, ce que pour ma part je conteste. J'ai cru bon d'appeler votre attention sur ce point. Vous m'excuserez, j'en suis sûr, & vous voudrez bien agréer l'assurance de ma considération très-distinguée.

A. Naquet

L'Eclair du 30 mars 1892 (5ème année — n° 1220)

interview sur la Dynamite à propos des explosions

M. Alfred Naquet

— Je ne fais plus partie, nous dit M. Naquet, d'aucune société fabriquant de la dynamite, je puis donc vous donner, sans parti pris, mon avis sur cette question.

Il est fort exact, ainsi que le dit M. Camille Dreyfus dans son projet de résolution, que le gouvernement ait le droit d'exproprier toutes les sociétés de dynamite existantes sans être obligé de les indemniser. Mais je vous avoue que j'ai des doutes au point de vue de l'efficacité de la mesure qu'il propose.

Tant de gens aujourd'hui savent avec quelle facilité on peut fabriquer de la dynamite. On a publié des brochures en indiquant exactement la recette, les procédés de manipulation, les journaux même, en ces derniers temps, nous ont donné à ce sujet des indications très suffisantes. On aura beau monopoliser la fabrication de ce produit, on ne pourra jamais empêcher les particuliers d'en fabriquer eux-mêmes. Si encore il était possible de surveiller la vente des matières premières, telles que la glycérine, l'acide sulfurique, l'acide nitrique... Mais comment faire ? Ces différents produits sont de vente courante ; on les emploie dans une foule d'industries. Il faudrait donc entraver toutes ces industries.

Et d'ailleurs, remarquez que même si l'on pouvait arriver à interdire complètement aux particuliers la fabrication de la dynamite, on n'aurait encore rien empêché, car il existe une foule d'autres explosifs tout aussi dangereux, dont la confection est tout aussi simple et tout aussi connue de ceux qui y ont intérêt. Ce qu'il nous faut, c'est une police bien organisée, capable de trouver et d'arrêter les coupables.

Donc, à mon sens, le projet de résolution de M. Camille Dreyfus est absolument inutile ; voilà pourquoi je ne le voterai pas.

IL DIVORZIO

Il Mattino introduce da oggi una innovazione giornalistica destinata, crediamo, a un grande successo.

Non contento di essersi assicurata la collaborazione dei più reputati scrittori italiani nel Parlamento e fuori, si propone di consultare, sulle grandi questioni che interessano il pubblico, gli scrittori e gli uomini politici stranieri di maggior nome e di più sicura autorità.

La proposta di legge dell'on. Villa sul divorzio, di cui ieri l'altro la nostra Camera ha votato la presa in considerazione, ci ha suggerito l'idea d'interpellare in proposito Alfredo Naquet, deputato al Parlamento francese, già senatore, che fu l'anima e il cervello del partito boulangista, e l'apostolo più attivo, più eloquente e più efficace del divorzio in Francia. Egli ci ha indirizzato sull'importante argomento una lettera, che pubblichiamo oggi, lasciando a quelli dei nostri collaboratori, che propugnano opinioni contrarie, tutta la libertà di manifestarle. Il Mattino è una tribuna aperta a tutti gli uomini autorevoli, quale che sia il loro modo di pensare intorno ai problemi pubblici.

Ecco la prima lettera dell'on. Naquet:

Parigi, 2 aprile 1892

Signor Direttore,

Io sono molto occupato, in questo momento, per poter rispondere con larghezza alle questioni che voi mi proponete. Sono infatti proprio alla vigilia del giorno in cui dovrò prendere la parola in Parlamento, per due grandi questioni, che saran messe subito all'ordine del giorno. Una di tali questioni, quella del rinnovamento del privilegio della Banca di Francia, esige, da parte mia, alcuni lavori preparatorii, che assorbono le ore lasciandomi libere dal lavoro parlamentare.

Mi è quindi difficile di fare due lavori allo stesso tempo e di rispondervi con quella larghezza che io vorrei.

D'altra parte, voi conoscete bene tutti gli ostacoli e tutte le opposizioni incontrate in Francia dalla mia crociata in favore del divorzio: che cosa potrei aggiungere di nuovo!

La Francia è un paese cattolico, e questa religione ha così ben modellato lo spirito dei francesi, durante i secoli, che anche i dissidenti, ebrei, protestanti, positivisti o atei, sono ancora cattolici. Intendo dire che se essi hanno ripudiato il domma, o non l'hanno mai accettato, hanno conservato però alcuni pregiudizi, che derivano principalmente, e direi quasi esclusivamente, dalla religione.

E a questa influenza atavica che bisogna attribuire dei fatti straordinari, come quello del signor Brisson, nemico spietato del clero e più accanito contro il divorzio che non il clero stesso. E dico più accanito del clero, perché Brisson gittava l'anatema al divorzio in nome dei principii sociali, mentre non pochi preti riconoscevano francamente, che, oltre le cause religiose, non aveano alcun motivo serio per combatterlo.

❧

Da quello che ho detto risulta evidente che, quando io proposi per la prima volta il ristabilimento del divorzio, incontrai subito l'ostilità generale; ma per la generalità stessa della ostilità, con cui la mia proposta fu giudicata, e per la sicurezza grandissima che essa sarebbe stata respinta, io non fui accolto con collera, ma fui accolto invece con un enorme scoppio di risa.

Nondimeno la borghesia liberale del 1830 avea votato quattro volte il ristabilimento del divorzio, e, nel 1792, la rivoluzione lo avea stabilito quasi senza difficoltà. Ma gli uomini del 1792 erano dei giganti, che nessun pregiudizio vinceva, e la borghesia liberale del 1830 non avea subito ancora gli effetti della reazione clericale, che si produsse presso di essa dopo il 1848.

Però il suffragio universale avea reso i pregiudizi di tal genere ancora più intensi, e perfino i deputati eletti nel 1876 erano arrestati dal timore di urtare contro il corpo elettorale.

E infatti, quando, nel 1876, io parlai per la prima volta del divorzio, i miei elettori ne furono tanto indignati, che mi avvertirono di non ripresentarmi più. Per calmarli io dovetti andare di villaggio in villaggio e fare, durante 45 giorni, una campagna di propaganda, la quale, credetemi, caro Direttore, è stata la cosa che mi ha costato più fatica durante la mia vita.

Dopo aver fatta questa campagna nel mio collegio elettorale, io la feci in tutta la Francia, mediante una serie di oltre cento conferenze, date in tutti i centri più importanti. Così, quando i deputati videro che la opinione pubblica si andava formando e che essi potevano votare con me, senza mettersi in manifesta contraddizione con le idee dei loro elettori, la riforma fu votata. Ma sono stati necessari circa dieci anni, perché io potessi vincere le enormi difficoltà di ogni genere, che avevo incontrato da prima.

Oggi il divorzio è stabilito e penetra anche dove incontrava prima maggiori antipatie. L'interesse personale parlando più alto dei pregiudizi, i cattolici stessi, quando le loro opinioni sono delle abitudini più che delle credenze — e questo è il caso della generalità — vi ricorrono volentieri se la loro situazione lo esiga. E l'istituzione s'infiltra così bene nei costumi, che io sono convinto che essa sia oramai sradicabile, e che resisterebbe perfino a una nazione cattolica, se un fatto di tal genere potesse sopravvenire, ciò che io spero sarà evitato.

Quanto a dirvi quale sia la progressione che segue il numero annuale dei divorzi e quale influenza eserciti il divorzio sulla natalità, io sono molto imbarazzato, e difficilmente potrei fornirvi al riguardo delle cifre molto esatte. La riduzione dei fondi del Ministero della Giustizia, votata dalla Camera, ha avuto infatti per conseguenza la riduzione del personale dell'ufizio di statistica, il quale non ha oramai che un solo impiegato, ed è fortuna se le statistiche del 1888 sono compiute. Ora la legge non essendo entrata in vigore che alla fine del 1884, e la nuova procedura, senza la quale il divorzio era inapplicabile in fatto, datando solamente dal 1886, si può ben dire che gli anni che la statistica non ha ancora pubblicati sono i soli che presentino qualche interesse. Questa semplice notizia vi farà vedere come siano infondate molte delle critiche contro il divorzio che, specialmente in Italia, sono state fatte da alcuni scrittori per dipingere con colori oscuri le conseguenze del divorzio in Francia.

Così l'interesse di tali statistiche è assai scarso. Il movimento di diminuzione della natalità francese, si fosse anche accentuato dopo il 1886, *essendo però cominciato da molti anni*, sarebbe poco filosofico attribuirlo al divorzio, mediante un *post hoc ergo propter hoc*, inapplicabile nella specie. Così, la conclusione contraria, nel caso che la natalità fosse aumentata, mi sembra anche poco ammissibile.

Il numero delle famiglie disunite aumenta in tutti i paesi del mondo, esista o non esista il divorzio. I modi di separazione permessi dalle leggi non hanno alcuna azione su tale cifra, come ha dimostrato perentoriamente l'illustre dottor Bertillon. Le leggi non hanno altro effetto che quello di rendere le separazioni apparenti, o di renderle invece nascoste. Io ho dimostrato largamente questa verità nel mio libro e nei miei discorsi, e rimpiango ora che mi manchi il tempo per poterla sviluppare qui.

Per rispondere a tutte le vostre domande, mi resterebbe ancora a trattare del divorzio dal punto di vista religioso. Ma per poter rispondere, come io vorrei per poter sviluppare le mie idee, dovrei, scrivervi almeno un'altra lettera presso a poco eguale a questa. E mi duole di non poterlo fare assolutamente in questo momento: sarà, io credo, per un'altra volta.

Perdonatemi, se n'sono limitato a poco, e gradite l'espressione dei miei sentimenti devoti.

ALFRED NAQUET
deputato al Parlamento francese.

2ème lettre à Mr Boudinhou, en réponse à la sienne

Paris le 14 avril 1892

44 rue de Moscou

Monsieur (1)

J'avais parfaitement fait moi-même la correction que vous voulez bien m'adresser aujourdhui. Votre lettre est la première où j'ai rencontré une argumentation solide, à laquelle ne s'applique pas ma comparaison des duellistes qui se tournent le dos & ne réussissent jamais à croiser le fer. Vous croisez le fer.

Certes! vous ne me convainquez pas. Mais entre deux adversaires qui discutent, la discussion, si elle est logiquement conduite doit arriver à l'un ou à l'autre de ces deux résultats: ou convaincre l'un des adversaires que l'enchaînement de ses idées avait été incorrect & le ramener à l'idée de l'autre, ou prouver que chacun partent d'un principe, d'un axiome, d'un article de foi — comme vous voudrez l'appeler — contradictoire à celui de l'autre, & que dès lors l'accord est impossible. C'est le cas pour nous: le principe dont je pars étant la nécessité de séculariser la Société d'une manière complète, & le principe dont vous partez étant absolument l'opposé de celui-là.

---

1) voir la page 242 de ce même volume et la lettre de M. Boudinhou intercalée entre les pages 168 et 169 du quatrième volume des simples Varia. —

Cela admis, je reconnais volontiers avec vous que, en dehors des cas de nullité & de dispense ecclésiastique, le divorce va plus loin dans la sécularisation que ne va le mariage civil, de même que la loi scolaire va plus loin que le divorce, & que la séparation de l'Église & de l'État irait plus loin que la loi scolaire.

Mais n'est-il pas possible que les catholiques acceptent à un moment donné cette sécularisation si, comme je le voudrais, moi qui suis un libéral & ai le jacobinisme en horreur, elle se fait dans des conditions de liberté & de justice qui en fassent un régime nouveau & non un fait de guerre ?

Je crois la chose possible, puisqu'elle est ailleurs, aux États-Unis par exemple, & je la désire, car seule, elle fera cesser des conflits qui désolent les consciences & troublent les esprits justes & impartiaux.

Veuillez agréer, monsieur, l'assurance de ma considération la plus distinguée.

A. Naquet

P.S. Un journal de Naples — il mattino — m'ayant demandé un article sur les relations du divorce & de l'Église, je me suis permis de donner les passages fondamentaux de votre lettre, en rendant hommage à la solidité de votre argumentation. Quand j'en recevrai des nᵒˢ j'aurai l'honneur de vous en faire tenir un : je suppose que vous lisez l'italien.

Si cependant cette publication, qui sera en somme absolument
correcte & élogieuse pour vous, vous déplaisait, vous n'auriez qu'à
m'en prévenir & j'en arrêterais par télégramme la publication.

Il Mattino (de naples) des 18-19 avril 1892

1ère année — n° 34

Naquet, Bonghi e il divorzio

PARIGI, 15 aprile.

Signor Direttore,

Avevo appena finito di scrivere per il vostro giornale un articolo sui rapporti fra il divorzio e i cattolici italiani, quando ho ricevuto il numero del *Mattino* contenente l'articolo dell'on. Bonghi.

Tale articolo è scritto e pensato in tal modo che io, malgrado la grande libertà che voi cortesemente mi concedete, non avrei quasi alcuna voglia di rispondere. Io sono dolente di dover dire, che, proprio come nelle sue molteplici trasformazioni, l'on. Bonghi non espose a sua giustifica alcuna ragione che valga la pena di esser discussa. Io non ho infatti, voi lo comprendete bene, il minimo desiderio di discutere sulla maggiore o minore legittimità dei sentimenti che può inspirare il mio nome in Francia o all'estero e non credo che sia punto il caso di rifare, a proposito del divorzio, la storia del boulangismo. Io abbandono dunque al signor Bonghi le sue spiritosaggini, di cui lascio ad altri apprezzare la finezza.

Sopra un sol punto soltanto io voglio rispondere, poichè l'on. Bonghi fa in esso delle affermazioni categoriche e io non voglio lasciare che si accreditino nello spirito de' lettori degli errori senza fondamento di verità.

Io ho affermato nella mia lettera precedente che le statistiche francesi sono in ritardo, che non mi è punto possibile avere le cifre posteriori al 1888 e che le statistiche non ancora fatto sono le sole che possano presentare un qualche interesse. Vi ho detto queste cose perchè mi trovavo nella assoluta impossibilità di rispondere alla domanda che voi mi avete rivolta e che riguardava gli effetti della legge del divorzio sul numero delle separazioni coniugali.

Che cosa fa il signor Bonghi? Con una leggerezza, che, oserò io dirlo?, da parte sua non mi meraviglia punto, cerca di provare che io mi son permessa una asserzione falsa. E, a questo scopo, cita dal *Journal des débats* nè più nè meno che le statistiche dal 1884 al 1888, cioè proprio quelle, di cui io avevo annunziata la pubblicazione, ma che non aveva nemmeno riprodotte, perchè mancavano assolutamente d'ogni interesse.

Perchè mancano d'interesse? Per un motivo molto semplice: perchè i primi 4 o 5 anni sono stati, dirò quasi, degli anni di liquidazione. Esisteva in Francia uno *stock*, permettetemi la parola, di 50 o 60.000 reparazioni giudiziarie e un numero ancora più grande di separazioni libere, di cui molte, quando ne hanno avuto l'occasione, hanno invocato il benefizio della nuova legge. Ma non è punto questo degli anni 1884-1888 il numero normale dei divorzi, è invece il numero dei divorzi che sarebbero avvenuti negli anni 1804-1884, se il titolo VI del Codice Civile non fosse stato abrogato nel 1816.

V'ha ancora di più. Io credo — e l'ho detto nella prima lettera senza poter però entrare nella discussione di una questione così importante — che se anche il numero dei divorzi aumentasse senza tregua, seguendo una progressione rapida, questo fatto indicherebbe un malessere sociale ma non proverebbe nulla contro la legge del 1884.

Il numero delle famiglie disunite segue, in tutti i paesi, una progressione crescente; e questo avviene così nei paesi ove il divorzio è ammesso come in quelli ove invece esso non esiste.

Che il signor Bonghi, il quale dice di conoscere così bene le statistiche francesi, ma che mostra invece di ignorare quelle del suo paese, legga le statistiche italiane. E vedrà che anche in Italia il numero delle separazioni personali fra coniugi cresce di anno in anno. Il numero delle separazioni è nondimeno in Italia inferiore a quello della Francia; ma la stessa differenza esisteva prima del 1885, quando il divorzio non era stato ristabilito in Francia e non poteva quindi allora nè può adesso essergli attribuita.

Da che cosa dipende questa periodica progressione? La civiltà, vicino ai suoi immensi vantaggi, presenta anche i suoi inconvenienti. La intensità della vita diventa ogni giorno più febbrile e le cattive abitudini, come quella dell'alcoolismo, si sviluppano sempre più. Sono queste cattive abitudini e questa febbrile intensità di vita che favoriscono la nevrosi e il malcontento, di cui è conseguenza la rottura dei legami delle famiglie. Così aumenta anche ogni anno il numero dei suicidi in tutti i paesi e non è punto la legge che spinge gli uomini a suicidarsi.

La legge non ha alcuna influenza sulle disunioni delle famiglie; essa permette o non permette soltanto di sancirlo mediante un fatto legale: ecco tutto. E permettendo o rifiutando loro una sanzione legale, non accresce nè diminuisce in alcun modo il numero effettivo delle disunioni, ma si limita a sancirle o a non sancirle. Quando la legge diventa più larga e permette di conquistare una più grande libertà, un maggior numero di sposi, separati amichevolmente, si rivolgono ai tribunali: quando invece la legge diventa più severa e meno larga e la separazione non apporta alcun vantaggio ai mali di cui soffrono gli sposi, un maggior numero di essi prende, senza ricorrere ai tribunali, la società a testimone delle loro separazioni rimaste secrete. Ma il numero delle separazioni resta immutabile. La legge del divorzio può anche modificare le statistiche, ma non modifica punto i fatti. E se anche esercitasse un'azione sopra di essa l'analisi sociologica dimostra che sarebbe in un senso opposto a quello segnalato dal signor Bonghi. Io rinvio il signor Bonghi alla lettura del discorso da me pronunziato nel Senato francese nel 1884 e sopra tutto ai bellissimi lavori del signor Bertillon. Se egli li avesse letti, se avesse studiata la questione, invece di trattarla, come noi diciamo in Francia, *par dessous la jambe*, si sarebbe risparmiata la pena di affermazioni che dimostrano che egli

parla di ciò che ignora.

L'accrescimento del numero delle famiglie disunite, lungi dall'essere un argomento contro il divorzio, è invece un argomento a favore di esso, poichè ne dimostra la necessità, mettendo in piena luce l'urgente bisogno al quale la legge sul divorzio risponde.

Vogliate gradire, signor Direttore, l'assicurazione della mia più viva stima.

ALFRED NACQUET.
Deputato al Parlamento francese

Il mattino des 20-21 avril 1892

de Naples — première année n°36 —

I CATTOLICI E IL DIVORZIO

L'OPINIONE DI A. NAQUET

Parigi, 10 aprile

Signor Direttore,

Voi volete che io completi la lettera che vi ho recentemente scritta, e che *il Mattino* mi ha fatto l'onore di pubblicare, mediante una seconda lettera, che sviluppi le mie idee sui rapporti fra la legge del divorzio e il cattolicesimo.

La questione che vi preoccupa quindi, in questo momento, non è certamente quella di sapere se il cattolicesimo ammetta o respinga il divorzio o se, per conseguenza, degli sposi cattolici possano o no, senza uscire dalla comunione dei fedeli, divorziare o rimaritarsi. È questo un punto assolutamente privo d'interesse per il legislatore civile, un punto che appartiene esclusivamente al dominio della coscienza individuale e della fede, dominio che non è punto di nostra competenza.

La questione che vi preoccupa è invece questa: *dato che il domma cattolico respinga il divorzio, può la legge civile instituirlo senza violare la libertà di coscienza?*

I cattolici rispondono: no. Con la legislazione della più gran parte dei popoli civili io rispondo, senza esitare: *sì!*

I miei argomenti su tale questione li ho sviluppati assai spesso in Francia. E, anche in Italia, *La Scuola Positiva*, l'eccellente rivista napoletana, ha, nel fascicolo del 30 giugno 1891, pubblicato un lungo articolo, che io, pregatone dall'amico prof. F. S. Nitti, scrissi in risposta a una conferenza dell'egregio signor Crispolti.

Non vorrei quindi oggi ripetermi in alcun modo; ma vi sono fino a un certo punto costretto, poichè costantemente i miei avversari ripetono gli stessi argomenti, senza tener conto delle mie risposte.

Devo confessare nondimeno che ho incontrato recentemente un avversario di un vero valore, che ha voluto rinunziare a fare un soliloquio, o che, in una corrispondenza privata, si è sforzato di attaccare corpo a corpo le mie dottrine e di confutarle. E questo avversario è il signor Boudinhon, professore all'Istituto cattolico di Parigi, cui io m'ero permesso di scrivere a proposito di un interessante articolo da lui pubblicato nella *Université Catholique de Lyon*, e che si è voluto dare la pena di rispondermi e di discutere con me.

Dopo aver affermato — cosa che il signor Boudinhon non contesta punto nella sua risposta — che il matrimonio civile sia stabilito oramai così solidamente, che nessuno dei credenti possa aver la speranza di farlo sparire, almeno per lungo tempo, io aggiungevo nella mia lettera:

« Se dunque il matrimonio civile esiste in Francia, come il codice civile l'ha instituito (e avrei potuto parlare così anche dell'Italia); se questa instituzione si è radicata fino al punto che nemmeno la restaurazione cattolica ha tentato di trasformarla, se i nemici più risoluti di questa instituzione sono, almeno adesso, obbligati a subirla se non ad accettarla, in che cosa il divorzio modifica la situazione delle coscienze cristiane?

« Agli occhi dei cattolici il codice civile —è questo che voi affermate nella maniera più categorica e più precisa nel vostro articolo — non ha alcun valore e non costituisce in alcun modo il matrimonio, quest'ultimo risultando dal sacramento e solo dal sacramento.

« Ciò premesso, io domando per la millesima volta, come mai un cattolico può giudicarsi leso nella sua fede, quando, in certi casi, la legge civile permette di rescindere un contratto civile, di cui egli, cattolico, non riconosce in alcun modo la validità?

« Io intendo un cattolico persistente, malgrado l'impossibilità del successo, a protestare contro il matrimonio civile; ma io non lo intendo punto, quando si piega ad accettare il matrimonio civile e si crede oltraggiato nella sua fede dal divorzio civile.

« Aggiungo anche che, poichè vi sono dei casi di nullità canonica, che non sono punto dei casi di nullità civile, vi sono delle circostanze — e io ne ho citato numerosi esempi — in cui un cattolico può avere grande interesse a che il matrimonio civile, dal momento che esso esista, sia temperato dal divorzio civile; altrimenti potrebbe trovarsi terribilmente legato dalla legge civile, quando, non oso dire che sarebbe sciolto dalla legge religiosa, ma quando si sarebbe stabilito che egli non è mai stato vincolato dalla legge religiosa ».

E, dopo molti altri punti di questa lettera inedita, che lo spazio non mi permette di riprodurre per intero, io continuavo così:

« Il matrimonio civile è talmente entrato nei costumi, che voi, non tenterete di attaccarlo di fronte, se non in riviste e in articoli dottrinari.

« Al contrario, benchè il divorzio prenda ogni giorno una base più larga, incontra degli ostacoli nei pregiudizi diffusi nel paese, i quali vi danno in mano un'arme di cui voi cercate di profittare. *I vostri attacchi contro il divorzio sono dei lavori di preparazione all'attacco della fortezza, cioè a dire all'attacco del matrimonio civile.*

« E questo è così vero che, nei paesi ove il divorzio è penetrato tanto profondamente nei costumi quanto lo stesso matrimonio civile, come nel Belgio, voi non protestate nemmeno..... »

A queste mie osservazioni il signor Boudinhon si è data la pena di rispondere con una interessante dissertazione, che io sono dolente di non poter riprodurre qui per intero. Cercherò almeno, data la ristrettezza dello spazio, di esaminarne i punti principali.

Il signor Boudinhon ammette che il matrimonio, in ciò che esso ha di essenziale, deve appartenere esclusivamente all'autorità religiosa; ma accorda che le conseguenze civili, che ne derivano, competano esclusivamente allo Stato. Così non contesta in alcun modo a quest'ultimo il diritto di esigere il riconoscimento ufficiale dei matrimoni e gli riconosce, non solo il diritto, ma il dovere di

« provvedere affinchè l'unione di coloro, che non vogliono punto dare ad essa un carattere religioso, sia nondimeno riconosciuta e goda degli effetti legali del matrimonio. »

Soltanto, in nome del domma cattolico, il signor Boudinhon respinge ogni idea « di sdoppiare il matrimonio, di secolarizzarlo a mezzo per tutti, poichè questo non è già richiedere, ma imporre l'intervento dello Stato. Questo intervento esiste in una certa misura, in Inghilterra e in Spagna e non è punto biasimevole. Io credo poter dire che vi è una sola soluzione pratica, e che tutti i mezzi proposti per far cessare il conflitto fra la legislazione civile e l'ecclesiastica non sono che dei palliativi senza valore. Bisogna che una sola ed unica manifestazione di consenso matrimoniale sia sufficiente, perchè i coniugi siano considerati come legittimamente sposati davanti le due autorità, civile e religiosa... ».

E il signor Boudinhon prosegue:

« Ecco dunque in quale misura mi sembra che si debbano domandare delle modificazioni al matrimonio civile. Ed è in questa misura, infatti, e solo in questa misura, che esso è contrario alla legislazione e al domma della Chiesa e, quindi, alla coscienza dei cattolici... »

Così il signor Boudinhon rimprovera sopra tutto alla legge civile lo sdoppiamento del matrimonio. Ma riconosce che « quando le stesse persone si sono sposate davanti le due autorità, quando han celebrato il matrimonio al Municipio e alla Chiesa, lo sdoppiamento prodotto dalla legge civile non è punto buono, ma gli inconvenienti sono ridotti al *minimum*. »

E così è anche, secondo lui, nei rari casi in cui il divorzio civile si trova completato da una nullità o da una dispensa ecclesiastica.

« Avversario dichiarato del divorzio e della legge che l'introduce nella legislazione francese, io mi faccio nondimeno un dovere — dice il signor Boudinhon — di riconoscere che in alcuni casi assai rari, essa ha avuto indirettamente degli effetti utili, come per i cattolici il cui matrimonio è stato l'oggetto di una nullità o di una dispensa, nel senso da me spiegato nel mio articolo. E' allora che io trovo utile un certo accordo fra le due legislazioni, benchè in senso inverso. I cristiani, potendo ritenersi come liberi, dopo una sentenza di nullità, sarà loro utile di far sopprimere gli effetti di un matrimonio, che ecclesiasticamente non è giammai esistito... ».

Ma il signor Boudinhon si affretta ad aggiungere che questo è un piccolo vantaggio, che non compensa in alcun modo « tutti i mali prodotti dalla legge sul divorzio. »

Gli inconvenienti e i mali risultano per lui dal fatto che, nei casi più ordinari, quando vi è divorzio civile e non vi è nullità religiosa, gli inconvenienti dello sdoppiamento del matrimonio ricompariscono e ricompariscono con la loro intensità, sopra tutto se i coniugi divorziati contraggano una nuova unione civile. « I divorziati dovranno in effetti, se essi si considerano ancora come cattolici, credere che il loro matrimonio non ha punto cessato di essere valido secondo coscienza; d'altra parte il matrimonio non avrà più alcuna efficacia agli occhi della legge civile; vi è ben più: gli effetti civili saranno trasportati a un'altra unione, che la coscienza cattolica riprova. »

Tali sono le ragioni le quali fanno in modo che, agli occhi del mio contraddittore, il divorzio civile aggravi il matrimonio civile.

« Io voglio bene riconoscere — egli dice — che il principio del divorzio civile sia contenuto nel matrimonio civile; è quest'ultimo, io lo riconosco bene, che i cattolici dovrebbero attaccare, se volessero ingaggiar la lotta sul terreno ove essi hanno delle rivendicazioni da formulare. Nondimeno, da ciò che io vi ho detto sulla misura nella quale l'intervento dello Stato è utile, risulta che questo scopo è adempiato, quantunque con eccesso, dal matrimonio civile; come anche, da ciò che vi ho detto sugli inconvenienti del divorzio, risulta che l'opposizione dei cattolici potrebbe limitarsi utilmente alla sola legge del divorzio, gli inconvenienti di questa ultima essendo in pratica ben altrimenti gravi che quelli che risultano dal matrimonio civile. Inoltre vi è maggiore possibilità di impedire l'introduzione di una nuova legge che quella di farne abrogare un'antica, che bisognerebbe immediatamente rimpiazzare con un'altra assai difficile a determinare ».

Io credo aver messo così la questione in piena luce, e di aver mostrato quale sia l'argomento principale dei cattolici contro il divorzio. Tale argomento ha, senza dubbio, il suo valore: nè sarò io a negarglielo. Ma, per sua disgrazia, riguarda meno il divorzio che non la secolarizzazione generale della società.

⁂

Per essere di accordo con gli scrittori cattolici bisognerebbe che il matrimonio fosse confessionale, che rivestisse nelle diverse chiese, che ciascuno segue, carattere diverso. Bisognerebbe infine che il matrimonio fosse giustificabile dalla sola chiesa cui il cittadino appartiene, che così il matrimonio civile come il divorzio civile fossero riservati agli sposi, che non appartengono ad alcun culto.

Ma chi non vede gli inconvenienti di un simile stato di cose, e la contraddizione profonda che esisterebbe fra questo sistema e la libertà di coscienza, alla quale le società moderne tengono al disopra di ogni cosa?

Essere cattolico, protestante, ebreo, musulmano, significa professare alcune credenze. Ma, al contrario di ciò che avveniva sotto l'antico regime, queste credenze sono puramente individuali. Lo Stato non ne protegge alcuna, e non impedisce affatto che i cittadini cambino di opinione.

Risulta da questo che un cattolico sposato confessionalmente, ma che divenisse poi libero pensatore o che fosse sempre stato tale, e si fosse indotto, cosa molto frequente, a chiedere la benedizione della chiesa, per far piacere all'altro coniuge, si troverebbe perfettamente vincolato alla legislazione religiosa, quand'anche non avesse più religione o professasse una religione diversa dalla cattolica.

Ammettere un consimile ordine di cose, significherebbe sostituire 3 o 4 religioni di Stato a una religione di Stato. Significherebbe ammettere non solo 3 o 4 religioni sull'istessa base di eguaglianza, ma ammettere nello stesso tempo che quando si è inscritti ad una di esse non si possa più uscirne, o che, uscendone, si incorra ancora, come una volta, in penalità, o che almeno, uscendone, si resti vincolato dalle regole civili che essa proclama.

Le società moderne non possono accettare nulla di simile. Esse respingono le regole confessionali del matrimonio, come della scuola, come dei voti ecclesiastici: esse fanno soltanto delle leggi civili, senza preoccuparsi punto de' principî religiosi, che sono affari di coscienza per ciascun cittadino.

E, riconosciuto il principio della secolarizzazione, esse, permettendo il divorzio, non colpiscono più i cattolici di quel che non colpiscano gli ebrei, respingendo la poligamia, che la legislazione ebraica sul matrimonio ammetteva.

La lotta è dunque più alta di quella che non mostrino di credere i nostri avversarii. Essa è tra la secolarizzazione della società e l'unione intima della società alla religione.

Io confesso in buona fede che comprendo bene come i partigiani di una religione possano preferire il secondo di questi sistemi al primo. E

nondimeno da notare che dovunque il primo si sostituisce al secondo. Perchè? O perchè essa, al contrario di ciò che si afferma, non è punto in antagonismo con la fede, o perchè la fede sparisce. Non è possibile sfuggire a questo dilemma. E se la fede sparisce, conveniamone, non è lo Stato che deve consacrare i suoi sforzi a farla rinascere, come non sarebbe legittimo che, da parte sua, cercasse di sradicarla a viva forza.

Ebbene, noi riconosciamo a coloro che fulminano contro la secolarizzazione della società il diritto di fulminare anche contro il divorzio, che è una delle forme principali di questa secolarizzazione. Ma noi lo neghiamo a chiunque, cattolico o non cattolico, che sia del suo secolo, che viva con la sua opera e accetti la società secolarizzata.

Se voi credete che la società, secolarizzandosi, violi la vostra coscienza, protestate contro il divorzio, ma non più nè meno che contro l'insieme della grande opera che si va compiendo.

Ma se voi accettate la secolarizzazione, accettate anche il divorzio, il quale non è che una manifestazione di un fenomeno molto più largo, e che non vi ferisce nè più nè meno del resto.

Per noi, che siamo risolutamente per la secolarizzazione dello Stato, e che pensiamo che, con tutti i riguardi che la coscienza reclama, bisogna ogni giorno fare un passo avanti in questo senso, fino a che la separazione fra la Chiesa e lo Stato renderà questa evoluzione completa, le ragioni che ci sono opposte non sono punto un ostacolo che possa in alcun modo arrestarci.

Vogliate gradire intanto, signor Direttore, l'assicurazione della mia più perfetta stima.

A. NAQUET
deputato al Parlamento francese.

Pubblicando questa terza lettera di Alfred Naquet sulla questione del divorzio, noi crediamo inutile di ripetere quanto già dicemmo, che cioè lasciamo ai nostri illustri collaboratori piena libertà di apprezzamenti e di giudizii.

Le Gil Blas du 26 mai 1892
16ᵉ année — u° 4575

DIVORCEZ !

Chez M. Alfred Naquet

Maris trompés, épouses trahies, n'assassinez plus, divorcez !... c'est M. Alfred Naquet qui vous le conseille, au lendemain de l'affaire Deacon, au lendemain du drame de la rue du Rocher.

En effet, comme, hier, nous étions allé confier à cet apôtre du divorce notre étonnement de voir les crimes passionnels aussi nombreux à présent qu'à l'époque où le mariage était indissoluble, M. Alfred Naquet nous a donné son avis en ces termes :

— D'abord, est-il bien vrai que les crimes passionnels — j'entends ceux qui ont l'adultère pour cause ou pour prétexte — soient aussi nombreux présentement qu'au temps passé ? Pour ma part, je ne le crois pas. On a fait bien du bruit autour de l'affaire Deacon, on s'occupe beaucoup, en ce moment, du crime de la rue du Rocher; mais, pour ces deux drames, combien de dénouements moins sanglants devant les tribunaux. Croyez-moi, le divorce a évité bien des crimes.

» Aussi, à mon sens, les maris trompés, qui tuent, sont-ils désormais sans excuse : et j'applaudis au verdict rendu par les jurés de Nice qui ont condamné M. Deacon à de la prison. M. Deacon avait des soupçons, et depuis de longs mois... Il avait eu tout le temps de songer à l'attitude qu'il prendrait le jour où il envisagerait toute l'étendue de son infortune... il ne devait donc pas bénéficier de *l'excuse légale* qui subsiste dans notre Code.

» Oh! cette excuse légale! quelle anomalie! Alors que le divorce est établi, le mari qui surprend sa femme en flagrant délit d'adultère et qui tuerait serait *excusé légalement*! Cela ne tient pas debout. Nous sommes arrivés à la fin de la législature, et, sous le régime parlementaire qui est le nôtre, il faut de

longs mois au législateur pour obtenir une réforme de quelque importance. Mais si je suis réélu, je promets de déposer une proposition tendant à l'abrogation de cette excuse légale.

» L'excuse légale n'existe pas pour la femme qui fut toujours placée, vis-à-vis de l'homme, dans un état d'infériorité manifeste. Madame Reymond ne saurait donc l'invoquer : mais les jurés lui seront indulgents. Outre que le cas d'une femme qui tire d'une trahison, une vengeance aussi éclatante, est relativement rare, il faut tenir compte de la nervosité particulière aux femmes, nervosité, qui les rend moins que les hommes capables de se contenir.

» Mais je ne veux pas m'appesantir sur le cas de madame Reymond qui est en prison et qui va être jugée : la malheureuse appartient à la justice. Ni vous ni moi ne devons influencer à son égard l'opinion publique.

Bornons-nous donc à envisager le cas de M. Deacon et les cas similaires. Eh bien ! je vous le répète, plus les jurés seront sévères, plus je serai satisfait. Le seul cas où le mari trompé et tuant les coupables ait jusqu'à un certain point une excuse, c'est lorsque, je vous l'ai dit, son infortune lui apparaît brusquement. Alors, s'il tue, c'est la passion qui arme son bras, et avec la passion on ne raisonne pas.

» Mais lorsqu'il y a eu préméditation, alors pas de pitié ! Plus les jurés seront sévères, mieux cela vaudra. Et soyez assuré que, l'excuse légale étant rayée du Code, la peur du châtiment jointe à la possibilité de divorcer, empêcheront bien des crimes.

— Dans le cas où, toute préméditation étant écartée, il serait établi que le mari s'est trouvé tout d'un coup en face de... son déshonneur, dans ce cas l'excuse légale pourrait être maintenue ?

— L'excuse légale disparaîtrait entièrement du Code, mais dans des cas semblables à celui dont vous parlez, le jury, souverain juge, pourrait montrer de l'indulgence. »

Edmond Le Roy

Journal officiel du 31 mai 1892
Vingt-quatrième année — n° 148
Séance de la chambre des Députés
du lundi 30 mai 1892
Loi sur les caisses d'épargne
1re Délibération

M. le Président. La parole est à M. Naquet.

M. Alfred Naquet. Messieurs, je n'ai pas été frappé des explications, si lucides cependant, que vient d'apporter à la tribune M. le ministre des Finances. Il nous a dit : « Avec la nouvelle loi que vous faites, étant données les conditions que vous posez en ce qui concerne l'intérêt à servir aux caisses d'épargne, l'État ne court aucun péril et, dès lors, nous n'avons aucune inquiétude à concevoir, nous n'avons pas à nous préoccuper de diminuer le maximum de dépôts. »

Il a ensuite étayé cette argumentation des exemples tirés d'un certain nombre de pays étrangers dans lesquels il n'y a pas de maximum ou dans lesquels le maximum est plus élevé que notre maximum actuel.

Je lui dirai tout de suite que l'exemple des pays étrangers me touche assez peu en cette matière.

Je ne m'attendais pas à prendre la parole en ce moment, et je n'ai pu rechercher et apporter des chiffres ; mais, si ma mémoire me sert bien — et si elle me servait mal, M. le ministre pourrait me le dire — je crois que, précisément dans les pays où le maximum des dépôts est beaucoup plus élevé que chez nous, la masse des dépôts est infiniment plus faible. (*Dénégations sur divers bancs.*)

M. Etcheverry. C'est une erreur!

M. Arthur Legrand. Il y a 5 milliards de dépôts dans certains pays!

M. Etcheverry. L'argent y est beaucoup mieux employé qu'en France!

M. Alfred Naquet. Alors, c'est dans des caisses d'épargne privées, dans des conditions tout à fait spéciales?

M. d'Aillières. Il y a cette différence, en effet, qu'il s'agit à l'étranger de caisses d'épargne privées, tandis que chez nous c'est l'État qui est responsable de 3 milliards et demi et le sera, dans un avenir prochain, de 5 à 6 milliards.

M. Alfred Naquet. Nous sommes absolument d'accord, mon cher collègue, et voici le point que je voulais faire ressortir:

M. le ministre des finances se place en face d'une situation normale, régulière, et il vient nous dire : Dans cette situation normale, régulière, quelle que soit l'étendue des dépôts qui seront confiés à l'État, le budget ne court absolument aucun danger, puisque vous ne servirez aux déposants des caisses d'épargne que le taux prélevé par la Caisse des dépôts.

C'est fort bien ; mais j'estime que dans les choses humaines il faut prévoir aussi bien les circonstances troublées que les circonstances normales. Une loi qui ne tient compte que des circonstances normales et qui refuse systématiquement de tenir compte des circonstances troublées est une loi incomplète, imparfaite.

Or, les circonstances troublées, nous en avons eu dans notre histoire nationale. Nous avons vu notamment à une époque où les caisses d'épargne étaient loin d'avoir l'importance qu'elles ont acquise depuis, ce qui rendait le péril moindre, nous avons vu, dis-je, en 1848, à la suite de la révolution, l'État se trouver dans l'impossibilité de faire face aux demandes de remboursement qui se sont produites du fait des caisses d'épargne et être obligé de rembourser les dépôts avec des titres de rente au cours du jour. Ces titres ont été, je reconnais, la cause d'un bénéfice considérable pour les déposants, mais ils ont été en même temps la cause d'une perte non moins considérable pour le Trésor.

Je crois qu'à l'heure qu'il est le Gouvernement de la République est assez solidement assis pour que des événements comme ceux de 1848 ne se renouvellent pas, mais personne ici ne pourrait dire qu'il n'arrivera pas, un jour ou l'autre — je suis de ceux qui le déploreraient et je ne le désire sous aucun rapport — des conflits internationaux qui pourraient créer, au point de vue du crédit, une situation tout aussi troublée que celle qui s'est produite au lendemain de la révolution de Février.

Eu présence de ce danger possible contre lequel nous devons nous prémunir quand cela nous est possible, il faut examiner si les caisses d'épargne, avec l'étendue qu'on leur a donnée, répondent aujourd'hui aux besoins auxquels elles répondaient à l'époque où elles ont été créées.

Evidemment, si elles répondent à un besoin tel qu'il y ait obligation, dans l'intérêt de l'épargne nationale, à maintenir la fixation du maximum des dépôts à 2,000 fr., il ne faut pas hésiter, il faut passer sur le danger relatif que je signale, en vue de grands avantages qui peuvent résulter de cette mesure.

M. Charles-Roux. Ce n'est pas une augmentation : le maximum est à 2,000 fr.

M. Alfred Naquet. Je le sais bien, mais je vous dis que si, à l'heure actuelle, l'intérêt qu'il y a à conserver ce maximum est assez considérable pour faire oublier le danger qu'il y a à voir affluer perpétuellement les dépôts, il faut oublier le danger et accepter la continuation d'une institution qui dans cette hypothèse devient sinon nécessaire, du moins utile.

Mais s'il en est autrement ; si, à l'heure actuelle, l'épargne nationale n'a pas besoin de ce maximum ; si les caisses d'épargne ne répondent plus à un intérêt aussi capital, aussi palpitant qu'à l'époque où elles ont été créées, alors, cette utilité de premier ordre n'existant plus, il n'y a aucune raison pour laisser subsister un danger qui n'est justifié que par une utilité supérieure.

Il est impossible de ne pas remarquer que, quand on a créé l'institution des caisses d'épargne, le marché public n'offrait pas aux petits détenteurs de capitaux ce nombre incalculable de valeurs mobilières : rentes d'Etat, obligations de communes, obligations foncières, obligations des chemins de fer, qu'il leur offre aujourd'hui. Ces valeurs, les détenteurs de petits capitaux commencent à les connaitre, et il y a peu de personnes parmi eux qui n'en possèdent. A cette heure, des titres constituant leur portefeuille concurremment avec les livrets des caisses d'épargne.

Eh bien, puisque tout le monde peut, aujourd'hui, avec une grande facilité, placer ses capitaux en valeurs de tout repos, telles que celles que je viens de citer, je ne vois plus d'intérêt de premier ordre, d'utilité majeure, à substituer à l'action personnelle des individus qui gèrent leur propre fortune cette action de l'Etat accumulant dans ses caisses des sommes énormes s'aug-

mentant tous les jours, et avec lesquelles
on aboutit finalement à des placements
identiques à ceux que feraient des particuliers.

Dans ces conditions, il est certain que
pour favoriser le premier degré de l'épargne
nationale, pour faciliter les moyens de former un capital d'attente, un maximum de
500 fr. ou de 1,000 fr. est largement suffisant. Il est inutile de porter ce maximum à
2,000 fr., car ceux qui vont déposer leurs
fonds à la caisse d'épargne trouveront tous
les jours sur le marché le moyen de les
placer directement et d'une manière fruc-
tueuse et sûre.

En conséquence, vu le danger considérable qui, quoi qu'en dise M. le ministre
des finances, résulterait de l'énormité des
dépôts, sinon en temps ordinaire, du moins
dans les époques troublées, si le malheur voulait qu'il s'en produisît, je suis
un partisan résolu de l'amendement qui
réduit à 1,000 fr. le maximum des dépôts
dans les caisses d'épargne, et j'espère que
la Chambre partagera ce sentiment. (*Très
bien ! très bien ! sur plusieurs bancs.*)

---

*Lettre adressée au Correspondant Italien du
Berliner Tageblatt qui désirait connaître
mon opinion sur Crispi
Mr Earth* [1]

Paris le 30 mai 1892

44 rue de moscou

Monsieur

La question que vous me posez est délicate. Je n'aime
pas beaucoup, en effet, m'occuper de la politique des pays é-
trangers. On risque de n'y être pas complètement impartial,
surtout lorsque les hommes d'État que l'on juge sont en
hostilité avec le pays auquel on appartient.

[1] Dottore Barth villa Sicilia 42 - Roma

Au Surplus, en Italie, il y a une situation particulière qui rend difficile le jugement à porter sur les hommes politiques qui ont dirigé les affaires de leur pays. Quand
il s'agit de la politique intérieure, l'Italie a un Gouvernement parlementaire & libéral ; mais lorsqu'il s'agit des
relations extérieures, son gouvernement se transforme en
un Gouvernement autocratique. C'est jusqu'ici le roi, le
roi seul, qui négocie les traités, & qui les impose au parlement sans les lui Communiquer, & aussi aux ministres
obligés ou de passer sous Ces fourches Caudines ou de refuser le pouvoir.

   Mr Crispi s'est-il, par amour du portefeuille,
par défaut de Caractère, plié aux désirs du roi? Ou a-t-
il servi, en le faisant, des idées qui étaient les siennes? Je
ne ris n'étant pas dans sa Conscience ; & n'aimant pas
à accuser sans preuves, préférant d'ailleurs, tant que le
Contraire n'est pas établi, Supposer ce qui relève l'humanité plutôt que Ce qui la rabaisse, j'aime mieux
opter, Sous bénéfice d'inventaire Cependant, pour la
Seconde Supposition.

   Dans tous les Cas, & quelle que soit la Cause
qui l'a poussé dans Cette voie, Mr Crispi a pris, dans
sa manière d'agir une attitude agressive, souvent
blessante, qu'a su éviter M. de Rudini. C'est beaucoup,

il faut le reconnaître, mais c'est au fond la seule différence qui existe entre les deux livres.

Aussi, me voyez-vous assez indifférent à ce qui se passe actuellement en Italie. Ces choses ne prendraient de l'importance à
mes yeux que le jour où le pays, jugeant la politique dangereuse
dans laquelle on l'engage, secouerait sa torpeur & saurait imposer
à la cour sa volonté. Cela viendra peut-être ; mais l'heure n'a point
encore sonné, & c'est ce qui fait que le seul intérêt que je porte aux faits actuels réside dans l'évolution dont ils sont la
manifestation, bien plus que dans les événements immédiats.

Vous me demandez si je considérerais le retour aux affaires de Mr Crispi comme un danger pour la paix du monde.

Franchement, je n'attribue pas à l'ancien premier
une telle importance.

Que Mr Crispi — comme son roi, & contrairement
aux sentiments du peuple Italien — désire la guerre
contre la France, guerre dans laquelle il voit le seul
moyen de sortir du mauvais pas dans lequel s'est engagée l'Italie, je le crois.

Mais d'une part le peuple Italien est un peuple
intelligent & juste, qui a le sentiment de sa dignité &
que l'on n'entraînera pas ainsi malgré lui.

D'autre part je suis certain que la France est résolument pacifique — & tout me porte à croire que, à cette heure, l'Allemagne d'une part & la Russie de l'autre le sont aussi.

Dans ces conditions, M. Crispi pourra faire des déclarations mégalomanes. Mais il ne pourra rien de plus — si ce n'est peut-être hâter l'évolution dont je parlais tout-à-l'heure.

Si, par contre, je me trompais, si l'Allemagne voulait la Guerre (je ne fais pas cette supposition pour la France parce qu'ici j'ai la Certitude absolue du Contraire), & si le peuple italien ne trouvait pas en lui assez de force pour résister, M. de Rudini suivrait tout Comme M. Crispi, parce que derrière les deux il y a un maître, le roi Humbert.

Aussi, que M. Crispi revienne au pouvoir ou demeure dans l'opposition, je ne m'en préoccupe pas Convaincu que la paix & la Guerre ne sont pas Contenues dans les plis de son manteau.

Vous êtes allemand, Monsieur; mais vous ne sauriez m'en vouloir, puisque vous me demandez mon avis, de vous parler en Français.

Je n'ai d'ailleurs aucune haine Contre la nation à laquelle vous apportenez & qui est grande dans la Science, dans l'art, dans la philosophie Comme dans la Guerre.

Je déplore plus que qui que ce soit les évènements de 1870 qui, en creusant un fossé entre vous & nous, ont fait reculer la civilisation du monde ; & le plus cher de mes vœux serait que la cause fût pacifiquement supprimée qui crée l'hostilité entre deux peuples si bien faits pour s'aider dans l'œuvre de la civilisation.

Est-ce là une chimère à laquelle il faille renoncer ? l'a-venir le dira. En tout cas, s'il répond qu'il y faut renoncer je désire que cette réponse se fasse longtemps attendre.

Veuillez agréer, monsieur, l'assurance de ma considération distinguée.

A. Naquet

Le journal officiel du 5 juin 1892
24ᵉᵐᵉ année — n° 153

1ᵉʳᵉ délibération de la loi sur les Caisses d'épargne. — article 11. —

M. le président. La parole est à M. Naquet.

M. Alfred Naquet. Messieurs, l'honorable M. Piou a dit tout à l'heure une partie des choses que je me proposais de dire.

Il a fait ressortir avec beaucoup de compétence et de clarté qu'il est indispensable de se préoccuper également de la sécurité du capital de garantie, autrement appelé fortune personnelle des caisses d'épargne, et de la sécurité des dépôts proprement dits de ces mêmes caisses d'épargne.

Certainement l'objection a déjà été présentée et le sera encore à propos de la différence à faire entre la fortune personnelle et les dépôts. On nous dira que si nous nous élevons contre les facilités de placement qui sont proposées par la commission, nous aurons peut-être le droit de le faire en ce qui concerne les dépôts proprement dits, mais que nous ne l'avons pas au même degré quand il s'agit de la fortune personnelle.

Je reconnais qu'en effet il y a une certaine différence ; et pourtant pour des raisons que je ne développerai pas, par le motif que M. Piou les a excellemment développées tout à l'heure, je persiste à appliquer le même argument à ces deux espèces de capitaux. M. Piou a dit complètement ce que je me proposais de dire moi-même lorsqu'il a fait ressortir l'analogie absolue qu'il y avait entre la fortune personnelle des caisses d'épargne et le capital social des institutions privées telles que le Crédit foncier et le Crédit lyonnais ; il a montré d'une manière tout à fait saisissante que nous devions exiger la même sécurité, la même disponibilité, la même mobilité quand il s'agit du capital des dépôts ou de la fortune personnelle.

L'autre jour, parmi les députés qui ont voté le renvoi à la commission de l'amendement de M. Piou, il y en a certainement qui ont pris cette décision parce qu'ils trouvaient le projet de la commission trop restrictif, et d'autres parce qu'ils le trouvaient trop large. Je suis de ces derniers. Je suis de ceux qui trouvent le projet de la commission trop large, et, pour ma part, je désirerais que la Chambre se bornât au vote du premier paragraphe de l'article 11 et supprimat tous les paragraphes suivants. Aussi prierai-je tout à l'heure M. le président de faire voter l'article 11 par division, en mettant aux voix d'abord le seul paragraphe 1er.

Ce n'est même pas, en ce qui concerne ce premier paragraphe, que je sois partisan de toute la latitude qu'il donne aux caisses d'épargne. C'est par suite d'une erreur que j'ai été porté comme ayant voté pour l'article 1er, alors que j'avais voté contre. J'ai rectifié cette erreur; mais enfin cet article demeure voté, et jusqu'à la prochaine délibération je suis obligé de le tenir pour tel. Sauf cette réserve, je n'ai rien à dire à l'encontre de l'article 1er, et par conséquent contre l'application des principes qui y ont prévalu aux cas visés par l'article 11. Mais je verrais avec peine qu'on allât au delà.

Les caisses d'épargne sont, je viens de le dire, des institutions qui, par leur nature, sont absolument analogues aux sociétés de dépôts, comme le Crédit lyonnais, les Dépôts de comptes courants, le Comptoir d'escompte. (*Dénégations à gauche.*) Ce sont des sociétés analogues, avec cette seule différence que les sociétés que je viens de citer servent un intérêt infiniment moindre à leurs déposants.

M. Gaillard (Vaucluse). Il y aussi cette différence que le Comptoir d'escompte a eu un déficit de plusieurs millions!

M. Hubbard. Il y a de plus celle-ci, que ces sociétés sont faites pour réaliser des bénéfices et les caisses d'épargne pour n'en pas faire. (*Très bien! très bien! à gauche.*)

M. Alfred Naquet. La comparaison reste exacte à un autre point de vue. Je reconnais avec vous que les caisses d'épargne ne sont pas instituées pour réaliser des bénéfices, mais vous reconnaîtrez avec moi également qu'elles sont tenues — et c'est en cela que consiste l'analogie — à rembourser à vue les dépôts qui leur sont confiés. Des deux côtés, il y a donc obligation de remboursement à vue. Or, toutes les fois que nous sommes en présence d'une institution de dépôt qui reçoit des valeurs remboursables à vue, il est incontestable que la condition élémentaire de cette institution est que les sommes déposées ne soient employées qu'en placements essentiellement disponibles, mobiles.

M. le comte de Lanjuinais. Très bien! vous avez raison.

M. Alfred Naquet. il ne doit pas leur être permis de faire des placements d'immobilisation. S'il en était autrement, et que ces placements leur fussent permis, les rem-

boursements à vue deviendraient un leurre; ils pourraient s'opérer pendant un temps, mais, que survînt un jour de crise et ces remboursements deviendraient impossibles.

M. le comte de Lanjuinais. Très bien! très bien!

M. Alfred Naquet. Nous sommes en présence de la situation que voici : nous avons devant nous une institution de placement qui est faite, comme vous le dites, non pas dans un but de lucre, mais pour venir en aide aux ouvriers, à l'épargne publique, et dans laquelle l'État a une grande part de responsabilité.

J'estime donc que l'État doit obéir ici aux mêmes règles que si demain il faisait une loi sur les sociétés de dépôts : il exigerait certainement de ces sociétés une garantie pour les déposants.

Voilà pourquoi je suis absolument hostile à tous les projets d'immobilisation qu'on nous présente.

M. Hubbard. Vous êtes alors hostile aux placements en bons du mont-de-piété, par exemple ?

M. Alfred Naquet. Oui! je suis hostile à ces prêts, hostile aux prêts pour la construction de logements ouvriers et à toutes les innovations que vous introduisez dans votre loi.

M. le comte de Lanjuinais. Vous avez bien raison!

M. Alfred Naquet. Si j'ai voté le passage à la discussion des articles, c'était pour permettre d'aborder la discussion qui se produit en ce moment, mais il est probable que si vous persistez dans les dispositions où vous êtes, je voterai contre l'ensemble de la loi.

Soyez bien convaincus que je suis aussi préoccupé que vous de voir se développer l'épargne nationale, de voir les petits capitaux s'accumuler, s'accroître et, par leur nombre, arriver à faire concurrence à la haute banque. Je le désire comme vous. Mais je ne suis pas animé, je vous l'assure, d'un certain esprit collectiviste qui règne dans une partie de cette Chambre.

Un certain nombre de mes collègues voudraient accumuler dans les caisses d'épargne des sommes considérables, en vue de faire, par l'action de l'État, concurrence à la haute banque. Par contre et d'autre part, il y a des individualistes purs qui ne tendraient à rien moins, s'ils pouvaient y arriver, qu'à supprimer complètement l'action de l'État et à remplacer nos caisses d'épargne actuelles par des caisses d'épargne privées.

Et — chose curieuse — les uns comme les autres, avec des buts absolument différents, dans des pensées absolument contraires, arrivent à ce résultat commun de permettre des immobilisations et de faire courir des dangers à l'argent des déposants. (*Très bien! très bien! sur divers bancs.*)

J'estime — et c'est par là que je termine, moi qui comme vous veux faciliter l'épargne publique, — que la première épargne, le premier capital gagné n'est pas celui qu'on gagne, c'est celui qu'on ne perd pas. Et en vertu de ce principe je voudrais que vous ne mettiez pas dans la loi des caisses d'épargne des dispositions telles que, sous prétexte de donner aux ouvriers ou aux agriculteurs des facilités pour acquérir, vous compromettiez entre leurs mains ce qu'ils possèdent déjà. (*Très bien! très bien!*)

La France du 19 juin 1892 (Dimanche)

CORRESPONDANCE

Paris, le 15 juin 1892,
44, rue de Moscou.

Monsieur le directeur politique
de la *France*,

Je prends la liberté de m'adresser à votre courtoisie pour vous demander l'insertion dans vos colonnes de quelques explications qui, pour être d'un ordre privé, n'en sont cependant pas moins de nature à revêtir un caractère d'intérêt général.

L'année dernière, je faisais, en collaboration d'un ingénieur-chimiste de mes amis, des expériences en vue d'obtenir artificiellement l'acide tartrique à des prix inférieurs à ceux auxquels revient actuellement le produit.

A un moment donné, et quoique les expériences fussent loin d'être terminées, j'eus lieu de craindre d'être devancé dans la prise du brevet, si j'attendais, pour prendre celui-ci, des résultats décisifs.

Devant ce danger, je me décidai à prendre le brevet tout de suite. C'était de ma part une mesure conservatoire qui me permettrait de continuer mes travaux en toute sécurité.

Je pris, en effet, à la date du 27 juillet, le brevet français qui me garantissait pour un an en France et pour six mois dans les 18 pays de la convention internationale, et je demandai, en outre, une patente allemande et une patente austro-hongroise, l'Allemagne et l'Autriche-Hongrie n'étant pas au nombre des puissances signataires de la convention. Ces patentes m'ont été accordées.

Mais mes expériences, continuées depuis lors, m'ont démontré que mes espérances étaient loin de la réalité, et que l'acide tartrique obtenu par voie artificielle deviendrait infiniment plus cher que celui qu'on extrait du tartre ou des lies de vin.

Le procédé dès lors étant sans valeur, je n'ai pas profité de la latitude que j'avais de me faire breveter dans les dix-huit pays de la convention internationale où, dès à présent, le procédé est dans le domaine public; et mon intention formelle à la fin de l'année est de laisser tomber les patentes allemande et austro-hongroise et le brevet français.

Vers le mois d'octobre dernier, ma conviction était déjà faite.

Vers cette époque, je reçus des propositions d'une maison importante qui entra en rapport avec moi en vue de faire l'acquisition de mon brevet.

Je lui répondis que j'avais été déçu dans mes espérances, que mon procédé ne valait rien et que dès lors je ne pouvais rien lui vendre.

Or, depuis quelques jours, le bruit se répand et me revient de différents côtés que la maison avec laquelle j'avais refusé de traiter exploite ou va exploiter un procédé de mon pour la fabrication telle de l'acide tartrique, et l'on ajoute doit en résulter une baisse considérable sur le produit.

Or cela est faux, au moins en ce qui a trait

à moi. Je n'ai rien découvert et n'ai rien vendu par conséquent.

Toutefois, bien que la publication officielle de mon brevet ait pu suffire à faire naître les bruits dont je parle, je m'en suis ému. Je me suis dit que des spéculateurs pourraient en profiter pour faire une opération à la baisse sur l'acide tartrique, que si un pareil fait se produisait, mon nom pourrait devenir malgré moi et à mon insu un élément d'une spéculation fâcheuse; et ne voulant être mêlé ni en réalité ni même en apparence à une manœuvre de ce genre; ne voulant pas surtout que la confiance que peut avoir en moi le public serve à rendre possibles des actes répréhensibles et dolosifs, je viens, dans le double but de sauvegarder mon nom et la fortune des commerçants qui risqueraient sans cela d'être entraînés où il serait périlleux pour eux d'aller, vous prier de porter ce qui précède à la connaissance de tous.

Veuillez agréer, monsieur le directeur politique, l'assurance de ma considération très distinguée.

A. NAQUET.

La dépêche Dalziel du 21 juin 1892

La Question de l'acide tartrique. — Le bruit s'est répandu que M. Naquet, député et chimiste bien connu, était l'auteur d'une méthode de préparation artificielle de l'acide tartrique qui allait entraîner une diminution considérable dans le prix de ce produit. — M. Naquet nous prie de démentir cette nouvelle. Il avait en effet pris un brevet pour la fabrication artificielle de l'acide tartrique; mais le brevet était une simple mesure propre à le garantir contre toute antériorité en cas de succès. Le succès n'ayant pas répondu à ses espérances, il n'a négocié à personne un brevet qui est sans valeur, et qu'il se propose de laisser tomber dans le domaine public.

Journal officiel de la R. F. du 24 juin 1892
— 24ème année   n° 170 —
Séance du 23 juin 1892 de la chambre des Dép. s.
Dépôt d'une proposition de loi sur la part.

DÉPÔT D'UNE PROPOSITION DE LOI

M. le président. La parole est à M. Naquet pour déposer une proposition de loi en faveur de laquelle il se propose de demander la déclaration d'urgence.

M. Alfred Naquet. J'ai l'honneur de déposer sur le bureau de la Chambre des députés une proposition de loi tendant à la participation du travail dans les bénéfices des sociétés industrielles ou commerciales par actions.

Comme dans l'état très avancé de nos travaux je crois qu'il serait difficile que cette proposition vint en rang utile devant la Chambre, si on ne lui accordait pas le bénéfice de la déclaration d'urgence, je demande à la Chambre de vouloir bien prononcer cette déclaration. (*Lisez! lisez!*)

M. Horteur. Il y a d'autres choses qui pressent plus que cela.

M. Alfred Naquet. Je crois, monsieur Horteur, que les questions qui intéressent le travail sont celles qui pressent le plus.

M. Horteur. Il y en a à l'ordre du jour qui sont plus urgentes que la vôtre.

M. Alfred Naquet. Permettez! j'use de mon droit en donnant lecture de l'exposé des motifs de ma proposition.

« Messieurs, il est incontestable, pour quiconque sait voir et juger les événements qui se déroulent chaque jour sous nos yeux, que les préoccupations politiques perdent chaque jour de leur importance, les problèmes sociaux prenant le pas sur elles et les absorbant de plus en plus... » (*Interruptions.*)

Si la Chambre croit ne pas pouvoir entendre le développement de l'exposé des motifs de ma proposition, je me bornerai à lui dire que, dans l'état actuel, nous devons penser à la situation des travailleurs et que nous devons y penser, non pas seulement en votant certaines lois générales de prévoyance, mais en donnant aux travailleurs la part qui doit régulièrement leur revenir dans les bénéfices des entreprises auxquelles ils contribuent pour une si large part. C'est pourquoi j'ai pensé qu'il serait possible d'introduire une disposition nouvelle dans la loi qui régit les sociétés et j'ai rédigé ma proposition.

Je me serais bien gardé d'apporter une proposition de cette nature en l'appliquant aux entreprises individuelles; mais les sociétés tiennent leur existence de la loi, et la loi, par conséquent, a le droit d'y mettre telles conditions qu'il lui convient et qu'elle croit utile au bien général du pays.

Cela est si vrai que, dès 1867, la loi est intervenue dans la question de la répartition des bénéfices, lorsqu'elle a édicté dans son article 37, une réserve légale de 5 p. 100.

Et hier encore, dans une autre assemblée, à propos d'une proposition de loi sur les sociétés coopératives, on a admis un article 61 qui oblige ces sociétés, si elles veulent bénéficier des avantages fiscaux qui leur sont accordés, à faire participer aux bénéfices, dans une proportion de 50 p. 100, les ouvriers non associés directement; nous avons donc le droit de légiférer en cette matière.

M. Doumer. Cette loi, qui va nous revenir du Sénat, comprend tout un titre relatif à la participation aux bénéfices.

M. Alfred Naquet. Cela n'a rien à voir avec la proposition que je dépose aujourd'hui.

Je répète que nous avons le droit de légiférer en cette matière, qu'il existe un précédent légal dans la loi de 1867, et qu'il en est né un autre à la suite du vote émis récemment par le Sénat sur la loi de la coopération.

Cela étant, messieurs, j'ai pensé qu'après avoir fait les prélèvements légaux, un prélèvement de 5 p. 100 pour la réserve, un prélèvement pour les administrateurs — qui doit être limité, car il ne l'est pas actuellement — que je fixe à 10 p. 100, il y a lieu d'assurer au capital social un maximum d'intérêt afin de permettre à ce capital... (*Murmures au centre.*)

Sur quelques bancs. Aux voix! aux voix!

M. Alfred Naquet. Messieurs, j'ai la parole et vous ne me l'enlèverez pas. J'ai le droit de développer à la tribune, d'une manière succincte, les raisons qui militent en faveur de la déclaration de l'urgence. M. le président m'a donné la parole et je la garderai malgré vos murmures. (*Bruit.*) Le meilleur moyen que vous ayez pour que cette discussion soit rapidement close, c'est encore de m'écouter.

Après les deux prélèvements dont je viens de parler, prélèvement de 5 p. 100 pour la réserve, prélèvement de 10 p. 100 pour l'administration, il y a lieu, selon moi, de faire deux parts dans les bénéfices : jusqu'à concurrence de 6 p. 100, la totalité des bénéfices doit appartenir au capital, car il ne faut pas s'exposer à diminuer dans ce pays l'esprit d'entreprise; mais, au delà de 6 p. 100, je demande que le reste des bénéfices soit partagé par parties égales entre le capital et le travail.

En conséquence, messieurs, je dépose la proposition de loi suivante, dont je ne lis que le dispositif, et non pas l'exposé des motifs que je me suis borné à resumer :

PROPOSITION DE LOI

« Art. 1er. — Dans toutes les sociétés anonymes ou en commandite par actions, le partage des bénéfices est réglé par les dispositions suivantes :

« 1° Un prélèvement de 1 vingtième sera réservé, ainsi qu'il est dit à l'article 36 de la loi du 21 juillet 1867;

« 2° Il sera prélevé ensuite sur ce qui reste une somme à fixer par les statuts de chaque société, mais qui ne pourra jamais excéder 10 p. 100. Cette somme sera destinée à rétribuer le conseil d'administration ou de surveillance ;

« 3° Jusqu'à concurrence de 6 p. 100 du capital, l'excédent appartiendra exclusivement aux actionnaires, dont l'assemblée générale pourra décider qu'il y a lieu à le distribuer ou à le réserver en tout ou en partie ;

« 4° Au-dessus de 6 p. 100 du capital nominal, l'excédent sera partagé par moitié entre le capital et le travail.

« Art. 2. — La part réservée au travail sera, en fin d'exercice, répartie entre tous les membres du personnel au prorata du nombre des heures de travail fournies par chacun d'eux, sans qu'il y ait lieu de tenir compte des différences suivant lesquelles, dans la répartition des salaires, ces heures de travail sont rétribuées.

« Art. 3. — La société pourra toutefois, au lieu de distribuer ce bénéfice, l'employer à diminuer les heures de travail de son personnel, par l'augmentation de ce dernier dans la proportion correspondante à la part

de bénéfice qui lui reviendrait si elle lui était distribuée.

« Art. 4. — Les sociétés anonymes ou en commandite par actions seront tenues, dans le délai de six mois après la promulgation de la présente loi, si leurs actions sont au-dessus du pair, de les ramener au pair par une augmentation du capital social obtenue par la voie du dédoublement des actions.

« Toute société qui, dans les six mois, ne se sera pas mise en règle avec les dispositions du présent article, sera soumise à toutes les dispositions de la présente loi, qui lui seront appliquées sur son capital initial. »

Un membre à gauche. Et l'amortissement ?

M. Alfred Naquet. L'amortissement est fixé dans les statuts d'une manière générale sur la part à attribuer au capital.

M. le président. M. Naquet demande la déclaration d'urgence sur la proposition de loi dont il vient de donner lecture.

M. Doumer. Il faut renvoyer cette proposition de loi à la commission qui examine certaines modifications à apporter à la loi de 1867.

M. le président. Il existe, en effet, une commission qui est chargée d'examiner, entre autres propositions, celle de MM. Graux, Boudenoot, Méline et Jonnard ayant pour objet de modifier plusieurs articles de la loi du 27 juillet 1867 sur les sociétés et de faciliter la participation aux bénéfices. Cette commission est présidée par M. Clausel de Coussergues. Si la Chambre veut prononcer le renvoi à cette commission, la déclaration d'urgence serait inutile.

M. Alfred Naquet. J'accepte le renvoi de ma proposition à cette commission.

M. le président. Je consulte la Chambre sur le renvoi.

(La Chambre, consultée, ordonne le renvoi.)

Lettre à M. Boulet président de l'association en faveur de l'amnistie

Paris le 25 juin 1892

44 rue de moscou

Citoyen

Je serais très-heureux de pouvoir assister à la réunion à laquelle vous me conviez pour y défendre à vos côtés une cause

qui m'est chère, la Cause de l'amnistie. J'en suis malheureusement empêché par un engagement antérieur que
je ne puis pas remettre.

Du reste la chose est sans importance puisque je
suis acquis à la mesure de pacification que vous défendez,
que je l'ai déjà votée & que je suis prêt à la voter encore à
la chambre.

Ce serait avec joie que je concourrais à rendre la
liberté à Rochefort, à Culine, aux condamnés de Decazeville
& de Montceau-les-mines, aux condamnés des insurrections
algériennes & à ceux de Lyon & de Douai.

Sur un seul point je diffère d'opinion avec vous:
à propos de Cyvoct.

Peut-être il y a six mois aurais-je consenti à le
comprendre dans une amnistie générale. Aujourd'hui, en face des odieux attentats des anarchistes qui, sous le préten-
te de frapper des capitalistes, atteignent des travailleurs, &
qui, par la réprobation qu'ils inspirent, tueraient la
cause socialiste, si la cause de l'éternelle justice pouvait
périr, il me serait de toute impossibilité de comprendre
Cyvoct dans une loi d'amnistie. Ce serait amnistier par
ricochet Ravachol & les auteurs de l'explosion du restaurant Véry. C'est là que, au nom des intérêts de notre
cause commune, je me refuse à faire.

- 273 -

Mais Comme C'est là une question secondaire, sur le fond nous Demeurons D'accord & je vous répète que vous pouvez Compter Sur moi.

Recevez, Citoyen, & veuillez, en lui Communiquant ma lettre, transmettre également à la réunion, l'expression de mes Sentiments fraternels.

A. Naquet

L'Eclair du jeudi 7 juillet 1892 — 5e année n° 1319 (1)

SOUS LE MASQUE

L'ANTISÉMITISME EST-IL UNE SUITE DU BOULANGISME ?

Point de départ de notre enquête. — MM. Ranc et Naquet. — Conversation avec M. Naquet Les anciens lieutenants du Général Le discours de Tours et la paix religieuse. — Distinctions et contradictions

Il y a quelques jours, notre éminent confrère M. Ranc racontait une conversation qu'il avait eue, dans les couloirs de la Chambre, avec M. Naquet, qui le félicitait de son article du *Paris* contre la campagne antisémitique.

-- Je vous remercie, répondit M. Ranc, mais ne pensez-vous pas que c'est une nouvelle forme, une nouvelle incarnation du boulangisme?

— Vous avez raison, répliqua M. Naquet, aussi je me frappe tous les jours la poitrine.

Notre enquête

Il nous a paru qu'il serait intéressant de connaître plus complètement le pensée que M. Naquet avait exprimée à M. Ranc d'une manière par trop succincte.

D'autre part, M. Drumont, en s'occupant de l'amnistie, s'écriait hier dans la *Libre Parole* :

« Comment voulez-vous que le pays n'aille pas à des hommes comme M. Ernest Roche, M. Paulin Méry, M. Gabriel, M. Chiché ? Ce sont les seuls qui soient encore un peu en communion

(1) Les réponses des autres interviewés se trouvent ... en ... réunies ... simple, Varia. p. 185

avec l'âme de tous, qui traduisent ce qui est dans la pensée de tous... »

La question de M. Ranc à M. Naquet se trouvait désormais posée devant l'opinion.

L'antisémitisme était-il une nouvelle forme, une suite du boulangisme?

Après M. Naquet, que nous interrogions en quelque sorte sur un fait personnel, nous avons tenu à voir la plupart des hommes qui jouèrent un rôle important dans le boulangisme, ainsi que ceux dont M. Drumont fait aujourd'hui l'éloge.

Nous avons donc interrogé successivement M. Pierre Denis, qui fut, pendant l'exil à Sainte-Brelade et les derniers mois passés en Belgique, le confident, le porte-parole et le représentant du général Boulanger, M. Déroulède, M. Delahaye, l'un des trois orateurs du banquet de Tours, M. Laur, seul élu comme boulangiste antisémite, et MM. Ernest Roche et Granger, que cite la *Libre Parole*.

Voici, très impartialement rapportées, les déclarations qui nous ont été faites :

M. Naquet

Bien que nous n'ayons aucune raison pour en douter, nous demandons tout d'abord, et comme entrée en matière, à M. Naquet si les paroles que lui avait prêtées M. Ranc étaient exactes.

— Parfaitement exactes. M. Ranc avait publié un article sur l'antisémitisme qui répondait d'une manière complète à mes sentiments et je l'en avais félicité ; mais je ne m'attendais pas à ce que mes paroles fussent rendues publiques.

— Regrettez-vous cette publicité ?

— Nullement. Quand je parle, je n'ai jamais rien de caché pour personne et pourvu que mes paroles soient fidèlement reproduites — ce qui est ici le cas — je ne regrette en aucune façon qu'elles soient connues. Seulement, la question de l'antisémitisme est une de celles que je n'aime pas à traiter.

— Comment se fait-il alors que vous en ayez fait, il y a deux ans, à plusieurs reprises, un sujet de polémique ?

L'antisémitisme

— Il y a deux ans, j'étais président du comité républicain national. Lorsque je vis une grande partie du comité donner dans l'antisémitisme, je me trouvai placé dans une situation difficile: ou il fallait laisser aller et, dans ce cas, j'assumais la responsabilité d'une campagne que je réprouve ; ou je devais me retirer du boulangisme, et il me répugnait de le faire à un moment où, le boulangisme ayant éprouvé une formidable défaite, mais n'étant pas définitivement écrasé, j'aurais pu paraître profiter d'un prétexte pour abandonner la cause du vaincu alors que la lutte durait encore ; ou enfin, mon devoir était de demeurer dans le comité et d'y combattre ouvertement l'antisémitisme de manière à enrayer le mouvement rétrograde et à éviter, en tout cas, toute solidarité avec ses auteurs.

Aujourd'hui, la situation est différente, personne ne pouvant me soupçonner de solidarité avec M. de Morès ou M. Drumont.

— On reconnait que la situation est différente, mais on ne voit pas pourquoi il vous est désagréable de traiter la question aujourd'hui comme alors, quoique vous n'ayez plus les mêmes raisons pour le faire ?

— Parce que, quelque affranchi que je sois de toute idée religieuse, quelque éloigné que je sois de tout préjugé, de tout atavisme de race, je n'en suis pas moins né d'un père et d'une mère juifs ; parce que, dès lors, en plaidant la cause de la liberté de conscience et de l'égalité de tous les Français devant la loi, j'ai l'air de plaider *pro domo meâ* ; parce que, enfin, le fait qu'on défend sa propre cause frappe toujours d'un certain degré de discrédit les arguments que l'on fait valoir. Les antisémites ont, du reste, il faut le reconnaître, merveilleusement choisi leur terrain. Si c'est un juif qui les réfute ils lui objectent ses origines, qui font de lui un juge intéressé, et si c'est un chrétien, ils le rendent suspect en chuchotant que M. de Rothschild l'a soudoyé.

— En somme, vous condamnez l'antisémitisme comme contraire aux principes de la Révolution. Mais vous n'ignorez pas que la plupart des antisémites ne combattent sous le nom de juiverie que la ploutocratie cosmopolite.

— Je le nie. Ils se servent du prétexte de la ploutocratie cosmopolite pour combattre les juifs dont les quatre-vingt-dix-neuf centièmes ne sont rien moins que ploutocrates ; et le judaïsme est à son tour dans leurs mains un prétexte pour saper dans les masses, en associant habilement les deux idées, la franc-maçonnerie, la libre-pensée et tout ce qui constitue l'œuvre de la révolution. L'antisémitisme est une tentative pour dériver le socialisme et le faire servir à une œuvre contre-révolutionnaire.

— Qu'est-ce qui vous pousse à croire que la lutte contre la ploutocratie soit le prétexte et non la cause de l'antisémitisme ?

Le danger des locutions impropres

— C'est bien simple. Si l'on s'était proposé de combattre la féodalité financière, on n'avait pas besoin d'emprunter un mot au vocabulaire des races et des religions. Le mot féodalité financière suffisait. Proudhon avait flagellé la ploutocratie mieux que ne le feront jamais nos antisémites, et il n'avait jamais eu l'idée de la désigner sous le nom de « juiverie ».

Rien n'est plus dangereux d'ailleurs que les mots à double sens, et si les antisémites ne visaient pas plus loin qu'ils ne le prétendent, ils le reconnaîtraient tout de suite.

Le mot juif réveille un atavisme détestable. Si même ceux qui déchaînent cette guerre ne le voulaient pas, la lutte porterait sur un tout autre terrain que celui de la ploutocratie, sur le terrain des croyances et de l'origine ethnique. On l'a vu ces jours-ci : on veut, dit-on, atteindre les financiers. Quelle est la première victime de cette guerre abominable ? Un vaillant officier de notre armée.

De même à Vienne, quand des troubles se sont produits, qui a été frappé ? Les ploutocrates que l'on visait ? Nullement ! Quelques malheureux petits boutiquiers que l'on disait ne pas viser et qui se sont trouvés le point de mire de la populace parce que c'est eux et non les ploutocrates qui étaient en contact avec elle.

J'ajoute que cette campagne déconcerte les idées, et tend à déclasser les partis et à les jeter dans la confusion. Pour n'en citer qu'un exemple je vous parlerai de moi.

Depuis 22 ans que je suis dans les Chambres, vous ne relèverez pas un vote de moi, pas un discours de moi, en faveur de la haute banque. J'ai toujours lutté contre elle, par mes paroles et par mes bulletins.

Mais si l'on englobe tous les israélites dans la haute banque, et si d'une question sociale on fait une question de culte et de race, on m'oblige à défendre M. de Rothschild ; remarquez, en outre, que tous les financiers ne sont pas juifs. Je ne veux pas citer de noms, mais que de catholiques, que de protestants qui sont dans la haute banque !

Si M. de Rothschild est juif et s'il est la plus haute expression de la haute banque en France, c'est un simple accident. En Angleterre, la maison Baring qui, pendant deux siècles a dominé la finance anglaise, n'était pas une maison juive, et en Amérique les Jay Gould et les Vanderbilt ne sont pas juifs. Or, en employant le mot juiverie, on a le double inconvénient d'englober dans la réprobation que l'on cherche à produire les juifs qui ne sont pas financiers et à en affranchir au contraire les financiers qui ne sont pas juifs.

Derrière l'antisémitisme, je le répète, il y a autre chose que ce que bien des gens croient y voir. Il y a une campagne cléricale habilement menée, et qui met à profit tous les vieux préjugés ataviques et tous les sentiments de rancune et d'envie que la trop grande fortune excite autour d'elle. Il n'y a que cela et c'est pourquoi, si je n'étais pas israélite, si je ne pouvais être soupçonné de plaider ma propre cause, je ferais contre les antisémites une campagne comme celle que j'ai faite à propos du divorce jadis.

Le discours de Tours

— Il est d'autant plus intéressant de vous entendre dénoncer une campagne cléricale que vous avez été accusé, lors du banquet de Tours, de donner la main au cléricalisme.

— Eh! mon Dieu! c'est le sort des hommes de bonne foi de déchaîner toutes les accusations, soit de droite, soit de gauche.

Je suis un vrai libéral. Je hais les divisions entre les hommes. Je réprouve l'oppression des consciences sous toutes ses formes. J'aspire après une société républicaine où chacun aurait le droit d'être juif, protestant, chrétien, musulman ou boudhiste, sans exciter pour cela la haine de son prochain.

Et c'est parce que je désire la réconciliation de tous les Français dans la République que, devançant l'œuvre de Léon XIII, j'ai appelé les catholiques à accepter la forme républicaine où ils trouveraient la liberté de défendre leurs croyances sans être inquiétés.

Mais, en appelant ainsi les catholiques à la République, j'avais eu bien soin de dénoncer l'antisémitisme comme « une honte de la civilisation ».

Et M. Delahaye, auquel mon discours avait été communiqué avant le banquet, l'approuvait dans toutes ses parties.

Depuis lors, le *Journal d'Indre-et-Loire*, l'organe de M. Delahaye, a raconté je ne sais quelle sornette de juifs tuant des enfants chrétiens pour se servir de leur sang à pétrir du pain de pâque.

De pareilles accusations, qui prouvent d'ailleurs combien peu ceux qui les portent ignorent la loi juive, laquelle a l'horreur du sang et ne permet même pas à ses fidèles de manger du sang d'animaux, de pareilles accusations, dis-je, si elles tombaient au milieu d'une population moins éclairée que la nôtre, pourraient engendrer des massacres; elles sont odieuses, et il est inadmissible que l'homme qui a siégé à mes

côtés au banquet de Tours, et auquel ce banquet
a valu un siège à la Chambre, ne répudie pas
de telles allégations si son journal les publie à
son insu.

De pareils faits me démontrent ce que je vous
disais plus haut, un plan clérical bien ourdi,
bien concerté. Ils me démontrent qu'une fois de
plus, les cléricaux ne réclament la liberté que
pour faire naître l'oppression. Aussi, soyez assuré que ceux-là mêmes qui désirent le plus
ardemment la pacification sauront, s'il le faut,
recommencer la lutte, et la recommencer avec
d'autant plus d'ardeur, qu'ils auront été plus
déçus dans leurs espérances d'apaisement et de
liberté.

Le boulangisme

— Mais M. Ranc prétend que vous vous frap-
pez la poitrine à propos du boulangisme. Est-ce
exact ?

— Frapper la poitrine est un bien gros mot,
un de ces mots que l'on prononce dans une conversation privée et qui dépassent la pensée de
celui qui s'en sort.

Je suis entré dans le boulangisme avec des
idées élevées et des espérances généreuses. Je
ne rêvais que la consolidation de la République
et la fin de nos divisions intestines. Quand les
intentions ont été telles on peut exprimer des
regrets, mais jamais de remords, et le *mea
culpa* exprimerait un remords qui n'est pas
dans ma pensée.

Mais il est certain que le boulangisme a pris
rapidement une direction qui m'aurait empêché
d'y entrer si je n'y avais pas été déjà.

J'y étais, la persécution du parti m'y retenait,
et j'y suis demeuré, en cherchant à lui imprimer
une direction différente de celle vers laquelle
l'entraînait la majorité du comité, après les
élections de 1889 surtout.

L'antisémitisme qui est un mouvement abominable n'a pas été causé par le boulangisme,
mais il s'est greffé sur lui et y a puisé un élément de vie.

Ceci est encore de nature à me faire regretter
l'appoint que j'ai apporté au boulangisme.

Et cependant, les idées que j'ai développées
au cours de ce mouvement étaient justes et elles
fructifieront tôt ou tard. Mais c'est le malheur
de la politique que la philosophie y tient peu de
place, et que les doctrines s'effacent devant le
fait.

Dans le boulangisme, les doctrines étaient
grandes et élevées. Le fait a été déplorable,
surtout à la fin : voilà pourquoi, à l'heure ac-

tuelle, alors que je suis assez loin de la lutte passée, pour pouvoir en parler froidement, je puis regretter d'avoir participé à un mouvement qui, entre les mains de ceux qui en ont pris la suite, se termine en une œuvre aussi misérable.

L'Éclair du 22 juillet 1892 (5ᵉ année, nᵒ 1334)

L'ETNA

CAUSES & MARCHE DE L'ÉRUPTION

Irruption de la vapeur d'eau. — Coulée de lave et pluie de cendres. — La catastrophe de l'île Sanghi. — Les tremblements de terre et les raz de marée. — L'é- ruption de 1865. — Récit d'un témoin oculaire

Chez M. Naquet

M. Naquet, qui a longtemps vécu en Sicile, nous a raconté la grande éruption de 1865, dont il a suivi toutes les péripéties.

— En 1865 j'étais professeur de chimie à l'Institut technique de Palerme ; dans les premiers mois de l'année il se produisit une violente éruption sur l'Etna. Nous décidâmes avec quelques-uns de mes collègues, MM. Lieber, professeur de chimie à l'Université ; Blasema, professeur de physique, et Cannizzaco, aujourd'hui professeur de chimie à Rome et membre du Sénat italien, d'aller étudier de près les différentes phases du phénomène.

Nous nous sommes rendus à Piedimonte dans une petite propriété appartenant à M. Cannizzaco et située, comme son nom l'indique, au pied même de la montagne.

Le lendemain nous nous sommes mis en route de bonne heure et vers 6 heures du soir, après toute une journée de marche, nous arrivions à la limite des laves, dans une petite campagne où de braves paysans nous donnèrent l'hospitalité pour la nuit.

Les propriétaires de la maisonnette où nous nous étions arrêtés nous racontèrent avec le plus grand sérieux qu'à partir du point le plus rapproché de l'éruption qu'on avait pu atteindre, on avait, de dix mètres en dix mètres, placé des images de saints suspendues à des fils de fer.

— Les misérables saints, ajoutaient les bonnes gens, n'ont pas voulu arrêter la lave et c'est seulement le dernier d'entre eux, saint Grégoire, qui a mis un terme à la dévastation. Et ils nous montraient l'image, à quelques mètres de la grange.

Le lendemain matin, à quatre heures, nous avons repris notre marche, longeant le torrent de lave et piétinant dans la neige. Nous avons assisté, pendant ce trajet, à la destruction d'une magnifique forêt, anéantie en quelques heures par la terrible coulée.

La lave avait l'aspect d'un monceau de pierres d'environ cinq à six mètres de hauteur sur deux ou trois cents mètres de largeur.

Elle était, en effet, refroidie et solidifiée extérieurement. Mais la masse se crevait par places pour laisser sortir une matière pâteuse ayant exactement la même apparence que les scories des hauts fourneaux. Des fils d'or, d'argent et de platine, plongés dans cette matière en fusion, y fondaient rapidement, ce qui indiquait une température d'environ 1,000 degrés. Puis la masse se refroidissait et les choses restaient en l'état jusqu'à ce qu'une nouvelle crevasse donnât issue à une nouvelle coulée de la même matière. La lave cheminait ainsi à raison de 2 mètres environ par heure. Quand elle rencontrait un arbre, celui-ci s'enflammait et ne tardait pas à être renversé.

Nous sommes arrivés vers quatre heures, après douze heures de marche, à une distance assez faible des cratères pour qu'on fût littéralement suffoqué par l'odeur sulfureuse, et nous avons marché sur la lave solidifiée jusqu'au moment où la chaleur est devenue trop intense pour nous permettre d'aller plus avant.

Nous avons recommencé notre ascension et, vers sept heures, c'est-à-dire à la nuit, nous atteignions un plateau qui dominait l'éruption de sept cents mètres environ, car les cratères s'étaient ouverts sur le versant de la montagne et non point à son sommet. Là, le spectacle dans la nuit fut vraiment superbe.

Sept bouches grandes ouvertes, dont deux vomissaient de la fumée et cinq des flammes, ou pour mieux dire de la lave en fusion, donnaient l'illusion d'un immense feu d'artifice. De terribles grondements soulevaient la terre sous nos pas, puis on voyait s'élever des colonnes de fumée de deux cents mètres de haut, en même temps que des autres cratères partaient des gerbes de feu qui retombaient en lave fondue. Cette lave apparaissait dans la nuit comme un fleuve rouge d'environ 4 kilomètres de largeur, qui allait ensuite se divisant en une myriade de ruisseaux descendant la montagne et allumant sur leur passage des incendies.

Vers minuit, nous avons commencé à redescendre et après nous être quelque temps perdus dans la montagne, nous avons fini par trouver une cahute en pierres disjointes où nous avons attendu le jour. Le lendemain nous avons regagné Piedimonte et 48 heures après nous étions de retour à Palerme.

La lave, sur son passage, avait détruit des forêts et des vignes magnifiques.

On nous apprit là qu'il fallait cinquante ans pour que les amas de matière brûlante fussent refroidis au point de permettre une nouvelle culture.

Quand ce refroidissement est atteint, on plante sur cette terre des cactus — figuiers d'Inde — qui sont extrêmement vivaces et dont les racines effritent la pierre, la transforment à la longue en terre végétale. Il faut encore cinquante ans pour que ce travail permette une nouvelle culture productive.

La lave, partout où elle passe, produit donc une désolation qui ne peut être réparée qu'après un siècle.

Tels sont les phénomènes auxquels j'ai assisté et qui, vraisemblablement, se reproduisent à cette heure avec une intensité plus grande encore, si j'en crois les nouvelles qui nous parviennent de Sicile.

L'Éclair du 6 août 1892 (p^me année - n° 1580)

La femme divorcée conserve-t-elle le nom de son mari? —

M. Naquet

— Ainsi que vous le savez, nous a dit l'honorable député, le Sénat et la Chambre viennent de se mettre d'accord sur ce point et la loi complémentaire qu'ils ont rédigée ne tardera pas à devenir définitive. En cas de divorce, la femme ne pourra pas conserver le nom de son mari; en cas de séparation, les tribunaux apprécieront.

Voulez-vous toute ma pensée? Eh bien, j'estime qu'il aurait peut-être mieux valu laisser cette faculté aux tribunaux, même en cas de divorce.

Dans maintes circonstances le nom de l'époux finit par constituer une propriété commune. Deux époux, dans les affaires surtout, peuvent avoir acquis, sous le nom du mari, une réputation commerciale ou industrielle, qui constitue un véritable capital commun. La femme s'est associée aux efforts de son mari, elle l'a secondé et a contribué à la prospérité du nom.

Pour une cause ou pour une autre le divorce survient. La femme veut continuer le commerce ou l'industrie. Mais sous un nom nouveau, c'est une nouvelle clientèle à faire, une nouvelle réputation à établir. Est-ce qu'en la privant du nom qu'elle a contribué à faire connaître on ne commettrait pas une injustice et ne la priverait-on pas d'un capital qu'elle a contribué à réaliser et sur lequel elle a des droits identiques à ceux qu'elle peut avoir sur les autres capitaux?

Et il n'y a pas que dans le monde des affaires que pareil fait peut se produire. Ainsi le chanteur Ismaël avait voulu faire défense à sa femme divorcée de chanter sous son nom. Cette dernière argua devant le tribunal de Toulouse que c'est sous ce nom qu'elle était connue et qu'elle avait eu ses succès artistiques ; que la priver de ce nom serait par conséquent lui causer un véritable préjudice — et le tribunal lui donna gain de cause.

Voyez-vous, nous dit en terminant M. Naquet, j'estime que dans des questions de cette nature, qui ne sont après tout que des questions de détail, c'est plus à la coutume, aux mœurs et par suite aux tribunaux à se prononcer qu'au législateur.

La Gil Blas du 13 août 1892

En Allemagne. — Chez Naquet

Mayence, le .. 1892.

Depuis que l'incident de la rue de Moscou est devenu l'*Affaire de la rue de Moscou* comme dans une pièce en cinq actes d'Adolphe Belot, on ne rencontre plus M. Naquet chez lui. Les journaux vous ont appris récemment par quel subterfuge Nini Patte-en-l'Air, élisant domicile dans la même maison qu'habite le célèbre avocat du divorce, y reçoit aussi pour ses consultations particulières les nombreux et respectables clients de la bayadère qui, pour sauver l'honneur, demandent gravement et d'une voix intelligible, dès la porte, au concierge :

— Concierge! Monsieur Naquet, je vous prie ?

— ... Quatrième, à votre droite.

On répondait : « Va bien!... va bien!.. » On s'arrêtait au premier : « Pan !... pan !... » Nini ouvrait sa porte et la refermait aussitôt. Toutes les femmes mariées de Paris et de la banlieue pouvaient dormir tranquilles ; l'avocat du divorce veillait. Nini aussi.

Le subterfuge découvert par l'honorable sénateur, M. Naquet ne put tolérer que son honneur fût mis à nu aussi impudemment. Et attendant le terme d'octobre qui lui permettrait de transporter ailleurs ses lares violés, il ne lui restait plus qu'à promener dehors sa vertu sauve.

Depuis ce jour, M. Naquet voyage. Il est à Francfort, à Coblenz, à Cologne. L'Allemagne est son pays de choix ; et, entre toutes les villes d'outre-Rhin qu'il préfère, ce sont celles des vieilles cathédrales. N'a-t-on pas dit que celle de Cologne, commencée par le diable, ne serait achevée que par lui ? Mais M. Naquet n'est pas un architecte, et le diable ne compromettra pas plus en Allemagne, que Nini-Patte-en-l'Air en France, notre incorruptible père Conscrit.

C'est dans l'austère Mayence, dont Henri Heine a célébré le pont de bateaux en forme de cercueil, que je rencontre notre profond économiste et que je lui demande, avant même que des nouvelles de sa santé, des nouvelles du « socialisme », cette question unique qu'en homme sérieux il est aujourd'hui de bon ton de se poser. Du temps de Napoléon Ier, ne disait-on pas en s'abordant : « Eh bien ! monsieur, comment va l'Idéologie ? »

— Eh bien ! cher maître ! dis-je à l'hôte accueillant du *Central-Hotel*, comment va du socialisme ?

— Vous me posez une question délicate, à laquelle j'essaierai cependant de répondre.

» Dans la genèse d'un parti il y a deux périodes : celle où le parti, encore naissant, a besoin d'une grande cohésion, et celle où, désormais assez fort pour aborder la concurrence vitale avec toutes les chances, il a besoin au contraire de la liberté d'évolution.

» Dans la première période, la compression, qui supprime les partis sans avenir, fait au contraire un grand bien à ceux qui portent en eux une idée féconde, parce qu'il en groupe solidement les éléments et qu'il leur édicte tous les effets destructeurs des divisions intestines.

» En France le parti républicain naissant a connu lui aussi la compression et la persécution depuis 1871 jusqu'après le 16 mai. Cette situation qui a condamné à l'union les éléments dont il se compose, qui l'a grandi par des années de lutte disciplinée, lui a donné la force de supporter la liberté avec toutes ses conséquences. Aujourd'hui la République a des racines assez puissantes pour permettre aux républicains d'envisager avec calme toutes les levées de boucliers des cléricaux et tous les fractionnements qui se produisent dans son propre sein. Il y trouve même des éléments de robustesse et de vie. La compression qui l'a fait naître l'anéantirait à cette heure : il lui faut le grand air de la liberté.

» Cette histoire est aussi celle du parti socialiste allemand. Bismarck, qui est incontestablement un grand, un très grand homme, mais un grand homme des siècles passés, un féodal, a voulu l'écraser. S'il se fût attaqué à une chimère sans lendemain, il y aurait réussi, sans doute. Il est vrai qu'alors la compression aurait été inutile, car il est de l'essence des chimères de s'évanouir d'elles mêmes, mais il en aurait hâté l'évanouissement.

» Il avait affaire à un parti sérieux, à un parti d'avenir. Les lois répressives qu'il a appliquées à ce parti n'ont eu d'autre effet que celui qu'avaient eu les actes de l'assemblée nationale vis-à-vis des républicains de France. Elles en ont éliminé les divisions ; elles ont groupé sous les socialistes tout le gouvernement presque despotique d'une pléiade d'hommes d'intelligence et de cœur, et elles lui ont ainsi fourni les moyens de se propager, de s'envigorir, de se solidifier, si vous voulez me permettre les expressions, non seulement en dépit des rigueurs exercées contre lui, mais par suite même de ces rigueurs.

» Donc, Bismarck a été fort utile aux socialistes.

» Mais l'heure est venue où ce parti, désormais indestructible, a besoin de liberté pour continuer son évolution. Jusqu'ici il s'est développé autour d'une formule unique. Rien n'a plus de puissance aux débuts. Mais les événements humains sont trop complexes pour qu'une formule unique soit jamais vraie. La formule collectiviste ne l'est pas. Il faut donc, maintenant que le parti est fondé, qu'il revoie la formule, qu'il la dissèque, qu'il l'élargisse, qu'il la segmente, qu'il discute pour en approprier les éléments utiles au bien du genre humain, pour en rejeter après ce travail ce qui n'est que métaphysique vaine et, par conséquent, poids mort. Pour cette seconde face de son développement, phase nécessaire sans laquelle il serait à jamais incapable de conquérir le pouvoir ou, tout au moins de le garder, la liberté lui était indispensable.

» Or, juste à ce moment, Guillaume II arrivait au pouvoir, se signalait par son ingratitude contre le fondateur de l'Allemagne, et, dans l'arrière pensée certaine d'endiguer le socialisme, de l'enrayer en paraissant le servir, il lui a rendu en partie la liberté que lui avait ôté le premier chancelier de l'Empire.

» Ç'a été pour le parti socialiste, malgré les quelques divisions qui se sont manifestées depuis lors dans son sein, une occasion nouvelle d'expansion extraordinaire.

» Si bien que je résumerai en deux mots mon opinion. Bismarck et Guillaume II ont voulu l'un et l'autre enrayer le développement du parti socialiste, et, par des moyens opposés employés à contre-temps, tous deux l'ont servi.

» Maintenant il est certain que, par suite, des situations successives que je viens d'indiquer, Bismarck est tombé au moment où sa politique, après avoir profité à l'ennemi, allait lui devenir nuisible. Et si l'on se place, ce qui est un point de vue différent du mien et du vôtre, sous l'angle visuel sous lequel doit se placer un conservateur allemand, on doit regretter la chute de Bismark et condamner la politique de Guillaume II. »

Ainsi m'a dit le Maître.

Tandis qu'il parle, sa bouche, entre deux phrases d'un si suggestif monologue, lance dans l'air saxon quelques bouffées d'un de ces cigares exquis que le boulangisme n'arrivant pas au pouvoir, pour supprimer les régies et socialiser les londrès comme les hommes, oblige son économiste idéal à venir à la frontière belge et allemande en fumer de moins cher que chez nous. — Car M. Naquet aime les bons cigares, mais, en pur socialiste, il ne les achète que deux sous.

A mon sourire complaisant, il devine que j'ai compris sa théorie. Mais, comme mes yeux regardent les flèches dentelées du Dôme et des autres églises gothiques de Mayence où le jour bleu se joue entre les clochetons, comme aux âges sereins d'un autre temps évangélique et autrement socialiste aussi, Naquet voit clair dans la comparaison mélancolique qui m'obsède entre la société d'alors et celle d'aujourd'hui et, comme dirait Bossuet, entre cet état et cet état! Comme si le maître craignait sur moi l'influence d'une ville si pleine du souvenir des ouvriers de jadis qui, sans s'entre-dévorer, mirent tout leur orgueil à semer de merveilles les bords incomparables du vieux Rhin :

— Quittez-vous bientôt Mayence? demande-t-il.

— Ce soir même. Je vais en Allemagne, entendre raisonner les socialistes du crû.

Et, droit vers le pays des maîtres chanteurs, — des maîtres socialistes, veux-je dire, — je prends par le pont en forme de cercueil dont parle quelque part le poète des *Légendes*; ce pont, qui n'a encore guère mieux servi aux funérailles de la vieille Allemagne, qu'à celles du rieur Henri Heine dont le cœur las de ne plus aimer eût pourtant voulu reposer sous ces arches.

Boyer d'Agen

THE FRENCH ELECTORAL SYSTEM.

I.—A FRENCHMAN'S VIEW.

BY M. ALFRED NAQUET, OF THE CHAMBER OF DEPUTIES.

COMMITTEES (*comités*) no longer exert their old influence in French politics. They are now little else than groups of friends who act as sponsors to the public for the candidates, and it often happens that the latter give importance to the former, instead of the reverse. Custom seems to require that a man should not, by his own act, ask for the suffrages of his fellow citizens; so the would-be deputy screens himself behind a small body of supporters who appear on all public occasions as his patrons. They countersign his printed circulars and are conspicuous at his meetings by their presence, but by little else. for it is rare that any of these committee-men can make a speech.

When deputies were chosen by general ticket (*scrutin de liste*). that is, when all the deputies allotted to a Department were voted for by all the electors of the Department, then these committees had a little more weight, for they aided materially in bringing about that necessary accord among aspirants for nomination, in eliminating compromising candidates, and, in a word, in drawing up a strong ticket. At that time it was the custom for the different parties to hold in each township what are called in America primaries. where were chosen delegates, who assembled at the capital of the Department—you would call this a State convention—and, after listening to speeches from the candidates for nomination, determined on the ticket.

But it did not follow that the decision of these conventions was always respected. "Bolting" and "knifing" were not uncommon. The truth is out. people do not like "suffrage at two degrees." Universal suffrage prefers to designate the candidates as well as elect them (and how it accomplishes this will be shown in a moment). The convention system renders the first *desideratum* impossible. Nor are the primary meetings free from this same objection; for, however large they may be, they can, at the most, embrace only a minority of the voters. And, furthermore, the system of primaries was not general. Again, in many instances, the delegates to the convention were self-appointed. Thus, it came to pass that, instead of the candidates being chosen by the masses, they were put forward by a clique of politicians who had usurped the rights of the people. There are instances, consequently, of individuals whose candidature was set aside by the conventions appearing in the field "on their own hook," and coming in at the head of the poll.

Still another circumstance tended to check the acclimation in France of the convention system.

According to the election law of 1849, a single* polling was sufficient to secure a choice, except in the very rare case where no one of the candidates had secured an eighth of the ballots of the registered voters. With this exception, the candidate who had the highest number of votes, even if this number was inferior to the united strength of his various opponents, was declared elected. In a word, it was not necessary then as it is to-day to obtain at the first polling, in order to win, at least half plus one of the votes cast, or, as we say in France, an absolute majority; consequently, under the old law each party dared put only one ticket in the field, for if it divided on two, it ran the risk, although it might really have on its side a majority of the voters of the district, of letting some of its opponents get in. If this feature of the law of 1849 had been retained, it is highly probable that this necessity for union would have given new strength to the convention system and there would have gradually developed in France a party organization analogous to that which exists in the United States.

But this part of the old law was stricken out in the new one, and to-day, whether the election be by *scrutin de liste* or by *scrutin u uinominal*—that is, each district electing one candidate, as in America—the first polling produces no result unless somebody has secured the ballots of at least one-quarter of the registered voters, and also at least half plus one of the ballots actually cast. If this majority has not been obtained by some one of the candidates another polling must be held a fortnight later, when a simple majority of the ballots cast suffices for a choice. The consequence of this system is that universal suffrage itself, acting directly, assumes the duties of the delegated convention and decides who shall be the candidates for the final and decisive polling. On the first election day, therefore, votes may be scattered without risk, for if there were to be as many candidates as there are voters the ballots of one party would all be added together for the defeat of the common enemy. Two weeks later each party rallies around the candidate who obtained the largest number of votes at the first polling, or, if the election is by *scrutin de liste*, the ticket is made up from those names which stood highest. Now there must

---

*According to the present electoral law a second polling occurs a fortnight after the first in certain cases, explained further on in this article.—ED. NORTH AMERICAN REVIEW.

be no " getting out of the party traces." But party discipline is acquiesced in with all the more readiness because it is universal suffrage which has settled upon the candidates and not a handful of schemers in convention assembled.

There is still another reason why the power of committees and conventions is weakened by *scrutin uninominal.* As the candidate may now confine his attention to a district very much smaller than the whole Department, which has to be covered in the case of *scrutin de liste,* he is able to make a thorough canvass and put himself in direct communication with all his constituents. He is master of his own acts, and is not hampered by fellow candidates, as is the case in the *scrutin de liste* system. So if he is a man of ability, activity an energy, a committee is of little consequence, as far as he is concerned. He goes from man to man, from town to town, and takes part, as often as possible, in those joint debates which are as common in a political campaign in France as they are now rare in America.

Public meetings are one of the most effective instruments in a canvass, and the candidate who can " think on his feet " has a great superiority over a less fortunate rival. Another aid is the press. Candidates blessed with a long purse scatter broadcast newspapers favorable to their canvass, and in case these are lacking, circulars are showered on the district. In the big cities handbills play an important part. Notwithstanding the law, which forbids it, each candidate hides his rival's bills under his own, to the profit of stationers and printers, and to the amusement of street loafers.

In January, 1889, during the famous Boulanger-Jacques contest at Paris (M. Jacques, defeated at this time, has since been elected to the Chamber), this battle of bill-posters assumed Titanic proportions. I have space to cite but one episode of this serio-comic struggle. In a street near the Bourse two posters were hard at work for their respective candidates, the bills of the one being immediately covered by those of the other. The eighth layer of Jacques manifestoes was rapidly hiding the same number of Boulanger manifestoes, when the General's acolyte had a happy thought. While the rival was busily absorbed in this work a Boulanger bill was deftly stuck on his back, and for the rest of the day he continued his labors amidst shouts of laughter, echoed in the evening papers till the incident went the rounds of Paris.

In a competition of this kind the richest candidate comes out ahead, of course. But while one cannot wholly abandon this custom, one must admit that it has only little effect on the result of the election. The newspapers and public meetings are the powerful agencies.

A French political gathering differs materially from an American one. In the first place it is the rule in France for the audience to choose the officers of the meeting. Again, the opponents of those who called the meeting are given an equal chance to speak. There are no policemen to keep order. During the early years of the Third Republic our political reunions were relatively calm. After some little tumult over the election of the officers, the speakers managed to be heard. But to-day an execrable habit seems to have taken possession of all parties. Bands of young men disturb systematically the meetings of their opponents and drown the voices of the speakers, until things have come to such a pass that one can obtain order only through the efforts of an organized body of supporters. The maintenance of this temporary police force increases considerably the expenses of an election.

The cost of an election varies in different places, and there is a tendency towards its increment. At the beginning of the present republic candidates were generally surrounded by devoted supporters who lent halls, stuck bills, and distributed ballots without pay. But now love for the cause has given way before desire for private gain, and candidates have to pay for every thing, even for the good-will of the press.

When in February, 1871, I ran for the Chamber of Deputies for the first time, my election expenses footed up 500 francs. My second election, which occurred six months later, I having resigned my seat for certain reasons, cost me 800 francs. In 1876 a double candidature with two pollings in one case required 3,200 francs. In 1877 I spent 1,000 francs, and the following year 1,200 francs. To-day a canvass in any of the Vaucluse districts, where I used to run, eats up a round 10,000 francs. In 1873, 40,000 francs was spent on the election of Barodet in Paris. General Boulanger and his opponent in the fight of January, 1889, together paid out over a million francs.

This increasing burden of election expenses is the more to be regretted because, on account of the absence of party organization, the weight all falls on the candidates. Unless some remedy is found for this state of things it will hand over the Chamber of Deputies to a plutocracy. Sometimes, however, the evil is removed by the parties getting together a campaign fund. Thus, in 1889, the Conservatives distributed among their candidates five million francs, due to the generosity of an arch-millionaire, whose name I am not free to mention. During his three years' struggle, General Boulanger spent a like sum, the origin of which wa‿ ‿nknown at the time—this is not the case to-day—even to his own committee.* The Government, too, whose secret service fund was not equal to the occasion, had recourse to friendly private capital in order to be in a financial condition to cope with its foes.

Such is the electoral system of France. Much more might be said, perhaps, in order to complete this sketch. But the limits of this article force me to keep within bounds. I think, however, that I have written enough to give the grand Democracy on the other side of the Atlantic a sufficiently clear idea of the methods of universal suffrage here, and of the way in which its working in France differs from the practices to which Americans are accustomed.

ALFRED NAQUET.

Le Journal du 9 9bre 1892 (1re année — no 43)

LES HYPOTHÈSES

Le *Journal* me fait l'honneur de me demander ce que je pense, à un point de vue technique, de l'épouvantable explosion qui, hier matin, mettait Paris en deuil. Je ne puis, malheureusement, répondre à la question qui m'est faite un peu hâtivement que par des considérations générales et par des hypothèses, manquant, comme tout le monde, hélas! de données certaines, et n'ayant même pas assez de temps pour étudier avec quelque soin les détails incomplets que nous possédons et pour en tirer des déductions précises.

Croyez-vous, me demande-t-on, d'après les effets observés, d'après la position des cadavres, l'arrachement des vêtements, l'état des lieux, que l'explosion soit due à la dynamite ou à un autre explosif?

Sur ce premier point, il m'est tout à fait impossible de répondre, car n'ayant pas le temps d'aller visiter les lieux avant de tracer ces lignes, les éléments d'appréciation, si tant est qu'ils existent, qui pourraient résulter pour moi de cette inspection, me font entièrement défaut. J'ajoute que l'arrachement des vêtements dont on parle est un effet qui n'a jamais été signalé jusqu'à ce jour et dont je ne saurais tirer aucune conséquence.

Je suppose, cependant, que l'attentat a été commis avec de la dynamite; mais les raisons qui me portent à le croire n'ont rien de technique. La dynamite, par suite de son emploi considérable dans l'industrie, et de la facilité avec laquelle on peut la préparer soi-même, est, avec la poudre à canon, la substance explosible qu'il est le plus facile de se procurer. Or, comme la poudre à canon, sous un aussi petit volume, ne produirait, certainement pas, des effets aussi terribles que ceux que nous avons à déplorer aujourd'hui, j'en infère que c'est probablement avec de la dynamite, ou, tout au moins, avec de la nitroglycérine qui en est la base active, qu'avait été chargée la marmite de la rue des Bons-Enfants.

On voudrait également se rendre compte du mécanisme qui a déterminé

*M. Naquet was the most prominent member of this committee.—ED. NORTH AMERICAN REVIEW.

l'explosion.

Ici encore des suppositions sont seules possibles. Trois procédés peuvent être employés pour amener la détonation de la nitroglycérine, laquelle, on le sait, ne fait point explosion à l'approche d'un corps en ignition, mais seulement lorsque la masse subit un ébranlement par le fait de la détonation d'une capsule de fulminate de mercure ou de toute autre matière semblable par ses propriétés.

Dans la plupart des cas, on place dans la nitroglycérine ou la dynamite une capsule de fulminate unie à une mèche à laquelle on met le feu et dont la combustion est assez lente pour permettre à la personne qui a déposé l'engin de s'éloigner. Cette méthode, que l'on emploie d'ordinaire dans les travaux des mines, est celle qui avait été mise en œuvre lors des attentats de la rue de Clichy et du restaurant Véry.

Ce n'est point le cas cette fois : s'il y avait eu une mèche enflammée, on l'aurait vue, on l'aurait éteinte ou coupée, et le terrible malheur qui nous contriste ne se serait pas produit.

D'autres fois, c'est un mécanisme d'horlogerie analogue à ceux qui fonctionnent dans les réveille-matin qui, à une heure précise et calculée d'avance, détermine l'explosion. C'est ainsi que les choses paraissent s'être passées une fois au moins à Saint-Petersbourg.

Je ne crois guère cependant que ce moyen soit celui qui a servi dans l'espèce présente. Un appareil de cette nature ne peut être construit que par une main excessivement exercée, et il a généralement un aspect moins grossier que celui dont nous a donné la description le concierge de l'immeuble de l'avenue de l'Opéra.

Reste la méthode qui consiste à placer au centre de la dynamite une poudre, dont on me permettra de ne pas donner la formule, poudre qui détone lorsqu'elle arrive en contact avec certains liquides, tels que l'acide sulfurique.

Pour amener le contact à un moment donné, on peut placer de l'acide sulfurique dans un tube assez plein pour que le moindre mouvement le fasse verser.

C'est ce que l'on appelle le procédé par déversement.

Ce procédé est extrêmement dangereux pour la personne qui veut commettre le crime : elle est forcée de porter l'engin avec des précautions infinies que l'on ne peut pas toujours observer lorsqu'on est obligé d'agir en toute hâte et en cachette.

D'autre part, si tel avait été le système employé dans le dernier attentat, je ne m'expliquerais guère que l'explosion n'eût pas eu lieu pendant qu'on portait la sinistre marmite de la rue d'Argenteuil à la rue des Bons-Enfants.

Un autre moyen consiste à placer l'acide sulfurique dans un tube que l'on bouche avec un bouchon de liège et que l'on place dans la dynamite, l'ouverture en bas.

L'acide corrode le liège et, après un temps plus ou moins long, suivant l'épaisseur du bouchon, celui-ci étant carbonisé, le liquide tombe par son propre poids et fait détoner le mélange.

Je suis porté à penser que la bombe déposée dans l'immeuble occupé par les Mines de Carmaux appartenait à ce dernier mode de construction. On s'explique ainsi qu'elle ait pu être transportée sans accident, le bouchon n'étant pas encore assez rongé pour laisser passer le liquide. Mais il aura continué à être attaqué pendant le trajet, le mouvement même ayant facilité l'attaque, et, au moment où l'on aura déposé l'objet sur une table ou sur tout autre corps résistant, le choc, si petit qu'il ait été, aura été suffisant pour que le bouchon, déjà profondément altéré dans sa contexture et sa résistance, se soit détaché, et, en se détachant, ait amené le désastre.

Voilà quelle est la conclusion à laquelle j'arrive par élimination. Mais, je le répète, ce ne sont là que des suppositions qui, faute d'éléments de preuve suffisants, n'ont rien de certain, et que je ne puis donner que comme des hypothèses plus ou moins plausibles.

ALFRED NAQUET.

L'Époque des 16-17 novembre 1892 (4ᵉ année)

UNE
Entrevue avec Naquet

La Question de Tunis. — La France et l'Italie. — Un fait historique. — Le traité de Francfort. — La politique de Jules Ferry et la politique de Gambetta

Nous nous sommes rencontrés avec l'honorable Naquet, député, et nous avons tenu à connaître son opinion au sujet des affirmations de M. Jules Ferry au sujet de la Tunisie. On sait que M. Naquet s'est beaucoup occupé de la question tunisienne, qui a été la pomme de discorde jetée par M. de Bismarck entre la France et l'Italie.

« Je vous dirai tout d'abord, nous a déclaré M. Naquet, que j'ai trouvé inopportune la publication de la lettre de M. Jules Ferry sur la Tunisie, au moment où des deux côtés des Alpes on fait des efforts pour dissiper les malentendus qui ont séparé la France et l'Italie.

J'ai été opposé à l'expédition de Tunis, qui devait fatalement nous brouiller avec l'Italie, dont l'amitié pouvait être, à un moment donné, très précieuse pour la France.

Vous vous souviendrez, du reste, de mes déclarations à la Chambre, lorsqu'en 1881, j'ai interpellé le gouvernement sur les affaires de Tunis.

Il n'est pas douteux, quoi qu'en pense M. Jules Ferry, que l'occupation de Tunis a été la cause occasionnelle, ou le prétexte si vous voulez, de l'adhésion de l'Italie à la triple alliance. Il n'est pas prouvé que l'Italie serait entrée dans l'alliance austro-allemande, même sans l'affaire de Tunis, comme le soutient M. Jules Ferry.

On sait que les libéraux italiens avaient beaucoup de confiance en Gambetta, et après la chute du gouvernement du 16 mai ils étaient tous partisans de l'alliance franco-italienne.

L'expédition de Tunis a été une erreur politique, de même que celle du Tonkin a été une erreur financière.

J'avoue franchement que j'aurai préféré plutôt voir l'Italie à Tunis que dans les bras de l'Allemagne.

Lorsque l'expédition tunisienne a été décidée j'allai voir M. Grévy, et je lui fis part de mes appréhensions. Je lui fis remarquer que l'occupation de la Tunisie nous rendrait l'Italie hostile, ce qui pouvait avoir de graves conséquences pour la France. Voici ce que M. Grévy me répondit textuellement :

« Nous n'avons pas à nous préoccuper de l'Italie en cette circonstance. Elle a essayé d'amener l'Allemagne à s'opposer à notre expédition, mais M. de Bismarck a répondu que c'était là nos propres affaires et qu'il ne s'en occupait pas. »

Et comme, inquiet de ces déclarations je reprenais : « ne voyez-vous pas une menace pour nous dans cette attitude du chancelier ? et ne devons nous pas nous défier d'une politique qu'il appuie ? »

Le président répondit :

« Non ! M. de Bismarck *aime le Gouvernement français. J'entends le gouvernement actuel*, je ne dis pas que les choses ne se modifieraient pas si un changement fondamental survenait dans les hautes régions du pouvoir. »

M. Grévy faisait ainsi allusion à la possibilité de son remplacement par Gambetta.

On dit que l'Italie à Tunis eût été un

danger pour notre colonie d'Alger Je ne partage pas cette opinion. La France et l'Italie pouvaient être aussi bonnes voisines en Afrique qu'en Europe. Je voudrais aussi voir l'Espagne au Maroc pour empêcher que celui-ci ne devienne la proie de l'Allemagne.

J'aurai compris la politique de l'expansion coloniale de M. Jules Ferry si nous nous étions résignés à la perte de l'Alsace-Dorraine ; qui est due à l'empire, mais du moment que nous avons accepté le traité de Francfort sous bénéfices d'inventaire, la olitique de M. Jules Ferry est dangereuse.

Je sais que, même après la guerre de 1870-71, M. Ferry penchait pour une entente avec l'Allemagne, mais il n'osa manifester ouvertement son opinion, craignant Gambetta dont la politique de revendication eut l'approbation de la nation toute entière.

C'est en 1871, c'est-à-dire immédiatement après la guerre, qu'il fallait choisir entre la politique d'abandon définitif de l'Alsace-Lorraine et de la politique d'expansion coloniale.

Aujourd'hui, après les dépenses énormes que nous avons faites dans les armements, cette dernière doit être absolument écartée.

Le Drapeau (d'Ajaccio) du 4 x^{bre} 1892 (4e année - n° 282)

Paris, 29 novembre, 1892.

Au milieu de la confusion de sentiments et d'idées qui règnent dans le pays, et alors qu'on se trouve si loin des luttes d'il y a quatre ans, il nous a paru intéressant de savoir ce que pense actuellement M. Naquet de la revision et du parlementarisme.

M. Naquet s'est prêté avec la bonne grâce que tous lui connaissent à l'entretien que nous lui demandions.

Nous ne voulons pas écrire ici l'éloge de M. Naquet: l'admiration que nous cause notre éminent ami pourrait faire suspecter notre impartialité.

La France entière sait le rôle prépondérant qu'a joué dans le boulangisme l'ancien vice-président du Comité National ; quant à nous qui connaissons cette vaste intelligence, la loyauté et la droiture de son caractère, nous pouvons affirmer qu'il n'a pas dépendu de lui de voir la réalisation de nos espérances : la réconciliation et l'union de tous les bons Français dans une véritable République, implacable vis-à-vis des tripoteurs si puissants qu'ils soient, douce aux humbles et aux déshérités.

Nous ne referons pas ici la description, trop souvent faite pour présenter le moindre intérêt, du petit appartement qu'habite au cinquième étage du 44 de la rue de Moscou, le député du V° arrondissement, et où il vit modestement dans le travail et l'étude.

Nos lecteurs ne partagent certainement pas toutes les idées émises au cours de la conversation que nous allons très fidèlement reproduire, profitant ainsi de l'indépendance absolue que nous laisse le *Drapeau*, mais nul ne méconnaîtra l'importance de ce document.

****

— Que pensez-vous à cette heure, avons-nous demandé à M. Naquet, de la revision de la constitution, et de ce régime de Cabinet, autrement dit de ce parlementarisme, que vous avez si magistralement combattu il y a quelques années ?

— Les critiques contre le parlementarisme et les appels à la revision constitutionnelle sont choses vieillies depuis le lamentable échec du parti qui en avait fait son drapeau, nous a répondu M. Alfred Naquet.

« Et cependant une bataille perdue ne change pas le sens des choses, et la défaite d'un parti politique, qui peut-être a mérité cette défaite par des fautes considérables, ne prouve pas qu'il ait eu tort dans la principale de ses revendications.

« J'ajoute que les anciens membres vaincus de ce parti, si amoindris qu'ils aient été par le désastre, et quelque ligne politique qu'ils aient cru devoir suivre depuis, n'ont pas perdu le droit de parler et d'écrire, et que la vérité, pour sortir de leur bouche, n'en demeure pas moins la vérité. C'est ce qui fait que je n'hésite pas à répondre à vos questions. »

Et il a poursuivi :

— Adversaire de la Constitution de 1875, partisan résolu de la revision, je m'étais engagé dans le boulangisme parce que j'avais cru trouver là une voie plus rapide et un moyen plus sûr d'atteindre mon but.

« En matière de voies et moyens, le succès ou l'échec sont la vraie pierre de touche. On a échoué, donc on avait tort. On a pris ce chemin parce qu'on estimait que c'était la ligne droite qui menait au but. En fait, il n'a mené qu'à une fondrière, donc on s'est trompé. C'est entendu. Sur ce point, je n'épilogue pas et ne veux atténuer en rien l'importance de l'erreur ou de la défaite. Mais cela ne rend pas la Constitution meilleure et cela ne prouve pas que ceux qui se sont trompés dans le choix des moyens, aient eu également tort sur l'objet qu'ils poursuivaient. »

M. Naquet, s'animant, continue :

« Quand bien même leur erreur aurait été plus grande encore, quand bien même la voie qu'ils suivaient aurait présenté les dangers qu'a cru y voir la majorité du parti républicain, quand bien même on serait en droit de conclure que leur triomphe, s'il s'était produit, aurait été un malheur suprême, quand bien même tout cela serait scrupuleusement exact, il n'en résulterait pas que de détestable, la Constitution de 1875 fût devenue excellente, et que le parlementarisme, essentiellement anti-démocratique hier, fût devenu aujourd'hui conforme aux aspirations de la démocratie.

« On pardonnera donc, j'en suis sûr, à un vaincu de développer une idée qu'il a défendue *avant* le boulangisme et qu'il continuera de défendre *après* comme il l'a défendue *pendant*.

— Ainsi, vous êtes toujours revisionniste.

— Comment ne le serais-je pas alors que les expériences de chaque jour démontrent la justesse des appréciations que j'ai toujours formulées sur ce sujet.

« Le régime de Cabinet consiste à avoir des ministres pris dans les Chambres, partageant avec les Chambres le pouvoir législatif, et tenus, lorsque la Chambre des députés les met en minorité de céder la place à d'autres.

« Je ne veux pas ici revenir sur tous les vices, sur tous les inconvénients de ce régime, vices et inconvénients que j'ai dénoncés bien des fois depuis 1875 ; l'espace dont vous disposez dans votre journal ne me le permettrait pas.

« Mais l'un de ces vices, et non le moins grave, est d'enlever tout sens aux décisions des Chambres et de placer les députés dans un perpétuel conflit de devoirs.

— Qu'entendez-vous par un conflit de devoirs ?

— Prenons un exemple — c'est ce qui fixe le mieux les idées ; le double vote qui s'est produit récemment à propos de la loi sur la presse.

Il s'agissait de savoir si l'on autoriserait l'arrestation préventive des personnes prévenues de s'être livrées, par la voie de la presse, à des excitations au vol, au meurtre ou au pillage

Si la Chambre avait été un pouvoir législatif complètement séparé du pouvoir exécutif comme en Amérique, à supposer que la proposition se fût produite, il se serait fait une majorité pour ou contre, chacun votant selon ses convictions.

Ici rien de tel à cause de la confusion des pouvoirs.

Les ministres sont venus devant la Chambre déclarer que si l'on ne passait pas à la discussion des articles, se jugeant incapables de gouverner sans cette loi, ils se retireraient.

Dès lors le vote n'a plus eu de signification.

Parmi ceux qui ont voté contre le passage à la discussion des articles, les uns, comme moi, l'ont fait par respect pour le principe de la liberté de la presse, et malgré l'ennui qu'ils auraient eu de renverser le Cabinet ; mais par contre bien d'autres, qui auraient volontiers muselé la presse, ont voté comme nous malgré leurs principes, parce qu'ils étaient les ennemis du Cabinet et voulaient le renverser.

D'autre part, parmi ceux qui ont voté le passage à la discussion des articles, les uns, j'en connais beaucoup, ont voté à contre cœur, contre leurs principes, pour ne pas ébranler le cabinet, sacrifiant un devoir, celui de ne pas attenter à la liberté, à cet autre devoir de ne pas renverser un cabinet qui leur inspirait confiance.

Que dénote un tel vote? Rien que le chaos, et le pays ne peut rien y comprendre et rien y voir.

Et pour mettre un comble à cette confusion, après avoir sauvé le cabinet par son premier vote, la Chambre se déjuge à vingt-quatre heures d'intervalle et adopte un amendement qui, sous couleur d'améliorer la loi, la détruit. Cet amendement le ministère l'avait repoussé, mais ne le jugeant pas menaçant après le vote de la veille, il avait omis de poser la question de Cabinet; et quoique battu, quoique n'ayant pas la loi sans laquelle il ne pouvait gouverner, il est demeuré au pouvoir et a continué de gouverner tout de même. Il avait eu son vote de confiance la veille, cela suffisait à ses besoins.

Un système politique qui aboutit à de telles chinoiseries est jugé. Que les monarchies qui vivent de fictions s'en accommodent, c'est parfait, mais nous, qui sommes profondément républicains, nous ne saurions nous en accommoder, et nous ne saurions trop nous étonner de voir que les républicains au pouvoir s'en accommodent.

La République veut la responsabilité partout, et les responsabilités ne sont réelles que quand elles sont soigneusement délimitées. Avec le parlementarisme, qui confond tous les pouvoirs, *la responsabilité ne se trouve plus nulle part*, c'est pourquoi je hais le parlementarisme qui est *le contraire de la République.*

— Pensez-vous, cher Maître, que la Revision soit proche et comptez-vous faire en faveur de cette idée, une campagne prochaine ?

— Hélas ! Je vous l'ai dit, le moment est peu propice... Les appels à la revision ont perdu leur importance depuis l'insuccès du boulangisme. Ils ne passionnent plus le pays.

Cela reviendra, mais à l'heure qu'il est la question est passée du premier au second plan. Ce n'est plus avec elle que l'on créera un mouvement d'opinion. C'est avec *les réformes sociales.* C'est à elles que je me suis attaché. Si les réformes s'opèrent aisément, la revision, il ne faut pas se le dissimuler, perdra encore du terrain parce qu'on en sentira moins l'utilité et que ce ne sera plus qu'une question théorique.

Si comme cela est à craindre elles rencontrent, au contraire, des obstacles insurmontables, alors la revision reviendra sur l'eau, et avec une force irrésistible cette fois !

En tout cas quoi qu'il arrive, — nous dit en nous reconduisant, M. Naquet, — j'ai foi au progrès, j'ai foi en l'avenir, j'ai foi dans la transformation évolutive de cette société supérieure à ses devancières, mais encore si dure aux déshérités, si imparfaite et si injuste ! Je ne sais encore quel sera l'organisme avec lequel cette rénovation se fera. Mais par le moyen d'un organisme ou d'un autre il faudra bien qu'elle se fasse, et croyez-moi, quand il le faudra absolument, elle saura bien choisir celui qui lui sera nécessaire.

**

Nous avons voulu montrer combien sont différentes des théories parlementaires de nos opportunistes, celles des vrais républicains.

M. Naquet est incontestablement un de ceux qui ont le plus contribué à l'établissement et à l'affermissement de la République qu'il n'avait certes pas rêvée semblable à celle que nous subissons.

Son mémorable discours de Tours a prouvé que chez lui l'homme politique égalait le savant, ce qui n'est pas peu dire.

Ainsi que tous les hommes qui ont joué un rôle important dans les destinées de leur pays, M. Naquet a été calomnié par ceux là mêmes dont il avait créé la fortune politique ; la respectueuse sympathie dont l'entourent les démocrates du Parlement, — ceux qui, comme M. Maurice Barrès, par exemple, étaient *quelqu'un* avant leur élection, — le console facilement de cette ingratitude qui ne peut que faire sourire sa philosophie toujours indulgente.

L'histoire impartiale vous rendra, cher maître, un hommage mérité ; elle vous saura gré d'avoir tenté l'apaisement des haines de parti qui divisent et amoindrissent notre France, et d'avoir essayé de lui donner une Constitution démocratique en rapport avec ses aspirations ; une Constitution qui lui aurait assuré, par le *referendum*, le respect de sa souveraineté, comme elle lui aurait garanti toutes les libertés, celles d'association et de la presse et la liberté de conscience sacrée entre toutes.

Pas plus que vous nous ne désespérons de l'avenir, mais en attendant ce jugement de l'histoire, nous croyons fermement que, ce que le Général et certains de ses amis n'ont pu ou voulu réussir, d'autres le tenteront encore, en se défiant cette fois des écueils contre lesquels ils ont échoué... et nous avons la certitude de vous revoir à l'avant-garde de l'armée socialiste qui ne pactisera jamais avec les tripoteurs de l'opportunisme parlementaire.

E. ECCALOMREC.

L'Eclair du 5 xbre 1892 (5me année — n° 1470)

La déposition que fera demain M. Naquet

— « Il y a deux mois environ, la *Libre Parole* avait publié des articles d'un anonyme qui, sous le pseudonyme de « Micros », m'avait indirectement mis en cause dans les affaires de Panama. N'ayant pas l'habitude de répondre à des anonymes, j'avais gardé le silence.

Mais les journaux de ce matin m'ont appris que, dépouillant l'anonymat, le même « Micros », sous son vrai nom de Martin, avait été entendu par la commission d'enquête, et que là, il avait cité mon nom, prétendant que l'avais assisté, en compagnie de plusieurs de mes collègues, à une série de conciliabules, en vue de préparer le vote de la loi qui autorisa l'émission d'obligations à lots de la Compagnie de Panama.

Dès lors j'ai pensé que le soin de mon honneur m'imposait le devoir de répondre et je me suis mis à la disposition de M. le président de la commission d'enquête.

J'oppose à M. Martin, que je ne connais pas, le plus formel démenti. Je suis allé deux ou trois fois à la Compagnie de Suez dans les conditions que je vais faire connaître et rien ne ressemble moins que ces visites à des conciliabules.

En 1888, mon ami M. Michel, député du département de Vaucluse, que je représentais alors au Sénat, prit l'initiative de la proposition de loi sur les obligations à lots.

M. Michel était un homme dont la vie parfaitement honorable a toujours été des plus modestes et qui, lorsqu'il est mort, trois ans après environ, n'a absolument rien laissé. Il agissait en 1888, sous l'impulsion du mouvement qu'avaient développé les porteurs de Panama dans tout le pays, mouvement qui, dans le département de Vaucluse, se traduisit par des pétitions couvertes de plus de 3,000 signatures.

Il était tel ce mouvement, que, dans la période électorale qui précéda l'élection du 27 janvier 1889 à Paris, M. le général Boulanger put se faire un titre auprès des électeurs d'avoir voté la loi sur les obligations à lots. Tous les Parisiens ont pu lire alors une affiche signée par un groupe de porteurs de Panama, qui recommandait le général Boulanger au corps électoral par ces mots :

« Il a voté pour nous. Votons pour lui! »

Il est hors de doute que si la loi eût été rejetée, l'entreprise aurait sombré comme elle a sombré avec la loi. Mais comme alors il eût été impossible de démontrer qu'on ne l'aurait pas sauvée par cette loi, tous ceux qui auraient contribué au rejet auraient assumé une lourde responsabilité.

Ces considérations, qui avaient frappé tous les membres du Parlement, avaient ému encore plus les représentants de Vaucluse à cause de l'attitude qu'avait cru devoir prendre l'un d'eux, l'honorable M. Michel.

En ce qui me concerne, désireux à la fois de ne pas me séparer de mes collègues et de ne pas voter une loi de cette importance sans un mûr examen, je fis ce que j'ai toujours fait dans des circonstances de ce genre, je m'efforçai de me renseigner en allant aux sources.

Je connaissais M. Fontane, littérateur de mérite, helléniste distingué, homme aimable; j'allai ouvertement, en plein jour, comme un homme qui n'a rien à cacher, lui demander des éclaircissements.

M. Fontane voulut bien me mettre en relations avec M. Charles de Lesseps; on me montra les plans du canal à écluses, plan que l'on avait substitué à celui du canal à niveau et qui, disait-on, rendait l'achèvement des travaux facile dans un temps relativement court ; on me fit lire le rapport de M. Rousseau et celui des ingénieurs de la Compagnie.

J'allai, d'autre part, visiter le modèle d'écluses qu'exposait M. Eiffel, au Champ de Mars. De là, deux ou trois visites que je referais encore aujourd'hui, qui n'ont rien que de très normal et que personne n'a le droit de qualifier de conciliabules.

M. Martin, dans sa déposition, n'a rien dit de plus. Mais dans ses articles antérieurs, il a parlé d'un chèque de 500,000 francs qui aurait été touché par M. Barbe et il a insinué que je pourrais bien en avoir eu ma part comme membre du « groupe parlementaire de la Dynamite ».

M. Martin m'obligerait, s'il voulait m'apprendre ce qu'était ce groupe parlementaire que je n'ai jamais connu.

J'ignore si M. Barbe a commis l'acte dont on parle. J'en serais profondément affecté à cause des relations d'amitié que j'ai eues avec lui, et je n'y croirais que si la démonstration en était faite.

En tout cas, ce que j'affirme, c'est que si l'allégation est fondée, M. Barbe n'en a jamais parlé à ses amis. M. Barbe ne racontait à personne, pas même à sa famille, ses affaires, même les plus honorables, à plus forte raison n'aurait-il pas raconté s'il les avait commis, des actes de nature à entacher son honneur.

Un dernier mot, car j'ai à cœur d'écarter une insinuation perfide, quelles que soient les précautions oratoires dont on l'entoure.

La séance du café Riche, au cours de laquelle je me rangeai aux côtés du général Boulanger, est antérieure de quelques jours à la discussion par la Chambre de la loi sur les obligations à lots de Panama et, *à fortiori*, à la discussion de cette loi par le Sénat.

Dès le lendemain toutes relations étaient rompues entre moi et l'immense majorité de la Chambre ; elles étaient rompues entre moi et l'unanimité du Sénat où j'étais seul de mon espèce et où mes collègues se faisaient un point d'honneur de ne plus me saluer.

Il est donc bien certain que je n'aurais pu rendre aucun service à la Compagnie de Panama, si même j'en avais eu le désir. Un mot de moi en sa faveur aurait compromis la loi : on n'aurait pas manqué de prétendre que la Compagnie fournissait des fonds au boulangisme.

Or est-il admissible qu'une Compagnie qui, dans l'hypothèse, voudrait corrompre le Parlement, fît porter la corruption sur qui ne pouvait lui rendre que des services négatifs ?

Si j'avais été corrompu, j'aurais au moins attendu que la loi fût votée pour passer au boulangisme afin

Le journal du 13 Xbre 1892 (1ère année - n° 77)

A PROPOS D'UNE AUTOPSIE

Par ALFRED NAQUET

La recherche des alcaloïdes en toxicologie

L'exhumation du baron de Reinach et l'examen chimique auquel sont livrés ses viscères en vue de découvrir la cause de sa mort, donnent certain intérêt aux méthodes, généralement inconnues du public, à l'aide desquelles les toxicologues décèlent les poisons organiques, les alcaloïdes spécialement, dans les débris humains soumis à leurs investigations. Le public se demande aussi quel est le degré de certitude auquel les méthodes permettent d'atteindre et quelle est leur limite de sensibilité.

C'est en vue de répondre à cette curiosité légitime que nous nous décidons à entrer ici dans quelques détails techniques qui pourraient fatiguer le lecteur dans les circonstances ordinaires, mais qui certainement empruntent de l'intérêt aux circonstances actuelles.

Le procédé à l'aide duquel on recherche ordinairement les poisons organiques dans les travaux de toxicologie est encore, à cette heure, sauf quelques modifications tout à fait secondaires, celui qu'a découvert M. Stas et qui, mis en œuvre pour la première fois en 1850 dans le procès de M. de Bocarmé, permit à ce célèbre chimiste belge de démontrer la présence de la nicotine dans le corps de la victime.

Cette méthode repose sur les faits suivants :

1° Que les sels acides à base d'alcaloïdes sont décomposés par la solution aqueuse des bicarbonates alcalins ou des alcalis caustiques ;

2° Que, mis en liberté dans ces conditions, ils renferment une certaine quantité d'eau combinée, qui leur communique la faculté de se dissoudre dans l'éther ou dans l'alcool amylique, alors même qu'ils ne sont pas solubles dans ces liquides après dessiccation ;

3° Que l'éther les enlève par l'agitation à une liqueur aqueuse lorsqu'ils sont dissous dans l'eau.

Ces prémisses posées, voici comment opère M. Stas : Ces matières suspectes bien hachées, sont chauffées entre 60 et 75 degrés, avec de l'alcool concentré additionné de 1 gramme 1/2 à 2 grammes d'acide oxalique ou d'acide tartrique. L'alcaloïde se dissout alors intégralement à l'état d'oxalate ou de tartrate.

La liqueur, après avoir été séparée du résidu solide, est abandonnée à l'évaporation dans le vide jusqu'à ce qu'elle soit réduite au quart de son volume primitif. On est sûr, à ce moment, qu'elle ne renferme plus d'alcool, mais seulement de l'eau comme dissolvant.

On prend ensuite le liquide qui reste et, après l'avoir filtré pour en séparer la graisse solide, s'il en renferme en suspension, on l'agite avec des quantités d'éther successives qui surnagent la liqueur aqueuse par le repos et que l'on en sépare à l'aide d'un entonnoir. On continue ainsi jusqu'à ce qu'une nouvelle quantité d'éther ne se colore plus par l'agitation. Tous les produits éthérés obtenus sont mis à part et peuvent servir, le cas échéant, à la recherche de la digitaline, de la picrotoxine, de la colchicine et même de l'atropine, si ce dernier poison n'existait dans les organes qu'en quantité extrêmement faible ; la liqueur aqueuse, débarrassée par ce moyen des matières colorantes et des diverses substances que nous venons d'indiquer, au cas où celles-ci y existeraient, est évaporée à sec dans le vide. On redissout le résidu solide dans l'alcool concentré, on filtre ce dernier, on l'évapore à l'air libre et l'on redissout ce qui reste dans la plus petite quantité d'eau possible.

La solution ainsi préparée est mise dans une éprouvette avec de l'éther (ou de l'alcool amylique), additionnée de bicarbonate de soude ou mieux de soude caustique et fortement agitée. On laisse ensuite reposer, on décante l'éther qui surnage, on répète l'agitation à plusieurs reprises avec de nouvelles quantités d'éther pour enlever jusqu'aux dernières traces de substances solubles, puis, on réunit toutes les solutions éthérées et on les agite fortement avec deux ou trois centimètres cubes d'eau très pure aiguisée du cinquième de son poids d'acide sulfurique également très pur.

L'alcaloïde passe ainsi à l'état de sulfate acide, et, tandis que lorsqu'il était libre l'éther l'a enlevé à l'eau par l'agitation, une fois qu'il est passé à l'état de sel acide, c'est l'eau qui, par l'agitation, l'enlève à l'éther.

On sépare l'eau de l'éther, et en répétant sur ce liquide aqueux l'opération première, c'est-à-dire en l'agitant avec un mélange d'éther et d'un alcali caustique ou carbonaté, on obtient l'alcaloïde pur en solution éthérée. Il ne reste plus qu'à évaporer l'éther pour obtenir le poison à l'état de liberté.

On n'a plus alors qu'à l'identifier ; on y parvient en examinant les colorations qu'il donne avec différents réactifs tels que l'acide azotique, le chlorure de chaux, l'acide arsénique, le chlore, l'acide sulfurique, le mélange d'acide sulfurique et d'acide chromique... etc., etc. On tire aussi d'utiles indications de l'état de l'alcaloïde qui peut être solide ou liquide et de sa solubilité dans les divers menstrues.

Sensibilité de la méthode

La méthode de Stas est incontestablement aussi sensible qu'on est en droit de l'exiger en pareille matière. Cette sensibilité présente cependant des limites, et il est incontestable que si l'empoisonnement était dû à une substance très vénéneuse, telle que l'aconitine, dont moins d'un centigramme peut occasionner la mort, la recherche deviendrait excessivement délicate, surtout si l'on n'avait employé au crime ou au suicide que la quantité du poison strictement nécessaire.

Si même, on parvenait, dans ces conditions, à isoler une certaine quantité de la matière vénéneuse, la quantité de cette matière serait si réduite qu'il deviendrait excessivement difficile de l'identifier.

Degré de certitude de la méthode

La certitude d'avoir un alcaloïde lorsqu'on l'a extrait ainsi que nous venons de l'exposer, est absolue. Mais on ne peut pas affirmer, avec un degré de certitude égal, que l'alcaloïde trouvé est bien l'aconitine, ou la strychnine, ou la morphine… etc., etc.

Dans l'analyse minérale, les réactions qualificatives suffisent pour affirmer que l'on a affaire à tel ou tel métalloïde, à tel ou tel métal.

En chimie organique il en va autrement. Ici, le nombre des substances définies est si considérable que lorsqu'on obtient une réaction qualitative, telle que coloration, précipitation par certains réactifs ou dissolution dans certains liquides, ces observations ne conduisent qu'à des conclusions approchées. On ne peut jamais être sûr que les phénomènes observés ne sont pas dus à des substances encore inconnues donnant les mêmes réactions que celles auxquelles on est porté à les attribuer.

Un chimiste qui se livre à des travaux de science pure ne se hasarderait jamais à affirmer qu'il a obtenu tel ou tel corps déterminé s'il n'a joint à l'examen de ses propriétés physiques et chimiques l'analyse élémentaire du composé, et s'il ne peut dire que celui-ci renferme les proportions de carbone, d'hydrogène, d'oxygène et éventuellement d'azote que sa formule exige.

Or, il est bien rare qu'en toxicologie on obtienne assez de matière pour faire une analyse élémentaire. Je pourrais même dire que ce cas ne se produit jamais.

Les ptomaïnes

Pour montrer les dangers d'une affirmation hasardée, il me suffira de rappeler la découverte que l'on a faite, pendant ces dernières années, d'une classe d'alcaloïdes spéciaux très vénéneux, qui prennent naissance dans la putréfaction des matières animales, et auxquelles les savants ont donné le nom de ptomaïnes.

Avant la découverte des ptomaïnes, lorsque la méthode de Stas donnait un alcaloïde, surtout si l'on avait assez de celui-ci pour l'essayer sur des animaux et pour en constater les effets toxiques, on affirmait sans hésitation l'empoisonnement.

Aujourd'hui, on est forcé d'hésiter davantage, car, selon l'heureuse expression d'un de nos confrères, on ne sait pas sûrement si c'est cet alcaloïde qui a causé la mort, ou si c'est la mort qui a déterminé la formation de l'alcaloïde. Il est même certain que, si ce dernier était une ptomaïne, il serait absolument impossssible de se prononcer.

Je ne voudrais pas conclure de là qu'une réponse affirmative ne soit jamais possible.

Lorsque la matière trouvée est abondante; lorsqu'on a pu en constater les propriétés physiques et chimiques; lorsqu'on a reconnu par des expériences sur des animaux qu'elle est vénéneuse; lorsqu'on a contrôlé les propriétés physiques et chimiques par les effets organoleptiques, on est en droit de conclure, pourvu que cet examen n'ait pas conduit à reconnaître l'existence d'une ptomaïne.

Mais, pour peu que toutes ces conditions ne soient pas remplies, la plus absolue réserve s'impose au toxicologiste, car s'il est, comme aujourd'hui, des circonstances où la conclusion de l'expert ne présente qu'un intérêt académique, et n'expose pas la société à des conséquences graves, il ne faut pas oublier que les circonstances sont exceptionnelles et que, dans la majorité des cas, l'honneur, la liberté, la vie même d'un accusé sont en cause.

ALFRED NAQUET.

the North american Review — December 1892 — 78th year — Vol. 181 : n° 6

DIVORCE: FROM A FRENCH POINT OF VIEW.

BY M. ALFRED NAQUET, OF THE CHAMBER OF DEPUTIES.

In France, as elsewhere, many persons imagine that the law which in 1884 reëstablished divorce in that country has given a new color to the divorce question, and they are now asking themselves whether the experiment has produced good or bad results. Even if it were possible in an examination of this kind to employ the scalpel of the anatomist, the conclusion which might be reached would be rather hastily drawn, as it requires more than a few short years for a law, if it has any real influence on society, to show its effect. I might go further and add that social phenomena are far too complicated to permit us to attribute to a particular cause certain determined results. If we are to arrive at a correct conclusion we must also find out what influence was exerted at the same time by all the other active causes, a proceeding totally impossible in matters of this kind.

Thus, when the partisans or the opponents of capital punish-

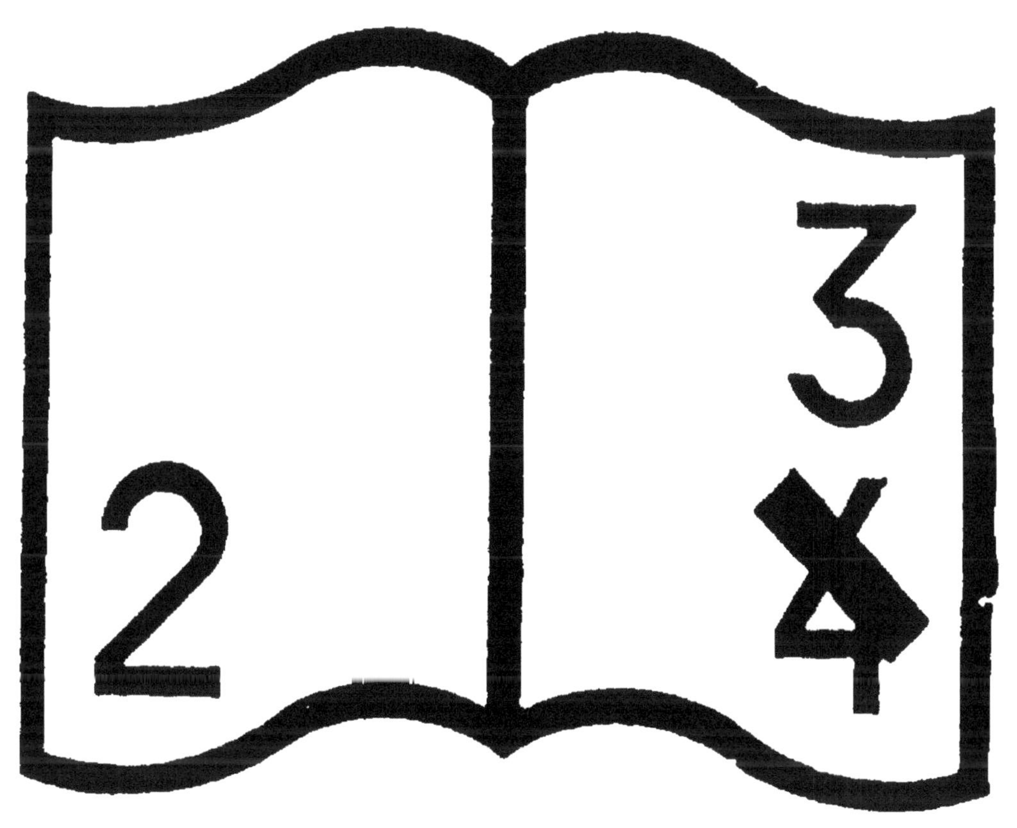

Pagination incorrecte — date incorrecte

NF Z 43-120-12

ment base their arguments on the increase or decrease of murder, as the case may be, in the countries where this mode of punishment has been abolished or reëstablished, their reasoning does not rest on solid ground. If, for instance, crime diminished the moment guillotining was stopped, who could tell but that this happy result might be due simply to an improvement in the habits and customs of the people? The diminution might, perhaps, have been still greater if the scaffold had been left standing. On the other hand, if crime increased, the cause might be sought in that feverish state produced by the excessive competition of modern civilization; and who could say whether the same improvement would not have been observed if capital punishment had not been abolished?

The same thing is true of divorce. If, twenty or thirty years after the promulgation of the law establishing it, we should observe that the number of unhappy families had increased, that there was more immorality and crime than before, it would be quite absurd to attribute to this institution all this misery; and we would be just as unphilosophical in declaring it to be the cause of an amelioration, if such had really occurred.

Have the opponents of divorce ever looked at the question in this light? I cannot say whether they have. I do notice, however, that they lay great stress on the number of families which are broken up by divorce. If this number were to diminish they might be inclined to admit that the law had done some good. But when, on the contrary, they perceive an increase in the total of the sundered households, they hold up their hands in holy horror and declare that society is in danger. Their conclusions, however, are very hasty. A law which suddenly establishes divorce finds itself necessarily brought face to face with a mass of cases which have been accumulating for years. The first act is a sort of general liquidation, which produces exaggerated optical effects. But when this clearing of the docket is accomplished, and there come up for decision only the divorce cases belonging to each successive year, then a decrease follows the increase, and the public mind is calmed.

This is exactly what happened in Switzerland. When the law passed in 1874 came into force two years later, the divorce business suddenly assumed enormous proportions, whereas to-day it appears to be entering upon a period of decrease. However, Switzerland still remains one of the countries where there are the most divorces. But the settled fact is to be noted that the increase observed was followed by a period of decrease.

Will the same thing happen in France? I cannot say positively, but the logic of the situation would lead one to answer the question in the affirmative. But I never like to get ahead of facts, and the facts in the case have not yet spoken. Printed statistics come down only to the year 1888. Now, as the divorce law passed in 1884 was not really taken advantage of till two years later, when it was perfected by the law which modified its procedure, it will be seen that we have scarcely two years of statistics before us, and these the very years when, on account of the liquidation to which I have just referred, the figures would be abnormally high. And they were in fact very high. Thus in 1883, the year before divorce was established, there were granted in France 3,010 separations (*a mensâ et thoro*). In 1888 the number of separations and divorces together had risen to 7,156.

But whether these figures increase or remain stationary, there will be no reason for jumping to any conclusion, unless it be to this one, that, as there is much divorcing in France, the reëstablishment of divorce was a crying necessity.

In Sweden, where there are almost no disunited households, perhaps society can get on without this institution. But where, on the contrary, there is a considerable number—I refer to separation from bed and board—this very number shows that the reform is needed, like a safety valve in a steam engine. In order to draw a different conclusion, it would first be necessary to establish the fact that this increase is caused by the legislation which permits married people to separate; but it is this very demonstration that nobody has made or can make, for such an allegation would be in contradiction with the truth.

M. Jacques Bertillon, the able head of the Paris Bureau of Statistics, has established in a decisive manner, seldom witnessed in matters of this kind, that the number of families which are disunited is quite independent of the legislation of a country. For instance, there are nations where the laws are the same, but where there is an extraordinary variation in the number of separations and divorces. Thus, in Switzerland, certain cantons—Geneva, Bâle and Zurich, for example—show an enormous number of divorces, while other cantons, such as Uri, do not offer a single case, though the law is the same throughout the Confederation. The same thing is seen in Scandinavia. Thus Denmark abounds in separated family circles, while in Sweden and Norway there are almost none : and yet the laws governing the matter are about the same, while, furthermore, these people are as near alike as possible in race, customs and religion.

What legislation can accomplish—I said this when I first took up this divorce question, and I shall not cease repeating it, because it is the philosophical truth—is the bringing to light of existing social facts or the checking of the manifestation of these same facts, though they exist in the same degree in both cases. Let me explain more clearly what I mean. Imagine a country where neither separation nor divorce exists. Does anybody suppose for an instant that consequently there would be no broken family circles. It is evident that nobody cherishes this delightful chimera, since nobody proposes the suppression of separation from bed and board ; but if the state of things which I have imagined really prevailed, there would, of course, be badly assorted unions, where the husband and wife would be found living apart, exactly as is the case to-day. But as society can discover this only by means of its civil registers and decisions of the courts, and as these means of information would be lacking in this hypothetical case, these separations would not be noted, and the statistics would contain a cipher under the heading "Separations."

Let us suppose now that this same country, where exist no legal means of dissolving marriages, takes a step in the direction of greater liberty and establishes separation from bed and board. Of course all the married couples already living in this separated state would care little for this new law. A separation of this sort has few advantages, except in special cases, where, for example, the husband wishes to protect himself against what might result from the criminal commerce of his wife and her falsely attributing to him the paternity of a child, or the case in which a wife seeks more effectual protection from a husband's evil treatment. Except in instances of this kind most people would prefer not to admit the public to a share in their domestic troubles by having recourse to the new law, and would continue to live apart amicably. Some couples, however, would avail themselves of it, so that the statistical tables, which heretofore had contained only a cipher, would now register a positive figure, which would go on constantly increasing, for it is a well-established fact that to-day in every country, whatever may be the nature of its legislation in respect to the subject now under consideration, the number of separations is continually progressing. In France, for instance, before the reëstablishment of divorce, and when, consequently, divorce could not be held responsible for the fact, the total of separations from bed and board gradually grew from 642 in 1840 to 3,010 in 1883. If short-sighted sociologists should conclude from these figures that the liberalizing of marriage legislation had produced evil results, such a conclusion would be very unphilosophical and very far from the truth. All that these statistics prove is that our legislators, in becoming less strict, had made it possible to count the cases of domestic infelicity which up to that time had been kept in the shade. Nobody could hold that the law was the cause of these separations.

Let us go still further and consider the situation which prevailed in France first in 1792, and again in 1884, when the law of divorce took its place beside that of legalized separation from bed and board. Up to that date a certain portion of those couples who lived in a state of amicable separation had, as we have just stated, held back from the cost and trouble of going to law. But now, finding in the divorce law a chance to begin married life over again and to create a new family, they considered that the advantages were greater than the inconveniences of a law suit, and so they were ready to go into court. Thereupon statistics would again denote an augmentation in the amount of conjugal infelicity. But would there in reality be any such increase? None whatever. These broken unions are now brought forth to the light of day. They existed yesterday and do not date from to-day. The divorce law was a sort of microscope which had enabled the statistician to see and note what was hitherto beyond his ken.

If divorce legislation becomes still more liberal, if the facilities for separation are made easier and easier, this apparent increase in the divorce column wi'l again show itself, and this will continue until legislation embraces every case which has heretofore been relegated to the background of obscurity.

Every day I am consulted by married people in trouble. Now it is the wife who has been deserted by the husband, and now *vice versa*. The household may be broken in twain, but our present law does not recognize the cause as a sufficient ground for divorce. Again, the complainant has no proof of the ill-treatment of which she or he is the victim. But if the divorce law which was introduced in 1792 were still in force, and which declared as sufficient cause for the breaking of union the persistent demand on the part of one of the parties, these unfortunate people who consult me and who at present neither apply for divorce nor separate, would seek divorce. Then only would the official statistics mark the fact. But they exist to-day and the law which would make it possible to note them would have nothing to do with bringing them about.

It may well be asked whether, from a social point of view— and this is the only thing to be considered —mystery is preferable to publicity in a matter of this kind ; whether amicable separations which take place in spite of the law and outside of the law are less harmful than legalized ones. For my own part I am convinced that legalized separations are far less baneful, and this is why, not believing that legislation could influence in any way the

number of broken unions, I determined to do what I could to secure the reëstablishment of divorce in France.

I well knew that nothing is more dangerous than to attempt by means of laws to exercise coercive powers in the domain of social phenomena, where constraint can never effect anything. The Bavarians, for instance, discovered the truth of this principle when, startled by the danger to society occasioned by an excessive birth rate, and wishing to check it among the poorer classes, they made an attempt to prohibit marriage when the contracting parties had no certain means of support; but, instead of reducing the real number of births, this law simply increased, to a disquieting degree, the total of illegitimate children; so it was promptly repealed. There was an apparent diminution in the number of marriages, but it was only apparent; for clandestine unions, with all their corrupting influences, took the place of legal ones, thus proving once more that legislation cannot check cohabitation any more than it can prevent separation.

In countries where divorce does not exist, the number of unions *officially* dissolved decreases, and there is no record of the subsequent unions formed by separated parties, but it does not follow that no such unions exist. On the contrary, illicit connections are formed and adulterous family circles are created, which take the place of regular and recognized households, while illegitimate children are substituted for legitimate ones that would have been numbered as such if it had not been for this state of things. This is the only possible outcome of strict legislation and the result does not reflect honor on such legislation.

My own convictions on this subject are so well established, that if I did not fear the reaction to which popular ignorance might give birth, I should not hesitate, if in my power to do so, to remove every obstacle in the way of divorce. Such a liberal law, which would make it possible for those living apart to legalize their situation, would so increase the divorce list, that the simple-minded public would take the effect for the cause, and would blot it from the statute book. Taking into account the degree of enlightenment of civilized countries in general and of France in particular, I should say that the divorce law passed in the latter country in 1884 is all that we could and should expect.

Another aspect of this problem is that of divorce among the laboring classes. Some of my fellow countrymen were disturbed at the thought of opening to the democratic masses the benefits of a law, which, according to them, ought to be reserved exclusively for people in easy circumstances.

A few days ago I read in the *Galignani Messenger* an article touching on this point. The writer was frightened at the number—21,000—of divorces applied for by the Paris working classes in four years. The English organ at Paris saw in these figures a veritable danger to society. Though the courts may come to the rescue of the children of divorced parents who are rich, argued the writer, they are powerless where the parties are without a fortune; and, furthermore, as the larger part of these divorces among the working classes are followed by new unions, a mass of children are handed over to the far from tender mercies of step-mothers and step-fathers, and are thus deprived of the healthful education of the true family circle.

This objection was often thrown in my face before I succeeded in getting divorce back on our French statute book. But I found no more trouble in answering it then than now. The greater the number of applications for divorce emanating from the laboring classes, the more it proves to me that divorce answers a pressing, urgent need among the working masses of our cities.* I use advisedly the phrase "the working masses of our cities," for in the country districts of France it is very rare for a peasant to take advantage of the divorce law, although its stipulations are the same for all classes of citizens. This fact verifies the truth of M. Bertillon's statement that marriage and divorce are governed by causes to which legislation is foreign.

Does anybody believe that when divorce was impossible our working men and women abandoned one another less often than they do to-day? If anybody does believe this he is very simple-minded. Then, as now, good-for-nothing wives left their husbands in order to launch into debauchery; then, as now, bad husbands, in far larger numbers than bad wives, shirked their

---

* Applications, from 1884 to 1888 inclusive, for separation or divorce—I speak here of applications and not granted divorces—arranged according to the callings of the parties, are shown in the following table:

Professions.	1884.	1885.	1886.	1887.	1888.
Landlords, persons with incomes, or those in liberal professions	733	1,015	915	913	925
Merchants and trades people	1,168	1,127	1,310	1,157	1,371
Farmers	635	862	855	873	821
Working people of all kinds, except farmers	1,711	2,916	3,111	3,525	3,765
Servants	227	345	171	53	116
Profession not given, or without profession	855	855	891	1,553	1,119
Total	5,430	7,550	7,598	9,119	8,117

This table shows that the peasantry, which forms 70 per cent. of the whole population of France, figures here for scarcely 11 per cent. Thus the total applications foot up 37,453, where the farmers represent 4,023, or 10.7 per cent.

conjugal and paternal duties. Though the official statistics are silent on this point, the facts cry aloud.

When, among the upper classes, troubles of this sort arose, relief was obtained by separation from bed and board. A husband with money who did not wish to see his fortune divided among his legitimate children and bastards would obtain a separation of this kind in order to disavow more easily any irregular offspring, while a wife would have recourse to the same law in order to protect more surely her fortune from marital dilapidation, to settle more exactly her financial position, and to remove the children from the sight of their father's immorality.

But what would be the results of such a separation when practised among the working classes? There being no fortune, no benefit would accrue from a judgment requiring one of the parties to pay an allowance to the other. The decree of the court would be a dead letter. As regards disavowal of paternity, this becomes of far less importance where the matter of inheritance plays no part. Consequently, though under the old law there was quite a number of separations among laboring people, the total was relatively small; and it may be safely added, furthermore, that these separations occurred more particularly in the more moral and well-to-do portion of the working classes. However, whether these separations were granted by the courts, or whether, as was far more generally the case, they were brought about privately, the results were far different from those among the upper classes.

Let us suppose, for instance, a husband deserted by his wife, who has proved herself to be a bad spouse and a bad mother, and has left him alone with one or more children. Or let us suppose a wife abandoned by her husband and charged with little ones to care for. How will these different parties be affected by the situation? If they belong to the upper classes where there is a fortune, the husband will have domestics to look after the children, or he will send them to the boarding school. If weary of the celibacy forced upon him by the law, he forms an illicit union, this is at least done clandestinely, and it is kept hidden from the children, whose moral state is not harmed thereby. The deserted wife, who is blessed with money, can, in her turn, devote herself to her children's education and live with them honorably.

Now, let us turn to the working classes and see how they fare in circumstances of this kind. The deserted father can have no servant to care for the house and children. He is forced to wive again, but if he cannot contract a legal union he will contract an illegal one, for matrimony is a necessity for his own domestic happiness and for keeping his children from the street. If the union be illicit the moral effect on the children may be bad, but surely less so than if there were no woman at all to watch over them. In a word, therefore, when a workingman is abandoned by his wife he sets up a new home with his mistress.

The situation of the deserted workingwoman is still worse. As matters now stand in France, a woman cannot live by her own labor. If by rare chance she succeeds in supporting herself she must have no children, and there must be no "dead season." This is a hard and unpalatable truth which cannot be removed by the fine dissertations of philosophers and moralists. Prostitution or an adulterous *liaison* is the only means by which she can keep the wolf from the door.

When certain people point with pious horror to the 21,000 applications for divorce among the working classes, filed between January 1, 1888, and December 31, 1891, they do not grasp the real meaning of these figures. What do these figures signify, then? Simply that in four years 21,000 working men and women were forced to choose between illicit unions or divorce and a legal second marriage—that is to say, 5,250 persons per year, who, actuated by a higher morality, desired, both on their own and their children's account, to regularize their conjugal situation. If divorce had not been reëstablished, or if it had been restricted to the upper classes, what would have become of these 21,000 petitioners? Is there any one who believes that these broken unions would have been patched up and these separated families brought together again? Not even the most determined opponent of divorce dares hold such an opinion. Clandestine unions would take the place of the 21,000 regular ones, which would surely be established in a vast majority of the cases where the divorce was granted, and the formation of a new home thus made possible.

That the systematic enemies of the marriage relation, that the partisans of "free love" should rejoice at this state of things, is easily understood, though, even from the standpoint of the latter, these irregular unions cannot be looked upon as a wholly good thing in a society where legal marriage frowns upon illegal marriage. However this may be, it is to be noted that it is not the advocates of free love who protest against the 21,000 petitions for divorce emanating from the male and female toilers of France. On the contrary, it is the determined friends of the indissolubility of the marriage tie, or, at least, those who wish to limit the extent of divorce and make it an aristocratic institution—they it is who advocate the continuation of this corrupt order of things. I for one cannot understand their attitude.   I cannot see how, forced to choose between 21,000 false households and 21,000 regular ones, formed after divorce, the advocates of " holy wedlock " can decide in favor of the 21,000 irregular unions.

As for myself, while admitting that the dissolving of the marriage tie is an evil, I consider and shall always consider that, to whatever social class one belongs, divorce which enables men and women to reënter upon a legal union, is, as regards parents, children and society, an infinitely less evil than the separation obtained by the courts or agreed upon privately.

ALFRED NAQUET.

Commission d'enquête — Complément de la déposition anticipée p.296—

M. de Villebois Mareuil. — Quelles étaient les relations de la société Centrale de Dynamite avec la C.ie de Panama ?

M. A. Naquet. — Messieurs, la Société Centrale de Dynamite n'avait pas de rapports avec la C.ie de Panama. Mais je voudrais vous dire un mot d'Arton car je suppose que vous me questionnerez sur ce point.

M. le Président. — oui, et nous vous demanderons aussi des renseignements sur M. Chevillard.

M. A. Naquet. — Je ne connais pas M. Chevillard. Je n'ai jamais su quelle était la personne qui portait ce nom. J'étais membre du Conseil d'administration de la Dynamite, mais je n'avais aucun rapport avec les employés des bureaux. Mais je puis parler de M. Arton ce qui me permettra de dire quelques mots de la société de Dynamite & de la C.ie de Panama.

Arton disait qu'il était de ma parenté, ce qui est tout-à-fait inexact. Il arrivait du Brésil en 1885 avec une dame que j'avais connue à l'âge de quinze ans dans une famille très-honorable. Elle s'était faite actrice, était partie pour le Brésil où elle avait fait fortune. À son retour à Paris elle m'avait présenté Arton en le donnant pour son oncle, ce que je n'avais pas cru.

Arton était venu à Paris pour y faire un commerce de café dans lequel il se ruina. Après sa débâcle cette dame me pria de le présenter à Mr Barbe. Mr Barbe avait à Panama un dépôt considérable de dynamite qu'il avait l'espérance de vendre pour les travaux du Canal. Cette quantité énorme de dynamite était là depuis deux ans sans acquéreur; elle se détériorait étant exposée à toutes les intempéries. On pouvait craindre une perte importante.

Tout d'abord, Messieurs, quand on parle des sociétés de dynamite il faut distinguer. La société Centrale, dont j'étais l'un des administrateurs, était une sorte de Consortium de Compagnies. Elle réunissait les actions des véritables sociétés de dynamite, c'est-à-dire de celles qui faisaient la fabrication et se livraient à la vente du produit. Mr Barbe était le président de ces sociétés filiales et l'administrateur Général de la Société Centrale. Eh bien! la Société qui avait un dépôt énorme de dynamite à Panama n'était point la Société Centrale dont j'étais administrateur.

Me de Villebois Mareuil. —   Quelle était l'importance de ce dépôt?

M. a Naquet. — Il y avait je crois deux millions de Kilog. de dynamite.

M. Barbe était donc l'administrateur général de la société générale de dynamite, c'est-à-dire de cette société à laquelle Arton fait perdre 4 millions. M. Barbe demanda à Arton s'il voulait aller à Panama pour s'occuper, moyennant une commission, de la vente de la dynamite qui y était en dépôt. Arton accepta, partit et vendit la totalité de la dynamite, avec une perte de 300 000 francs environ, perte due seulement à la détérioration du produit. Mais enfin il liquida cette opération d'une façon remarquablement intelligente.

M. de Villebois-Mareuil. — n'est-il pas à votre connaissance que cette dynamite était hors de service.

M. a Naquet. — non. À supposer que ce fût je ne l'aurais pas su car c'aurait été là une de ces choses dont on ne nous parlait certainement pas en Conseil.

Arton revint de panama. M. Barbe très-content de sa diligence l'appointa à 12000 francs à la société Centrale ou à la société Générale de dynamite; je ne me rappelle pas exactement laquelle des deux. Peut-être même les deux intervenaient-elles chacune pour partie dans les appointements. (1)

(1) Le point de ma déposition est inexact. M. Arton n'était appointé au début, car, ainsi que je m'en suis souvenu après, la soc. Centrale n'existait pas encore au moment dont je parle, que par la société Générale.

Il l'employa comme Courtier et arton se lança dans de grandes
affaires pour son Compte personnel en dehors de ces fonctions.

M. de villebois-moreuil. — M? Naquet a rappelé qu'il était vice-
président du Comité Boulangiste; est-il à sa connaissance que la
Cⁱᵉ de Panama ait fourni des listes d'actionnaires et d'obligataires
au Comité Boulangiste? et qu'elle soit entrée en rapport avec ce
Comité au moment des élections?

M. a naquet. — J'affirme que rien de tel n'a eu lieu du côté
des Boulangistes. J'affirme que, au Comité Boulangiste nous n'a-
vons rien appris de ce fait. Je puis dire que le soir du jour où
je suis entré au Café Riche on discutait avec beaucoup d'ardeur sur la question du projet relatif à l'émission d'obligations
à lots, parceque le vote devait avoir lieu le lendemain. Les
Boulangistes étaient divisés sur la question. quelques uns
d'entre eux, parmi lesquels MM? Le Hérissé, Vergoin, de Susini,
étaient intraitables et ils votèrent contre le projet de loi. D'autres votèrent pour. Le Comité Boulangiste était divisé sur
ce point et jamais il n'y eut de mot d'ordre dans un sens
ou dans l'autre.

Et à ce propos, on m'a raconté ici : et la chambre — dont je
ne faisais pas partie; j'étais alors au sénat — on se demanda
comment il fallait faire voter le Général Boulanger, qui
n'était pas présent tant il était demeuré étranger à la
question. Les uns disaient qu'en le faisant voter pour le

projet de loi on lui attirerait des adhésions. Leur avis prévalut; et, en effet à l'élection de Paris du 27 janvier un Groupe d'…, ana- mistes avait fait apposer une affiche disant : « il a voté pour nous, votons pour lui. »

M. Bertrand. — M. Naquet a dit qu'étant allé à la Cie de Panama on lui avait lu le rapport de M. Rousseau. Était-ce le rapport complet et à quelle époque a eu lieu cette lecture.

M. a. Naquet. — C'était quinze jours environ après le dépôt du projet de M. Michel.

M. Bertrand. — Vous a-t-on lu le rapport comme étant le rapport même de M. Rousseau ?

M. a. Naquet. — oui ! — on m'a lu le rapport dont une — partie a été je crois visée dans le rapport fait à la chambre ultérieurement.

M. Louis Barthou. — Est-ce que M. Laguerre ne faisait pas partie du Comité Boulangiste dont vous étiez le vice-président.

M. a. Naquet. — oui ! et il était l'un des membres les plus influents de ce Comité.

M. Louis Barthou. — Vous dites que la Cie de Panama — n'a jamais versé d'argent au Comité Boulangiste

M. a. Naquet — oui ! et je ne puis que répéter l'affir- mation que je faisais tout à l'heure, à savoir que le Général Boulanger avait horreur des affaires financières.

Mais au Comité nous n'avons jamais été au courant des

origines de l'argent. Nous faisions les suppositions les plus extraordinaires, les cette origine que je n'ai connue, pour ma part, qu'après l'élection Générale de 9bre 1889. Y a-t-il eu d'autres sources ? elles n'ont pas été à ma connaissance. Mais je répète encore que le général Boulanger, tel que je l'ai connu — et je suis d'autant plus impartial en affirmant cela que je n'ai pas eu à me louer de lui à la fin de ses jours — avait, pour les trafics d'influence et les opérations de Bourse, une horreur absolue. J'ai donc la conviction profonde qu'il n'a rien touché de la Cⁱᵉ de panama. Ce n'est il est vrai qu'une conviction. Seulement elle est profonde, absolue.

En ce qui concerne le Comité Boulangiste j'ai la certitude que jamais la question n'a été soulevée à savoir que le Comité ait fait des offres au Comité. Maintenant si des offres particulières ont été faites à des membres du Comité à l'insu de celui-ci, je l'ignore. Je ne puis répondre, je ne réponds que de ce que j'ai vu et su.

M. Labusquière. — Vous avez affirmé que le panama n'a jamais fourni de listes au Comité Boulangiste.

M. A. Naquet. — Je n'ai jamais rien vu de pareil. Rien n'est plus difficile que d'affirmer une chose négative. J'affirme que je n'ai jamais vu que des listes d'actionnaires ou d'obligataires de panama aient été fournies au Général. Je sais seulement que, bien après le vote du projet de loi et l'échec de l'émission des valeurs à lots, un peu avant l'élection du 27

Janvier des Groupes panamistes se sont chargés de faire une affiche qui a été apposée par les soins du Comité boulangiste. À ce moment-là, une liste a-t-elle été fournie au Général ? Cela pourrait être à la rigueur. Mais je ne l'ai pas vu.

M. le président. — personne n'a plus de questions à poser ?

(M. Naquet se retire après avoir signé sa déposition.)

<u>Table analytique des matières contenues dans le 12ème volume.</u>

d'une Constituante ne faisaient courir aucun Danger. Martineau, a dit joueffette, étais un égard nommé nous, encore à la Concentration républicaine quand nous l'inconsacré, à la Concentration radicamiste. — La presse du 15 janvier 1890 — n^{elle} Série — n° 601.

Alfred Naquet — Discours à la Salle Wagram. — Voyant le parlement ou une impuissant aux réformes il a prêché en vain la Révision — Boulanger en lui ayant apporté une force révisionniste il est allé à lui. La presse du 1er février 1890 — n^{elle} Série — ...

Alfred Naquet — La doctrine parlementaire. M. Buffet là montre en ce posée au Sénat une majorité exerçant son initiative par son ministère. — Colein a nié — ils sortent de Convention. Ce serait mieux que l'état ministre seul; mais au les en plus du parlementarisme. — La presse du 2 février 1890 — n^{elle} Série — n° 605...... 2..

Alfred Naquet à ses électeurs — Il les appelle comme dans l'appel de la page 1 à venger le suffrage universel outragé par l'invalidation — La presse du quatre février 1890 — nouvelle Série — n° 609.......... 2.

Alfred Naquet — paroles prononcées à la Salle Wagram au banquet anniversaire de l'élection du 27 janvier 1889 — nos succès depuis l'élection de l'Etoile. — Le XVIIme arr^{ent} du 1er février 1890 — 3me année — n° 18...... 2..

Alfred Naquet. Lettre à propos de la parole dans fait il ne répondra pas l'ayant déjà fait à qui de droit. Il relève seulement une erreur matérielle — le réveil financier n'a aucun de les parents dans sa rédaction. Le radical du 7 février 1890 — dixième année — n° 38........ 30

Alfred Naquet — douloureuse Constatation. on prétend ne pouvoir réformer à cause de la concurrence étrangère — C'est vrai les nations sont trop petits, mais l'initiative d'un Congrès international devrait venir de nous et elle vient de l'Empereur allemand — La presse du 8 février 1890 — n^{elle} Série — n° 618........ ..

Alfred Naquet, [...] un nouveau fait analogue au précédent et légitimant les mêmes conclusions. — annulation du mariage religieux et divorce civil de Jeanne-Marie-Françoise Boizeaux et de Gautier-Thomas de Bosmelet. — L'Éclair du 29 février 1892 5ᵐᵉ année — n° 1190) 258

Alfred Naquet [...] — on exagère beaucoup les effets de cet explosif. — L'Éclair du 14 mars 1892 — 5ᵐᵉ année — n° 1208. 241

Alfred Naquet [...] professeur à l'Institut Catholique de Paris, à propos d'un article sur les procès en nullité des mariages religieux publié par lui dans l'Université Catholique (voir dans ma bibliothèque l'article ci-dessus V. A. IV. 66 — et la réponse de M. Boudinhon à la lettre de M. Naquet — aux Variétés ci-après — t. IV — intercalé entre les pages 168 et 169) 243

Alfred Naquet [...] tendant à l'expropriation sous indemnité des fabriques de dynamite — Naquet ne conteste pas le droit au Gouvernement, mais il ne croit la mesure ni juste ni efficace contre les explosions anarchistes. L'Éclair du 30 mars 1892 — 5ᵐᵉ année — n° 1220 244

Alfred Naquet [...] lettre au Mattino de Naples qui lui avait été demandée après la prise en considération à Rome du projet Villa. Le Catholicisme a été chez nous a été l'obstacle. Les adversaires du divorce tels que Brisson sont des catholiques inconscients — tant les habitudes d'esprit catholiques nous ont tous pénétrés. — [...] Devant [...] 6 et 7 mai 1892 — année I — n° 22 . . . 249

www.ingramcontent.com/pod-product-compliance
Ingram Content Group UK Ltd.
Pitfield, Milton Keynes, MK11 3LW, UK
UKHW020124130726
13696UKWH00001B/193